U1004763

全国高等院校古籍整理研究工作委员会资助项目
安徽师范大学学术著作出版基金资助项目
安徽师范大学“地方高水平大学”（中国史学科建设）资助项目

# 六迷奇

［清］张德彝 撰
王彦章 点校

安徽师范大学出版社
·芜湖·

责任编辑:孙新文
装帧设计:任　彤

**图书在版编目(CIP)数据**

六述奇/[清]张德彝撰;王彦章点校.——芜湖:安徽师范大学出版社,2016.11
ISBN 978-7-5676-2530-3(2017.9重印)

Ⅰ.①六… Ⅱ.①张… ②王… Ⅲ.①文化交流-文化史-史料-中国、西方国家-近代②《六述奇》-注释 Ⅳ.①K250.3

中国版本图书馆CIP数据核字(2016)第138385号

# 六述奇

[清]张德彝　撰　王彦章　点校

出版发行:安徽师范大学出版社
芜湖市九华南路189号安徽师范大学花津校区　邮政编码:241002
网　址:http://www.ahnupress.com/
发 行 部:0553-3883578　5910327　5910310(传真)E-mail:asdcbsfxb@126.com
印　刷:虎彩印艺股份有限公司
版　次:2016年11月第1版
印　次:2017年9月第2次印刷
规　格:700 mm × 1000 mm　1/16
印　张:23.25
字　数:422千
书　号:ISBN 978-7-5676-2530-3
定　价:60.00元

凡安徽师范大学出版社版图书有缺漏页、残破等质量问题,本社负责调换。

光緒甲辰元日

六述奇

歸安金紹城

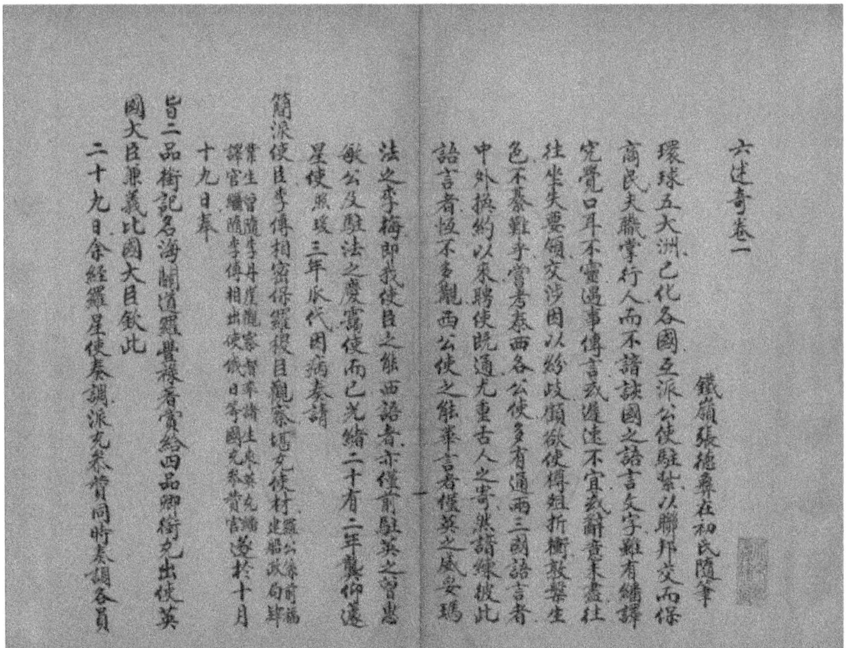

六述奇卷一

鐵嶺張德彝在初氏隨筆

環球五大洲已化各國互派公使駐紮以聯邦交而保
商民夫職掌行人而不諳該國之語言文字雖有繙譯
究覺口耳不靈遇事傳言或遲速不宜或辭意未盡往
往坐失要領交涉因以紛歧頗欲使樽俎折衝聲磬生
色不綦難乎嘗考泰西各公使多有通西三國語言者
中外換約以來聘使既通尤重舌人之寄然諳練彼此
語言者極不多覯西公使之能華言者僅英之威妥瑪
法之李梅即我使臣之能西語者亦僅前駐英之曾惠
敏公及駐法之慶靄堂使而已光緒二十有二年龔仰蘧
星使照瑗三年瓜代因病奏請
簡派使臣李傳相密保羅稷臣觀察豐祿充使材羅公係前福建船政局肄業生曾隨李丹崖觀察奉請赴英充繙譯官繼隨李傳相出使俄日等國充參贊官遂於十月
十九日奏
旨二品銜記名海關道羅豐祿著賞給四品卿銜充出使英
國大臣兼義比國大臣欽此
二十九日余經羅星使奏調派充參贊同時奏調各員

中国国家图书馆（原北京图书馆）馆藏《六述奇》稿本

# 目　录

# 点校前言

张德彝（1847—1919），原名德明，字峻峰，后改今名，字在初。祖籍福建，后迁至关外，被编入汉军镶黄旗，清军入关后世居北京。张氏虽为“八旗世仆”[①]，但他出生时，家道早已衰落，靠曾祖父为人做法事维持生计。七岁“入义塾读书”[②]，但因生活贫困，“学费每给于祖舅氏”[③]。1862年考入京师同文馆学习英文。1865年卒业，经大考被奏保为八品官。1866年奉派赴欧洲各国游历，其后数次随使出洋，从事外交活动历四十年之久。1884年任同文馆英文副教习，培养翻译人才。1890年任总理衙门英文正翻译官。1891年冬，为光绪帝讲授英文，并“赐免拜跪”[④]。1901年任出使英、比国大臣。1907年任镶兰旗蒙古都统。后多次担任廷试等阅卷大臣。1919年1月8日[⑤]病逝于北京，享年七十二岁。辛亥革命后仍念念不忘旧朝廷，临终前向逊帝溥仪呈递遗折。溥仪念其忠诚，“加恩赐恤，任内一切处分悉予开复”，后以皇帝身份“赐奠”，并命内务府大臣耆龄率属员参加其丧礼，以都统例厚葬之。留有《航海述奇》《醒目清心录》《光禄大夫建威将军张公集》《日新居士养心堂集》《中外百年历》《英文话规》等。其中八部《航海述奇》价值最大，手钞稿本现藏于中国

---

① 《光禄大夫建威将军张公集·遗折》，国家图书馆分馆编：《醒目清心录》第十三册，全国图书馆文献缩微中心2004年版，第175页。

② 《光禄大夫建威将军张公集·行述》，国家图书馆分馆编：《醒目清心录》第十三册，全国图书馆文献缩微中心2004年版，第16页。

③ 《光禄大夫建威将军张公集·轶事》，国家图书馆分馆编：《醒目清心录》第十三册，全国图书馆文献缩微中心2004年版，第18页。

④ 《光禄大夫建威将军张公集·年谱》，国家图书馆分馆编：《醒目清心录》第十三册，全国图书馆文献缩微中心2004年版，第12页。

⑤ 钟叔河编《走向世界丛书》（岳麓书社2008年版）、国家图书馆分馆编《醒目清心录》（全国图书馆文献缩微中心2004年版）、赵金敏撰《关于张德彝〈七述奇〉手稿》（《近代史研究》1985年第6期）、李玥整理《张德彝出使奏稿》（《近代史资料》总94号）等均误以为张氏卒于1918年。《光禄大夫建威将军张公集·年谱》中明确载明：民国纪元夏历……戊午七十二岁……十二月七日巳时寿终；《清代人物生卒年表》第418页注释中亦记：张德彝卒于民国七年农历十二月初七日，公历为1919年1月8日。

国家图书馆。《航海述奇》《四述奇》《八述奇》曾经刊行，前两种被收入《小方壶斋舆地丛钞》。20世纪80年代，湖南人民出版社、岳麓书社出版《走向世界丛书》，前四种分别以《航海述奇》《欧美环游记》《随使法国记》《随使英俄记》作为书名点校出版。其他几部虽亦列入计划，但因故一直未得整理付梓。[①]

张德彝一生与外交紧密相联，先后八次出国考察游历或担任驻外使臣，足迹遍布欧美亚十几个国家。1866年，总税务司赫德乞假回国，向恭亲王建议派同文馆学生跟随前往英国游历，以便“增广见闻，有裨学业”[②]。这一建议得到批准，于是选派前任山西襄陵县知县斌椿，率其子内务府笔帖式广英及同文馆英馆八品官凤仪、德明，法馆学生彦慧等，“前往泰西各国游历，察访风俗”[③]。此次虽为观光性质，但毕竟迈出了国门，领略了异域风光，开阔了国人眼界。1868年，清廷任命美国原驻华公使蒲安臣、记名海关道志刚、礼部郎中孙家谷作为“办理中外交涉事务大臣”，英国人柏卓安为“左协理”，法国人德善为“右协理”，前往欧美办理中外交涉事务，这是中国派往西方的第一个外交使团。刚随斌椿游历回国的张德彝因通晓英文，被任命为使团通事一同出行，因在法国乘马坠落受伤中途回国。1870年，为处理“天津教案”善后事宜，三口通商大臣、兵部左侍郎崇厚被派往法国赔礼道歉并递交国书，张氏作为随员一同前往。到达法国恰逢巴黎公社爆发，勤于观察的张氏在其《三述奇》中以局外人身份详细记录了这一重大历史事件，即便是巴黎公社的参加者、法国历史学家普·利沙加勒的《一八七一年公社史》亦不如张氏记录翔实。1875年，张德彝因英人马嘉理在云南被戕，清廷派兵部右侍郎郭嵩焘为正使、刘锡鸿为副使赴英道歉，张德彝作为三等翻译官随同前往。1876年冬，清廷开始遣使常年驻扎。张德彝因“练达勤能，留心洋务，迭次奏带出洋，于外国情形最为熟悉”[④]，1878年被奏调随崇厚赴俄国议界修约。1887年，“留心时务，通达政体”[⑤]的张德彝被前内阁学士洪钧“奏调充出使俄、德、奥、和大

① 《七述奇》多数人认为已经丢失，后来有学者在中国博物馆馆藏文献中找到光绪二十六年五月十五日至八月初四的日记，记述杉山彬遇害经过、赴日目的、各友人同事送行情形、赴日本皇宫递交国书、到杉山彬墓前祭祀等情况。(赵金敏：《关于张德彝〈七述奇〉手稿》，《近代史研究》1985年第6期)

② 宝鋆等修：《筹办夷务始末》(同治朝)卷39，上海古籍出版社1996年版，第689页。

③ 张德彝：《航海述奇》，《走向世界丛书》(修订本)，岳麓书社2008年版，第445页。

④ 张德彝：《随使英俄记》，《走向世界丛书》(修订本)，岳麓书社2008年版，第638页。

⑤ 张德彝：《稿本航海述奇汇编》第三册，北京图书馆出版社1997年版，第84页。

臣随员”，1890年出洋结束。1896年，因驻英使臣龚照瑗三年任期已满，经李鸿章保举记名海关道罗丰禄“充出使英国大臣，兼义、比国大臣”，张德彝被奏调为参赞官，1900年任满回国。1901年，户部右侍郎那桐出使日本，为杉山彬被害一案道歉，张德彝充任此行参赞官，这是他首次出使亚洲国家。同年十月，“品端正，有学问”[①]的张德彝奉旨赏加三品卿衔充出使英国、义国、比国大臣，并顺途专使日斯巴尼亚国递国书贺加冕[②]。1905年底启程回国。

张德彝的职业外交生涯未有显著业绩，但近代中国最初几次出洋张德彝均“躬逢其始”：“……爰立同文馆于总署，学泰西语言文字。此举前所未闻，创始也。彝由义学生蒙文文忠公试于嘉兴寺，得入馆。同治乙丑，国家以西人来华者日盛，我国亦宜有人前往，采访政俗，识其风土人情，故因公而得历海外各国者自此创始。彝奉旨随斌友松郎中前往泰西游历焉。各国公使来华咸有国书，以敦友谊。丁卯冬，奉旨派蒲、志、孙三大臣前往东西各国呈递国书，是东西来往绕地一周者自此创始。彝曾奉旨随之。……庚午岁，因天津教案，奉旨派三口通商大臣宫保崇前往法国修好，是中国专派大员赴泰西一国者自此创始。彝幸得蒙奏带往焉。各国既经换约，遂多有公使驻华。光绪乙亥春，奉旨派少司马郭前往英国驻扎，是中国钦使之驻扎外国者自此创始。彝又经奏调偕往。计自设馆以来，出洋四次，彝皆躬逢其始。”[③]张德彝是中国近代第一所外语学校同文馆培养的第一批翻译人员，曾担任总理衙门的英文翻译官和光绪帝的英文教师，是中国第一代走向世界的职业外交官。从学生、随员、翻译、参赞，一直做到出使大臣，“久历重洋”的经历是其他外交官所无法比拟的，作为亲历者和当事人见证了晚清外交的曲折发展。

随着中外交涉日益频繁，清廷为了应付中外变局，命令各省地方官认真研习中外条约，以便遇事可以妥善办理。同时，为了及时掌控驻外使节所作所为，了解驻在国家的风俗习惯，以便在对外交涉中“不至漫无把握”[④]，要求出使大臣“凡有关交涉事件及各国风土人情，皆当逐日详细记载，按月汇成一册咨送总署备案查核。翻译外洋书籍、新闻纸等件内有关系交涉事宜者，亦即一并随时咨送，以咨考证。”[⑤]留存下来一大批记载国外情况的“奉使日记”，

① 张德彝：《稿本航海述奇汇编》第八册，北京图书馆出版社1997年版，第514页。

② 张德彝：《稿本航海述奇汇编》第八册，北京图书馆出版社1997年版，第537–539页。

③ 张德彝：《随使英俄记》，《走向世界丛书》（修订本），岳麓书社2008年版，第271–272页。

④ 薛福成：《出使英法义比四国日记》，《走向世界丛书》（修订本），岳麓书社2008年版，第59页。

⑤ 刘锡鸿：《刘锡鸿任内卷略》，《驻德使馆档案钞》，台湾学生书局1966年版，第90–92页。

有利于了解时人对西方社会、政治、文化，乃至生活习俗的看法。后来由于郭嵩焘《使西纪程》被毁事件发生，使臣定期提交日记制度并未严格执行。但是难得的是，张德彝细心观察，勤于记述，每次出洋均留有日记，记其所见所闻的新奇事物，“凡目见耳闻之异，举皆笔之于书，故名之曰《述奇》。”[①]虽然最初几次出洋张德彝身份卑微，但是每次出洋均将在国外的所见所闻以日记形式详细记录，因此留下了七十多卷、二百余万字的珍贵历史资料。

《六述奇》是张德彝八种出使日记的第六种，记载光绪二十二至二十六年（1896年—1900年）随罗丰禄任驻英、义、比国参赞时的所见所闻所感，总计十二卷，附有弁言、自叙、凡例、目录等，该日记从未刊印。记载内容十分丰富，“见所闻见，山川风土，语言文字，下及草木鸟兽之细，悉笔诸书而详记之。”政治、经济、科技、文化、教育、医疗、卫生、习俗等无不详加记述，将西方新奇事物介绍到中国，同时向西方人展现中国文化的魅力。张德彝以当事者记载当时事，勾勒了中国走向世界的轨迹，是了解西方的真实记录，为中国近代外交史、中西文化交流史研究提供了丰富的历史资料。

张氏日记历来主要记录国外的日常生活。正如本书凡例所云：“是书本纪泰西风土人情，故所叙琐事，不嫌累牍连篇。至于各国政事得失，自有西士译书可考。”又说“历次出洋，虽辱承译事，而一切密勿阙而不书，亦金人缄口之意也。”张德彝如此小心谨慎，虽然不免使人感到遗憾。但是泰西民俗风情等“琐事”记载，反映了时人对西方社会认识的逐渐深入，具有比较重要的文化史和民俗学价值。日记中留下了大量新奇事物的详细记载，如曾记录亲眼所见西方人打网球情形：

> 其地一箭长方，以白土画四址，中横一网高三尺，以分东西界。玩者四人各着白裤、白汗衫，手执一网拍作“”形，连柄长二尺余，网拍周亦二尺余，古米空白球十二，四人分立如此“”，彼此互相接拍，何为胜负未详。惟见能对拍往来多次者，观人击掌称贺，其拍去碰横网者不接，左右出界者不接。此玩洋名“峦太呢斯”，玩者皆须年壮力强。看多时步至车场，登车回寓。（光绪二十三年六月初十日　卷2）

① 张德彝：《随使英俄记》，《走向世界丛书》（修订本），岳麓书社2008年版，第269页。

详细记录公共场所修建整洁、便利的小便池情况：

伦敦街市旧有“非”字形铁壁，为男子溲溺处。近见各大街中央添设男女中厕，乃建在地下。地面先立石阶，高约半尺，宽丈余，长四丈。两首作椭圆形，阶上左右各立一“门”字形铁阑，高各四尺，左右各长丈余，后宽七八尺。两阑左右皆挂白质蓝字铁瓷牌，分注“男”“女”字样。其女中厕未便往观，男中厕则由前步下石阶八级，内分两途，以便出入。地亦石墁，中立一“非”字形铁壁为溲溺处。左右各先一小间，左间为看守中厕人住，右间为行人净手处。内横设木桌，列四瓷盆，旁置胰皂、面巾，用者出费二本士。此后左右各分五槅，每槅宽逾二尺，深三尺，如船上之中厕，惟后墙不设木箱。乃临墙距地二尺设一白瓷盆，半在墙内，半在墙外，形似胡卢如瓢。凡出遗者坐其上，尿屎自顺水流入地下，盆左挂白方纸成刀。墙既砌以瓷砖，地亦墁以缸砖，门窗一律，各处无不整洁。又此地洞高约七尺，地面有厚玻璃作棚，故天光透入，内中毫不黑暗。（光绪二十三年四月初十日　卷1）

出于对新生事物好奇的心理驱动，日记不厌其烦地从细枝末节反映英国为代表的西方国家的先进。如记述驻德使馆人员接受西医眼部手术情况：

随使驻德供事翟云超（树珊）本有右目外斜之疾，因闻德医眼科能使其正，遂于前月赴柏林福来得立街旁之眼科施医院中疗治。其治法乃令仰卧床面，头盖昏迷药帕，初盖臭其味，手脚尚知欲动，一分钟后则无所知矣。德医即以刀匙将右眼珠挖出，眼珠左右有系，复将左系割断，以镊作结，再即放入，其人已醒，为时不及二刻。查眼斜之故，左系长而右系短，故眼珠不能正视，今将左系割断打结，则左自短而右因拽自长矣。治毕蒙以白布，待三十日后方得使用，乃在院中养息二十八日，院收饮食费。迨出院时合赏仆等共用百余马克，至今二目依然完璧，惟右目外视觉稍费力耳。（光绪二十五年九月二十七日　卷11）

关于消防机构及设施等记载如下：

伦敦城中正南偏东太木斯江南岸之骚斯倭卜立芝路有救火总局，英名

“夫艾尔卜里该特”，义乃救火兵也。前设一台，方式高数丈，层层四面有窗，顶上小屋有人轮班守望。局属伦敦府，分局六十，报乌筹筒六百余，周管一百十八方洋里，共用兵官七百五十员名，每年费用十三万镑云。(光绪二十五年四月十二日　卷9)

伦敦街市闾巷多于道边立一报乌筹筒，筒系铁质作“”形，红色，高三尺余，周约尺半，顶上正面玻璃一小方，内有关键，直通附近之救火分局，有不戒于火者，无论何人，皆可以拳急触玻璃，玻璃破则分局知，该局即派救火车载水龙兵官等驰往。闻救火车既到，无论用否，其遭火之本家皆须付使费五镑，以后他局陆续有到者，又分时刻之前后而付四三二镑不等。(光绪二十五年四月十三日　卷9)

还经常记述西方的新发现、新发明，尤其注意技术发明对于社会发展的巨大影响。例如对机器织绣速度之快表现出极大热情：

见星使旧签押房现改卧室之铁床前立二曲律，黄质红字红边，较京师八旗及戏台上用者稍小，乃长三尺余，宽盈尺，织以绒线，字则“持节使者罗丰禄”，字周尺余（即前于十月二十日王少山所写者），闻系前在哈里发克斯城某厂所送者，该厂当面织成，须时不及两点钟，足见机器织绣之速矣。(光绪二十五年十二月初二日　卷11)

对当时发明不久的伦琴射线及其功用亦有记载，并对西人好学深思的精神表示钦佩：

二年前德人骆岑创造一种射光照物器，洋名“骆岑蕾司”，义即骆岑所制之射光也。以之照物能洞见其底蕴，医生以之由衣外照病人，可见通身筋络骨髓以及血脉五脏；善地学金石者可持以考察矿产；税关可用以验货物、察行李，凡中所藏纤细靡遗。现在初创，价固尚昂，将来如电灯、得律风之类，用者日多，价则日廉。以后不惟偷漏私运者无从作弊，即人之一身亦将肝胆毕照，无所用其消沮闭藏矣。(光绪二十三年九月二十四日　卷4)

由于前有五次出洋经历，张氏对西洋的认识逐渐深入，更加从容观察西方，经常对西方事物追本溯源。例如对于西方婚戒起源、意义等记道：

记英俗：男女固皆戴戒指，然其戴处不仅在第四指也，在他指上者盖皆有义也，如一男意欲得妻则戴戒指于左手二指，如已配定则戴于中指，已娶固戴于四指，苟永不欲娶乃戴于五指；女之未经择配者戴一钻石戒箍于左手二指，如已聘定则戴于中指，已嫁者戴一金戒指于四指，苟终身不愿出嫁则亦戴于小指，所以示别也。（光绪二十四年七月二十八日　卷7）

闻西国新妇戴戒指之风由来尚矣，据云始自罗马人。按其规于未娶之先有戚友会于女父家，互议嫁娶之凭书，议定后则女之嫁奁财产或即时付给，或临期送交，同日喜乐宴会一场，新郎即赠一戒指与新妇以为质，新妇戴于左手四指，盖义谓四指连心，今而后夫妇同心，永世不忘也。（光绪二十四年七月二十九日　卷7）

关于杜莎夫人蜡像馆的起源、发展等有如下记载：

蜡人造法始自百二十余年前，有瑞士国柏安城人柯尔特斯者，精于格致各学，为创此艺之鼻祖，后为其甥女郭莱淑氏所绍其成。先是柯尔特斯率甥女由瑞士移居法京，传习数年。至西历一千七百九十四年（即乾隆五十八年），柯尔特斯故，郭莱淑嫁杜泗鸥者为夫，故以后凡此蜡人馆皆名曰“玛大木杜泗鸥”，译法言杜太太也。法君拿波伦第一赏其能，同时各官宦富室亦多追随仰慕之。杜因不胜其扰，徙居伦敦，先列其蜡人于斯特兰及布拉西斯二街，任人观赏。至一千八百三十六年（道光十五年）移至贝格尔街，大启尔宇，列男女老幼、古今名人之相，规模大备，各肖其真，于是观者争先恐后。数十年来，由母而子而孙而曾孙杜卓安，世传其艺，获利无算。卓安年十四即能塑米兰王等像，尤属精巧绝伦。至一千八百九十二年（光绪十七年）始移至此，广建大厦，恢宏其业，增列蜡人，数至三百七十四焉。（光绪二十三年四月二十三日　卷1）

在担任参赞期间，除协助罗丰禄进行交涉、协调外，业余生活颇为丰富，其中观剧是另一重要内容，对此日记中也有充分反映，如记载观看《基督山伯爵》情况：

> 第六场则大戏一出，典故系一岛距法国不远名“克里斯兜”。村中一女名莫尔赛，早经但太斯者聘定，后被该女之情人傅尔楠娶去。娶时通村男女庆贺跳舞，极闹热。但太斯探知告官，乃同系傅尔楠及当娶时唪经之神甫于犴。神甫年迈，自知将死，乃掀窗破壁，悄唤傅尔楠入彼屋，告以故，并给以地图一幅，言在某处某桃树下埋有珠宝一匣，另交钢刺一把。傅尔楠去，神甫死。守监人至，查伊气绝，乃盛入一大布袋中。守监人去，傅尔楠潜入，移尸他处，自入袋中。天未明，二守监人执灯舁袋出狱，抛入地中海。傅得泅近小山，抢驾小舟登岸，觅路入山，以刺拔树掘地，获得宝匣。下山猝遇其妻，互出非望，遂以珠宝贿买得回里门，一时腾踊，富埒王侯。邻居男女咸执仪往贺，宾客阗门，鼓吹跳舞，兴尽而罢。（光绪二十三年四月十一日　卷1）

主人公名字被张冠李戴，有些细节记载也有出入。此外，还记载了《美女与野兽》《马铃之声》等西洋名剧，为了解西方戏剧留下了宝贵资料。

对于西方劳逸结合的做法给予充分肯定，并经常与中国进行横向对比，认为本土休息休闲方式伤财而更伤身，西方嬉游取乐方式有益无损：

> 或谓西人喜动不喜静，好武不好文，亦不尽然，如其打弹、抛球、赛马、溜冰、泅水、赛船等类，正其读书学业之余，随时嬉游取乐，以畅其情，以舒筋脉，皆有取义也。盖学久必怠，又必择其有益无损者而玩好之，以顺其气而舒展精神。此等读学养气之法，恰合《论语》所谓“游于艺”者，朱注：“游者，玩物适情之谓也。”《礼》云：“藏焉修焉，息焉游焉”，是非必朝夕咿唔呫哔，手不释卷也，必有以养其天机，畅其神志也。由此观之，西国风俗多有暗合中国之古训者，岂若吾华人之好游骋者，不揣其有益与否而任意为之，如玩樗蒱虽云静，而终日凝坐，筋脉不舒；玩竹牌虽曰爽，而喧嚣忿争，精神徒耗；玩骰子呼卢喝雉，手掷目注，血气自伤；打摊压宝劳心焦思尤甚。以上皆赌之害也，其他或嫖、或饮花酒、或吸鸦片，日夜流连，既入迷途，又染烟癖，不仅伤财而更伤身。是吾人之喜更新不尚实学，而只求外面者之所好，乃皆今之古者，而守旧者之所好，乃皆古之今者也。苟吾人皆遵古训，则更新者自然反古，

而守旧者亦必更新矣。（光绪二十五年九月二十五日　卷11）

对于西方社会流行的跳舞社交方式发表议论，认为中国娱乐“乐在一时而害在毕世”，而西方取乐“择其有益而无损”：

昨与同人谈及西人之跳舞，谓男女搂腰抚肩，双双驰骋，似不雅观。然细思之，当跳舞时步武疾徐，踊跃先后，或如鸳鸯、蛱蝶，或如流水回风，变幻离奇，各合乐之节奏，即比以中国古礼“缀兆进退”之仪文，亦奚以异？且其于未跳之先及已跳之后，男女咸有送迎交接之礼，当跳时仪容整肃，不事轻佻。由此观之，是皆藉以行乐也。当时既赏心而悦目，更活络以舒筋，心无异想，意在畅情，不至神疲力倦，似觉有益无损也。夫英国禁止妓寮，而于人家会场食则男女共桌，舞则男女同场，坐则男女并肩，游则男女同行，处处不露媟亵狂荡之态，而咸以礼貌行之。岂若华人之行乐每于金粉队中趋之若鹜，遂至陷入迷楼，沉于欲海，呼朋引类，耗费不赀，连宵达旦，疲倦不堪，心不舒而血气耗，身体弱而精且竭，迷途不返，苦境难离，是乐在一时而害在毕世，其乐安在哉？反不如西人之取乐择其有益而无损者行之也，望吾人之欲养性陶情、随时取乐者察之。（光绪二十五年九月十九日　卷11）

记载下来的泰西风土人情更加细致生动，内容极为丰富。对于西方的认识也在一步步深入，由表及里，由不屑、质疑到后来的赞赏、认同。经过多次出洋后，对西方集会自由、秩序井然赞赏有加：

记英俗：如税务等事遇有新例不合商民之意者，该商专行可定期集众会议于海岱囿中，官不禁止，议毕禀官，设法更改。届期人约千百，列队而行，执有旗帜、行号等。每遇此事，沿途左右男女观者密若堵墙。工匠虽不敢滋事，仍须巡捕随处弹压。如十年前伦敦街市车轮有税，商民不服，于是集众会议，商匠中竟有项套车轮，头顶车头以及手执两扶条者，趣甚。（光绪二十四年十月十三日 卷7）

伦敦各戏园演夜戏皆于午后戌刻开门，凡买贱座者多早到待于门外。人虽男女一二百，既不拥挤，亦不喧哗，皆两人一横，排立于廊下，因有巡捕在旁弹压，无论男女，皆不敢争前一步也。（光绪二十四年又三月十

一日 卷6）

尤其对地位低下的沿街乞讨者亦能秩序井然表示叹服：

伦敦乞丐较前既多，而种类亦不一，其扫街乞钱及持鲜花、线带、火柴等物讨钱者，似皆与前几次来此所见略同。今又见有一种，或男或女或夫妇，缓步街衢歌曲以讨钱者，更有徒手悄随身后者，其他又有手摇琴者、弹胡笳者。然皆衣履整洁，既不高声喊叫，亦无呼爷丑态，似较亚洲者不甚令人心惨。（光绪二十三年八月二十四日　卷3）

尽管张氏秉持“一切密勿阙而不书”的原则，但并非完全忽略不记，经常涉及一些重大的历史事件。如为偿付《马关条约》中巨额赔款而续借英德商款，日记中对此也有十分详细的记载：

本年总署会同户部《续借英德商款合同》内载：中国国家应饬驻英出使大臣遇有会商等事同银行各商董商办①。昨由伦敦汇丰银行函称：所有西历一千八百九十八年周年行息四厘半，金债股票五千张，定于本月初五日送来使馆盖印，以后每礼拜均送两次等语。因而星使札派同人监印，分成三班，每班四人，第一班为余偕沈藕生、吴少序、罗小荷，第二班为罗叔羹、林琴荪、魏莲叔、罗伯苏，第三班为陈幼庸、曾叔吾、王少山、严伯玉。（光绪二十四年五月初三日　卷6）

午后由汇丰行送来每张百镑之股票三千，因印工未到，遂点数、察收、封锁。按：此次股票共计七万二千二百七十五张，内二十五镑者一千五百张，五十镑者一千五百张，百镑者六万六千八百七十五张，五百镑者二千四百张，统计共八百万镑。（光绪二十四年五月初五日　卷6）

此次金镑股票纸厚分余，长一尺五寸，宽一尺二寸零，正面四边围以皮球花朵一圈，内中左印德文，右印英文，皆叙明一切章程，后篇印“按时取利之凭票”，每页横长二寸余，竖宽一寸。票之镑数既有多寡，则外印花圈之色亦有别，如百镑者大红，五百镑者紫色，五十镑者金黄色，二

① 《续借英德商款合同》（今名《英德续贷款合同》）记载如下：“此借款全数，准银行等出股票，以英金镑为价，此股票系何式样及何文字并数目若干，均由银行等随时自定；此股票由中国或驻德国，或驻英国出使大臣加盖关防，以昭信守。”（王铁崖编：《中外旧约章汇编》第一册，生活·读书·新知三联书店1957年版，第734页）

十五镑者浅红色，印工亦极精细。（光绪二十四年五月十六日　卷6）

甲午战争之后，清朝政府着手重建海军，曾向英国阿摩士当厂订购“海圻”“海天”两艘排水量4300吨的巡洋舰，日记中对两舰建造损坏、修理、押送等细节反映颇多：

我国前在英兰正北偏东得尔哈木与约尔克二府之间牛喀色安太音地方埃勒隋村之阿摩斯当船厂定造兵轮一艘，其长三百九十六英尺，宽四十六英尺，深十六尺九寸，重四千三百吨，内盛大小炮位及喷炮共三十六门。现在船壳造成，定于明日午后下水，乃经厂主夫人出名专帖请星使，外附空帖十页，以备填写随带各员名姓，星使遂派马清臣、林和叔、陈幼庸、吴少序同往。其地距伦敦二百七十四洋里，须于今日未初起程乘火车，戌正始到，届时星使因故未往。（光绪二十三年十一月初一日　卷4）

我国自前年在牛喀色厄盘太因地方阿摩士当厂定造“海圻”“海天”二快船，本应去岁告成，乃因故迟延。“海天”上秋下水，现始完竣，该厂虽管包送，星使复札派陈幼庸、黎弼良押赴北洋。该船备妥，于前日驶至坡兹墨斯海口，乃函请星使于今日未初船上午酌，并约余及叔羹，昨日余曾专函辞谢，星使率叔羹、幼庸往。该船本定今日宴会毕即展轮东渡，迨星使回，闻昨日该船遭风，机器有损，须待修理完竣方能开碇。此船新造，行不及百洋里，微遇风波机器即折，不知一旦于海洋临敌，缓急驰驱之际又当如何也？（光绪二十五年四月初八日　卷9）

又前在阿摩士当厂定造之“海圻”快船告成，今日午正三十分该厂请在伦敦东太木斯江口外什耳乃斯村边之卜拉克斯台克湾午酌，发电谢辞。该船系于明日鼓浪北行，押送者为林国祥、杨联甲，其他各员亦皆差竣，陈镇培已乘英船回华，谭学衡、程璧光、卢守孟皆拟乘坐日本公司轮船云。（光绪二十五年四月二十四日　卷10）

清廷选派户部左侍郎、总理衙门大臣张荫桓作为头等钦差大臣前往英国祝贺维多利亚女王在位六十年，日记详细记载英方接待情形及向女王呈递国书情况：

张星宪前于十八日由纽约坐美国轮船“巴里斯”走大西洋来英，约在二十五六日到骚桑屯海口，星使派余同林和叔、陈幼庸、罗梦祖、任谦斋恭迎宪驾。午初同乘马车至倭特路火车栈，登车即开。一路细雨淋漓，花木繁盛，菜蔬分畦，腴田连阡。未初一刻抵骚桑屯，下车步入来得立店，知金登干先到，坐谈片刻，查定房间。因店势稍小，楼房不多，遂步入街前西南店。楼房高大，开敞壮丽，复即租定多间。戌初美公司进口，余同林、陈诸君及金登干乘马车至码头，恰值船到尚未傍岸。同时本城美尔盖坦、阿得满埃玛牛率书手那得尔亦到，各着官衣、皮领红带，手执金圭银角来接。迨船停泊后登船，美尔等先见，陈词诵仰，张星宪亦立答数语，以表谢忱。继而余等叩谒毕，知所带各员中旧识者。觌面，略道间阔，后即登岸上马车，送张星宪住西南店，其他分住两店。（光绪二十三年四月二十五日　卷1）

又今日午后张星宪在卜静宫内呈递国书，内云："大清国大皇帝问大英国大君主、五印度大后帝好。兹值贵君主在位六十年之期，举行庆典，嘉祥丕应，遐迩同骧。因念中国与贵国友谊夙敦，尤深忻慰，特简总理各国事务大臣、尚书衔户部左侍郎张荫桓为头等出使大臣，恭赍国书一通、礼物等件前往贵国，敬谨呈递，以伸欣贺之忱。该大臣忠勤久著，声望遐孚，朕所信任。惟愿大后帝赐之优待，俾能尽职，从此宝祚益隆，邦交永固，两国共享升平之福，朕实有厚望焉。大清光绪二十三年二月十七日。"（光绪二十三年五月二十二日　卷1）

张氏出使结束回京时恰逢义和团大规模进入京城，对于影响中国社会发展道路与方向的义和团运动也有涉及。因为很多属于道听途说，即使亲眼所见亦未深入接触，因此所记并不是很确切。但是根据自己的判断，明确表达主张剿灭的观点：

闻现在北京有人立会曰"义和团"，奉洪钧老祖为神，入会若干日，练习拳勇诵咒，即能有神附身（该会称曰"上体"），能挡锋刃，能避枪炮。会分两党，曰乾字曰坎字，乾字者以黄布扎巾，黄布缠腰裹腿；坎字者戴红巾，以红布缠腰裹腿。其所谓上体诸神为托塔李天王、孙膑、吕布、马谡、王平、孙悟空、猪八戒、宋江、吴用、济颠、许仙、济小塘、瞰承光之属，均非典祀明禋，半属荒唐附会。设有斯人，而千百年前既不知何为枪炮，胡以能避枪炮？当时既不解避枪炮，而今附诸凡人之体反能避枪炮，斯亦奇矣。此皆年幼无知，而为《封神榜》《西游》《水浒》《济公传》《升仙传》各无稽之小说所误。今纵有神附体，亦无非蛇、狼、狐狸、刺猬之邪气。夫邪道惑人，例干法禁，且红巾、黄巾之害，已为前车之鉴、后车之师，唐赛儿、白莲教等皆历历在目，想秉国诸公有尝胆卧薪之虑、具惩羹吹齑之思者必不令其滋蔓难图，流毒无穷也。且在辇毂之下，现仅初立，不过作俑于一二无知之辈，附和之人不多，即早驱逐，庶不至酿巨祸于将来也。（光绪二十六年四月初八日　卷12）

不仅如此，还对当时世界上发生的重大事件予以记录，如条分缕析英布战争的来龙去脉。虽然未必认清殖民侵略的本质，却也留下此事件的客观记录：

脱兰斯瓦在南斐洲南界偏东北，临英吉利南斐属地，东傍葡萄牙东斐属地及苏鲁兰，东南沿那达河，南接阿莲渚（又名“敖连至”）邦，西连英属地贝川那兰，地基东西宽四百英里，南北长约七百英里，地本圹。曩于西历一千八百三十年（道光十年）始经土人班图种徙居之，其人面棕色，发短而鬈，颧高而颏尖，经苏鲁兰酋长辖治；至一千八百三十五年（道光十五年），渐有和兰农民迁往，此等人英呼曰“布尔”，义乃乡农也。随时驱逐土人，和民日繁，乃叛和自立民主，继因贫乏不能自存而内乱；至一千八百八十年（光绪六年），归英藩属。当时互立条约，而彼此之龃龉已萌于此矣，盖所定二十款中之有关系者为第四款，内载：“脱国苟非经英皇批准，不得与天下各国及其南方自主之国并东方各邦订立条约，惟阿莲渚一国不在其内，如有既蒙俯允者，亦须先将约稿照缮一通呈递英皇察览，若六阅月内不经发还，即不准行。”又第十四款云：“除本洲人外，他国人民眷属皆可前往游历寄居，并准造房立厂、开设行店，无论本人于该地经商，抑托人代理贸易，所偿赋税均当一律。”约中并声明脱国应尊英为上国。迨一千八百八十四年（光绪十年）续约，则无此等字样。近因脱国坚执续约为言，谓既无尊英字样，即为平等，英则力辩两约意旨皆同，因之遂起争端，此两国开衅之由也，故志之。（光绪二十五年十二月十五日　卷12）

随着身份地位的变化，以及个人阅历的丰富，日记不仅局限于新奇事物，开始不断思考与审视。例如由于长期生活，经常接触西方社会，深切感受到中国以白银兑换西方货币对于中国极为不利，表现出巨大忧虑和亟需应对之策：

> 尝思东西各国之银圜，虽大小不同，而互相较定，彼此汇兑，无大亏伤。现惟中国用银，不能与各国并论，而且行价随时涨落。即如按时价英之二十先令，重约库平二两二钱，乃换华银至八两之多，其中所亏者大矣。由此观之，是西国钱价既贵，因而物价为尤贵矣。……夫金币日昂，而银币日贱，举中国之利权，西人从而操纵之。吾恐群雄眈眈实逼处此，苟不思抵制之法，将日削月朘，伊于胡底，可虑也已。（光绪二十三年五月初二日　卷1）

1904年（光绪三十年），在给皇帝的奏疏中，具体提出“银元钞票亟宜划一，以挽利权”的建议。[①]

在与西方长期打交道的过程中，饱尝辛酸，深知国家实力是外交的基础，而所谓“公法”只不过是弱肉强食者的借口，在记载英国殖民侵略非洲南部时揭露其强权的本来面目：

> 近日英兵在斐洲因敌在山上攻之不易，乃用炸炮轰击，遂得获胜两次。敌国电问英廷以用炸弹有违公法，英对以我能造故用之，汝国如能造亦当用之，且去岁美日交兵亦然，何谓不应用耶？由此观之，公法之有用无用赖乎国之强弱耳。（光绪二十五年十月二十一日　卷11）
>
> 南斐洲一带虽云沙漠荒僻，天时不均，然土产极为充牣，如鸵鸟、牲畜、象牙、林木、钻石、五谷、甘蔗等，而金银煤铁各矿为尤富，故以商为国者不能不意存蚕食也。（光绪二十五年十二月二十二日　卷12）

耳濡目染英国等西方国家的强盛，进而分析西洋富强的深层原因，认为国势盛衰与文化程度高低密切相关，这种思想不可谓不深刻，角度不可谓不独特：

① 《光禄大夫建威将军张公集·奏疏》，国家图书馆分馆编：《醒目清心录》第十三册，全国图书馆文献缩微中心2004年版，第103–106页。

余尝遍历欧西，知其民之智愚视乎识字之多寡，而因以察其国势之盛衰。夫英以海隅三岛而雄视全球，德以欧陆一方而称强列国，识者谓其无人不学，无艺不兴，故士农工贾之心思技能每日新而月盛，其长驾远驭非偶然也。（光绪二十四年十一月初九日　卷8）

此外，也从鼓励商业政策、保护专利制度等方面探寻西方富强的原因：

英例房税凡住房一所租价在二十、四十镑之间者，每镑一年纳税三本士，属铺店者每镑纳二本士；价在四十、六十镑之间住户每镑六本士，铺店四本士；价逾六十镑，住户每镑九本士，铺店六本士；由六十一镑至千万镑，每年纳税皆准此数类推。房税于人家者重、铺店者轻，是皆鼓舞商民之意也。（光绪二十三年八月初四日　卷3）

英规凡人创制一物，皆须报官呈验是否可用，官验否则缴回，可则官保一十四年，不准他人仿效，其人则须纳费一百二三四五十镑不等。然此物本人呈报不易，又有专管代报之人代为画图，声明一切，另有使费，不过一镑，十四年后再求保护，当照数续纳费款，此官所名曰"印诏衙门"，洋名"帕坦敖非司"。又凡人造物皆有本行记号，如造铁器者画棰剪之类，造假冰者画白熊，各专一家是也，此等记号洋名"特蕾玛克"。凡欲专号者，亦须报官，纳款三四镑不等，不准擅用。此官所洋名"特蕾玛克来至斯特来琛敖非司"，义乃贸易记号册记衙门也。此事报官，亦另有人代报。以上两节，不惟国家按年收款甚巨，且更专养一班人也。（光绪二十五年六月十六日　卷2）

此次出行随员极多，公使罗丰禄任人唯亲，多是他的弟兄、子侄、姻亲等。日记中对于薪俸不公等事实多有记载：

前在德国，各人俸薪不分几成，镑价亦不如是之贵，已觉费用维难。至此俸薪既多少不同，镑价亦贵至七八两，尤为窘迫。其九成十成者手中宽裕，自然舒畅，如罗叔羹俸薪九成，又兼此次承修使馆，所住三间，自然踵事增华，焕然一新；罗小荷俸薪亦九成，其住屋虽不如叔羹者之华美，而电灯高悬，上下如意，桌椅加增，坐卧舒泰；曾叔吾十成，于是地铺漆布，添制皮椅；陈幼庸每月不惟十成，且兼在德监修船只，公俸六十两，又外加十两，故其屋中、门外皆铺花毡，电灯线长，不惟可上可下，更可悬诸门外，挂近床边，华美周备，一如洋式；其他各七成者只得照旧安置刷洗、洒扫，求其洁净而已。（光绪二十三年十二月二十六日　卷5）

前在德国库平纹银一两领四马克八十芬呢，重合六钱七分二厘，虽通馆所领皆九成，犹时有匮乏之虑。今则库平一两乃仅领二先令半，英之先令与德之马克份量相埒，是一两库平只得三钱五分，凡闽人之领九成十成者莫论，其他之领七成者其苦不待言矣。（光绪二十四年二月初二日　卷5）

张德彝因系同文馆学生出身，深受儒家传统文化的熏陶。在日记中虽然流露出对西方的欣赏与赞美，但是儒家的传统思想又时刻萦绕在脑海中，因而张德彝在感受西方先进的同时，又时常以儒家思想标准来衡量，从而造成了对西方事物的“挑剔”。最为典型的是，张氏对西方逐渐流行的火葬做法不以为然，认为失去了仁人孝子的本心：

尝思火葬一说惟佛教有之，不意外洋近亦渐有此举，盖西国医学诸人曾谓尸骸入土，秽气上升，生人触之，易染疾病，苟焚而后葬，庶免此患。西四月间，闻美国石高沟城一妇姓韦喇者为人博学，诗赋纯萃，即以火焚为是。当其病笃立遗书，嘱以死后火焚，葬其灰烬。逮伊病故，其子即遵所言，焚尸葬灰，意在不使污秽触人。窃恐焚尸之秽气甚于土内升出之秽气，生人嗅之，患病尤易也。且当焚尸之际，有仁人孝子之心者，皆不忍观也，奚足取哉？（光绪二十四年五月二十三日　卷6）

对于英国社会女子社交中各种过分举动啧有烦言，认为此乃有伤风化之举：

中国幼女无街市步游之风，即偶有之，亦罕与少年男子任便玩耍、交谈肆无忌惮者。至伦敦则不然，每日戌正以后，铺户关闭，人工休息，则街市之间幼男少女对对成群，交谈嬉戏，于礼拜六礼拜两日尤多，或彼此谈心叙事，或谐笑舞蹈，竟有将女子推倒而随卧其上者，有牵拽接吻者，纵无亵语恶言，手不乱舞，目不传情，而恩爱之意恐早默会于中心矣。虽云幼童稚女两小无猜，而实皆十七八九至二十岁者也。夫男已冠、女及笄，翱翔于市，习为故常，吾恐濮上桑中有甚于芍药相赠者。（光绪二十五年五月二十六日　卷10）

张德彝以日记体撰写的泰西风土记，所反映的西方文化极为丰富，各种新奇不仅带给他以震撼，更多的是他复杂的感受和心态。由于固守中国文化身份，对于西方文化的接受，整体上停留在表面，无法深入下去。张德彝多次出洋的特殊经历，加上自身固有的局限性，使他足以成为晚清走出国门一批官员的缩影，为研究那个时期走向世界的中国人提供了不可多得的典型范例。

《六述奇》手钞稿本现藏于中国国家图书馆（原北京图书馆），1997年北京图书馆出版社将张氏《七述奇》以外其他七部日记影印出版《稿本航海述奇汇编》，本次点校即以此稿本为底本进行。原稿本共计十二卷，每卷内容仍如其旧。原稿为繁体竖排，现改为简体横排。钞本并未分段，现按文意分段，并施加标点。小字夹注改用与正文相同字体，置于圆括弧（　）之内，以示区别。本次整理主要订正错讹的史实，改正错字、补充漏字、剔除衍字等，明显错误径改，衍文径删，错别字加〔　〕勘正，脱漏字以［　］补足，残缺字以□代替，通假字酌情保留，异体字适当改正。原文外国人名、地名等音译前后不尽一致，如，“拿破仑”有“拿波仑”“拿波伦”“那波仑”“那波伦”等，“新西兰”有“新锡兰”“牛锡兰”“牛西兰”等，“拉丁”有“拉典”“腊典”等。为了保持稿本原貌，外国译名均仍其旧，敬请读者辨识。

# 弁 言

圣清继统，声教覃敷，东西朔南，重译偕至，輶轩之使，特简重臣。近数十年，海禁大开，轮舶飙驶，冠盖相属。膺是任者累岁得代，率有述作，裒然成编，版行于世。凡所以纪岁月、详道里，俾后之从事者有所禀承也，抑亦藉以觇国势焉。

在初星使与余同官夏曹，居译署最久，足迹遍欧洲。今春自伦敦归，适海以议商约驻沪，得相见，握手道故驩如也。间出巨册相示，皆纪载事实，比缀见闻，务详务核，起丙申讫庚子，其后所述尚未录副，先颜为《六述奇》。查在初以“述奇”名编有再述、三述、四述、五述，业已脍炙人口，兹又有《六述奇》之编。

浏览既竟，属一言以弁首。海不文，曷敢妄作？顾维昔年于役柏林，经逾五载，时会舛迕，幸克蒇使事，例得有纪其山川、风俗、政事、民情，余亦有《星槎汇记》及《奉使案卷摘录》暨《庚子海外纪事》诸集。因回沪后为议约事，公务纷繁，无暇清理，尚未敢出，而问世以视。

在初之编，小大不遗，纪载详明，瞠乎后矣。是书所纂，虽不外日用饮食之恒，而于风俗之变迁、宗教之离合，再三致意，吾知其用心苦矣。阅者毋第喜其为海客谈瀛，庶不蹈买椟还珠之诮乎？

光绪丙午年二月，前皇华使者、愚弟吕海寰[①]序于上海差次。

---

① 吕海寰，字镜宇，顺天大兴人。同治六年中顺天乡试举人，任都察院左副都御史。光绪二十三年，以四品京堂衔充驻德国兼驻荷兰出使大臣。光绪二十六年三月出使德国贺德太子加冕。光绪二十七年十二月调工部尚书，未任，在上海同盛宣怀任商约大臣。和张之洞、刘坤一、伍廷芳等人共同签订了《中英通商行船条约》《中美通商行船条约》《中日通商行船条约》《中葡通商行船条约》等。光绪三十一年调任兵部尚书。辛亥革命后回山东过遗老生活。

# 自叙

余生于燕，凡所谓秦、晋、齐、楚、鲁、卫、吴、越之邦，舟车所及，亦仅缘边一区。而境过情迁，乃成鸿雪。夫地之视天，弹丸耳；中原之于地，一隅耳。约之，郡邑均之一身，眇然一尘耳；一身之饮食起居，一刹那耳。以一身欲括海外之政教风俗，烛其微，翔其实，非旦夕之功也。虽然，政莫大于礼，礼始饮食，诗咏干糇。日用起居之间，里巷琐屑之事，其于政教也，譬诸江河之有尾闾也，疏通浚瀹莫要于此者，政教将于是乎觇通塞焉。余成《六述奇》，仍前五记之例，由此志尔。

光绪庚子仲夏，张德彝识于养心堂。

# 凡 例

一、海邦政俗，近年诸星使著作如林，久已脍炙人口，余则不过窃其绪余而已。

一、是书本纪泰西风土人情，故所叙琐事，不嫌累牍连篇。至于各国政事得失，自有西士译书可考。

一、是书原系逐日登记，藉驱睡魔，其文俚而不雅，难免有道之讥，阅者谅之。

一、所纪天文度数、山川远近里数，不无讹错。然行人持此而往，或不迷于所向也。

一、录泰西往事，以及制造之创始，虽用西历纪年，而仍附以中历者，以便阅者考查也。

一、海外地名，以“____”识之，人名、官名、物名，以“____”识之【原书地名、人名等符号，今悉从略】。其还音虽本《瀛寰志略》各书，仍有不甚吻合之处，聊以得其仿佛云尔。至中华之地名、人名、官名、物名，则不复识别。

一、历次出洋，虽辱承译事，而一切密勿阙而不书，亦金人缄口之意也。

一、前五次笔所述及者，概不登入，以免重复。

一、昔宋洪迈成《容斋随笔》，后有续笔、三笔、四笔、五笔。张端义《贵耳集》，有二集、三集。古人编纂，与时俱积，原不必统随一式。余六次出差，各就见闻笔录，故以述奇、再述、三述、四述、五述、六述而名之。

一、所载有见闻不确，失其事实者，尚望高明正之。

# 卷　一

环球五大洲已化各国，互派公使驻扎，以联邦交而保商民。夫职掌行人而不谙该国之语言文字，虽有翻译，究觉口耳不灵。遇事传言，或迟速不宜，或辞意未尽，往往坐失要领，交涉因以纷歧。顾欲使樽俎折冲，敦盘生色，不綦难乎？尝考泰西各公使，多有通两三国语言者。中外换约以来，聘使既通，尤重舌人之寄。然谙练彼此语言者恒不多觏，西公使之能华言者，仅英之威妥玛[①]、法之李梅[②]，即我使臣之能西语者，亦仅前驻英之曾惠敏公[③]及驻法之庆靄使[④]而已。

光绪二十有二年，龚仰蘧[⑤]星使（照瑗）三年瓜代，因病奏请简派使臣，李傅相密保罗稷臣观察堪充使材（罗公系前福建船政局肄业生，曾随李丹崖[⑥]观察督率诸生来英，充翻译官，继随李傅相出使俄、日等国，充参赞官）。遂于十月十九日奉旨：“二品衔记名海关道罗丰禄着赏给四品卿衔，充出使英国大臣兼义、比国大臣。钦此。”

二十九日，余经罗星使奏调，派充参赞。同时奏调各员约廿余人。参赞官：布政使衔候选道林怡游（和叔），福州府侯官县人；布政使衔分省补用道罗臻禄（醒尘），福州府闽县人；布政使衔候选道罗忠尧（叔羹），福州府闽县人。翻译官：三品衔直隶补用直隶州知州陈恩焘（幼庸），福州府闽县人；监生杨书雯（仲卿），湖南长沙县人。随员：四品衔直隶州用直隶候补知县罗熙禄（梦祖），福州府闽县人；工部学习主事沈瑶庆（荔虎），福州府侯官县人；

① 同治十年六月至光绪八年七月任驻华公使。

② 光绪十三年十月至二十年二月任驻华公使。

③ 曾纪泽，谥惠敏，光绪四年七月至十一年六月为驻英公使，兼驻法俄。

④ 庆常，字靄堂，汉军旗人，光绪二十一年八月至二十五年五月为驻法公使。

⑤ 光绪十九年十月至二十二年十月任驻英公使。

⑥ 李凤苞，字丹崖，光绪三年率生徒赴英法学习船政，四年充出使德国大臣，后兼驻奥、义、荷、法公使。

直隶候补直隶州知州曾兆锟（叔吾），福州府闽县人；福建候补同知沈蕃（藕生），浙江嘉兴府秀水县人；候选布理问吴焕声（少序），浙江杭州府余杭县人；四品衔候选通判任敬和（谦斋），江苏常州府宜兴县人；分省补用县丞罗忠彤（小荷），福州府闽县人；举人林桂芳（琴荪），福州府闽县人；江苏试用巡检王崇厚（少山），安徽安庆府怀宁县人；江西试用府经历唐俊（竹溪），浙江杭州府钱塘县人。总理衙门供事：五品衔候选盐大使尹寿龄（元辅），江苏镇江府丹徒县人；五品衔分省补用知县袁承惠（仁圃），直隶顺天府通州人。学生：五品衔同文馆七品官于德浚（心泉），山东登州府海阳县人；六品衔同文馆八品官王芸（香圃），直隶顺天府宝坻县人；五品衔候选县丞罗之彦（伯苏），福州府闽县人；候选盐大使魏濂（莲叔），福州府侯官县人；监生严璩（伯玉），福州府侯官县人；监生吴尹昌（旭霄），安徽庐州府庐江县人。以上皆随驻英伦者。至留驻新嘉坡者，为补用知府林祇曾（筠台），福州府侯官县人；浙江候补县丞余文爚（丹署），安徽徽州府休宁县人；江苏试用县丞魏炘（星叔），福州府侯官县人；廪贡生洪锡昌（惠余），安徽徽州府祁门县人。

十一月初一日，星使陛辞请训。初五日启节，约于明春二月初在上海齐集。余自初三日奉到札文后，即治理行装，连日戚友祖饯。

至光绪二十三年岁次丁酉正月二十八日戊午　晴。午初，率三子荣骧、荣骅、荣骥及仆役来福、许立起程。乘车，道出崇文门、东便门。行二十五里至于家卫，早馆，遇同事吴少序、王香圃二君。未初，同行三十里，至张家湾宿。

二十九日己未　晴，冷。寅正开车，行六十里至安平镇，早馆。又行六十里，戌刻抵杨村，宿。

## 二月

初一日庚申　晴，凉。寅初启程，行七十里。巳正到天津，住春元栈。时值春寒，途次所经，阡陌间冰雪冱结。比近浦口，则南望沧田，渺无涯际矣。津沽河堤上下，及北门内附墙一带，蓬庐鳞比，皆七八年前难民之流寓者。过东门，入租界，洋楼毗连，其整洁不减沪上。

初二日辛酉　晴凉如昨。早间，旧同砚那华祝（三）、黄伯申（致尧）来拜。午后，乘肩舆答拜那、黄两君。并至府学拜会傅荫庭（楫），大仪门拜张子镜（文彦）。酉正，黄伯申约在“第一楼”晚酌。楼三层，正面五间，内分多间，装潢华美，陈设壮丽。洋菜皆法式，盘馘丰腴，味亦颇佳。楼东孙宝善，即前随崇宫保[①]使俄之庖丁也。伊本津人，由洋回华后，先开洋澡堂，继设叫货行，获利既巨，复建此楼。现共庖丁九人，堂倌五十人，杂役十余人，宴会之所为天津冠。并闻伊在沪渎苏垣皆有生意，积赀累万，俨然素封。余尝谓生财有道，载诸圣经，猗顿陶朱，何难力致？第经之营之，惟视其人之得法与不得法耳。

初三日壬戌　晴。午后，乘肩舆往谒王夔石[②]制军，顺拜承敬雨（霖）、黄花农（建筦）、联春卿（芳）、荫五楼（昌）四观察，德春涛（海）、陈静泉（应宗），税务司安格联、德璀琳，及此次同事任谦斋并伊弟子梅（敬敷），又学习电报之同文馆学生郭献臣（家珍）、文清轩（廉）、万翰卿（林）。回寓知黄花农、任谦斋、张子敬、那华祝诸君投刺来拜。

初四日癸亥　早阴凉，午后稍晴。乘肩舆往拜那锡侯（晋）、李兰舟（家鳌）、刘辅臣（国梁），回寓知王制军差人投刺来拜。既有承敬雨、联春卿、荫五楼、德春涛、傅荫庭、刘辅臣前后来拜，各皆面晤，畅谈往事。戌初，张子敬、刘辅臣同约在“裕泰洋”饭店晚酌。馔品西式华味，器皿馘菜，中外混淆，远逊“第一楼”之一律法式。且装潢陈设皆华物，旧而俗，名曰洋餐，洵不足以娱宾也。

初五日甲子　晴，暖。午初，荫五楼招饮在武备学堂，同席为际子雯（昌）、廷立斋（魁）、陈静泉、德春涛，彼此畅谈甚欢。未正谢归，知有那锡侯、李兰舟、刘荔孙（崇惠）来拜。因闻招商局三新轮船咸于昨午展轮由沪来津，出招牌传知各店，谓初八早直行开往上海。遂即致函任谦斋，并约袁、尹二君来店商写船票。酉正，联春卿约余率三儿在“第一楼”晚酌。

初六日乙丑　早阴，午初晴。午正，承敬雨约在“第一楼”午酌，同席为那锡侯、际子雯、张燕谋（翼）。申初回寓，星使犹子罗季新（忠铭）来拜，属带信函、汇票、药料各一件。昨往购船票，因“新裕”舱间已满，拟改乘“新济”。酉正，刘辅臣约在归贾胡同“德聚涌”馆晚酌，同座有李青田（树铭）、张子敬两君。

初七日丙寅　阴，凉。酉正，李兰舟、黄伯申同约在“第一楼”晚酌，同

---

① 即崇厚，光绪四年五月至五年八月为出使俄国大臣，办理交还伊犁及修约事宜。

② 王文韶，字夔石，光绪十五年授云贵总督，二十一至二十四年为直隶总督兼北洋大臣，后入赞军机，拜大学士。

席为随使美、日、秘之理藩院员外郎寿格平（廷）、刑部主事王杉绿（树善），及在北洋当差之通判张丹荣（庆桂）、巡检陈云史（振墪），并同事吴少序。

初八日丁卯　早晴，午后阴。昨闻“新裕”“新济”“新丰”“承平”“富平”“永平”“海晏”“德生”“盛京”“丰顺”“重庆”“景星”“海定”“通州”“连升”等船皆已挂口，“新济”各舱亦无隙地，遂改购“新丰”船票。或云七十二湾中尚有三十余里，冰厚盈尺；又有谓尚有冰凌者。旋令店主往探，乃知各船虽已进口，而半途为载木商船“张家口”搁浅所阻。申刻，“新裕”“德生”“永平”三轮泊岸，余船皆住塘沽。酉正，李青田约在“义升成”饭馆晚酌，同座有刘辅臣、张子敬、刘小竹（长英）。亥初谢归。

先是正月二十四日总署接星使沪电，称二月十一日乘法公司放洋。余到此知各船于初四日始由沪来津，遂将到津无船、抵沪逾期、如何示遵等因电询星使。晚间接文报局李汝才（景枚）来函，据云星使准于十一日放洋，在津诸公不及随行，已将购定船票留在沪上。

初九日戊辰　早大风雪，冷似初冬，巳正雪止，未初稍晴，入夜仍阴，尤冷。闻今早“新裕”虽开，水浅仍未出口，故他船亦皆泊于三十里外未得驶入。又于午后致书罗季新，将汇票缴还。

初十日己巳　大晴，极冷见冰。闻当早惟“新裕”“永平”二船搭客出口，他船皆因载重水浅不易内驶。或云现将卸货，俟船轻易行，明日午后当必有望也。晚有张丹荣来拜，少坐即去。

十一日庚午　早阴，午正晴。令仆役来福乘马回京。因待船至申刻无音，遂信步至杏花村关帝庙中访隋青选。奉以茶点，坐谈许久，皆二十年前事也。回店知东文翻译陶杏南（大均）来拜。晚有旧同事姚子梁（文栋）由京来，亦住此店，彼此畅叙已往。

十二日辛未　晴。早“张家口”傍岸。午后答拜陶杏南、张丹荣。申初阴冷，“利运”“桂阳”“顺和”“新丰”齐到，知“新丰”舱房仍余不多。无法，遂约诸同事齐发行李。酉正登船，余率二儿荣骅一舱，吴少序、王香圃一舱，皆上舱。袁仁圃、尹元辅及任谦斋偕其少君丹崖（凤藻），皆原定上舱，乃婉请住中舱。仆人许立虽定中舱，竟使卧在碱块之上。

按：招商局定价由津至沪，官舱一人十四两，上舱十二两，中舱十两零八钱。往本局写票不折不扣，余等经店主代写九五扣已觉便宜。迨上船讯诸他人，竟有以十一元写十二两票，及以八元写十两零八钱票者。个中详情，令人难测。

十三日壬申　稍晴。子初，大儿荣骧偕三儿荣骥叩别回京。卯正，本船上下货毕即开。巳正行近塘沽，见有“温州”“德生”“重庆”三船搁浅。斯时水深仅由四尺至六七尺，本船亦即下锚。午后大风，极冷。酉正风息，仍凉。

十四日癸酉　阴，凉。卯正，“德生”展轮北行，本船欲开而水仍浅。申初潮涨，“重庆”“温州”北开，本船南驶。申正，遇“新济”北行。酉正一刻过塘沽，见“景星”“图南”“海晏”三船皆泊于此。戌初出大沽口，复因水浅停轮。阴风怒号，极冷。

十五日甲戌　晴，凉。丑初展轮，过沙横，水微深而船摇。午初，远见正东一船北行，其名未详。未正过成山，遥望层峦叠障，上出重霄，云影天光，隐约间不啻蜃楼海市。左右渔舟三两，随波上下，水现深绿色，舟平如砥，大有“此日中流自在行”[①]之乐。酉正过烟台。亥初左遇一轮船，亦南去者，我船即时趋过。

十六日乙亥　阴。早南行，东南风，浪涌船摇，众莫能兴，余独无恙。迨早餐，仅余同香圃及一王姓年老者。酉正，因机器有损停轮修理，少刻复开。晚餐惟余一人，其他或卧或呕，声音逆耳，气味薰人，入夜，余仍不时缓步船面，以吸空气。夜渡黑水洋，依然狂风巨浪。

十七日丙子　风雨交加。浪小，船行稍稳。巳初，遥见西面一渔舟浮沉乎波浪之间。巳正大风，船摇如昨。连日有沙鸥十余，追随舟尾，上下回翔，啄食抛弃之物。船西南行，东面遇一轮舟，亦驶来上海者，本船又即趋过。午初过茶山，转西稍北，左右见岸。午正二刻进口，未正二刻泊于金利源码头，知“海晏”“景星”二船皆早一刻泊岸。余即时下船，寓二洋泾桥全安栈，春元店主所荐也。楼房高大，皆洋式，第朽烂不洁，久欠修理耳。晚餐后持张子敬荐书，至三马路逢源里同和栈文茂昌拜王竹溪（嘉礼），坐谈良久回寓。

十八日丁丑　阴，冷。午后，乘肩舆往拜刘康侯观察（麒祥），文报总局委员王心如（树森）、王新之（叔铭）、李汝才（景枚），江海关税务司雷乐石。回寓后，有王竹溪、凤夔九（仪）、李汝才，及办理英、义、比文报委员谢筠亭（上松）前后来拜。闻“新裕”轮船前于十一日午后抵沪，星使于初十早登法公司船。同事于心泉当日未能随星使放洋，尚留在此，遂约由他处移入

① 语出朱熹《观书有感》：“昨夜江边春水生，艨艟巨舰一毛轻。向来枉费推移力，此日中流自在行。”

此店，以便同行。又刘康侯送果席一桌，即邀诸同事及凤夔九晚餐，杯盘狼藉，主宾畅叙，尽欢而罢。

十九日戊寅　镇日阴晴不定，稍暖。午后，王心如及翁缉臣太守（熙孙）前后来拜。申刻答拜翁缉臣、谢筠亭，知余等八人及二跟役之船票，皆奉星使谕令谢君写定。戌初，王竹溪约率小儿荣骅在六马路中市天福园观剧。园开敞，照洋楼建法，并无房柱阻碍眼光，戏亦颇佳，惜因着凉腹痛，少坐谢归。

二十日己卯　阴。午后，张隐南（鸿）及雷乐石来拜。酉正，谢筠亭约余及诸同事率小儿荣骅在四马路"聚丰园"晚酌，酒菜甚好，得食广东鲜茄。

二十一日庚辰　早阴。巳正至法国轮船公司，见其首事阿拉班，讯问由马赛至伦敦之火轮车船价。顺路答拜张隐南，未遇。未初大雨。酉正，张隐南约在"一品香"晚酌。楼房宽阔整洁，惟菜之品味稍亚于天津"第一楼"耳。

记："青莲阁"，上海一大鸦片烟馆也。楼三层，大厅五间，烟廊十八间，共列烟床一百六十二架。房租每日五十六圆，一日卖洋烟与茶共值一千七八百圆，阁东一年约赚银万余两。堂倌无工钱，全资客赏，每日反交柜四十老钱，名为"押账"，实充灯油费云。

二十二日辛巳　大雨阵阵，雷始发声。午初，王新之来拜。未正，步至法国轮船公司添写车船票。申刻雨止。戌初，王竹溪约在"聚丰园"晚酌，酒馔芳美，酬酢甚欢。亥正谢归。入夜风。

二十三日壬午　阴。丑初，睡正朦胧之际，忽闻阵阵吹粗细气哨声，疑有轮船进口，既而鸣钟两阵。醒见窗纸透红，询知五马路"天义戏园"不戒于火，沿烧五家，寅正扑灭。一片高楼忽成灰烬，幸未伤人。早起，大雨滂沱。午正雨止，有李芳圃（炳琳）、刘敬臣（坤）来拜，皆十年前之旧同事也。入夜细雨淋漓。

二十四日癸未　晨屡逢阵雨。昨早，法公司总办因事差人邀余当于巳正前往，据云前账尚欠百金，须即补缴。余答以致书罗星使，或前次经手人照数核给。伊谓邮函往返，动搁两月，利息谁偿？余以此间尚有谢公代理支应，当可商办，因驰告谢筠亭。迨筠亭至该公司详询，乃知当日错算，少收百金，并非前人欠付，然彼此仍未议妥办法。今晨巳初，余又往见该总办，再三驳之。谓前款既非谢君经手，更须问明前次购票之人，始可设法照缴。伊声称无论如何，此项苟不清付，当扣留二等票一张不得上船。余以此事与己无涉，汝自致书谢君，详陈颠末，伊可凭原函照禀星使，或当先付此款云云答之。嗣闻筠亭得书，即付以规平百两。乃少刻又将原款缴还，竟谓账目并未错短，真奇谈也。法公司此番交涉是否矫诈，无庸置议，独是举措轻率，一何可哂？已正发行李，用小船运至法公司对门码头。待至申正，轮渡未到，乃以木舟载交大船。酉初雨止，天晴见星。

二十五日甲申 早稍暖，阴晴不定，未初细雨。未正偕诸同事率荣骅带随手箱箧，由店至法公司码头登“黄浦”小轮船，时有王竹溪、谢筠亭、李汝才送别。又遇庆蔼堂之犹子同时登船，系往法京学法文者。申正展轮。酉刻抵吴淞，登“阿拉班”轮船。该船长一百三十码零百分之七十五，宽十二码零百分之七，高十码零百分之二十五，重四千零八十吨又十一分，载重一千九百四十七吨，马力三千二百。船主鞠沙兜，年近四旬，人尚温恭。计客共男女头等十八人，二等二十一人，三等十二人。

二十六日乙酉 阴。卯正展轮。辰初出口，水平船稳。午初过宁波，戌初细雨，戌刻过福州。镇日左右频见岛屿渔舟，并有沙鸥廿余追随于船尾。

二十七日丙戌 阴。镇日水色翠绿，平静如油。计自上海至香港共七百三十一洋里，由昨日辰初至今日午正共行三百七十九洋里，在赤道北二十五度一分，下余三百五十二洋里，约明日未刻可到。入夜热。

二十八日丁亥 丑初大雾。船即缓行，不时鸣哨，以警他船之往来者，一免彼此碰撞，再告以本船并未停轮也。早起步登船面，见黑雾迷漫，咫尺不见人。船恐错行海道，度数难辨。卯正停轮，不时鸣钟以告他船，谓有船在此下锚也。天先阴而后晴，极热，至脱皮衣换袷袄。虽有日光，而雾仍不散，落如细雨。申初稍霁，申正大晴，天水始得辨清。申正一刻展轮，水平如镜。乃行不及一刻，大雾复霈，水路难辨，即时停泊。或谓厦门已过，距香港约七十余洋里。入夜天上明星在望，而海面浮雾厚八九尺，亦奇景也。本船刻刻鸣钟。戌正，对面来一船，大小不辨，惟闻哨声如牛吼。乃随行，谅地躲避，察其声似缓行，自南而东去者。

二十九日戊子 阴而雾散。卯正，展轮西行。先见渔舟荡漾，继而左右皆山。未初抵香港，下碇后偕诸同事驾小舟登岸，步至中环兴隆街口海旁第五十四号容记洋货店访梁浩田（广全），收取星使在羊城制办之锡器两箱。当斯时也，绿树阴浓，燠热如夏，因在彼少息。酉正，约在“万香楼”晚酌，同席有其伙计林、张二君，酒馔颇佳，给奉甚殷。亥初谢归。亥正一刻船开，出口平。

三十日己丑　晴，热，易单衣。由香港至西贡九百二十洋里，至今日午正共行一百八十二洋里，在赤道北十九度四十八分，下余七百三十八洋里。

记：同船新搭一厦门人名黄沙，年二十五岁。据云伊父黄亚瓶现在西贡贩米为生，字号“新合裕”，已入法籍，生有六子，仍改华籍。沙生西贡，能安南语，幼学法文，既来厦门习汉文，语言温恭，字画清秀。今携妻来西贡，将在美荻地方开设当铺云。其人神观爽迈，相貌奇伟，亦华商中之特出者。未正过海南。入夜微风，船稍簸扬。

## 三月

初一日庚寅　早晴，未初细雨一阵，雨后仍晴。船南行稍西。镇日西面连见山冈成行，乃安南东北界也，水平黑色。至午正行三百六十洋里，在赤道北十四度三十九分。戌初，因船错行停轮片时，乃缓缓退回廿余里，觅得正路，始复畅行。

记：同船四日本人，其至大者仅二十余岁，皆能英法语，一系日本驻义国参赞官，名高杉东一；一往法国学律学，名冈田朝太郎；一赴比国学商务，名福田德太郎；一到孟买正金银行，名高道竹雄。

初二日辛卯　晴，平。午初遥见西南一岛上立灯楼，地名“贤翟格角”。据云此时如不见是岛，则西贡之午潮退，不得进口，须待明晨矣。至午正行三百十二洋里，在赤道北十度十九分，下余六十六洋里。未正抵西贡，进口左右绿树丛〔葱〕茏，所识者棕铁而已。两岸荒地开垦颇多，皆改稻田。申正泊岸，将近岸声一炮，船进是口之定例也。口内轮船惟德国多至二十余只。本船上下货物，喧阗聒耳，自宵达旦。

初三日壬辰　晴。辰正登岸访张沃生观察（霈霖），入内见蔡复其，皆三十年前之旧雨也。少坐，先乘马车游花园。园中鸟声千种，花随四时，风景颇佳。屋内设铁槛，增驯象、文豹各一，象牙垂地，豹皮斓斑，与余在他国所见者同。游毕，约在大店早餐，未刻谢别回船，见男女老幼客添百余。申初开船，将出口复声两炮。酉正一刻出口，平而热。

初四日癸巳　大晴，极热。至午正行二百八十九洋里，在赤道北六度二十分，下余三百五十九洋里。随行频见飞鱼成群，游跃于波浪之间。

初五日甲午　阴。未初抵新嘉坡，傍岸间大雨一阵。旋偕众同事乘车至中国领事公署拜总领事张弼士（振勋）、笔政沈鼎之（铭）、司马刘葆森（玉麟）

及林�台、魏星叔、余丹署、洪惠余诸君。同坐啜茹，少叙寒暄即乘马车驰驱数里后在公署晚酌，同座有粤人吴夔甫名丕球者，现列华商第一，英廷准其在此入座议事。亥初谢辞回船。亥正一刻船开，出口甚平。

初六日乙未　晴。至午正行一百八十八洋里，在赤道北二度四十四分，下余一千三百八十二洋里。入夜腹痛水泻，遍体燥热，口觉无味。

初七日丙申　晴。早起，经本船医官给白药末三小包，以凉水冲服，乃止痛止泻者。至午正行三百三十六洋里，在赤道北五度二十九分。

初八日丁酉　晴。至午正行三百三十四洋里，在赤道北五度五十二分。入夜大雨，雷。自昨日余早晚服药两包，痛泻顿止。

记：余前数次随使东西各国，率皆数万里外，其地或极寒或极热，未尝不服水土，惟九次往来过此，皆患水泻之疾。其所以然者，非因久食洋菜，骤易华餐所致，实乃此地水性烈而肉食亦不合余之口胃耳。盖燥渴思饮，多饮既泻，而少饮亦不免也。

初九日戊戌　早阴，巳正大雨，午刻稍晴，移时复雨。至午正行三百四十二洋里，在赤道北五度五十二分。连日早晚惟饮馇粥一瓯，今日口中始有津液。

初十日己亥　晴。水微波而船摇。至午正行三百四十四洋里，在赤道北六度三十二分，下余二十六洋里。镇日右见山冈峭然，水色深绿。未初一刻抵锡兰之班得高，进口停轮，港内商轮辐辏，景物依然。法公司往来原不换船，近改每次有船自澳大利亚又名“新金山”驶会于此，客之直去马赛者换船，否则仍坐来船北至孟买，再西赴亚丁，经苏耳士到马赛。此程须多行五日，其换船与否多归公司定夺。前在上洋接星使买定船票，中有二人不换船者。迨登轮后商诸账馆，伊谓既系同行，不宜两致，遂以红笔涂抹，统改换乘。故到此于申正将行李提出，概上渡船。余先执票坐小轮舟至彼船，船极大，名“澳大利亚”，盖法公司初开此道，即将第一船之往来者取地名名之。入见账馆，往来斟酌多次，惟云头三等舱皆无，二等舱仅余五床。适诸同人亦到，余告以故，遂俱返原船，而大件行李皆已移去。余谓如非需用，即令该船带赴马赛，必无遗失。因时已酉正，运回不易，同人以为可。余拟向该船言明，而于心泉欲取回三件，尹元辅寻觅一件，至彼告知管行李人。心泉取讫，余又代为具结，回船后知元辅寻件仍在本舱。

按：客之未得移去者，除余等十人外，另有葡、日、瑞士、瑞典者七八人。

十一日庚子　晴，热。巳刻，“澳大利亚”及去上洋之法公司“亚腊”二船开。未正本船开，出口风静波平，水深蓝色。

十二日辛丑　晴，天虽热而微风，颇觉清爽。至午正行二百八十五洋里，在赤道北九度八分，下余六百四十二洋里。

十三日壬寅　晴爽如昨。按：热带不结冰，现各处侨居之洋人及往来各船所用者，皆系人工所造，味较天然者稍逊。至午正行三百零九洋里，在赤道北十三度五十一分。

十四日癸卯　晴。船北行，东面隐隐见山，海面渔舟三两，水色葱绿。连遇往来轮船六七，名皆未详。午正一刻抵孟买（英名邦贝，地在印度正西界，赤道北十九度零）。先是本船贴一告白，大旨谓孟买瘟疫流行已逾半载，故者甚夥。本船到后，望诸贵客除专来此地者下船，其他请勿登岸以免传染。至迫于无可如何必须上岸者，本船亦不敢阻，惟祈自行小心可也。故船到下碇后不放旁梯，禁止土人上船售物，凡有舟艇驶近本船者，皆以水激之使去。未初信船到，彼此换收信包布袋。既而议定：凡有客买票搭船者，须待明早登船，经医官验无妨碍方得入舱。

又英国在此设有精神官（另等医官之称），定于明晨巳正来船，查验通船各人有无病症，以便电达下站。其中苟有似染此症者，俟到马赛须移赴三十里外之小岛，留住一十五天，每日饮用自给，须费一镑云。

按：此次未得换船，亦似有惬私衷，盖前九次乘槎，皆未经此。既不换船，可得登岸眺瞩，藉拓眼界，不意竟为时症所阻，心实怅然。轮机甫停，凭栏远望。地则平坦无山，微似上海，而楼房数点，迥殊阛阓云连。口外二灯楼，一红一白，口内二土炮台，毫不壮观，景不新奇，游兴因而顿止。入夜灯光无几，不似他处之灿烂如星者，幸本船不上煤、水、货物。清风凉爽，终夜得眠。

十五日甲辰　晴。巳正，精神官携男女二医生上船。先令本船之戛桑[①]、水手、庖丁、烙面包匠及华工之佣役、铁木匠、烧煤人等，共计百数十，前后排列两行。医生令解汗衫，按名自首至腹以手捺按，验罢旋至吸烟房。

按：本船坐客名单不拘头、二、三等，一一入右门出左门，医生看舌诊脉而验之，通计亦百余人。各女客皆在饭厅内，经女医验视。午正验毕，幸通船

① 即仆役，张氏《航海述奇》卷一载：法言“嘎拉桑”，即华言童仆也。

无一染时症者。头、二等客中虽各有一年老患病者，皆旧疾也。至新搭船客中，亦有经本船医官验而不准入舱者。未初开行，出口水平如镜，其色深蓝。

十六日乙巳　晴，水平微风，殊凉爽。至午正行三百三十二洋里，下余一千三百二十洋里，在赤道北十七度三十一分。

记：迩来各处所患之时症，洋名“普拉究”。

十七日丙午　晴，稍热。至午正行三百二十九洋里，在赤道北十六度六分。

记：同船共褴褓物有五，昼夜呱呱，使人转侧宵分，恍恍不寐。

十八日丁未　晴，水平无纹。至午正行三百二十六洋里，在赤道北十四度十三分。晚见男女十余，在船面环坐成圈，同执一作结绳，彼此随手转换其结，随转随歌。中立一人，四面以目追绳，竭力窥察，捉得绳结，则坐者与立者互换。如此玩戏，倦而后已。

十九日戊申　晴，热。午初，船右遥见一大兵轮，系东去者。至午正行三百一十七洋里，在赤道北十三度四十四分，下余三百四十八洋里。

二十日己酉　晴热如昨。早右见枯山一缕。未初抵亚丁，住船后无上下客，依然禁止土人上船，即时上煤上水，人物喧哗，亥初始毕。遥望岸上，房屋稍增，轮船大小亦不下数十。子初展轮，出口水平，稍凉。

二十一日庚戌　晴。早见左右皆山。入红海，水深蓝色，浪微涌而船不摇。至午正行一百六十五洋里，在赤道北十三度三十九分，下余一千一百四十五洋里。

前日闻土耳其与希腊鏖兵，希败，伤人千余。或谓因此恐欧洲亦将起衅，盖英、法、德、俄各有协助之心，惟所欲助者各不相同耳。英德原属至契，今因南斐洲之土地亦渐不睦云。昔驺衍称：“中国外如赤县神州者九……有裨海环之，人民禽兽莫能相通……”①，大抵皆臆度之词。方今列强屏〔凭〕陵，几遍五大部洲，其势力较战国为尤烈，世变之亟可以考镜矣。

又因时症本船出告白，请男女各客将所着之布衣内衬以布包妥，每一礼拜交侍仆两次，便使汽机蒸熏一过，以去病味。

二十二日辛亥　晴。船微簸扬，幸来北风，尚不似前几次之溽热如盛暑。至午正行三百二十八洋里，在赤道北十八度十九分。未初遇一轮船，亦北行

① 语出《史记·孟子荀卿列传》。

者，即时本船趋过。申初风劲，颇凉。

二十三日壬子　晴，天凉至着袷袄。至午正行三百二十二洋里，在赤道北二十二度五十六分。逆风，船簸扬，男女多有晕卧者。同船有英人匹夫匹妇偕其二子者，久居印度，初回国走马赛，不知英法金银行价，更不知在马赛何店可住，乃请教于余，亦奇事也。

二十四日癸丑　晴，凉。水绿色，仍风而船稳。至午正行三百一十五洋里，在赤道北二十七度二十四分，下余一百八十洋里。自午初即见左右枯山绵亘，又见二轮船一南行一北行者。入夜风息，水平如镜。

二十五日甲寅　晴，早凉。丑初抵苏耳士停轮。卯初，有本地医官来船查验各仆役及工匠、水手，恐时症传染故也。卯正信船到，取送信包。本船又自村中购得菜蔬、果品、鱼、冰等，以供七日之用。巳初展轮，进口缓行。因左右沙堤高而阻风，甚热，又换单衫，颇觉干燥。未正一刻抵义思玛里亚之盐湖。闻本船纳进口税每吨合九方半，一人十方，引水人工钱在内。申刻复来二英船，皆系本船昨日赶过者，一名“碧年修腊”，一名“安土耳城”。入湖后即有小轮船迎迓通信，安船乃转入河口，碧船停轮。盖凡船之由病乡驶至各处者，皆悬黄旗，虽住船而不准人登岸，以防病气流传。因安船来自他处，故得即行进河。碧船下锚，距本船不远，其上亦多英人，彼此相识，乃以摇旗交谈，其法与电信暗码同，亦军营队中说话之一法也。入夜颇冷。碧船稍大，较本船长三四丈，舱中上下燃灯三横，每横约百盏，不啻光明世界。且船面前后两处奏鲛人之乐，作鸳鸯之舞，极形闹热。戌初南来一船，北来三船，皆前挂大电灯，远望如日月光之闪烁。亥正，本船及碧船皆燃大电灯，前后展轮入河。

二十六日乙卯　晴，冷。辰初出河，至波赛住船，又添市牛羊肉、果品、菜蔬甚多，因此船供四百人之饮食也。既而“碧年修腊”及“西敏斯德”二轮船亦到。辰正本船上煤，巳初上毕，刷洗船面。巳正碧船先开，待至亭午，本船亦开。见接岸所筑假石长堤竟被波浪冲损，幸左右水尚不接，而距海口外不远，水仍平定。出口逆风，微波而船不摇，载重故也。闻新开河长八十七洋里，广七八丈，深约三丈。疏凿之功，近古罕比，其利当在郑国渠之上。至午正行二十四洋里，在赤道北三十一度三十八分，下余七千四百八十六洋里。申初浪涌船摇，尤冷。晚餐得食枇杷。

二十七日丙辰　晴，北风极冷，镇日波浪汹涌，船则簸扬无宁晷。水频激过船面，乃船头忽而沁人，或船尾忽而翘出，故轮虽转而无力。至午正仅行二百七十二洋里，在赤道北三十三度二十二分。头等客共五十七人，今日早晚餐仅八九人。同事诸君卧者固多，而呕吐者亦有二三焉。

二十八日丁巳　晴。卯初过干的大岛，为前土希交兵处。辰初风息水平，船始畅行无阻，天亦即暖，男女行客始多至船面，互相顾问，促膝交谈。至午正行三百十洋里，在赤道北三十五度四十分。

二十九日戊午　晴，暖，水平。至午正行三百二十八洋里，在赤道北三十八度七分。未初过墨西那，左右山岛连绵，遥望楼房整洁，水秀山清。南为西奚里，山名“艾帖那”，终年积雪不化，望之如长空垂白练，下产硫磺，亦极丰盛。北为义国，山名“克勃洛”，顶亦有雪。两山对峙，奇景也。入夜阴。

三十日己未　阴，凉。至午正行三百三十八洋里，在赤道北四十一度十三分，下余二百三十八洋里。未初左过阔尔奚戛岛，属法国；右过萨尔的尼亚岛，属义国。二岛之间水微波，幸船不摇，否须绕行阔尔奚戛岛外，较此远百余里。然此中礁石颇多，非熟海道者不易驶也。遥望岛上，房屋点缀，多白色者。连遇风篷小船二，一载桦木，一载他货，皆顺风扬帆，泛行殊快。因明日到马赛，为法公司之末站，自放洋后一路平安，诸客咸感船主情义殷挚，乃公作诵词一章赠之，通船头、二等客陆续画押。戌初细雨一阵。

## 四月

初一日庚申　晴，凉。卯初抵距马赛以北约二三华里之阜里攸地方，转入口内下锚。地系二岛，左名“波米谷”，右名“拉兜奴”，彼此相距不足一里，中间接以石堤作“H”字形。山不高，石皆白色，明净无林木，仅碧草如茵，黄花数点而已，其上人迹颇稀。望中见陋室四行，白楼两行，咸作养病所，名称“三等店”，盖与船上客同，分头、二、三等也。外有小礼拜堂一间。辰初来一医生，将由孟买上船男女各客，皆觌面验过。无病，乃偕船主上岸报官。至众客准否下船，未定。

又凡由孟买上船各人所卧之枕褥，以及各人之便衣、寝衣，皆运至右岸矮屋中，用热气薰蒸，以去病虫。既又来四着白衣白帽老人，抬一激筒，向各舱激药水，以去病味。船主、医官登岸三次，始闻令停此二十四点钟，明晨卯初开行。闻前此一船极大者，因有时症留此十六日，头等客住白楼，饮食一切每日竟索二十方，按时价合银不足六两。如此强留，英人多谓法之不仁，且多言而无信云。

初二日辛酉　晴。寅正一刻展轮。卯初抵马赛，未傍岸即有马赛大店中人上船迎请（系前三次住过者）。卯正停泊下锚，店人以车来接，手执幞物登车。辰初入店，沃盥毕早餐。午正，随身行李及前由“澳大利亚”轮船带来各件齐行运到，约众同事酌量分清，需用者随身带之，其他皆走慢船。计十人中择其必须者三十一件，走慢船者四十三件，内有自上海为星使携带之书籍、锡器、靴、酒等，共十六件。酉正同众出店，缓步数里，肩摩毂击，阛阓云连，较十年前尤属繁盛。刷皮鞋、涂黑色亦设有专铺，乃左右座分两行，各截成榻。刷者跪榻前，并代刷毡衣、袄裤，工价三四苏。酉正晚餐，得食樱桃。亥初先发行李，既乘马车行八九里至火车栈。因车夜行，车旁有推小方车往来喊赁方枕、毡被者，每份一方。用者给有凭票一纸，上印第若干号，赁钱付讫。无论至何站，客自下车，遗留车上，自有人收去。亥正开车，行一夜。

初三日壬戌　晴。卯正一刻至吕阳换车，辰初复开。自昨见各车棚顶架悬大书一本，装潢华美，厚寸余，系讲泰西各处景致、车船、道路、铺店、栈房等之最著名者。因无事取下一观，内一图乃马赛山顶天主堂旁之铁道汽车，三年前造成，由地至山头一百六十码，一趟走二分工，车价一人二苏。沿路山水幽雅，草色青青，丁香、藤萝盛发，田地亦皆蕃茂。酉正至巴里吕阳栈下车，即坐马车，行十数里至北路栈，偕同人瀹茗。戌正登车，有世益三、联文泉来访，皆执友也，坐谈片时别去。亥正开车。入夜极冷。

初四日癸亥　阴。丑正抵戛蕾海口下车，即登英轮船。船名“恩波来斯”，长二十余丈，宽三丈，明轮，式与前几次坐者同。亦售酒食点心，惟添有女客舱（用者外加一镑）、男烟房，而大舱内仍设铁盆数十，以备客人呕吐者。丑正三刻展轮。天虽冷而风，幸船不甚摇，而波浪依然不时打过船头。同船男女三十余人，多英国者。内二人，年皆三十上下，一名梅多尔，一名费士本，皆巨商也。初见叙谈温恭，后约吃加非、点心。英税关新规：客人行李不能即随上车，须待验过方得分送各城。梅、费同言如此晚到，恐有误诸君，莫若唤本船二三人，令先将华人行李觅积一处，俟税关到时告以并无烟与茶叶，不必开验，即请放行。寅正至都法海口傍岸，税关上船，告知一切。伊即以白灰画暗号，概准搬出。登岸后，又经梅多尔向车行言定头、二、三等各一间，贴帖不租他人。坐待运上行李间，费士本又送热茶一杯、槽糕一块。食间旁看水面泊岸轮船二艘，小船三四，皆风吹浪涌，摇荡异常。又左右山顶多古行宫，皆千年前罗马人之卫所也。卯初车开，辰初抵伦敦维克都里亚栈。因使馆无人前来，梅、费二君又代吩咐车辆。查点行李，内缺两件，栈房人云俟两点钟后到来当即送往，余遂将住址地名写给。时值大雨，辰正到使馆。叩门多次，立至巳刻，门丁始披衣出而开门。登楼觅得房间，搬运行李。午初雨止，所缺二件行李送到。车夫带有号簿，收到画押，仅索车脚二先令，行李每件二本士。

午正大晴，天冷至着棉衣。早餐后分班谒见星使，继拜先到诸同事。见马清臣参赞（格理），亦旧雨也。畅叙已往，知其三子一在喀什噶尔，一在福州，一在南斐洲，其女已嫁，现住距伦敦九十里之开拉他村。龚星使移住朗康店，今日为其诞辰，遂偕同人前往叩祝，未见。

初五日甲子　镇日阴晴不定。询知罗星使前于三月十四日到马赛，十五日到巴里，十八日到伦敦，四月初二日未刻在文添行宫递国书。

又龚星使前于三月十三日移住本街朗康店。星使自前年九月忽患呕吐带血，既而音哑，语言不清。先华医疗治，月余无效，改延英医辛印。辛医系马清臣之旧同窗，当时由伊所荐。诊脉后为之雇二女仆，朝夕服侍看守，禁用华药。治几一年，时而稍轻，时而尤重，其人获得马钱千余金，毫不见愈。至上年七月间，同事唐竹溪浙江名医也，札调到此，即请服用再造丸及他药。至十二月稍好，开口能言，且一二人扶持可行数武。迨本年二月，一因郁结未舒，兼之饮食无节，而旧症复萌，呕吐带血，哑不能言，遂又改服洋药。奈中外医治两歧，有谓系肾病者，有谓为肺症者，故至彼此久治罔效。有言恐其疾革朝不虑夕者，有言如不气怒，安心自养，尚可延寿一二年，否则震怒肺裂，而刻不容医者。迩来中外药概不用，饮食难咽，或咽即吐，惟啜牛奶几匙而已。病已膏肓，如能生入玉门[①]，尤为幸事。现择明日启节，坐英轮回华。

又今日午后，窗友陈安生（贻范）、王畹南（汝淮）来拜。

初六日乙丑　早晴，午后阴，微凉。龚星使病笃，幸有少君怀西（心钊）随任服侍。拟乘英公司“澳大利亚”，并约定沿途如有意外之举，不得弃诸水滨，即时成殓，携带回华。故自此凡衣衾、棺椁概行随带，以备不虞。今日巳刻起节离店，乃四人以厚褥舁入双马大车，驾赴伦敦东之阿拉巴船坞，该船明

① “生入玉门关”源自班超向汉和帝乞归之奏折。《后汉书·班梁列传》载：超自以久在绝域，年老思土。十二年，上疏曰：“臣闻太公封齐，五世葬周，狐死首丘，代马依风。夫周齐同在中土千里之间，况于远处绝域，小臣能无依风首丘之思哉？蛮夷之俗，畏壮侮老。臣超犬马齿歼，常恐年衰，奄忽僵仆，孤魂弃捐。昔苏武留匈奴中尚十九年，今臣幸得奉节带金银护西域，如自以寿终屯部，诚无所恨，然恐后世或名臣为没西域。臣不敢望到酒泉郡，但愿生入玉门关。臣老病衰困，冒死瞽言，谨遣子勇随献物入塞。及臣生在，令勇目见中土。”……书奏，帝感其言，乃征超还。

日展轮。想吉人天相，不药自愈，定当平安抵沪也。

初七日丙寅　阴晴不定。午后，旧同事现驻法国参赞官王鹏九（锡庚）、赫乐彬之弟赫政、中国伦敦帮办税务司金登干来拜。

记：西国补牙一法，固属精巧，究有费钱既多，仍归无用者。闻龚星使前于到英时，口中尚遗二门牙，拟补满以利咀嚼。逮牙医某甲见时，乃谓敲去满补为妙。星使从之，遂以金补两次。初次不合式，口动辄坠，再虽不落，而啮之即痛。该医竟谓疼痛无碍，久自合口，而无别法，故终不能用。计前后共费一千余镑，亦不为菲矣。

初八日丁卯　阴晴如昨。西人兴用脚踏车，十数年来皆壮年男子骑之，或以代步，或以游骋。此次来伦敦，则见男女骑车者甚夥，甚至幼童稚女亦皆骑之，更有车前坐人，车后带一木箱，以去各处送货者。惟女子为骑车故着短裙，前后剪开襟，行动极快，且与公车并驰。迩来新报啧有烦言，谓妇女因骑车着短衣，有败风化云。

初九日戊辰　阴，凉，入夜大风。伦敦城东鄙稍南一带曰“老城”，楼房高大，闾巷窄狭，新城之利贞、敖斯佛两大街，皆与之接连。数年来，自利贞街东北之柴苓十字街口以东及敖斯佛街东首之贺乐本街以东，皆街改宽直，道修平坦，或漆或未，楼则宏敞，一律整洁。街中心每箭地立一电灯，高逾丈五。故昼夜车马驰驱，男女肩摩，亦不亚于巴里之义大里、贤马丹等大街矣。

初十日己巳　早晴，午后阴，申刻骤雨一阵。

记：伦敦街市旧有“非”字形铁壁，为男子溲溺处。近见各大街中央添设男女中厕，乃建在地下。地面先立石阶，高约半尺，宽丈余，长四丈。两首作椭圆形，阶上左右各立一“门”字形铁阑，高各四尺，左右各长丈余，后宽七八尺。两阑左右皆挂白质蓝字铁瓷牌，分注“男”“女”字样。其女中厕未便往观，男中厕则由前步下石阶八级，内分两途，以便出入。地亦石墁，中立一“非”字形铁壁为溲溺处。左右各先一小间，左间为看守中厕人住，右间为行人净手处。内横设木桌，列四瓷盆，旁置胰皂、面巾，用者出费二本士。此后左右各分五槅，每槅宽逾二尺，深三尺，如船上之中厕，惟后墙不设木箱。乃临墙距地二尺设一白瓷盆，半在墙内，半在墙外，形似胡卢如瓢。凡出遗者坐其上，尿屎自顺水流入地下，盆左挂白方纸成刀。墙既砌以瓷砖，地亦墁以缸砖，门窗一律，各处无不整洁。又此地洞高约七尺，地面有厚玻璃作棚，故天光透入，内中毫不黑暗。

十一日庚午　晴，凉。戌初，王鹏九约余与尹元辅及小儿荣骅在来赛斯特尔坊恩培尔园看杂耍。园颇大，外三门，宏敞壮观，内式与阿拉罕布喇园同。容人千余，整齐华丽，灯烛辉煌。每晚共演一十四场，余等到时已演至第三场之半。

按：其第一第二两场皆歌曲者。第三场系二美国黑人，一名韦良，一名倭勒克。韦之面色稍黄，骨骼同西人，倭乃稍肥，面黦亮如漆，白眼白牙，口大唇厚，色赤如猩。随舞随歌，张大其口，斜裂其唇，瞪眼露牙，翘臀举腿，故作憨态，种种可笑。第四场系一男年近三旬，名屠鲁朴，四女名未详，长者十七八岁，幼者十四五岁，各着浅蓝靠身，自脐下至两胯着深蓝银边短裤。台上系三“⊥⊥”形横吊棍，当中者稍长，彼此相距一丈，台面离地尺余横铺绒绳大网作盆形，以备不虞。男女在上戏耍、打秋千，与前在柏林看者同。惟二长女倒悬左右棍上，二幼女并倒悬当中棍上，彼此往来悠扬，幼女竟能或倒或正悠入长女之手。飞动极便，身轻若刍灵，观之令人目眩神驰。第五场仅一人名佛里呢者歌曲，无甚趣味。第六场则大戏一出，典故系一岛距法国不远名“克里斯兜”。村中一女名莫尔赛，早经但太斯者聘定，后被该女之情人傅尔楠娶去。娶时通村男女庆贺跳舞，极闹热。但太斯探知告官，乃同系傅尔楠及当娶时俸经之神甫于犴。神甫年迈，自知将死，乃掀窗破壁，悄唤傅尔楠入彼屋，告以故，并给以地图一幅，言在某处某桃树下埋有珠宝一匣，另交钢刺一把。傅尔楠去，神甫死。守监人至，查伊气绝，乃盛入一大布袋中。守监人去，傅尔楠潜入，移尸他处，自入袋中。天未明，二守监人执灯舁袋出狱，抛入地中海。傅得泅近小山，抢驾小舟登岸，觅路入山，以刺拔树掘地，获得宝匣。下山猝遇其妻，互出非望，遂以珠宝贿买得回里门，一时腾踊，富埒王侯。邻居男女咸执仪往贺，宾客阗门，鼓吹跳舞，兴尽而罢。[①]通场男共廿余，幼女逾百，各皆古装，五彩新奇。总之，日月云星、山水花木、楼房景致，遥望无不与真毕肖。第七场系四小丑，装扮狰狞，着白衫白裤，顶立直毛，白脸红嘴，笔画黑眉，双目灼灼如鬼，耍弄歌舞，招笑百端。第八场则六人各着肉色靠

① 日记对《基督山伯爵》剧情的介绍较为简括，交代了主人公被诬身陷囹圄的事实，重点记述了其从狱中脱逃以及掘地寻宝经过，对于基督山伯爵重归故乡之后的一系列复仇活动，则没再提及。张德彝笔下的“但太斯”（Dantes）实际是“傅尔楠”（Fernand），“傅尔楠”才是“但太斯”，两个人的名字被张冠李戴了；原作中傅尔楠于莫尔赛爱而不得，并未将其“聘定”；狱中之意大利神甫（Faria）一直系于狱中（二十七号犯人），并未出现在但太斯婚宴之上（实际婚礼亦未举行）。本篇日记之错误，主要是记忆不正确所致。（详见尹德翔：《东海西海之间——晚清使西日记中的文化观察、认证与选择》，北京大学出版社2009年版，第182页。）

身，横列四桌，在上翻滚耍舞，健步如飞。第九场台中立一布围，周一丈，高五尺。一人名罗柏尔者先着本衣至台前，立陈数语，随入围内更衣。每次不用二秒钟，出则像貌、衣装齐改，或男或女，或老或幼，换法精妙，速快异常，而动作、语言亦各不同。每次将去，当面摘帽脱衣，本形毕露，是使人不疑其假也。第十场三人打秋千，一人俯卧半空，口系两人在下旋转，其人牙齿之力可知矣。第十一场十四红衣红裤之亚喇伯人，先一人直立，腰横二人，左右腿与肩上各斜立二人，头蹲一人，头上人又腰横二人，左右膝上各立一人，两手又托一人仰卧，两腿盘绕其脖，十三人迭立作似“喜”字形。是各人固皆须着力，而第一站立之人诚一孟贲[1]也。第十二十三两场未演。第十四场系一幼女歌曲，未看即谢归，时已子初。

十二日辛未　阴。前由马赛偕诸同事上下十人来伦敦，随处节省，未敢妄费。宵昼兼程，马赛既未住，巴里亦未逗留，沿途并未打馆，点心一次而已。及至伦敦之坐马车、搬运行李之费，仍请同事分数自备，其他所用皆仔细开报，并各凭单、收条一律呈交。乃经支应传谓星使以由马至伦之行李费不便作正开销，当请诸位公摊，因先来诸君皆经自备耳，余即向诸同事言明凑齐交上。以后遍问先到诸君，咸谓并无其事，或云并不记得者。

十三日壬申　晴。本街南首朗康店右于去冬新开一小戏园名“玛堤内”，每日申初开演，申正二刻散。今日园主帖请星使与余及罗梦祖、罗叔羹往观，列座池中第一横。园不大，容人二百。所演小戏，第一场系哑戏，按规行动而不歌。起首一乡间幼年夫妇，男名皮艾洛，在外佣工，其妻在家执炊缝纫，彼此颇恩爱。一日大雪，夫归，出钱交妻，甚喜。夫言存钱买牛耕地，妻谓养蚕吐丝。既而列桌放菜，将欲食，忽闻敲门声，夫妇皆惊。启而视之，乃二年幼卖艺者，因雪冷迷途，求食借宿。问其姓名，答曰阿莱昆。皮夫妇怜之，准入，爇火使烤，供酒温肚，促膝炉前，遂相款昵，竟至彼此换爱各人之妻，乃暗约同寝。夜半阿由皮妻身边窃得钥匙，吹哨唤己妻，同于暗中开柜盗钱囊逃去。迨于昏黑之际，皮觅阿妻、皮妻寻阿时，二人突遇，互相诧异。秉烛遍索

① 《东周列国志》载：“有齐人孟贲字说，以力闻，水行不避蛟龙，陆行不避虎狼，发怒吐气，声响动天。尝于野外见两牛相斗，孟贲从中以手分之，一牛伏地，一牛犹触不止。贲怒，左右按牛头，以右手拔其角，角出牛死。人畏其勇，莫敢与抗。闻秦王招致天下勇力之士，乃西渡黄河。岸上人待渡者甚众，常日，以次上船。贲最后至，强欲登船先渡。船人怒其不逊，以楫击其头曰：“汝用强如此，岂孟说耶?”贲瞋目两视，发植目裂，举声一喝，波涛顿作。舟中之人，惶惧颠倒，尽扬播入于河。贲振桡顿足，一去数丈，须臾过岸，竟入咸阳，来见武王。”

无人，钱柜门开，始知二人盗钱潜逃。夫妻无法，追捉不及，对哭互劝，始行整顿度日，井臼自操。一切房间、雪景皆甚可观。按：西人之戏文，多非实有其事。此场乃比皮为蚂蚁，阿为蚂蚱。入冬大雪，蚁可隐匿，蚱则无窝而求宿于蚁，蚁反被窃，足见人心不古，善不易行也。

另一场为变戏法者，系一英人名狄本实。共演三次，惟中一次乃先由台下请座中一男客登台，坐于正中。又向客中借一金表，递交台上客。后给一信筒，请客封表其内执之。再向客中乞一小烟卷，燃火，吸之无烟。急折视之，非烟乃纸牌二页卷于其中。狄曰："客戏我也，以我好赌也。"既由客中借"且"字形高帽一顶，以绳系悬棚上。乃言："我将移表入帽中，请客一手高举封就之信。"狄遂一手扶信，一手指帽曰："过。"即问客曰："表尚在内否？"客曰："不知。"曰："请拆封视之。"表竟羽化，而信中存者乃烟卷中之丝烟也。继言："表已飞入帽中，今当奉还。"系帽下视之，内盛非表，乃一长包。狄曰："似非表乃钟也。"其包三寸见方，长约五寸，包以白纸，捆以蓝绦。请客以刀割开，内仍包纸捆绳，连割六次，末则一大面包。乃言："惜表不在内，当即以此物偿之。"表主接去，以刀开视，表在其中，亦奇矣。不知何以烤烙、包裹取送如是之速耳。又言："表既取出，恐帽中仍有他物。"后竟由中提出皮鞋二双、瓷碗一对、纸扇等物一堆，殊觉精巧敏捷。看毕谢归。

十四日癸酉　晴，稍暖。罗叔羹忽谓众曰："此次费用太繁，钦差不能多雇洋仆，楼上无人伺候，可请诸位公雇一人，以备洒扫买办。"于是，有谓不能英语难于使用者，有谓自有跟役不用洋人者，更有言此项本皆作正开销，且罗梦祖自雇幼女仆伺候，他人愿者亦可，何须公雇？叔羹无言，因作罢论。

十五日甲戌　晴，热，早晚仍凉。闻英人新造一种来复枪镜，镜安枪上，高出二寸，枪下亦有镜，与上镜相映，如千里镜。人匿于石木之后，用镜测量以制敌，无须昂头露面，为敌所窥。其技创自英参将韦懔佛，该参将试用之初，施放九枪，七枪皆中正鹄，二枪竟中于正鹄中心之黑圆内。此等惊人绝技，洵战阵中之利器也。

十六日乙亥　晴，热，恰似京中四月天。未初贤翟木斯宫设朝会，余同马清臣、林和叔、罗叔羹、陈幼庸随星使往入宫，一切规模如前。立至未正右门开，随各国公使鱼贯而入，至御座前行礼毕转立对面。太子、卫拉斯王年已五十有五，须发稍白，精神矍铄。以左排立者为二三太子及王叔堪诸公。今日本国文武数逾一千，见时太子与之拉手问候者大半。申正见毕，太子率诸王公退入内门，各国公使退出左门，下楼登车回使馆。往来近宫一带，男女观者蚁集。

十七日丙子　晴。未正，英君主在卜静宫设男女朝会。星使率马清臣、罗叔羹、罗梦祖、曾叔吾、沈荔虎着蟒袍、补褂往，申正一刻回署。

前经龚星使带来在马克心炮厂学习铸炮之学生二名，一系安徽合肥县人谢邦清，年三十岁，一系直隶天津县人宋芝田，年二十三岁。学已二年，未识有无成效。今日星使出题，令余试之。谓如以题义较深，即可改题。题系英文及算学，谢所能者言谈数句而已，宋能默写以英译汉，文不甚通，算学亦仅加减乘除，遂皆改题。逮各写毕观之，诸多勉强。

十八日丁丑　晴，热。午后，星使交余炮学书一本，令择题再行考试。余乃选得马克心厂所创快炮一段试之，宋得答论半开，谢则不解。又造炮法一页，则宋写而谢照钞之。至谢之所微知者，乃画图并专种炮身之尺寸规模，然亦未写出，仅画一图而已。

十九日戊寅　晴。前于二月初间，户部左堂、总理各国事务衙门大臣张樵野堂宪奉旨派为头等钦差大臣，前来伦敦贺英君主即位六十年之大庆。宪使于二月二十四日出京抵沪，后坐轮船东驶，过日本至英属地维克都里亚海口，改坐火车至美国纽约。前于十七日起节来英，约在二十五六日到伦敦。已在斯特兰街赛西店中租定楼房十间，而随从人众，不敷分居。昨日来电，嘱在乡间代赁一区，须容二十人者。先经林和叔在诺尔乌村觅得容十五六人者，管饮食，设床榻，有仆婢，一切与店同，租价每人每一礼拜三吉呢。因恐价昂，今日星使复令余同林和叔觅代租房人去乡间另看一二处，择其价廉者租定之。未初同代租房人卜艾坦坐火车先至青斯屯山庄，下车步行三四里看一所。花园广大，楼房宏阔，惟只租房，他概不管，且至少须租两月，每月房租二十五吉呢。去此再乘火车行数十里至骚斯扉镇，下车行二三里另看一所。房间不多，无花园，每月房租二十吉呢。看毕步回车站，少待，仍坐火车回伦敦。到使馆回明星使，合其所值，遂拟租定诺尔乌村者。

二十日己卯　晴。本使馆前墨堤墨街第六十五号一小铺名“普兰贵”者，不能钉瓷，而善粘瓷补瓷，整旧如新，不漏水，不怕热。余带有花瓷大碗一枚，未经收妥，碰落一块，持往令粘。问其工价，曰三先令。按其碗原值不及四本士，于是告以此碗不必费神，戋戋微物，今特奉送。其人深谢，喜溢眉宇。

二十一日庚辰　晴。走慢路之行李四十二件昨日进口至伦敦，今早转运行瓦达森来信，言税局开验一箱，内有烟叶犯禁，恐他箱仍有别物，欲概行开验，望即设法使其免察。余遂回明星使，致信外部，转达税局。

二十二日辛巳　晴。尝思天下五大洲人之相貌不同，于是各国之制度亦异，即如洋楼按华式装潢不壮观，而华房照洋法陈设亦不合体。衣服亦然，洋人改华装，或华人服洋服，皆不似土人之行动自如，而更令人观之诧异。然其尽行改扮者尚可，如法之神甫改华装，日本官场中人着西服是也。至其改不尽改而稍改一二者，各国之苦工、匠役、商民间或有之，罕见有仕宦富家如是装饰者。不意我华人竟有顶戴、挂珠，着蟒袍、补褂，而两手戴白皮手套以入王宫者。按西规戴白手套为至恭至敬，按中国制度并无此例，见君王尤不如此。究不知服之不衷，从华例耶？抑从西规耶？尚望服此手套者明白解之。

二十三日壬午　早阴冷，午后晴。今日即西历五月二十四日，为英君主生辰，各使馆皆挂旗以庆贺之。

申初同沈藕生、吴少序步至马力赉路路北看蜡人。高楼四层，开敞整洁，惟中尚多修理之处，阑以布帐，或致黑暗，或阑阻不通，未获畅游。且罗列蜡人虽多，然多鹄立，不甚活泼，较十年前在贝格尔街所看，楼虽高大，而景致颇不如前者。

按：蜡人造法始自百二十余年前，有瑞士国柏安城人柯尔特斯者，精于格致各学，为创此艺之鼻祖，后为其甥女郭莱淑氏所绍其成。先是柯尔特斯率甥女由瑞士移居法京，传习数年。至西历一千七百九十四年（即乾隆五十八年[①]），柯尔特斯故，郭莱淑嫁杜泗鸥者为夫，故以后凡此蜡人馆皆名曰“玛大木杜泗鸥”，译法言杜太太也。法君拿波伦第一赏其能，同时各官宦富室亦多追随仰慕之。杜因不胜其扰，徙居伦敦，先列其蜡人于斯特兰及布拉西斯二街，任人观赏。至一千八百三十六年（道光十五年[②]）移至贝格尔街，大启尔宇，列男女老幼、古今名人之相，规模大备，各肖其真，于是观者争先恐后。数十年来，由母而子而孙而曾孙杜卓安，世传其艺，获利无算。卓安年十四即能塑米兰王等像，尤属精巧绝伦。至一千八百九十二年（光绪十七年[③]）始移至此，广建大厦，恢宏其业，增列蜡人，数至三百七十四焉。

---

① 应为乾隆五十九年。

② 应为道光十六年。

③ 应为光绪十八年。

二十四日癸未　稍阴。见西人创造一种面糨，名曰“斯提发斯特”，释言粘得结实也。不知造以何料与面，惟嗅之稍有潮脑味，乃能久用不瀨，不生异味，不变别色，诚属得法。其价：大玻璃瓶粗五六寸高三寸者，带木盖与鬃刷，每瓶一先令，小者减半。

二十五日甲申　阴雨阵阵。张星宪前于十八日由纽约坐美国轮船“巴里斯”走大西洋来英，约在二十五六日到骚桑屯海口，星使派余同林和叔、陈幼庸、罗梦祖、任谦斋恭迎宪驾。午初同乘马车至倭特路火车栈，登车即开。一路细雨淋漓，花木繁盛，莱蔬分畦，腴田连阡。未初一刻抵骚桑屯，下车步入来得立店，知金登干先到，坐谈片刻，查定房间。因店势稍小，楼房不多，遂步入街前西南店。楼房高大，开敞壮丽，复即租定多间。戌初美公司进口，余同林、陈诸君及金登干乘马车至码头，恰值船到尚未傍岸。同时，本城美尔盖坦、阿得满、埃玛牛率书手那得尔亦到，各着官衣、皮领红带，手执金圭银角来接。迨船停泊后登船，美尔等先见，陈词诵仰，张星宪亦立答数语，以表谢忱。继而余等叩谒毕，知所带各员中旧识者。觌面，略道间阔，后即登岸上马车，送张星宪住西南店，其他分住两店。

记：此次随张星宪来英国者，头等参赞官为候选道梁诚（镇东）；二等参赞官为户部郎中瑞良（鼎臣）、刑部郎中顾肇新（康民）、候选道陈善言（霭亭）；三等参赞官为兵部员外郎曾广铨（敬诒）；随员为兵部郎中钱绍桢（铭伯），礼部主事阎乃竹（成叔）、罗凤华（筱豪），候选道陈昭常（简持）、李经翊（季仲），分省补用直隶州知州马廷亮（拱宸），山东候补同知许应骧（仰周），候选同知彭思桂（召南），广西试用县丞李熙敬（谦叔）；西学医官：曹志沂（咏归）；供事：分省县丞萧佐廷（辅堂）；武弁：陈吉胜。

二十六日乙酉　晴。昨日英廷得信，即由他车带来御用火车一辆，其式与余前随郭星使赴文涊行宫者同。今日午初登车即开，凡由伦敦来接各人，皆另索车费，且因系专车，价更加倍。未初一刻抵伦敦，有外部差人以君主御车接入赛西店，罗星使跪请圣安。至申正罗星使辞出，余等鱼贯而入，禀安禀辞。酉初回使馆。

二十七日丙戌　早微雨，午初雨止稍晴，既而阴晴风雨不定。酉刻，罗星使请张星宪及众参随在本街朗康店晚酌。亥正随星使乘车入卜静宫听乐，一切皆与前同。惟歌者三男二女，各皆声音宏亮，长调短调，宛转玲珑，闻之令人怡悦。

二十八日丁亥　晴。前由马赛运来之行李今日申初经瓦达森行以敞车载至，随有税关一人。其四十二件内皮木箱支多伤裂者，且余之大木箱改换稍小。开视，失去盛香油、酱砖、老米之三马口铁箱。其他各小木匣亦皆毁坏，以至绿豆、冬菜、粉条混杂一处，火腿、皮靴乱置，并搀有干草、旧棉花等。余欲不画收条据，税关人云："此与本局无涉，即请询诸瓦达森行。"余遂画押使去。

二十九日戊子　阴雨阵阵。未正，张星宪及瑞、顾诸君来拜，本使馆各人站班接送。

余屡次来伦敦，早晚步行于市，土人见之，惟下等粗人小孩有以"亲亲中国人"呼之，罕有牵衣扯辫及出猥亵之语者。不意久住此及初到此之华人，虽头戴二品顶戴，亦匿其辫于衣内。询之，答以近年如此。且有着洋皮鞋并多处破格杂用西装者，其不顾大局如此。

## 五月

初一日己丑　晴，热，入夜大雨，雷。记：天下各处文字之大概相似者统分为二，第一为亚洲者，如中华、日本、高丽、安南、琉球者相似，其次则满洲、蒙古、西藏者相似，再则印度及其西南各邦者相似；第二为欧美二洲者，英国与美利坚者同，秘鲁、智利与日斯巴尼亚者相似，瑞士、比利时与法郎西者同，其他和兰、瑞典、丹麻与德义志者相似。又日斯巴尼亚、葡萄牙与义大里者相似，其他如斐洲及亚、美、欧三洲之各小国者未闻。

初二日庚寅　阴雨不定。尝思东西各国之银圆，虽大小不同，而互相较定，彼此汇兑，无大亏伤。现惟中国用银，不能与各国并论，而且行价随时涨落。即如按时价英之二十先令，重约库平二两二钱，乃换华银至八两之多，其中所亏者大矣。由此观之，是西国钱价既贵，因而物价为尤贵矣。英之铜钱一本士，合北京当十钱四百有零，伦敦平日贱卖之果品菜蔬，如菠菜一本士十二两，黄瓜四本士一条，豌豆三本士十二两，扁豆四本士十二两，苹果、橘子每个二本士，樱桃八本士一升，杏子一本士半一枚。以上各价，苟按京钱合之，则虽欲买者，亦裹足不敢前矣。夫金币日昂，而银币日贱，举中国之利权，西人从而操纵之。吾恐群雄眈眈实逼处此，苟不思抵制之法，将日削月朘，伊于胡底，可虑也已。

初三日辛卯　晴。闻昨有英妇柯乐克者，坐火车游历义国北界，由米篮镇赴柏洛那村，中途遗一钱囊，内盛四千余镑。迨至萨索玛周庄始经知觉，即时发电各站。其囊系经某站车行仆役名费拉里者拾得，立交该处巡捕，巡捕乃电达柯妇，并不开视而寄缴之。是亦西国拾金不昧处也，何期道不拾遗之治乃于斯见之？

初四日壬辰　晴。罗星使原拟今日约钱铭伯诸君在本使馆晚酌，因闻张星宪将赴水晶宫看烟火，昨晚令余往探，知各随员同往，遂改于明晚，而将明日之公宴移于今日。届时乃楼之上下分坐，有酒有果，而无饭、面或粥。菜有鱼翅、海参，虽按福州做法，加以椒末与醋，亦颇可食。

初五日癸巳　晴。巳正，同人毕至客厅投帖贺节，既而彼此互拜，旋往赛西店叩贺张星宪节禧。

亥刻，卜静宫设跳舞会，外部奉君主命请张星宪及各参随。亥初，余同林和叔、罗叔羹随星使乘车先入赛西店见张星宪。少坐，后同梁镇东、瑞鼎臣、顾康民、陈霭亭、钱铭伯、马拱宸随张、罗二星宪登车入宫。一切规矩如前，无庸赘述。子正回使馆。

初六日甲午　晴，热。记：天下海之最深者为地中海，洋名“美的得来呢安”，水深二万伐色木（每伐色木足英六尺）；次为里海，洋名“喀斯边”，深九千伐色木。洋之至浅者为印度洋，洋名“音颠”，深一万八千伐色木；大西洋，洋名“阿特兰的克”，深二万七千伐色木；至深者为太平洋，洋名“帕奚菲克”，深至二万七千九百三十伐色木。

初七日乙未　早雾，午后大雨，申正晴，酉刻复阴，既而骤雨一阵。伦敦街道现改扩充，然行人稠密，车马繁杂，平日既不如德法二国者之洁净，迨雨后尤属泥泞污秽，不如柏林之随时有人掀扫推撮，便人行走多矣。

初八日丙申　晴。午初，余约瑞鼎臣、顾康民、曾敬怡、马拱宸在本使馆早餐，饮烧酒五加皮，食炸酱面。虽非良酝佳肴，聊以表家园滋味，且久食洋餐者，视此当胜于烧烤牛羊也。

初九日丁酉　阴雨，冷。伦敦男女骑脚踏车人既多，即设有专售此车之铺，其价每辆由九镑至十四五镑。且设有学堂教练，学者一月亦须一二镑。此车乃两轮包以古米，手扶之处当中立有小圆玻璃灯，以使沿途行人躲避。手边又一小铜钟，昼夜行时遇人阻道，即按而鸣之。此车习熟胜于匹马，具体扁小，更无须设厩饮喂，方便多矣。

初十日戊戌　阴雨，颇冷。伦敦点心加非铺极多，加非价由二本士至六本士不等，味差不多。亦有糖块、牛奶，其贵者仅加非稍浓，牛奶另备一小罐耳。客人付钱向交堂倌，外有赏钱。今见有客自到柜付钱者，更有如柏林之堂倌写价单，交客赴柜交钱，而不用赏钱者。

十一日己亥　早阴，午后晴，稍暖。伦敦亦有如柏林之半马店，即名曰“半先店”。无论大小铜、铁、木、革、纸、瓷、玻璃各物，或器皿或玩物，价皆半先令零半本士。铺虽不大，而朝夕往市者络绎不绝。其铺之距本胡同不远者，系在敖斯佛街路北第七十号，名曰“布兰带”，盖通城铺之如是者颇多也。

十二日庚子　晴，暖。前日接信知许星使（景澄）于昨早率金楷理由柏林启节，今日戌初二刻到伦敦。酉正随罗星使乘车至贤柏洛火车栈，少待车到。见后以马车迎入赛西店，既而投刺禀见。亥初回使馆。

十三日辛丑　大晴，热。巳初，许星使来拜。酉初，邻居喂猫巷第二十四号之医生巴玛诺请茶会，余偕曾叔吾、吴少序、尹元辅率小儿荣骅步往。屋窄人多，立听客中男女歌唱一场，既而下楼入旁间，各吃加非一盅，辞归。戌初同尹元辅、袁仁圃约王鹏九、萧辅堂晚酌，彼此畅谈甚欢。

十四日壬寅　晴，热，着单衣。申正，乘车西行十六七里至福朗睦路第七百四十二号拜费士本。入内见其夫妻、三子、二女，其长女年仅八岁，颇觉伶俐。坐谈间吃茶点，酉正一刻回使馆。

十五日癸卯　晴，暖。戌正，同林和叔、沈藕生、任谦斋乘车至豪乐赍维阿得火车栈送许星使率金楷理回德。入夜凉。

记：泰西大国中，德法虽不如英富，乃巴里、柏林二城罕有如伦敦之男女小孩尾缀哝哝以讨钱者，盖英都地广人稠，聊生不易，且在此谋食者不仅本国人，故其家贫落拓、茕无所依者殊多。每值冬季，虽有栖流所、一宿堂等处，然因去晚人拥，遂至群群横卧其外。沿江一带，男女老幼每至数百，高枕石阶，僵卧绿缛（伦敦入冬，草不变色），天寒地冷，齿欲相击，乃甘谙其苦。虽然，其中并无囚首垢面、赤脚裸身以及衣服褴褛者，更无哭泣喧哗、叹息呻吟者，是殆能安命耶？抑或官法森严之故耶？不得而知矣。

十六日甲辰　晴。出洋以能外国语言为便当。

记：同事中之已能法言者为林和叔、罗醒尘，能英语者为罗叔羹、陈幼庸、杨仲卿、王香圃、于心泉，其他任谦斋自学，林琴荪、罗小荷同向女婢学，吴旭霄向洋书手寇克思学。惟沈荔虎、罗梦祖、严伯玉、罗伯苏皆移住在外，或城内或乡间，坐与同屋，食与共桌，朝夕学说，有志之士不及三年即当有成也。

十七日乙巳　早大雨阵阵，午初晴。数日前，英国五雷治官炮厂帖请张、罗二星宪及各参随于今日往看。张星宪因昨看赛马稍倦，罗星使遂仅令余偕马清臣会同赛西店诸君前往。午正，余先乘车赴赛西店，会瑞、顾、陈、曾、钱、陈、马、彭等同由店后步入柴苓十字街车栈买票，遇马清臣。少立登车，未初开，未正到，有安得森、胡乐凯、屠阿朴三人由车栈接入厂内客厅。各人登名于簿，即出坐小火车周行数十里，随入各铁房中看造鱼雷、枪炮子、炮车、铸铁、炼钢等。炮式分新旧，现造至大者长十码重百吨。其新法乃改铸成后身绕钢条三十层，条宽三分厚一分。铜炮铸成，不入水而置菜油中泡之。无烟火药色深黄，长条如线，粗分余，燃时用有专火，他火触之不着，故无意外之虞。造车轮用整瓦。总之，铸铁、锯木大小各工，无往而不用机器。炮厂周九十余里，匠人一万七千，工价每一礼拜用三万四千镑，一年约须三百万镑。看毕回入客厅吃茶，少坐谢辞。三人送至车栈，酉初上车即开，酉正回伦敦。

十八日丙午　晴。英国著名油画师巴恩斯者，善画山水景致，专画在苏格兰君主屡幸各处，君主、太子曾经赏买。现集大小三十余幅，大者周十四五尺，小者周七八尺，价由十镑至二百五十镑不等。今在维克都里亚街卫斯民司得宫店客厅中罗列，印帖请客往观，共列十日，每日由巳正至酉正。前两日其人以帖来请，遂于今午约同沈藕生、吴少序、于心泉三君前往。各画以大显微镜观之，山清水秀，佳气清晖，草木将动，鱼鹿欲活，洵写生妙手也。入夜大雨。

十九日丁未　镇日风雨阵阵，极冷至着棉衣。记：西国于二千年前当罗马、希腊两国盛时，亦供有神佛娘娘，人皆尊敬而礼奉之。察其数，似较《封神演义》者尚多，其神名虽不能枚举，今姑述其崖略，如天神、天后又称保佑妇女娘娘，日神、月神娘娘，风神、雨神、天明娘娘，兵神娘娘，海神、火神、酒神、商务神、土产神、精神神、情神娘娘，贞洁娘娘等是也。且叙明各神之父母为何神，是较《封神榜》为尤精细。自天主教盛兴，渐不尊重。至今虽云虚谬，不设此等庙堂，然其名则仍存，每于诗词、歌曲中用之，以使词调风雅，笔阵清新也。

二十日戊申　阴晴不定，入夜大雨。英君主维克都里亚现年七十有八，前于西历一千八百三十七年六月二十日（道光十七年五月十八日）即位，至本年六月二十日（即明日）为其登基六十年之庆贺大典，名曰“代阿门朱比立”，义乃钻石禧年也。所以称为“钻石”者，以其年久巩固也。本国因而庆贺，天下各友国亦各派专使，或王公或大臣前来恭贺。各国咸有所赠送，我国皇太后颁发陈设十件为御笔耀彩腾晖字一轴（“荣光”二字）、御笔海国长春一轴（“松鹤石水”　有诗一首云：虬枝蟠护庆云联，宝叶缤纷瑞采鲜。更喜鸣皋传逸韵，蓬莱高处迓群仙。徐郙敬题）、元瓷宝炉成件、九凤朝阳通玉如意成对、夔龙献瑞脂玉插屏成对、夔龙献瑞脂玉炉瓶盒成份、八仙庆寿五彩瓷大瓶成对、岁岁平安玉盒成对、龙凤汉玉双璧成件、白地五彩瓷瓶成对。皇上颁发陈设十件为名花献瑞粉瓷瓶成对、名花献瑞绿地五彩瓷瓶成对、夔龙献寿白玉炉瓶盒成份、周彝成件、瓜瓞绵绵脂玉洗成件、青绿圆樽成件、白玉碗成对、八吉祥青花白地瓷壶成对、大富贵图绣幔一对、四时花鸟绣屏四扇。以上二十件，于今日午后经英外部用车恭赍入宫。

又今日各国亲王或专使暨其参随并派往各海口迎迓各亲王、各专使之武官，均齐集于卜静宫或英主所设待客之行馆，以备明后两日之典礼。

二十一日己酉　阴晴不定，凉。今早在贤波罗大教堂及卫斯民司得教堂中行教会谢天礼，皇族皆便服亲往听经，各国亲王、专使之愿到者听。酉正一刻，英太子与妃设家宴于玛洛班王邸，皆着便服，随从文武各员宴于卜静宫。

二十二日庚戌　镇日阴晴不定如昨而稍暖。巳刻，英君主由文忞行宫坐“大西方”火车来伦敦，在巴丁屯车栈改坐马车，彼处绅士呈进颂词，欢祝君主之福。未初入卜静宫，随从入宫者为大公主、德国荓来得立皇太后维克都里亚，二公主、霍斯屯王妃海莱那，四公主、罕里王妃碧阿蒂丽姒及王宫各执事并护卫兵官。未正，君主率各公主、太子、太子妃等在宫午膳，各国亲王、专使皆着朝会礼服，在内膳房午酌，随从文武各员宴于宫西园中。申初一刻，君主在跳舞堂内先召见各国亲王，内廷侍卫站班，礼官唱名。继由印度部大臣带领引见印度各王，外部大臣带领引见各国专使。戌正二刻，君主及太子、太子妃、皇族各亲王、公、福晋等在晚膳殿宴会各国亲王并各头等专使，内部各大臣亦皆陪侍。当宴会时，亲军营兵在宫院奏乐，各国随从文武各员及本国各内大臣、家部大臣、皇族之随侍并命妇等宴于宫园内，宫门及四面皆有护军巡捕弹压。宴后君主再入跳舞堂，于亥正先召见各国专使、印度各王、英国驻扎印度带兵官及君主统属德国护军带兵官。至召见来英祝贺庆典之各属地大臣及其夫人等，由藩部大臣带领引见。各国亲王及各专使随从之文武各官与妇女，则由各亲王、各专使自行带领引见。

又因此大典，人民欢乐，通城街道，一律修齐，楼房洁整，帘幔更新。各街各巷，无论铺店、人家，不拘大小、贫富，概行悬灯结彩，挂旗置花，以表同庆之意。一切形式不同，灯有油灯、蜡灯、煤气灯、电气灯，有日本五彩花纸灯，有五色玻璃圆罩灯，有以五色桃形小玻璃罩排成“VR”二字者，排成“1837”“1897”二洋数者。周皆七八尺，排于窗外铁阑上，或大罩或小罩。有沿街横排一行者，有檐下一条者，有门前或窗外一圈者，有以铁管盘成王冕者、君主头像者、六角金星者。更有管外粘碎花玻璃作红、蓝、白三色大国旗者，作长春绿叶托王冕者，银月内含“VR”二洋字者。以上各铁管通身钻孔，通以电气或煤气，向空燃之，风吹不息。按：“VR”二字乃“维克都里亚”“蕾几那”二话之减笔第一字，义乃维克都里亚君主也。又“1837”“1897”二数乃西历一千八百三十七与一千八百九十七年，义指即位至今之六十年也。至各处结彩，或窗前或檐下，有遮阑杆以红、蓝、白三色布条者，有专用红布者，有用黄绸者。旗则或挂或插，式皆长方，色乃不一，或国旗，或商旗，或兵旗，或教旗，竖楼顶，立阑边，挂檐上，悬窗前，大小不一，五彩鲜明。有以二十余小旗缀成一缕，由楼檐系至阑杆作“人”字形者，有立五小旗横排阑杆上者，有临街由左楼至右楼横悬三四或五大旗者。置鲜花有层楼窗外罗列成行者，有以鲜花堆成王帽者、“VR”二字者，通城彩色，罗列如锦。凡大小送货车及趟子车、站街车、铁道公车，咸插一小国旗于车顶或马头。各铺午后皆闭，人工休息。男女老幼，熙来攘往，咸着新衣，乐声载道，随行歌者及作乐以讨钱者无往而非《天保君主》[①]，今晚即有燃灯者。因国有乐事，街市行人较多，车皆涨价三日，铁道公车及趟子车，因非一行，有每座加一本士者，竟有无论远近每座半先令者。单马站街车及车厂中双马车亦皆不遵定规，而由一先令加至六七八先令，或由一镑增至十数镑不等。

又今日午后张星宪在卜静宫内呈递国书，内云：“大清国大皇帝问大英国大君主、五印度大后帝好。兹值贵君主在位六十年之期，举行庆典，嘉祥丕应，遐迩同骧。因念中国与贵国友谊夙敦，尤深忻慰，特简总理各国事务大臣、尚书衔户部左侍郎张荫桓为头等出使大臣，恭赍国书一通、礼物等件前往贵国，敬谨呈递，以伸欣贺之忱。该大臣忠勤久著，声望遐孚，朕所信任。惟愿大后帝赐之优待，俾能尽职，从此宝祚益隆，邦交永固，两国共享升平之福，朕实有厚望焉。大清光绪二十三年二月十七日。”

① 卷一、二、七作“《天保君主》”，卷二、五、六、九作“《天佑君主》”，卷二作“《上帝保佑君主》”。

# 卷　二

光绪二十三年五月二十三日辛亥　微阴，凉。今日巳初一刻，英君主诣贤波罗大教堂受贺，各国驻英公使及各参随皆有帖请前往。巳初，罗星使率罗叔羹、罗梦祖、罗伯苏一车，余同陈幼庸自备一车，皆着蟒袍、补褂、挂珠前往。沿途左右排列营兵，每箭地对立巡捕二人，中道肃清，禁止私车人马往来。兵后铺前男女肩摩，观者如堵，而安静无喧哗嬉笑声。巳正抵贤波罗教堂前下车，登台入座。堂形如“矗”字，高四十余丈，宽三十丈，前面突出作“凸”字形，中宽十丈，左右各十丈。堂门关闭，阶下一直道，石径宽六七尺。堂前围以铁阑，高约五尺，作弓月形。左右有门，院铺黑沙土，正中近阑立有君主白石像，高与人同，头顶王冕，身披大氅，立一方台上，台下四角坐春夏秋冬四女神。堂门前左右阶上，先立白衣、黑小帽教徒百余，其后又各立唱诗使二十余，年皆三四旬，乌帽、乌衣、白背心。阶下左右设乐台，各上立乐兵三四十，衣冠颜色不同。二乐台中石径上另一小台，领乐官光头，披粉红氅，手执短棍，背立台后，面向堂门。其后排立各主教、牧师、教士等，各着彩衣，面向堂外。中惟大主教、首牧师等手捧金棰、金尺之类，是皆教中之圭也、笏也。堂门左右皆以木为台，高一丈八九尺，层层叠座，式如阶砌，铺以红毡，号以数目，由一至二百五十。左台坐各国公使、参随夫妇子女，右台坐各国专使之随从男女。来者皆由外部给有座位凭票，上印第若干号，下车即由台旁后面登梯转前，觅号入座。各国公使坐前三横，余皆列后，愈后愈高。各车亦有凭票，主人下车皆经巡捕指令，由堂左小巷趋赴君主维克都里亚巷一带。堂前铁阑外右鄙立乐兵一班，每隔数分钟鼓吹一阕。堂前大街道作篆文“宀”字形，正面即乐该喜街，街口新设红门两扇。午初闻放炮声，知君主出宫。当斯时也，云散天晴，日照颇热。少顷红门开，乃马步兵陆续队队进口。至铁阑前马队左驰堂后，由池朴赛街进向韪良王街一带，按班鹄立以待。水、陆、步队除炮兵外，多排列于堂之左右道旁楼下。水师百名，各属地兵百余名，如印度、锡兰、马六甲、扎美喀、金边、呢格、香港等。香港兵仅八名，戴金顶毡冠，灰布短衫，紧裤皮鞋，腰围黄皮带，手举火枪。其余各兵形貌不一，或黑如漆，或黄似泥，或短鼻厚唇，或冗发高颊。十六辆宫车皆高大开敞，金碧辉煌，或两马或四马，御者、跟役皆黑帽、白袜、红袄、红裤。到时凡各国专使横排堂左铁阑外，其他横排堂右铁阑外，每面八辆，式作两翼。君主到又闻放炮声，乃敞车八马，马皆覆以红质白花衣，御者一，牵马者八，各皆黑高帽、白高袜、红缎短袄短裤。御者旁坐一苏格兰侍卫，车箱后坐二印度护卫。君主正坐，头罩乌纱，身披黑氅，手举白绸小伞，对面陪坐者为公主、太子妃，皆白色衣。车由铁阑右门入，至正中驻马，大主教登小台，呈进红书一卷，同时鼓风琴。奏乐歌颂礼毕，君主车出左门而南驰向堂后，既而十六辆宫车依次随去，后又过亲兵马队及各属地之马步队。过毕，街口红门闭，客车陆续转来，登车由堂之左右各闾巷分驰。未刻回寓，少坐，复闻放炮声，知君主已入宫矣。

记：英君主之巡幸自出宫至进宫，先自南而东至教堂，再由堂而北过江稍北转西，再过桥仍西而北入宫。是在新旧二城之间，周行一十八里，其辙迹扁形如鱼，宫在尾上，堂在唇下。凡君主兵马必行之路，因道平恐滑，不利于马，皆以黄沙洒垫一层。晚间街市彩灯齐燃，明如白昼。各大街自戌初至明早寅正禁止车马，男女骈肩累迹，往来如蚁。虽不喧哗，而有暗向人身激香水者，吹洒五彩如豆大之圆纸饼者，金吾不禁。君主还宫，在御膳厅备有贵客午酌，各客随从人等均在花园廊下。戌正一刻，君主在御膳厅设家宴。

又今日炮共六十门，两营炮兵经总兵欧阿连管带，在海岱囿教场于君主出宫及还宫时，皆声炮庆贺。外有御前苏格兰官一员、兵二十名在彼协助弹压。君主至教堂时，亦经伦敦台上之御前炮队声炮。届时皆由暗号官以得律风自王宫传知海岱囿，由教堂通知伦敦台。至今日君主游行受贺，所有前引后护之皇族各亲王、王妃，各国亲王、专使暨内廷大小文武各员，并水、陆、马、步各营之前后次序繁列如下：老城公会绅士车二辆，宿卫第二队之守备一员，马兵长四员，御前水师兵百名带炮六门，执国旗官一员，宿卫第二队之先锋营兵一排，御前炮营之骑马乐兵一队，御前丁字营马炮兵一队，宿卫第一营轻骑亲军第一、第二队之乐兵，宿卫第一营轻骑亲军第一、第二队兵，御前戊字营马炮兵一队，轻骑亲军第三、第六、第七队之乐兵，轻骑亲军之第三、第六、第七队兵，御前庚字营马炮兵一队，轻骑亲军第一、第二、第六队之乐兵，轻骑亲军第一、第二、第六队兵，御前癸字营马炮兵一队，胡萨军第三、第八队之乐兵，胡萨军第三、第八队兵，御前戊癸字营马炮兵一队，胡萨军第十、第十五队之乐兵，胡萨军第十、第十五队兵，御前癸癸字营马炮兵一队，长剌军第十二、十七队之乐兵，长剌军第十二、十七队兵，御前癸巳字营马炮兵一队，大将军之中军一员，君主水、陆、炮营之中军各一员，伦敦团练大臣、团练参谋各官、大帅三员，伦敦老城之刑法官正一员、副三员。屯兵营派随驾之管带敖斯佛省胡萨兵参将、子爵瓦仑堤亚，乡勇营派随驾之管带太子诺尔孚炮队副将、子爵库克，义兵营派随驾之管带团练义兵二等副将、伯爵阿勒布玛。以上三员并辔而行。

此后系各国亲王与各专使之随员、司马官及各执事，皆乘马，三人一排，各人官衔、姓氏如下：布邦第一队轻骑亲军营都司柏恩，随韩国头等专使之都司柯文的士，随中国头等专使之副将马贝，随檀香岛专使之都司伊倭洽、守备那皮尔，陆路提督、敖尔斯达达公达武之副将卜拉巴逊、守备杜鄂森，随土耳其专使之冷溪亲军都司苏尔提斯、副将潘荪庇、三等陆军提督那色尔巴沙、守备安倭贝，随美国头等专使之副将哈朗巴，随顺布里佩王之都司文斯娄，随埃及墨哈梅阿里罕王之副将喇尔庆伊萨贝，随海斯蒂来得立查里王之男爵柯达威滋，随萨克森美宁根王妃之男爵万路得，随萨克森库柏尔太子、王爵之守备鲁克思本，随什来隋霍斯屯王、英第二驸马克里坚之副将伊里瑶，随萨克森卫玛尔王之中军阿的喜，随萨克森库柏尔王费里朴之中军伍明，随卜鲁戛里亚王之副将司蕾得，随芒坦呢格娄太子之副将茹魁志、都司哈尔保，随波斯阿米罕王之提督郭尔多恩、副将喀里木汗，随丹麻查里王与妃之副将诺里斯，随皇孙、约尔克公之提督韦音顿、副将刘克思、参将戴凯贝，随鲁克森堡公子王爵之副将卜乐昂、男爵葛伦斯田，随乌坦堡公阿拉柏之提督毕汾海、副将苏万、千总伯爵丹法申布，随三太子、宽诺公之长使副将艾一屯、额外马官千总费泽拉，随萨克森公王爵蒂来得立之副将郝阿、男爵雷瓒仙、千总梅滋、子爵欧培，随敖坡投公之副将郃乐斯，随巴威里亚王路柏尔之提督贾的那、守备费和睦、千总努库、巴总司代田，随俄国亲王赛里公之中军辛庇策，随瑞典亲王尤仁呢之中军贝方仁，随丹麻太子之守备艾倭尔，随萨克森库贝兼阔萨公之大臣万舒恩，随布邦王爵阿拉柏之提督杜朴拉、副将葛礼荪，随俄国亲王色尔芝公与夫人之副将倭特斯，随布邦王爵罕里与福晋之海军头等提督考美蕾，随暹罗太子之副将萨尔托勒斯、二等副将休木，随日本有栖川威仁亲王之守备毕尤门，随那百里王之伯爵柯林敦、副将尼达木、头等中军提督特杂斐、中军都司威戛呐呢、守备梅格里崎，随太子、卫拉斯王之长使提督蒲乐彬、副提督兼马官艾里斯、副将马官万泰之、参将青斯克、守备郝乐佛、千总葛莱维，随海斯公之中军何明，随奥国亲王公爵费丹之伯爵邓庇、副将吴阿多、伯爵鄂斗敦、守备男爵卜銮、中军李德，随英大公主、德皇太后茀来得立之世爵哈里斯、副将倭勒尔。

各国使馆水陆各武随员之乘马随行之名次如下：美使馆海军都司郭兰卫，法使馆陆军都司、子爵邦达维斯，日本使馆水师游击石保，日斯巴尼亚使馆都司罗贝斯，德使馆水师守备鞠立墀，法使馆陆路提督哈格峦，俄使馆陆路副将叶墨洛甫，美使馆陆路总兵麦拉斯，奥使馆陆军总兵、亲王伊斯他斯，英君主之英兰、爱尔兰布邦轻骑第一队之武官为游击阿呢木、都司戈拉什、守备男爵李莲苏、二等守备司土尼滋、参将佛铿罕，印度御营派来随驾官、太子中军参将世爵巴塔新。

各国专使之乘马者为高丽大臣闵泳焕、鲁麻呢亚将军潘奎、檀香岛大臣达木安。坐车随行各官，第一辆双马车为阔斯大里戛国伊格来希阿、巴敦邦卜伍洛尔、智利国苏柏喀素、希腊国卫文；第二辆为巴拉怪国马山、秘鲁国喀乃瓦娄、色尔威亚国米扎托维池、中阿美里加国梅的那；第三辆为乌拉怪国尼茵、瓜的麻拉国库路斯、墨西哥国赛里斯、巴西国柯立斯；第四辆为中国大臣张、罗马教皇大臣桑朴赛堤、比国黎荫亲王查里、和国子爵林德恩；第五辆为美国黎得、日斯巴尼亚公爵索土美尔、土耳其莫呢尔巴沙；第六辆为侍英太子妃命妇苏茀黄、德国太后内大臣子爵赛根多福、英太子妃之内大臣阔拉威、英君主之内大臣伯爵金多尔；第七辆为内大臣伯爵喇索木、光禄寺大臣品柏娄及芒特勾美里公、德国太后内廷命妇哈自菲、塔臣堡王福晋、宫寝命妇翟美逊；第八辆为内廷命妇布克柳池公夫人、巴坦堡公主爱那、公主阿丽姒、阿拉巴尼公主爱珎姒；第九辆为宽诺公福晋巴特里斯亚、巴坦堡亲王阿来三德、晒斯威豪斯田公主维克都里亚、宽诺公阿色尔、萨克森美宁根公主福多尔；第十辆为安那公主阿里柏尔、宽诺郡主玛格蕾、阿拉巴呢公、巴坦堡公夫人英公主绿衣姒、库堡公主碧阿蒂姒；第十一辆为萨克森美宁根太子妃、泰克公、顺堡里埔公主阿多福、海斯公主茀来得立；第十二辆四马车为卜路戛里亚王妃、汉诺尔王妃茀来得立、丹国王妃査丽姒、泰克公夫人；第十三辆为梅克林堡斯特来立兹公、布邦公主汉丽、约尔克公夫人、英卫拉斯郡君维克都里亚；第十四辆为梅克林堡斯特来立兹公夫人、海斯公夫人、俄国色芝公夫人、佛艾苐公夫人公主绿衣姒；第十五辆为阿拉巴呢公夫人、宽诺公夫人、萨克森库贝兼阔萨公夫人、巴坦堡王妃英四公主碧阿蒂姒；第十六辆为萨克森库贝兼阔萨公、洛恩侯夫人英三公主绿衣姒、那百里王妃海莱那、德国太后苐来得立。乘马带队官三员为上驷院副将斌格、守备潘森贝、伦敦美尔。后则兵队为护军营兵、属地马队，第二亲军之前队督队官一员为上驷院都司赖格。

各国亲王、公、侯等乘马前引者三人一排，为埃及王爵墨哈梅阿里罕巴沙，暹罗亲王马希，柏艾男爵阿明根，泰克王阿来三德、泰克郡王苐兰溪泗、泰克郡王阿多福，波斯亲王阿米罕，佛艾苐公，侯汗娄海兰根堡太子，洛恩公，什来隋霍斯屯王爵阿拉柏、又王爵克里坚维多尔，卜鲁戛里亚亲王，泰克公，顺堡里贝亲王，巴敦堡王爵路义斯，芒坦呢格娄太子达尼娄，萨克森库贝亲王费里朴，萨克森卫玛尔亲王贺尔门，安那亲王亚拉柏，海斯亲王苐来得立查里，丹麻王爵查里，俄国色里公，乌屯堡公阿拉柏，鲁森堡世子公爵卓志，萨克森库贝阔萨太子，瑞典亲王佑镇，日本亲王有栖川威仁，敖坡尔兜公，什来隋霍斯屯亲王克里坚，萨克森公王爵苐来得立敖古斯达，约尔克公，巴威里亚王爵卢柏尔，暹罗太子，丹麻亲王瓦得玛，俄国色尔芝公，布邦亲王阿拉柏，布邦王爵汉里，海斯公，奥国王爵费的楠公，义国那百里亲王，印度轻骑护军一队总统陆军元帅子爵吴喜礼。此后则君主八马御车，陪坐者为太子妃阿来三德，拉什来隋霍斯屯王妃、英二公主海莱那；车右乘马随护者为太子、卫拉斯王埃达倭，三太子、宽诺公阿色尔；车左者为内廷亲中军、堪卜立址公卓志；车后随护者提调总兵梅苏，护军首领魏文明，国主旗护军队长闵卫祥，上驷院卿、白兰公，御前金杖提督、伯爵郝埃，苏格兰金杖使、洛田侯，搜狩使、伯爵柯文悌，上驷院大臣、总兵艾瓦，上驷院御前洗马、参将戴威森，御前洗马、总兵马克乃，御前银杖使、第一护军参将骆凯，太子洗马、总兵柯拉克，行营侍卫、步队护军、副将敖理蕃，内长使、御前司马、参将毕芝，行营裨将马欧仁，御前马馆监督六员，第二亲兵后队、御前马队、爱尔兰执法官韦祥。

闻当君主驾临坦卜巴街（地入老城，现有城门遗址）时，伦敦美尔、执法官及本城敖得满绅董会首等，均出迎迓。美尔献城剑于君主（此剑为管理老城之权），君主接受一览，即复递还，此后美尔等驰赴伦敦府署（此署洋名“蛮慎蔼斯”）前迎候。至君主在贤波罗教堂前，一切仪注、人等系第一班为文柴斯特大主教（洋名“比朔”）、卫斯民司得首牧师（洋名“的音”）、卫斯民司得教士（洋名“喀南”）等；第二班为约尔克总主教（洋名“阿赤比朔”）、堪特百里总主教、伦敦大主教、贤波罗首牧师、伦敦副牧师（洋名“阿赤的昆”）、教士同事各人（洋名“喀南斯来西丹查里”）、牧师（洋名“普来本大立斯”）、二等教士（洋名“买诺尔喀南斯”）、唱班使（洋名“非喀尔触拉拉”）、协助唱班使（洋名“阿希斯丹非喀尔触拉拉”）、贤波罗诸生（洋名“池得仑”）。当奏乐鼓风琴时，齐歌《天佑君主》之诗，既而牧师、教士等同颂曰：“上天有灵，佑我君主，神其鉴诸，诚心恭祝。”再则伦敦大主教颂曰：“诚心鸣谢上天之恩，当我君主即位六十年来，赐我以福，天心默佑，贫富咸得安乐，圣经遍诵，万国升平，惟望天恩日隆，君主黎民，永受无极。”末乃堪特百里总主教祝颂数语毕，又齐歌曰：“地上之人，欢声告天，畏心敬上，圣经有言，诚心向善，上升神前，天地魔鬼，奉赖心虔。”教堂礼毕，君主回宫。经过伦敦府署，复经美尔夫妇以礼迎贺后，即行过伦敦桥、骚斯瓦街，转过卫斯民司得桥，由墨拉巷入宫。（以上王室男女咸用教名相称，故多重复）

二十四日壬子　晴，热。因庆贺君主大典，前日过午各铺咸闭，至今晨虽开，午后仍闭，以便人工游玩。古者国有大庆，惠必及下，英俗其庶几乎？申初二刻，君主在跳舞堂受两议院呈进颂词，后即召见各府县及各城美尔、邑官等。各官出宫，咸在园中小酌。宫中礼毕，经内廷各官及亲军护送君主还文溦宫。登御车后，先在园中阅护军操，继过宽斯的究琛山，有经伦敦学部所选幼童万名立彼恭祝，迨君主驻车时，有官代递颂词。后君主至车栈，乘“大西方”火车，先过司娄镇，有将军率各地方官列义兵队迎迓，并呈递颂词。火车开，再过宜敦村，又有该处学堂义兵列队，学堂及地方官皆呈递颂词。后过文溦桥之太木斯江保险局，君主又接颂词。过喀斯山，则营兵声炮庆贺。末抵文溦新庄，地方官亦递颂词。戌正三刻，太子、太子妃偕各国亲王、专使并酌定随员人数，在阔文园义大里戏馆中观剧。到园时，经律法大学士引导入座，众人齐立歌《上帝保佑君主》，去时复奏《上帝保佑君主》之乐。

二十五日癸丑　早晴热如昨，酉初大雨。各处所插挂之旗帜、灯笼概不摘撤，遂至旗成一缕，纸灯坠落。亥正二刻，卜静宫设茶会，太子与妃代君主接见各国亲王、专使及他文武大员。

二十六日甲寅　晴。记：前日君主巡幸所经各街，无论大小人家铺户，皆在窗外二尺以木按层建造座位。其临街近者不向外占地，仅撤去玻璃门窗，屋中设座几层，以使街之左右整齐一律。其空地多处，有建至二三十层，每横容四五十人者。各楼皆自第二搭起，头层外立木墙，七八层楼，由二层至楼顶，自屋内至窗外，虽一小间，每层亦容十数人。木架皆方，围以红布，饰以彩绸，更有缀鲜花一缕者。楼顶升旗，木墙着色，有正红镶黄边者，有蓝、红、白三色作三横者。在乐该山、卫斯民司得等各冲衢，又左右两行对峙以金顶红旗杆，每两杆之间横悬鲜花一缕作“M”字形。总之，处处无不鲜明整洁，不以幽雅清静为奇，而以华丽壮观为胜。即如贤波罗教堂左一大货铺，横八间，高七层，每层大玻璃窗拆去，货物移开，每间设座四横，容人五十余，虽楼顶之上亦坐一二百人。此等座位，自半月前即在通城多铺中寄卖座票，在本房外亦挂牌或粘红条，云此房座票在某街第若干号某铺中出售，票价自一吉呢至一百吉呢。每一吉呢为一镑一先令，一百吉呢为一百零五镑，按时价合库平银七百三十余两。惜未得见其座位若何华丽，若何点缀，乃至如是之居奇耳？

二十七日乙卯　晴。今日英君主在司庇台海口阅水操，请各国专使并各国公使及本国文武官员、绅董前往同阅，备有专趟火车，各人皆于巳初离伦敦。十余日前，罗叔羹谓余曰：“看水操一事颇苦，早起路遥，饮食虽有，时刻不能自由，是饥渴不时、凉暖不定，可请不去。”余闻而感激之，故昨晚概未预备。不意今早辰正二刻，余于魂梦间经罗叔羹蓦然唤醒，言请同往看水操。余以此刻睡起，戒备随行，恐两刻工夫办之不及，遂辞谢，仍请叔羹前往。

二十八日丙辰　晴，暖。本使馆楼五层，设有中厕四，其楼下仆役者莫论，惟第四五层者人既多，而第二三层之仆役，亦多入此出恭，且华人大小便不按洋法，遂至腌脏。昨经同事回明星使，涤除洁净，坐板、水管、门锁一律更新，乃奉派林琴荪管带第四层中厕钥匙，唐竹溪、杨仲卿同管第五层中厕钥匙，欲出恭者往领，出毕送还。中厕门外并贴谕云：“奉宪谕，查四五层厕所污臭异常，皆因各人大小解不照章程之故。兹特令洋仆洗刷干净，并着其按礼拜洗刷一次。如再有人蹲着出恭、立着小解并大小解之后不将尿盆倒净、随手将机器水管拔去污秽者，罚两先令，以为洗刷之费。其各懔遵勿违。”

二十九日丁巳　晴。未初二刻，君主由文窸宫回卜静宫，中途过堪兴坦城，乡民呈递颂词。入宫后，自酉初至戌正在宫后园中设茶会，各着便服，洋名“墨宁得蕾斯”，释早晨衣服也。酉初，星使率罗叔羹、罗梦祖一车，余同曾叔吾、陈幼庸、沈荔虎另备一车，皆着行装。入宫，转出后门进花园，园不大，周四五里，遍地青草绿缛。四鄙临墙皆高树，中亦有树点缀，窈而深，缭而曲，使人路不易辨。中央一小湖，湖边一亭，内坐乐兵一班。湖左一小岛，左右接岸有桥，湖内有小舟，御前红衣船户伺候，客可使之弄桨游行一周。对宫门一大白布红边军帐，右竖国旗，君主及太子、太子妃、公主、王族皆在内。内列陈设桌椅、鲜花，君主坐右间迎门椅上，其他坐立不一。帐左连一小间，内备御膳，再左向北一帐，外竖苏格兰旗，内坐苏岛乐兵一班。对面向南向东列五大白布帐，内横长桌，设酒食茶点，御前红衣侍卫伺候，男女客可随意向之索取，凉热酒食任便。正东宫门外设白帐一横，分三大间，内列铁椅数百，便人歇息，草地、树下、坡上、堤边亦然，乐兵各班接续鼓吹。君主乘车园内盘桓三次，客立左右，见则客皆鞠躬，君主点头作接待辞别状。各国专使到则步至帐前，经礼官带领引见，此无定时，亦不按班，视到之早晚。至戌初君主出帐，经印度侍卫扶持登车，各国专使及他立路之左右依然向之鞠躬，作敬送辞别状，乐兵乃齐奏《天保君主》。君主入宫，客则陆续登车，戌正回使馆。入夜大雨滂沱。

三十日戊午　阴晴不定。或谓北方人出恭皆善蹲而不能坐，然南方各店之中厕，咸以木板架起，两边着脚，板下坑中放有屎缸或桶，既无可坐之处，尿亦无他处可撒。即如上海之长发、泰安、名利等栈，皆大店也，四方贵客之寓所也，何亦仅设此等中厕？是南方之中厕皆如此式，抑或专为北方而设，不得而知也。且南方人出遗曰“登坑”，或曰“蹲坑”，又何不曰“坐坑”？昨日罗梦祖溲于坐板之上，陈幼庸不知也，告知林琴荪，查出无法，一笑而罢。又此中厕以后不准仆役在内出恭，乃今日琴荪、梦祖所雇用之二洋婢同时入厕，关门嬉笑，不知何事。问诸琴荪，答曰：不知。

## 六月

初一日己未　晴。记：伦敦男女专司代人雇觅仆婢者颇多，亦称一行名曰“唉珍悉佛尔色尔文兹”，义即仆婢之代办也。凡欲雇仆者，可致信其人，或亲至其家。其人即出一纸，上印十一问，雇仆者当按问注明，如一问须何等仆婢，或跟役，或门丁，或打杂，或庖丁，或侍婢，或乳娘，或看娘，或梳头婢，诸如此类；二问欲雇仆者何人、何名姓；三问雇仆人之住址；四问何时可使往见；或早或晚几点钟；五问仆之年纪，欲由若干岁至若干岁者；六问工钱每月若干镑；七问其教门，或天主或耶稣；八问本宅人口若干；九问共用仆婢若干；十问何日方用；十一问此外另有何专欲者。无则曰无，有则或欲身高，或欲曾经出外，或欲能德法语言，或须能效法国庖丁之法。末印其人之住址、名姓及此纸之第若干号，何年月日。佣工者得事后十五天付谢代办人钱，谢数多寡按工价算。如每月十四镑者二先令半，二十四镑者三先令半，三十四镑者四先令半，三十五至三十九镑者皆六先令，四十镑以后每镑三本士。本宅欲辞去一仆，必一月前告知，如欲其即去，须预给一月工钱。适见本使馆洋仆卜洛安之谢钱收条，长八寸，宽四寸，白纸印字，亦极精致。上印名姓、住址，并云：本局世代传流，至今五十余年。下言：某人使在某宅，收使费若干，某年月日。再下另粘一纸，横长寸五分，宽一寸，印收条第一万六千二百八十七号，外写收若干，下画押。纸后印荐人之规条，无须细述，惟末条云如某人服役某宅逾二年，再来本局觅事，本局不收使费云云。

初二日庚申　晴，热。巳初，张星宪率梁镇东、瑞鼎臣、顾康民、阎成叔、李季仲、刘葆森、曹咏归起节赴法、德、俄三国游历。

现值西历六月底，天颇长，每日丑正日出，亥初始黑，故各铺皆辰刻开门，酉正关闭。问以何不多开一时，以便货得多售。答曰：何必多开。天长早闭，以省人工，凡人知晓。各铺开闭之时刻自于早晚饭之间，买办齐备矣。且买物者多系妇女，而妇女每值午前无暇，一为梳洗沐浴，句当家务，再为早餐等事。酉刻以后又无暇，或备入宫朝会，或为赴宴会、茶会、跳舞会，以及观剧、听乐等。故每日惟在未申之间，趁乘车拜客之际，沿途可得购买也。

初三日辛酉　阴，凉。记：伦敦街市墙壁禁贴红条报单，其沿街往来传报者，向皆胸前背后挂二木牌，各长二尺五寸，宽一尺六七寸，上粘报单，间带图画。近见有以铁条过肩作二叉如“”形，于上另竖一牌，大与胸前背后者同。两面粘报，牌立顶上，往来游行，使人易见。闻此等佣工，一日仅得一先令。又此等人呼曰“三堆之”，乃戏谑名也。盖西国有种点心名曰“三堆之”，系两片面包中夹火腿或腌肉一片。今以此两片木板中夹一人比而名之，趣甚。

初四日壬戌　晴，凉。罗小荷为星使节省经费起见，乃不多雇洋仆，其洒扫者每晨除扫客厅、书房及星使一层外，仅扫罗叔羹、罗醒尘、罗梦祖、罗小荷各屋，其他各间或自雇人，或自扫，或不扫听便。入夜大风。

初五日癸亥　阴晴不定，风。记：伦敦赁车厂名曰“米攸斯”，管账人曰“卓布麻司特尔”，义乃散工主人也。车价按时有定章，如暖车不开者名“卜路木”，坐单马者计时不到两点钟价六先令半，两点多不到两点半八先令半，过两点不到三点九先令半，过三点不到三点半则十一先令半，过三点半不到四点十二先令半，过四点不到四点半十四先令半，过四点半不到五点十五先令半，过五点不到五点半十七先令半，过五点[1]算一天，价则一镑。听戏八先令，赴晚局不过子正亦八先令，赴茶会不过丑正十先令半。双马者按时加倍，如六先令半者改十三先令，八先令半者改十七先令，九先令半者改十九先令，十一先令半者改一镑三先令是也。赴跳舞会过次早丑正，则按时加一倍。其能敞能闭或半敞者名“兰多”，又名“维克都里亚”。其价：单马者比暖车每点钟加一先令，如暖车六先令半者此则七先令半，八先令半者此则九先令半；双马者加二先令，如暖车之十三先令者此则十五先令，十七先令者此则十九先令，如此类推。以上车价酒钱在外，下乡者另行商定。车夫饮食，喂饮马匹，皆由雇者出资。凡雇车除按时外，亦可按日、按礼拜、按月、按年，价值另商，外要跟役，每名不按计，皆五先令。

初六日甲子　晴，风，凉至着棉衣。记：伦敦老城周仅六百六十八方亩（英一亩合中六亩），居民三万七千七百零，系南至太木江，东至伦敦台，西至坦卜巴街，北至诺屯弗拉该街。前于西历一千八百八十八年（即光绪十四年），因楼日多，人民日众，四面村庄毗连，闾巷贯通，遂合作一大城。周共七万五千四百六十二方亩，南北各九洋里，东西各八洋里，周约三十四洋里。通城大小街衢共计七千零，居民共四百二十三万一千二百有奇。

初七日乙丑　晴，风凉如昨。伦敦城既扩充，因而分作九方，地名同者颇多，故凡人之住址，或印名片或写信函，皆须写某方某街某巷第若干号，第一便人拜访，而免四面考寻，更便于信局清分，免至错误。所分之九方曰东方、西方、北方、东南方、西南方、东北方、西北方、东中方、西中方，中惟东中方地本老城，中为邮政总局，三面通连东西与北，楼房闾巷最属稠密云。

初八日丙寅　晴，微风，凉。各国铺店皆出售专种货物，或绸缎布匹，或针黹绒线，或铜铁，或瓷瓦，或玻璃，或木器，英都亦然。不意近见伦敦许多大铺，玻璃门面十数间，高楼六七层，出售货物万种。除绸缎布匹、针黹绒线外，又有男女衣帽、绫花纸花、腰带钱包、面巾手帕、绒袜皮鞋、地毯花毡、罩面蚊帐、皮革玩物、铜铁刀勺、叉匙银器、盆罐锅壶、玻璃瓷器、灯台箱笼、钟表囊袋、面镜衣镜、铁木床椅、围屏桌凳、眼镜手套，以及雨伞旱伞、

① 应为六点。

纸笔烟具、乐器画轴、扫箬簸箕、刷子掸子等，巨细精粗，笔难尽述。是一人欲购多件，既入一铺，不必他求，日用所需，无不备具也。

初九日丁卯　晴，稍暖。午初，送王鹏九起程回巴里。申正，同沈藕生、吴少序率荣骅赴水晶宫看烟火。先乘马车至维克都里亚火车栈，买来回带入宫门票，登车即开。行三十五分至彼，下车登楼，局式如前，惟罗列货物更觉繁盛，种类极多，无须琐述。在内步游一周，男女拥挤甚夥，坐食茶点，待至亥初一刻放烟火。宫前石阶一带横列木座层层，每座半先令，左首阶前设一木台，上坐乐兵一班。起花五彩，垂下鲜珠，或金鱼采藻，或绿叶红花，有藕色，有绛色，纷披空际，如锦如云，灿烂辉煌，金光射目。忽而宫前花木间有二人随乐声跳舞，各着白汗衫、白裤、红背心。继又骑脚踏车者左右两行驰来，衣色五彩，行动与真人同。按：其架必铁造，光则火药、硫磺，究不知其手脚、车轮之行动，系由机关抑或人力，黑暗之中实不易辨。宫前正面立三大铁架，高皆三四丈，左者悬一六角金星，中一转花作“”形，右者悬一四瓣金花作“”形，中心及每瓣各一转花。转花既转，金花亦转，且每瓣随转，时而细长，时而横宽，各皆二丈见方。正中者横宽三丈余，竖长二丈，中一君主像，左右列王冕、金星、年号等。此灯光现，则乐兵奏《上帝保佑君主》之乐，于是坐者皆起立，以昭恭敬之意。末则由铁架顶横垂金花一排作瀑布形。亥正一刻放毕，即时登楼，抢上火车。男女拥挤，中有醉汉喧哗、嬉笑无礼，为向在外洋未经遇过者。

初十日戊辰　晴，暖。申初，同罗叔羹随星使乘车西北行十数里至海盖路豪立别墅赴卜代扣兹男爵夫人家花园茶会。老妇年近六旬，其夫年约四旬，其本姓未详，惟娶妻后改从岳家姓。其家极富，现充议院绅士，家居盖茀山顶，由上可望伦敦，园周百亩。入内见主人，后信步游赏，曲径通幽，花木繁盛，丰草绿缛，馨香触鼻，木房点缀，雀噪鹿鸣，亦颇幽雅。花有玻璃暖房，牛马有圈，车辆有场。步至望伦敦处，惜烟雾迷漫，以千里镜观之，犹不甚了了。前面敞地支有布帐，设长桌，列酒食。树下则列圆桌铁椅，他处亦间有列椅凳者，并支有布伞，以便客人休息。各圆桌上列香宾、舍利、点心、果品，立有侍仆廿余，任人吩咐，饮食听便。左鄙山坡有平坦长方地一区，设抛球玩具。余随星使先坐树下饮香宾、吃葡萄，后坐抛球场前伞下一观。其地一箭长方，以白土画四址，中横一网高三尺，以分东西界。玩者四人各着白裤、白汗衫，手执一网拍作“”形，连柄长二尺余，网拍周亦二尺余，古米空白球十二，四人分立如此“⁘”，彼此互相接拍，何为胜负未详。惟见能对拍往来多次者，观人击掌称贺，其拍去碰横网者不接，左右出界者不接。此玩洋名“峦太呢斯”，玩者皆须年壮力强。看多时步至车场，登车回寓。

又今日所往男女人数不易知，因地颇辽阔，树多障翳，所得见者三四百人耳。又自园至车场按树拴有红绳引导，并悬牌画手指云：由此至车场。车场中亦设布帐，列啤酒、点心，以供车夫、跟役等。其山之所以名“盖茀”者，即百年前欲轰议院之盖茀党人所鹄立观望处也。

十一日己巳　晴，暖。西国本有一种擦油药水，其色淡白，名曰“本三阔拉斯”，虽云可用，其味颇劣。昨见有英兰人查斯田者，新创一种擦油浆，其色白而稍黄，如胰如脂，盛以铁盒，每盒一先令，名曰“奎拉伊亚”。用法：凡擦皮物以干绒布，擦绸缎以湿海沫，油下颇快，毫无异味。

十二日庚午　晴，热。近见大货铺中因种类太繁，每女看管一种，照顾人多，到柜交账，往来无暇，乃创造一种滚球交账法。系在门内半中设一台，二女坐其上管账，看货各女旁顶上悬一铁丝网袋，袋上连有铁丝网路，转通账台。袋粗拱把，路作椭圆，宽逾五寸，每袋中一木球，大于橘，空心两半作盒形。每售一货，开清卖何物、价若干，即将客人所付之钱，裹而纳诸球中，推入网路，自然滚至账台。二女开球，查明应找若干，复连账扣入球中，推入网路。少刻滚回，落入网袋，该女取球开视无差，则钱账并交客人，便捷之至。

十三日辛未　晴，暖。自到此后，屡为小儿荣骅寻觅学馆。至前日，始经马清臣之书手寇克思觅得利贞街北首之百艺学堂，英名“普立太克呢”。内共学生大小六百余，其总办名霍格，帮办名米士艾，所授课程则天文、地理、格物、化学、算学、英法德国语言文字，并制造、机器、木工等学。余之欲荣骅学者，仅地理、算学、英文语言。今早巳初，余率荣骅同寇克思步入学堂，先见提调伍铎，言明所学，按规束脩一年分三节，每节五吉呢，如能首先齐付，乃减去三吉呢。此后引看各舍，其学制造机器者做有小轮船、机器两份，极属精细；学木工者做有小桌凳、门窗等，更有将长方木锯作曲弯长条形如“ɛ”字，好似一板弯成，且木形不平如鱼腹，中厚而两边尖，工亦颇巧。此外，有诸生打秋千、操体处。其学泅水处系一长方缸瓦，池长一箭，宽二丈，深一丈。池边有木架，高八九尺，学生可由上跃入，其不能者亦有教习，每日仅准沐浴半点钟。看毕谢归，伍铎即领荣骅见英文教习巴尔娄，其课程即自今日始。

十四日壬申　晴暖如昨。同事王、于二君原由总理衙门咨送随带外洋学当翻译，自到此仅与星使面见一次，迄今两月余，并未有汉洋文给令翻译。忽于前日行文总署，谓二君西文西语尚未精通，未能遽入学堂，现拟延师课读，由浅入深，再行酌量送入学堂云云。中由罗叔羹代为觅得在伦敦正南稍西太木斯江之南，距使馆约二十余里之克拉伐木路第三百三十八号，义塾名“洛安豪斯”，教习名武达，言明在彼学习，下榻供饮馔，束脩每月每人八镑。二君俸薪本每月百两，因此按月扣除五十两作学费，各家只准留支二十两，在此各领薪水三十两，合四镑零，以备日用。今早传谕令于午初移去，两君遂检点行箧，备车前往。

申初，余随星使乘车行十数里至太木斯江北岸之律例学堂赴库官所请之茶会。此堂洋名“米得坦布”，楼高，式如教堂，砖砌颇古。下车入门，转入大厅。正面一台，有人奏乐歌曲，台下横列金椅，容人二百。出此转过，下楼入园，园不大。临江设有乐兵一班，布帐内设长桌、列酒食，帐外草地亦置圆桌、列铁椅。客则或坐或立，然而女客多坐者，男女来往，数约二千，每人乐单一本。少行点心毕，步石梯入书库一观。四面上下罗列今古律书万卷，内有专人看守，凡入门观望者、看书者，皆须书其名姓于门簿。四面书槅前设有长桌椅凳，以便学者观看、钞录。当此茶会男女丛集之际，尚有六七人静坐观书。出此，因时已酉正，未得步入古教堂一观。遂即出门登车，西行十数里驰入艾尔里园第十六号赴世爵皮尔森夫人家茶会。入内登楼，见其夫妇毕，转出旁门入园，绿树红花，无须琐述。设有乐兵布帐，果酒、点心咸与他家者同。继而回入大厅，内正面一人鼓琴，前陈金椅十行，容坐逾百，听男女各歌一曲后谢归。

十五日癸酉　晴，热。亥正，随星使乘车行七八里赴美国公使海埃夫人之茶会。至彼登楼，见其夫妇。楼下乐兵一部，楼上宏敞，修饰华丽，男女拥挤。立谈片时下楼，复乘车西行十数里至上布鲁克街第五十六号赴世爵寇斯噉夫人家茶会。其楼上正间北面设一小木台，高盈尺，前列鲜花一横，台旁一琴，台前横列金椅三行，容人数十。先一男立其上，道白清唱，口齿伶俐，句句令人捧腹。又以双手玩一小琴，琴形六角，周约尺半，中连皮筒作灯笼形，两端以木作六角，每角一音，角面有孔，孔上有盖，往来鼓气，随韵以指按盖，声自吹出。其人以之效声，粗细如意，如鸡鸣声、犬吠声、蟋蟀声、吉了声、风琴声、铜钟声，洗耳静听，真伪难辨。又一女歌曲，式歌且舞，喉音宛转，中兼能改声变调，乃竟改一日本曲、一中国曲。连歌三曲后，主人请星使将该女搀扶下楼入饭厅夜餐。四面分设圆桌，围列金椅，桌上罗列果酒、冷荤等。食毕，星使仍扶伊上楼，少坐辞归。

十六日甲戌　晴。英规：凡人创制一物，皆须报官呈验是否可用。官验否则缴回，可则官保一十四年，不准他人仿效，其人则须纳费一百二三四五十镑不等。然此物本人呈报不易，又有专管代报之人，代为画图，声明一切，另有使费，不过一镑。十四年后再求保护，当照数续纳费款。此官所名曰“印诏衙门”，洋名“帕坦敖非司”。

又凡人造物皆有本行记号，如造铁器者画棰剪之类，造假冰者画白熊，各专一家是也。此等记号洋名“特蕾玛克”。凡欲专号者，亦须报官，纳款三四镑不等，不准擅用。此官所洋名“特蕾玛克来至斯特来琛敖非司”，义乃贸易记号册记衙门也。此事报官，亦另有人代报。以上两节，不惟国家按年收款甚巨，且更专养一班人也。

十七日乙亥　晴，热。亥正一刻，随星使乘车行十数里至贝格蕾伍坊朗代斯巷第十六号赴前任英国香港总督包安[①]夫人家茶会。楼房不大，华美整洁。见其夫妇，皆年近六旬，男女客人无多。包极温厚，给奉甚殷，由到至去，请下楼点心、酒果者三次，临行握手送别，词意款洽。入夜微阴。

十八日丙子　晴。伦敦人众，本地面、肉不能足供，即如羊肉来自英属地南牛奚阑岛（本南北两岛）中间之堪特百里县，地在澳大利亚洲之东南，距赤道南四十三度。平野茂林，产羊极多，乃宰后冻坚，包以白布，刷印字号、行号、住址，船送来英，地在伦敦之西南，相距三万余里。该肉行字号曰“克里斯哲池”（即本地城名），其行号乃画一地球盖日四分之一，曰“日蚀”记图，义乃谓地面之属英者已有四分之一也。

十九日丁丑　早阴，午后大雨。前经龚星使咨调之枪炮厂学生谢、宋二人，每月各领薪水八十两。此款不归出使项下，而由总理衙门拨给，自他日考后，薪水照发。星使乃行文总署，请示二人仍否留学。忽前日传谕，谓二人学业有成，即当回国。今日来领行装，谢学已满三年，可得保奖，领得归装三百两，船资四百二十两；宋则尚欠一年零十个月，乃仅领船费而已。

二十日戊寅　阴。前经龚星使咨调之学生罗肇煃号新甫者，福建汀州府上

---

① 即Sir George Ferguson BOWEN，1883年3月30日至1887年10月6日任香港总督。

杭县人，在此学习英文，每月薪水由三十两加至五十两，至本年改百两。迨罗星使接印时，该员尚欠三个月方满三年。星使谓今后薪水不能发给，如肯自备资斧三个月，可给保奖。新甫无法，乃请每月借用三十两，俟领行装时扣抵，至是三年报满。今日禀见，带领行装，闻领得船资四百二十两，行装二百一十两。

二十一日己卯　阴。余自京中为星使带有《大清会典》六十部，盛一大木箱，代买内兴隆官靴十双，盛一木箱，到沪经谢筠亭交带他人馈送星使之绍兴酒十大坛、两小坛，各皆盛以厚木笼。又接曾叔吾一函，内称钦宪有定购锡器数箱存在香港中环容记洋货行中，祈到时将此信往提代携到英，应需水脚宪必奉赵也云云。比至香港，取共两大木箱，前后共计一十五件，份量颇重。中途将抵马赛，因所带份量逾数，轮船加索八镑半，经余及同人措付，有收条。到此之次日，即将此节告知罗支应，请代禀星使，半月无耗。又前于四月二十八日由马赛以慢船运来之货船、火车、人脚费共二十五镑十八先令，亦即将来账交支应代回星使，迄置不理。请问者再，始言宪谕缓议。五月中该行来信催索，当交支应，良久无音。询之，则曰：钦差无暇，未便强禀。六月初三日，该行来信又催，支应仍置不问，余亦听之而已。不意竟致洋人屡索不得，乃致书马清臣求其代催。马清臣交原信与余，余即面交支应，此五日前事也。昨日往询，恰值支应晚餐，细嚼烂啖许久，始言尚未回明。余因再三催之，遂答以饭后往禀。至亥正来，言钦差谓此款付给二镑，其他须众公摊。并言钦差前由上海寄发六十余件（不知何物，亦不知大小、轻重若何），仅用二百四五十两，在船上亦因大众行李加重，只用八九镑零（足见并未公摊）云云。至星使之一十四件，终不明认。且以上两款皆有收条、账单，而历来随使之行李，亦罕有自付船脚者。余因再三含忍，商诸同来众同事，遂按份公摊，彼此借贷凑齐，交马清臣代付焉。

二十二日庚辰　阴晴不定。伦敦通城所用之自来水不分甜苦，一律清洁，水碱亦薄。各街闾巷通以水筒水管，各家每日共用若干，皆有尺寸、号码，分毫不差。立有公司，共分八处，或云该行股份共约一千四百万镑。

二十三日辛巳　镇日阴晴不定如昨。西人谓：人身之皮肉、五脏，皆七年一新，人身之强壮、疲弱，皆系乎葆卫之如何，其善调摄者随换坚固，故能延寿云。

二十四日壬午　晴。数日前，罗叔羹至王、吴二君屋中，谓将修理房间，改煤气灯为电气灯。吾人居此诸多不便，统须自觅寓所移出，钦差亦将自行移去。此事不惟国家费款甚巨，我且从中更多劳累也，因而彼此传言，议论纷纷，中惟罗、林、曾、陈、魏、沈诸君，各皆守口如瓶。至是经林和叔至各间传谕，限以十日，自七月初四至十四日，令各搬出，别无一言。

二十五日癸未　晴，热。申正公宴，星使率余同沈藕生、任谦斋、吴少序、杨仲卿、王少山在楼上一桌，余在楼下分四桌。菜四碗为樱桃肉、炖猪肉、白煮鸡、炸鱼块，冷荤四碟为茶鸡子、咸肉片、腰子片、鸡肉条，干鲜四碟为黄梨、橘子、洋糖饼、洋糖块。饮黄酒，末各切条汤卤面一碗，颇鲜。

二十六日甲申　早晴。辰正，除罗醒尘、严伯玉外各着蟒袍、补褂，随星使在大厅向北恭拜圣牌，行三跪九叩礼。午后阴晴风雨不定，凉。酉初，同沈藕生、吴少序、任谦斋、尹元辅至柴苓十字街火车栈，随星使恭迓张星宪由法国节旋，仍住赛西店。今早本使馆悬龙旗，晚燃电气灯，系篆文，二长寿字环一圆福字。

二十七日乙酉　镇日阴晴风雨不定。酉正约顾康民、瑞鼎臣、钱铭伯晚酌，炒菜四簋，饮五加皮酒，吃西胡卢馅饺子，彼此畅谈甚欢。

按：伦敦现有各蔬菜为蚕豆、扁豆、胡萝卜、白扁萝卜，颇似京中，大红萝卜、白菜如旧，黄瓜微少，菠菜仅卖叶而浓厚，见有西胡卢长二尺余，粗周盈尺。

二十八日丙戌　晴。申刻，星使请张星宪及参随等在本街朗康店内晚酌，林和叔、罗叔羹坐陪，本使馆亦升龙旗，点电灯。

记：在太木斯江口有中国山东人王姓者，居彼以贩卖华货及鸦片等类为生，并出借钱债，利息极重。闻罗新甫借彼四十先令，每七日利息五先令，一个月不还，则本已暗回矣。

二十九日丁亥　阴晴不定，风。先于半月前传言：星使之女公子于本年十月出阁，至是经曾叔吾写知单云："十月初浣，罗使宪大千金出阁，同人公拟按照月薪每百两鸠份五两寄华托办，单到祈即题知，并请于七月领薪时照交，以便办理是荷。"此次知单，除罗姓伯叔兄弟及魏姓母舅不计外，自林参赞至林武弁共凑银一百五十两。

## 七月

初一日戊子　早晴，戌初大雾。戌正，汇丰银行请张星宪及梁镇东、顾康民、瑞鼎臣、陈蔼亭、马拱宸、曹咏归，并罗星使、林和叔、罗叔羹、陈幼庸、马清臣与余在太木斯江边萨乌埃店中晚酌。同席英人有金登干、赫承先，本行六人为总办喀美兰，司事巴安斯、周恩斯、邓金森，其他二人未详。厅极闳敞，左右壁各悬一黄龙旗，厅外阵阵奏乐，菜单面上亦印金质蓝龙旗。桌式长方，正面中坐喀总办，左右坐张罗二使宪，对面中坐巴司事，左右坐马清臣、顾康民，左首中坐周司事，左右坐林和叔、陈蔼亭，右首中坐邓司事，左右坐瑞鼎臣与余，余皆中、英隔坐。酒食颇佳，酒有香宾、百安，果有甜瓜、葡萄与桃。末一三层冰楼，高二尺余，名曰“中国塔”，塔下藏有冰乳，人工既精，乳味亦美。食毕，巴安斯立起举酒，一祝英君主，再祝中国大皇帝。继而喀美兰亦立起举酒祝张星宪之福，巴复立陈数语，言中英交涉、友谊之日厚，并称颂张星宪之精能。言毕，梁镇东代张星宪立起答谢，后罗星使亦立陈一段，先谢该行之优待，并祝诸司事之福。此后齐入前厅，各饮加非一盅。少叙谢归，时已子正。

初二日己丑　晴，热。记：伦敦马车之多，其两轮与四轮者皆号至第一万六千余。或谓每日驾马出街者，两轮车准四千五百乘，四轮车约四千乘，车夫之领有考凭者万余名，每日所赚不下一万二千镑云。午后，赴赛西店与张星宪及顾、瑞诸君禀安送行。

初三日庚寅　晴。辰初，同林和叔、罗叔羹、陈幼庸、沈藕生、任谦斋、林琴荪、罗小荷、唐竹溪、杨仲卿、尹元辅、袁仁圃、于心泉、王香圃、陈安生、王皖南随罗星使先至赛西店禀见张星宪及顾、瑞诸君，继至倭特路火车栈。巳初，张星宪率梁镇东等到即登车。巳初二刻车开，即时同赴骚桑屯者为罗星使、林和叔、马清臣、陈幼庸、任谦斋。闻张星宪于午初至彼，登美公司，午正展轮赴纽约。

初四日辛卯　晴。闻王、于二君所去之学堂内诸生另操体学多种，一曰赛跑百码；一曰布袋走，乃人身置布袋中赛走；一曰跳高；一曰赛骑脚踏车行三洋里；一曰赛抛皮球；一曰赛跳远；一曰赛夺力，乃一绳两首各人若干而互夺之；一曰匙盛鸡卵跑，乃以长柄匙盛一鸡卵，右手举之赛跑，其鸡卵不落者胜；一曰三腿跑，乃二人一高一矮，绑其一左腿一右腿于一处，作成一人三腿，如此多人赛走，先到者赢；一曰前后赛跑，乃善跑者后立数武，与不善跑者齐跑，先到者胜。盖诸生用工皆有定时，每当闲暇之际，教习由以上十种内择令赛其一，是亦一刻值千金之意也。

初五日壬辰　晴。泰西报章之设自近代始繁，所以流通公论，详著近闻，其效至宏，其例至赜，入国观政，略具于斯。英新报创自西历一千六百二十二年（即明熹宗天启二年），其都鄙乡邑之间，星骈棋列，出报积数千百种，售报计数千万纸。其为烦衍，当不下于古百家之言，虽辞旨不同，亦得失之林也。间尝考伦敦现售各报，大小共计一千九百九十九种，种各不同，有论官事、杂事、学问、商务之别，及带画、带图、单篇、双页、四篇、一册之殊。时亦不同，有每日一次、早晨一次、晚间一次，及每礼拜自一次至三次者，更有半月一次、每月一次、两月一次、每季一次、半年一次、全年一次者。且各报之名亦异，或指事以名之，计时以名之，或即报馆主人及地名以名之，更有取他义为名者，然其名有可译者，有仅能还音者。兹将各报按名、按时详录于篇，以备吾人之考镜焉。其每日及早晨与晚间者为《日纪报》《商务日报》《日日细报》《日日新报》《日日邮传报》《日日电报》《晚间新报》《空谷传声报》《晚官报》《晚间五谷生涯报》《晚报》《货财新报》《货财邮传报》《钱粮报》《货财时报》《地球日报》《伦敦税局进口报》《贤翟木斯公报》《伦敦日日经纪股份报》《财帛报》《早晨通报》《早晨邮传报》《每早船只报》《清晨指南报》《早报》《帕玛邸报》《猎户报》《宪报》《商贾总报》《船只商务公报》《船只商贾总会报》《笑话录报》《解颐报》《星辰报》《泰晤士报》（义即《时事报》）《卫斯民司得报》；日报每礼拜二次者，皆在礼拜二、五两日，如《城报》《兑换数报》《德布林城（爱岛都会）报》《埃甸堡城报》《伦敦官报》《巡捕厅官报》；每礼拜三次者，皆在礼拜一、三、五三日，如《镇市汇价报》《撮要时报》；每礼拜一次者，系在礼拜一或五日，如《金报》《庠序报》《账目报》《消息报》《海军马队报》《红条报》《斐洲论报》《斐洲情形报》《斐洲时务报》《代理事务报》《奥妙报》《稼穑报》《阿得朔武事报》《阿得朔官报》《阿丹书库报》《再报》《会盟报》《教会报》《照相专艺报》《技艺报》《人工报》《英美时报》《渔翁报》《回音报》《建造报》《军械报》《水陆官报》《保险报》《斯文公所报》《横行报》《召见报》《澳洲报》《澳洲商报》《铃铛报》《铃铛使者报》《苏格兰城邑报》《面食糖果报》《伊斯蕾神武报》《面包行报》《面包行时报》《洗礼报》《贝乐法新闻报》《留宾报》《商贾新报》《脚踏车报》《博明根神报》《博明根邮传报》《商部报》《黑白报》《黑白教民报》《保险存案报》《书籍报》《书坊报》《孩童笑话报》《靴鞋报》《博欧贝报》《博欧贝小说报》《幼童报》《通国幼童报》《孩童朋友报》《英兰孩童报》《伦敦纽约孩童报》《泥水工报》《卜拉佛访察报》《卜露尔保人报》《卜露尔日知报》《酒家报》《砖瓦泥器报》《英与各属地苦工报》《英与各属地手民报》《英与各属地水银贸易报》《英外糖果生涯报》《官署月报》《英属澳洲报》《英国糕点报》《英国酿蜜报》《飞箭报》《股份报》《英货出口报》《英国鸡鸭鹌鹑等报》《泥水人工报》《照相报》《英国医药报》《英国刷印报》《英国商务报》《礼拜一日英报》《圬者邮传报》《建造新报》《建造会报》《天下建造报》《木匠报》《金银报》《田家报》《汇兑报》《加那达官报》《喀尔的甫礼拜报》《喀色礼拜六日报》《专办果席报》《猛将笑话报》《化学新报》《天主教家报》《天主教邮传报》《天主教新报》《天主教官报》《天主教时报》《商务会馆报》《化学商务报》《百舌报》《欢喜报》《乐善好施报》《化学药商报》《象棋日纪报》《耶稣教年纪报》《耶稣教专报》《耶稣教百姓报》《耶稣教地球报》《教堂钟报》《耶稣教邮传报》《耶稣教善士报》《耶稣教诚心报》《墟场报》《耶稣教百万教耶稣教带图报》《耶稣教合心报》《僚友报》《天下耶稣教报》《天下耶稣教堂报》《教堂官报》《教堂家报》《教堂福音报》《评论教堂报》《教堂女士报》《公平报》《年纪报》《教堂时报》《本国传教报》《天下烟叶烟卷报》《城内人民报》《都会报》《钱粮传驿报》《文职谋席报》《文职官位报》《文官报》《文官比赛报》《通政报》《医道报》《号筒报》《制造车辆鞍鞊报》《商报》《煤炭生理报》《煤炭总报》《游历印度美洲各属地报》《笑话带画报》《家乡笑话报》《通商案件报》《面包糕点会报》《通商官报》《天下通商报》《货物报》《承办人报》《协力同心报》《承办人事纪报》《五谷官报》《草舍园圃报》《天下牛奶房报》《乡间酿酒报》《州县会所报》《各处公廨事纪报》《牛奶房报》《州府绅董报》《伦敦传驿报》《公署传单报》《再报》[①]《公廨大报》《蓄牛及制牛奶人报》《打球报》（此报四至九月按礼拜，十至三月按月）《金报》[②]《打球场报》（此报惟五至九月出印）《脚踏车报》《脚踏车新报》《自由报》《骑脚踏车报》《脚踏车总报》《预备牛奶人工报》《戏曲时报》《达勒屯租赁楼房报》《修理房屋报》《佣工仆婢报》《布商报》《妇女家务报》《天下戏曲报》《德布林城自由报》《教会时报》《织印漂染报》《传教邮传报》《俭省补绌报》《电机报》《电学报》《电气事件报》《电线报》《训养时报》《机器日记报》《机器总报》《管理水汽机器人报》《水汽机器报》《英兰报》《英国公会报》《英国信船报》《英国工作报》《探访报》《产业

① 与前页重复。
② 与前页重复。

报》《欧洲信船报》《戏场闲时报》《每礼拜报》《自家牧师报》《人家报》《人家补报》《一家团圆报》《自家医道报》《户口报》《嗜好报》《农夫畜养报》《田户报》《田庄报》《农夫官报》《天下农夫报》《田亩报》《快乐报》《户部报》《岁入报》《渔户官报》《天下钱粮报》《新事报》《朋党报》《渔户官报》《网鱼官报》《饮食养身报》《曲径报》《交结往来报》《自由补报》《毋忘报》《禽鸟报》《自由法度报》《嬉戏报》《历日报》《规矩会报》《规矩会补报》《皮毛翎羽报》《园丁报》《园丁官报》《果品报》(此报由七月至九月按礼拜，由十月至次年六月按月)《审察报》《船只略报》《来日报》《陈设装潢报》《园圃报》《园圃栽种报》《园工带画报》《天下园工报》《天下煤气报》《幼女报》《幼女看娘报》《奇货报》《安康报》《薄纸君子报》《厚纸君子报》《宗教训言报》《顺潮报》《格拉斯高新闻报》《格拉斯高邮传报》《击球报》《击球场报》《时刻如金报》《铜钱比金报》《公义伙伴报》《一本士小说报》《精工书刻报》《杂货油盐报》《杂货邮传报》《爱尔兰皮革报》《详思报》《杂货官报》《租典田地报》《受托保人报》《市井画报》《宴乐嘉宾报》《盖公医院报》《韩慈每礼拜电报》《梳发总报》《梳发报》《船只日期报》《安乐家乡报》《铁器机器报》《精神报》《做帽工人报》《身体家居报》《家居闲谈报》《凡例报》《制造报》《中外邮传报》《本国循环报》《家乡度日报》《爱尔兰时务报》《家乡记录报》《家庭小说报》《家乡欢乐报》《巡捕厅新画报》《家乡新闻报》《四海邮传报》《鸽子信报》《手套袜子工料报》《畋猎犬马报》《各医院报》《持家箴言报》《猎户报》《小说画报》《水木作画报》《教堂画报》《家庭围炉闲话画报》《伦敦画报》《邮传官画报》《伦敦画报》[①]《戏笑新画报》《天下银钱保险报》《器具机器报》《自主不俗报》《印度报》《印度古米报》《百工报》《养育孤独报》《保险公司报》《保险记录报》《探闻报》《搜罗报》《万国公报》《钱债股份报》《股份大报》《伦敦保险报》《翻转报》《爱尔兰天主教报》《爱尔兰脚踏车报》《煤铁总报》《铁商报》《钢铁生涯报》《铁货传闻报》《铁货报》《铁货总报》《日知录报》《五雷治炮厂并水陆军营报》《金银珠宝报》《种园工艺报》《犹太报》《天下犹太报》《马贩报》《煤气灯报》《妇女脚踏车报》《消闲录报》《技艺会报》《傀儡小画报》《公义报》《升平公义报》《沟渠记载报》《沟渠官报》《甘朴商务报》《工夫报》《妇女公报》《妇女伴侣报》《妇女续报》《妇女评论报》《妇女画报》《外科报》《妇

① 此处亦有重复。

女事件报》《代理田地报》《田亩水地报》《百灵报》《洗衣报》《洗衣新闻报》《律例报》《律例时报》《律例续报》《李德礼拜报》《引导报》《皮革报》《皮革生意报》《一生笃信报》《天下学问报》《得凭单备办伙食报》《得凭单备办伙食续报》《跑马场报》《性命报》《火光报》《闪电报》《立文浦新闻报》《立文浦邮传报》《立文浦报》《六畜报》《总市报》《总市船只名目报》《时派会报》《本处官场报》《锁锁报》《伦敦报》《伦敦合众报》《伦敦中国报》《伦敦中国电报》《京都各省乐器报》《礼拜日法度学堂报》《伦敦商民报》《伦敦五谷报》《伦敦日记报》《夫人报》《制造报》《伦敦读书报》《伦敦流言报》《伦敦裁缝报》《满柴斯得时报》《专月报》（此报出由四月至十一月）《稀奇书楼报》《世人报》《直言传信报》《出口机器报》（此报惟出于二三八十四个月）《机器市报》《铃阑报》《马埃报》《海洋机器报》《婚姻报》《嫁娶新报》《嫁娶邮传报》《善法时报》《吉祥报》《天下手工报》《肉市报》《商贾法则报》《法度记略报》《方法时报》《医学报》《医院医道报》《京都官府报》《天下矿报》《矿报》《京都布帐教堂报》《磨工报》《磨工公报》《玻璃为生报》《英国玻璃商报》《钱财生理报》《钱市报》《莫拉维亚传教报》《启明报》《月光报》《乐堂报》《万乐报》《乐器生涯报》《乐器新报》《乐工报》《我君主书库报》《本国金石药水商情报》《天性报》《本国音乐报》《说论本国报》《天生博物报》《预核国帑新报》《新岁报》《水陆兵报》《新卫所报》《撮要新报》《备办用物人报》《天下新闻报》《代理新报》《英兰北界耕锄报》《盘查记录报》《金块报》《北方报》《观察报》《乳养报》《油染人工报》《日闻丛报》《陆路往来报》《油行生意报》《油商报》《老少报》《眼镜工人报》《吾人互爱报》《吾人家乡报》《吾人空计报》《外来报》《伙伴报》《吾人畜犬报》《田家闲话报》《纸张刷印报》《纸货报》《纸匠报》《圣会议论报》《纸作报》《纸匠大报》《纸货记载报》《提醒我报》《纸货生涯报》《议院辩论报》《议院记载报》《戏耍报》《当质报》《皮尔逊小说报》《皮尔逊礼拜报》《牙科报》《一本士诗人报》《一本士带画小说报》《人民朋友报》《户口报》《礼拜人丁报》《裴理生涯倒庄报》《炮制药料报》《皮特满减笔报》《公主报》《仁人报》《音学报》《小照摹画报》《照相新报》《瓦窑报》《家禽报》《照画手艺报》《种花木人报》《铅匠装潢报》《异教报》《古法报》《天下古法报》《巡捕记略报》《巡捕评论报》《邦国报》《君主报》《治国法报》《济贫法报》《艺植报》《邮政保险报》《练习机器报》《今日信实报》《公主小说报》《印书人报》《食物粮草买卖报》《刷印石印报》《天下刷印报》《土产各市报》《鞍

缰车辆局报》《刷印石印装钉出售报》《众人意见报》《喷池报》《赛马细报》《赛马随时报》《赛马捷报》《赛马画报》《天下赛马报》《刊发报》《刊发记载报》《学生教习报》《火轮车船报》《出入口船只报》《火车邮传报》《火车程途报》《火车新报》《火车官报》《盘石报》《火车大报》《火车日记报》《火车指南报》《火车续报》《火器报》《火车时报》《戴木蕾探访报》《赖诺新闻报》《李阿土新闻报》《李达莱酒报》《天下田庄报》《贤翟木斯国帑报》《贤波罗报》《礼拜六日报》《保养身体报》《决断争端报》《苏格兰人民报》《文部学堂报》《学舍报》《学堂男教习报》《女教习报》《会长报》《琐事录报》《自行协助报》《鞋与皮料报》《放枪时报》《结社报》《智理丛谈报》《要事当知报》《事迹撮要报》《突然报》《伦类报》《教门大旨报》《细事要略报》《成衣匠报》《状师报》《状师大报》《有可读者报》《南斐洲报》《南美洲报》《惜寸阴报》《旁观者报》《玩要吉兆报》《玩要画报》《玩要时报》《天下玩要报》《玩物报》《玩要专报》《玩要邮传报》《戏要反映报》《诙谐报》《笑话总报》《赛马癖报》《司大佛省报》《制造刷印玩物报》《兑换经纪报》《戏场报》《纺车报》《寄卖书籍玩物报》《信票报》《天下文玩报》《文房四宝生意报》《文学报》《股份经理人报》《礼拜之日报》《轮船报》《司特朴每礼拜报》《每礼拜国事报》《礼拜日电报》《成功报》《礼拜日僚友报》《礼拜日学堂时报》《教习指南报》《礼拜日学堂报》《礼拜日时报》《海关报》《游水报》《户口册报》《世界报》《成衣匠报》《天下成衣匠报》《天下技艺报》《木料报》《木商报》《饮食节俭报》《节省总报》《节俭日记报》《律例时报》《织庄报》《织机厂货报》《织庄传闻报》《织庄日记报》《小事报》《每礼拜时报》《烟报》《烟商报》《今日续补报》《载运报》《确实报》《专地时报》《商务报》《商务时报》《商务传闻报》《赛马为生报》《赛马新闻报》《左右世界报》《决争报》《担承殡殓报》《协合报》《通国金石商报》《通国官报》《乾坤报》《世界虚浮报》《黉宫报》《黉宫总报》《备办筵宴报》《义兵报》《义兵营官报》《西澳洲报》《预防报》《每礼拜甲乙丙丁赛马报》《杂事报》《七日小说报》《戒荤报》《兽医报》《栈房与布商报》《金银珠宝及钟表商报》《战事报》《每礼拜国帑报》《每礼拜军务报》《每礼拜登册报》《七日报》《礼拜堂人会合报》《船只驶行报》《每礼拜邮传报》《每礼拜国人生死报》《每礼拜搭船报》《短信报》《礼拜电报》《每礼拜信比日光报》《礼拜传声时报》《官场消息报》《酒报》《官文报》《每礼拜天气报》《西方报》《果子酒五谷酒生意报》《酒家报》《酒商报》《卫斯民司得预核国费报》《斐洲评论报》

《舆人报》《妇女报》《妇女生命报》《妇女记事报》《毡毯材料报》《轮转报》《工作报》《五雷治官报》《语言活计报》《工人伙计报》《天下刷印生涯报》《天下教民报》《天下笑话报》《幼女时报》《援救营幼年兵卒报》《天下快船报》《俏公报》《国宝源流报》；其按月者如《一丨丶丿铁道报》[①]《管账人报》《斐洲消息报》《参谋报》《专艺报》《农工节省报》《集善行录报》《园囿人工报》《广见报》《剖明报》《英国教会报》《天下六畜报》《保养六畜报》《天下援救营报》《欧洲美国会报》《家庭朋友报》《人类总报》《外科大报》《反教报》《卖奴报》《吸烟报》《考古报》《修造楼房报》《人工总报》《上控报》《判讼报》《大船报》《兵数报》《放洋登岸报》《阿兰塔报》《技艺报》《教务报》《画工报》《真言报》《英外交际报》《地中海报》《星学报》《内外报》《制作报》《提醒报》《澳洲灌溉报》《兵弁日报》《东方报》《打燕报》《小孩报》《乐工报》《已往嬉戏报》《洗礼总报》《洗礼报》《希望报》《银库报》《银行报》《入教受洗报》《耶稣经报》《怜恤报》《忠信报》《时派报》《经属报》《洗礼邮传报》《弓铃月报》《打球报》《同心报》《书价报》《护兵报》《伊色列族报》《福音经画报》《养蜜蜂者报》《账目长红报》《男孩笑话月报》《埃典堡新报》《耶稣医院报》《布海米亚报》《吹鼓手新闻报》《吹鼓手日报》《弓铃小说报》《英兰男孩报》《今古音乐论报》《男女孩伴侣报》《男孩须看报》《通洲火车报》《古董宝物报》《轮车铁道路程报》《卜拉朔铁道节略报》《大英国报》《确报》《英国围棋报》《遍传福音报》《英国知识报》《小民报》《工役报》《英国快马报》《英国音乐报》《英国博物报》《信女报》《英曲报》《英国耶稣报》《指引廉节报》《本国工匠报》《零星报》《堡障报》《蝴蝶灯蛾报》《各等教堂报》《本国女工报》《同窗报》《人人报》《加拉非教之经台报》《一千九百年战报》《喀赛报》《新报报》《茅庐草舍报》《世界国报》《英史点点报》《家庭报》《杜蕾经报》《杜蕾诗报》《百智丛录报》《升平与战时名人报》《美洲画报》《拾遗报》《新经纪事报》《本国铁道报》《人民教养报》《本地报》《本国报》《君主伦敦报》《铁道时刻报》《沙斯庇尔报》《震耳报》《骆彬森报》《土俄鏖兵报》《礼拜六日日报》《詹柏尔博学报》《天下说文报》《海上说文报》《天下地图报》《野鸟报》《人工报》《天下庖丁报》《才智品性报》《天下史报》《世界突报》《百舌报》《世间骇闻报》《水路罗经报》《耶稣家报》《中斐洲报》《论教报》《百年画报》《詹柏尔

① 原文如此。

传闻报》《查朴满新闻报》《小孩朋友报》《世界小孩劝善报》《赈济报》《整顿赈济报》《鼓掌报》《小孩报》《一局棋月报》《小孩神甫报》《小孩快马报》《柯尔的艺植报》《小孩教堂报》《小孩纪事报》《小孩伙伴报》《儿女报》《教士报》《小孩保人报》《小孩画报》《传教中华万人报》《教中人情报》《传教自前报》《耶稣教民报》《传教自如报》《爱尔兰教民报》《教中事务报》《教务拾遗报》《教务前进报》《木铎报》《教友报》《教中好事报》《教士须知报》《论各教士报》《经典报》《和睦报》《教堂教民报》《教门新闻报》《内外教堂报》《引导报》《屯居报》《教务会报》《教门杂报报》《传教人报》《教堂乐报》《教会月报》《苏格兰内外教门报》《教门禁酒报》《礼拜日教堂教读报》《教堂自新报》《天下教堂报》《教堂司事报》《预先报》《要事报》《教堂工人报》《评论古典报》《教堂人工传闻报》《脚踏车报》《传教邮传报》《教会戒酒报》《教会邮传报》《狄克思英书报》《库克五洲游历时日报》《德布林医学报》《埃典堡医学报》《库克游行报》《库克家禽报》《珊瑚传教报》《谷山报》《日新报》《四海为家报》《乡民工役报》《扶持教门报》《水晶报》《救世报》《外洋奇异报》《自家衣装报》《水汽机器报》《牙医报》《早日报》《旭日报》《露滴报》《英国手艺报》《英国闺阃报》《遍传福音报》《学业报》《土器报》《晚学诸生报》《先人诚实报》《自家交结报》《电机报》《临时报》《英国画报》《英苏爱妇女总报》《虫学月报》《虫类报》《月月报》《遍传月报》《遍传总报》《讲解报》《家庭邮报》《忠信报》《真言报》① 《讲解时报》《乡农总报》《名望报》《女教士报》《家务报》《自医报》《人家须读报》《农家报》《库款报》《救火人报》《向前报》《半月报》《围炉佳话报》《水火报》《外国语言入门报》《诚信进阶报》《苏格兰自理教堂报》《自理教务报》《自主报》《评论自理教务报》《俄国自主教务报》《论礼拜日自由报》《朋党报》② 《短篇朋友报》《朋友礼仪报》《访友报》《盖洎周流报》《将来报》《女孙伙伴报》《女孩自读报》《缙绅报》《缙绅时事报》《园丁报》《园丁画报》《煤气厂报》《格拉斯高医学报》《撮要报》《牧童报》《地理日报》《地理总旨报》《前进报》《好音报》《心种报》《嘉音报》《青年撮要报》《善心教徒报》《叙论新约报》《美意报》《善言报》《新约统报》《新约邮报》《宣传新约报》《新约传扬报》《仁心报》《新约飞报》《木工画报》《新约刻刻报》《福音善士报》《彰明报》《事比芥子报》《大西方铁道报》《教民画报》《寻

① 与前页重复。

② 与第48页重复。

技报》《城内报》《贺恩得民间报》《教师画报》《御前盟约报》《懒惰报》《廉节画报》《印度新闻报》《印度妇女报》《保险邮报》《新书报》《婴儿新闻报》《灵巧技艺报》《劝善教化报》《指引保财者报》《管理保险报》《保险公司报》《保险钱财报》《伊搜贝孩子报》《保险铁道报》《万国医学报》《爱尔兰月报》《保险报》《稽查报》《爱尔兰教堂报》《爱尔兰武学报》《爱尔兰织机报》《犹太报》《犹太快报》《犹太消息报》《犹太小孩报》《鼓琴人报》《款式报》《伦城小说报》《大英快马报》《万事指南报》《教导报》《深思报》《手艺心思报》《手眼报》《爽快报》《协助语言报》《大道田畴报》《平安预报》《安康预报》《慈心预报》《包租雇赁人报》《居家报》《居家朋友报》《居家宾客报》《居家闲话报》《国家报》《劝世报》《居家度日报》《家人理财报》《妇女理家报》《理家报》《度时报》《照相生涯报》《英外艺植报》《修饰手艺报》《学业报》《山林报》《以疾医病报》《以疾医疾世报》《医院报》《英国建造学业报》《牙医会报》《化学会报》《伦敦博物学堂报》《仆婢报》《田翁报》《工程官报》《农家会馆报》《银行规例报》《传教外国青年报》《草木生灵会报》《海军报》《博学努力会报》《罗刹拜青年报》《照相初学报》《教养青年报》《预规青年报》《大路报》《君王报》《法学生徒报》《邱园花木报》《妇女知己报》《知识报》《工匠报》《妇女针黹报》《妇女财产报》《妇女新闻报》《计朴森律例报》《吕克喜妇女新报》《妇女月报》《律例撮要报》《律例生徒报》《世界画报》《如镫报》《律例邮报》《青年衣冠报》《织编活计报》《得暇时报》《律例报》《李池居家报》《李池巧工报》《拾遗小报》《守法月报》《得意报》《得自由者报》《博广报》《伦敦自家月报》《一生笃信报》《家室境界灯光报》《活水报》《本国耶稣散报》《情爱指南报》《李品阔月报》《世界读书报》《音乐报》《女帽报》《本处传教报》《英法二京时派报》《伦敦城内传教报》《捷报》《伦敦牧师报》《伦敦时派记录报》《伦敦言行报》《石姬月报》《伦敦言行补遗报》《伦敦音学报》《伦敦文学报》《计算速报》《都门各省属地总报》《伦敦福音会报》《鲁昂满学堂新报》《鲁昂满新报》《伦敦成衣人报》《陆那尔月报》《马密兰新报》《撙蒲语言报》《射影灯报》《启明报》《多生不若长生报》《琴报》《乐盖月报》《医学志略报》《英外医生报》《英国教民孩子报》《今日男女报》《保守商贾报》《居家守法报》《传教新闻邮报》《英兰安乐报》《廉节法策报》《守法新报》《评论天下传教报》《京都时事报》《教堂内房报》《官场时报》《布告天下福音报》《教堂总月报》《天下族谱报》《慈心悲苦报》《以疾医疾月报》《世界传道报》《四方传教报》

《时务报》《教门月报》《家乡月报》《通国音乐会月报》《教门会盟月报》《小说月报》《乐师月报》《医药二学会报》《天文会月报》《官场闲叙月报》《邮船月报》《阿得朔月报》《五雷治村月报》《木拉威亚牧师报》《母女报》《福音月报》《英外经卷会月报》《英外土产月报》《音乐大报》《天时月报》《药料月报》《清晨太平报》《音乐生涯报》《晨星报》《协助为母者报》《为母者理财报》《墨蕾伦敦太晤士总报》《墨蕾苏爱二岛太晤士总报》《母伴报》《母友报》《音乐邮报》《拯救乐工报》《乐府报》《音乐太晤士报》《音乐时报》《小友报》《米粒衣服报》《各国教堂报》《各国民情报》《国风报》《行船报》《邦国节用报》《天生食物报》《天性清浊报》《天性报》《今古报》《水师兵册报》《天下水面网罟报》《新教堂报》《新爱尔兰报》《第千九百年报》《新奇音乐报》《新报报》《昼夜报》《北美洲报》《北英齐家报》《讲经典故报》《考查音律报》《钱币报》《目疾报》《天文台报》《橄榄枝节报》《既作即作报》《保护报》《障眼法报》《循规报》《四出报》《讲论直前报》《前进报》《本国幼童雏女报》《艺植报》《本国孩童报》《本国泉涌报》《本国果敢报》《一文报》《本国后生报》《本国点点报》《本国日新报》《倭尔克本国报》《本国大报》《本国新闻报》《自家纸报》《帕玛新报》《圣会新报》《本国游荡漂流报》《本国内外工作报》《外而外报》《以外报》《为父母者报》《真正药料报》《神智大道报》《曲径报》《五车报》《日日珍珠报》《皮尔森新报》《人之道理报》《本草报》《理学报》《英国印花报》《音学报》《音学邮报》《骨相报》《画轴报》《影相报》《影相法报》《影相总报》《大小琴乐生涯报》《学画报》《家禽报》《绘画妙法报》《捧腹画报》《诗家举隅报》《万家囊报》《教友报》《平民医学报》《学习影相报》《为师可法报》《传道者邮传报》《祈祷实信报》《长者教堂报》《学业者报》《压榨报》《论中论报》《守本报》《光明结党报》《君女小说报》《改正传声报》《喷饭报》《福音观望报》《各省医学报》《百姓安康报》《收割报》《化外报》《世界火车报》《火车须知报》《火车管机器人报》《解人颐报》《赫曦报》《李查柏新报》《感化保护报》《应酬指南报》《报使报》《论教门论报》《收割所余报》《玫瑰蕊香报》《瞻礼日学堂报》《报》《使邮报》《围炉闲话报》《格物学堂报》《人物论报》《播种报》《贤尼扣拉报》《时式小画报》《学馆家庭报》《合地球跳舞报》《学中日报》《学堂月报》《学堂新闻报》《格物技艺报》《及时报》《格致闲话报》《施乐得月报》《学徒新报》《小儿教门经典报》《学徒自报》《学堂新报》《司其布讷新报》《巡哨报》《矛盾新报》《以字解音报》《王家公事报》《议院

报》《天下货船报》《减笔报》《确实证据报》《有可读者报》《节用流传报》《银环报》《姊妹报》《文学声价报》《游行日期报》《司丹力月报》《南美洲牧师报》《司特兰新报》《司特兰乐报》《拐杖雨伞报》《播者报》《跨步报》《骚斯卫牧师报》《绳墨报》《画馆报》《甘蔗报》《日光报》《节气报》《礼拜之日报》《家庭礼拜报》《礼拜日新报》《礼拜日朋友报》《辅佐礼拜日学堂报》《礼拜日学堂教习报》《日照报》《糖报》《瓦刀抹子报》《教习所向报》《缝工报》《裁缝总报》《教习新报》《教习帮手报》《教习月报》《节省月报》《自行节俭报》《医法报》《律师学堂报》《自明福音报》《今古物件报》《深思报》《惟一报》《戏园杂耍报》《将来物件报》《医道须知报》《瓦池尔国会报》《世界升平喜音报》《深心劳碌报》《舌热如火报》《屯毕新报》《经理古学进益报》《长老总会报》《协力同心报》《种牛痘报》《戒荤报》《兽医报》《兽医之术报》《善言提醒报》《教人忠信报》《琵琶报》《教兵报》《瓦滋学问报》《道旁言报》《魏斯廉教士报》《守望报》《言言报》《小孩转瞬报》《小孩时式衣服报》《神道报》《自家成衣报》《成衣画报》《衣服制度报》《帮众报》《作工者报》《魏敦妇女报》《闺门针黹报》《魏斯廉教堂规模报》《文恣报》《魏斯廉崇信教规报》《魏斯廉礼拜日学规报》《幼年时报》《魏斯廉教务报》《城西衣式报》《妇女暗号报》《妇女家门报》《振翼报》《亲见报》《妇女庄田报》《幼年专教报》《议论幼年报》《更新党报》《年轻人报》《幼年信道报》《幼年音学报》《冲龄报》《幼年准绳报》《印度女室报》《圣会实情报》《幼女报》《少妇报》《动物博士报》《动物生理报》；每两个月一本者为《石印报》《显微会报》《敖尔甫骚人报》《军士续尾报》《御前大学堂报》；每三个月一本者为《学习稼穑报》《教训廉节报》《脑浆报》《爱尔兰忠心报》《阿拉盘爬山报》《德布林报》《伦敦四季报》《纲纪报》《兵数报》《亚洲报》《药王报》《英国律例报》《内外科报》《商务通传报》《妇女性情病症各学报》《城邑教会规模报》《治家格言报》《建造教堂报》《小堂案件报》《嗜癖报》《属地报》《治家总报》《埃典堡报》《罪犯报》《教养报》《电板报》《嬉戏画报》《英史报》《历练报》《外国教堂报》《考验朋情报》《精熟世系报》《古风报》《华友报》《巧妙无疑报》《本土技术报》《万国五伦报》《赫德水陆兵报》《印度上控报》《印度教堂报》《百体功用报》《太木斯要领报》《神禽报》《犹太报》《犹太耶稣报》《博古会报》《农部报》《英外往来水土报》《印度技艺报》《万人体性论报》《才干报》《书吏规章报》《使电章法报》《满柴斯得地理会报》《种植会报》《亚洲会报》《尚古会报》《种园会报》《律例四季报》《记载

会报》《维克都里亚大学堂事务报》《心思报》《钱谱报》《正大光明报》《本国传教报》《判案报》《律例总报》《救生船报》《苏格兰教堂纪录报》《惟知有物报》《水师册报》《女教师报》《本地会议报》《本地雍睦报》《循还国运报》《四外教士月报》《官兵册报》《欧洲古僧报》《本国四季报》《吾人姊妹在外报》《考察犹太报》《教门原本报》《邮政局报》《算学报》《梨酒画报》《地学博士由浅入深报》《画图日进报》《气象学会四季报》《伦敦生灵会前进报》《耶稣教堂报》《显微学报》《海军官报》《地理会四季报》《女红四季报》《四季新闻报》《四季天时报》《印度教士四季报》《生死嫁娶四季报》《水面言报》《黄书报》《内外劝世会报》《称论教堂报》《苏格兰四季报》《贤马丹报》《圣骨匣报》《水师搁浅报》《初学经典报》《播种时报》《蝴蝶报》《律学生徒报》《守护先锋报》《自制女帽报》《礼拜之日会报》《魏六郎报》；其半年一本者为《按年保险大全报》《朝廷报》《再考药材报》《打猎月份报》《印度文武报》《显微镜会馆报》《牛乳商会报》《钢铁规条报》《妇女学院报》《学堂考试总报》《埃典堡建造会报》《伦敦目疾医院报》《蓝书报》《跑马场报》《御前红书报》《邮政袖珍报》；其按年一本者为《银行年报》《建造学堂报》《学堂事件报》《机器袖珍报》《甲乙丙铁道报》《有形者年报》《古人历日报》《渔翁日记报》《指引电学年报》《英外圣经会年报》《英兰生死嫁娶官年报》《洗礼袖珍报》《魏斯廉教会年报》《阿赤尔保险年报》《指引南斐洲年报》《阿斯庇那沿海年报》《义兵炮队袖珍报》《英国照相年报》《澳洲袖珍月份报》《伦敦生死及致命各由报》《保险年报》《贝格来威亚年报》《二酉堂年报》《藏蒙戏年报》《兵丁年报》《直言无惑报》《指引铁路股份报》《御制宪书报》《劝戒年报》《英商年报》《各国年报》《英国僚友报》《小孩年报》《复苏年报》《英国保命报》《建造包办价值报》《藏宝库报》《伦敦生意报》《医院博施年报》《英国教堂年报》《官场年报》《耶稣指南报》《爱尔兰药材会报》《英兰外科学堂报》《各工人局厂年报》《工人泥水袖珍报》《堪卜立址大学院报》《喀赛周年画报》《堪特百里牧师报》《苏格兰福音指南报》《世界福音年报》《药行年报》《小孩年画报》《教堂国会报》《都门各种善施报》《教堂人日录报》《通城日录报》《伦敦记略报》《文职袖珍报》《文职年报》《牧师指南报》《牧师名数报》《属地官署数目报》《学堂教习报》《煤矿指南报》《各属地年报》《机器工人年报》《上下议院报》《敕建印度房图学馆报》《巴里庖丁袖珍报》《伦敦庖丁袖珍报》《教会年报》《国法年报》《道达上议院报》《道达议院报》《三合会游人指南报》《纺棉指南报》《棋

痴报》《府县城邑报》《府县户口报》《打球抛球指南报》《打球年报》《外邦教士人名报》《下议院及审案堂报》《五爵报》《牙医报》《诸侯画报》《五爵画报》《五爵交结报》《黉宫年报》《农家年报》《修理工匠报》《伦敦人地记略报》《太木斯江人地记略报》《巴里人地记略报》《狄卜楼年报》《外国值事报》《畜犬者报》《外国承办报》《英爱二岛教训报》《英国妇女年报》《戏文报》《外国行号报》《外国烟叶生涯报》《曲戏音乐报》《降生节报》《布商报》[①]《杜尔杭大学院报》《东方贩货报》《各出口商货报》《埃典堡大学堂报》《电气生涯报》《机器工人报》《园囿年报》《英京书籍报》《埃赛堂年报》《股份经纪报》《园中栽种年报》《户部年报》《文人年报》《世爵世系纹印报》《地方管辖年报》《君子袖珍报》《计乐柏教士指南报》《小舟总数报》《外部报》《煤气日记报》《煤气与水报》《踢球年报》《欧美二洲客寓报》《踢球总报》《女孩自己年报》《盖公医院年报》《解人颐年报》《花园画报》《击球年报》《税关年报》《帽匠年报》《会议律会报》《爱尔兰税务年报》《榧子年报》《印度文武报》《印度部官报》《保险蓝书报》《保险存案报》《万国号码报》《万国事略年报》《万国商贾制造报》《爱尔兰医生报》《奉官备办酒席年报》《爱尔兰教堂报》《奉官备办酒席指南报》《李立槐打球报》《铁器商报》《苏格兰节气会报》《朱第年报》《伦敦医业年报》《艺植会年报》《动物生理会年报》《袖珍缙绅报》《会馆年报》《建造工价袖珍报》《英外船只保险报》《都城乡镇商务报》《伦敦时务会所报》《伦敦牧师年报》《沿海及航海生涯报》《伦敦施舍年报》《赖达日知录报》《小舟保险报》《伦敦年报》《伦敦四季报》《已往赛会报》《历年赛会报》《教堂小本画报》《沿海生涯撮要报》《沿海考查事务报》《医学保生袖珍报》《习练医学年报》《教导医学报》《医生注册报》《医徒注册报》《律例年报》《律法指南报》《律师袖珍报》《巴克尔教堂年报》《贸易出洋年报》《天文会报》《牧师讲经报》《刷印新闻年报》《乐门袖珍报》《挖矿袖珍报》《教门袖珍报》《英兰教堂官报》《乐门年报》《滋生猪会报》《节用会年报》《刷印装钉传单报》《敖斯佛大学堂年报》《敖斯佛大学堂名册报》《行船年报》《埃典堡青果报》《英国纸商报》《航海年报》《日日记事珠报》《各国纸匠报》《卜的日记报》《博物会年报》《伦敦邮政局报》《邮政局总理报》《官年报》《各城保生会报》《伦敦测算会报》《属地律例报》《考察灵魂会报》《事业指南报》《各学塾年报》《王后及

---

① 与第47页重复。

妇女日知报》《预言来事报》《油画匠报》《造纸局报》《铁道工人日记报》《教导音学报》《格致前进报》《学校年报》《伦敦赈济指南报》《爱尔兰大学堂年报》《保身防恙会报》《贤安得路大学堂年报》《贤卓志医院报》《苏格兰踢球报》《贤巴索洛苗医院报》《贤陶玛斯医院报》《司米士日记报》《件件手工报》《天下印书报》《本地手工报》《暗律师指南报》《南美洲进口货报》《承办建造泥水工价报》《暗律师年报》《精博政事年报》《文房纸笔铺报》《上下议院问答事略报》《股份总司年报》《司土布商贾年报》《埃典堡外科医药报》《礼拜日学馆教习名册报》《礼拜日教门会报》《工艺年报》《教习袖珍指南报》《陶木森官场人名报》《外科医学会报》《埃典堡接生会报》《伦敦接生会报》《特恩布船只名目报》《特里呢的学堂报》《人民声价报》《防瘟会报》《官例大概报》《立文浦与满柴斯得人民名望报》《下议院历年人名报》《彼此交涉年报》《滋生马种报》《栽花指南报》《四海行船报》《骆芝诸侯世代报》《寄信保险注册等事报》《各地人丁报》《皮尔邮局寄送报》《乐画等学会报》《英国犹太人厝日报》《射箭会年报》《造船修船学馆报》《维克都里亚大学院报》《郈乐尔十内抽一清单报》《上下议院定规报》《格物会报》《伦敦大学院年报》《伦敦大学院人名册报》《兵部官册报》《魏斯廉教徒日记报》《魏斯廉教徒指南报》《治水统纪报》《怀太格万国报》《英爱二岛人地记略报》《照相生意年报》《制炼油与颜料报》《棉毛织纺日记报》《五金生意日记报》《苏格兰监督教会年报》《药材生意年报》《萨达器年历报》《萨达器天文日知录报》《星宿岁时吉凶报》《诸侯世系报》《都尉世系报》《男爵世系报》《耶稣诞辰祝祭报》《汽机会报》《英爱二岛格物博士年报》《政治年报》《谁与谁报》《每冬报》《植物会总报》《文学会总报》《知学会报》《名人声望带相报》《万生日记报》。

以上大小新报，价值无须细载，惟每日一篇至一年一本者，价由半本士至二十镑十先令。

# 卷　三

光绪二十三年七月初六日癸巳　晴。午后步入利贞囿一游，地在伦敦城内之西北，周四百七十亩，地势作人面形。左额眉上为万生园，分地百亩作三角形，右额眉上为巴普堤斯学院。南面正中为艺植园，径椭圆如鼻准，北连玫瑰山，共分地五十一亩。园西有小河，流分三叉，长逾十里，碧波荡漾，烟舻逍遥。园右南北大道如砥，宽约三丈，惟准游人步行往来，南通阿乐斯得巷，北接万生园及阿拉柏路。囿四面围以铁阑，周十二门。大道左右自北而南，先则细草如茵，茶园二三，绿树阴浓，木亭点缀。继而段段曲径，左右设铁阑，阑内罗列各种鲜花，按色分畦，畦式不一，或方，或圆，或三角，或扇面，五彩芬芳，茏茸芜茂。并有玉石花盘成对，各周丈余，高数尺，上植花卉，垂累如篮。随行左右高树成行，颇凉爽幽静。树下横列长铁凳，人可坐息其上，外有铁椅数行，置人看守。凡欲坐者向守人买票，每票一本士，其人帽边横书“管椅人”三字。花木左右大道一带，亦有人往来巡守，以防游人摘花踏草及口角争斗等事。凡有男女成群，嬉笑喧哗，抑或孩童聚集淘气，则巡丁即拦阻恐吓，或令停止，或使分散，指示东西，无不听者，盖园囿皆有定规，违者受罚也。巡丁衣冠稍异，帽边亦横书“看园人”三字云。

初七日甲午　晴，热。西国邮政极属公平便当，设有信函送至某处，而其人业已移居，则住是房者可将信面住址涂抹，改写其人所迁之处，掷回信筒，则信局仍管转递，不出本国则不另加费也。

初八日乙未　阴。暹罗国地滨南海，东则法属越南，西则英属缅甸，国小而弱，屡为英法所陵，藉非竭力自强，终召瓜分之祸。其王幼时才智过人，沉几观变。迨即位后励精图治，因时制宜，西学西法概行仿用其长。先曾遣太子至欧洲游学，现拟亲来游历，凡西国之政治、学问、艺术向所习闻者，躬亲而目验之。遂定西巡半年，既不畏航海梯山之劳，亦不虑博浪柏人之险，乃托朝政于王后及心腹枢臣五人。前于四月中携其子女五人及文武多员坐英船放洋，先历义、法、奥、俄、丹麻、瑞典等国，兹抵伦敦，驻跸该国使馆。今晚亥正，该国公使请茶会，带见其国王。亥初一刻，余随星使乘马车行十数里至阿什本坊第二十三号，下车登楼，其屋不大，而修饰整洁、华美壮观。该王年近五旬，身中面黑微须，衣装与西人同，无甚区别，仅胸前挂二宝星耳。因无专立之处，故无引见之仪。能英法语，往来向人交谈，行动如庶人，毫无威严庄重之度。乃奋发为雄，遂使弹丸之地自立于强邻逼处之余，亦足多矣。少立即回。入夜细雨。

初九日丙申　晴，凉。今早在富利街第二十八号第三层楼看定住房四间、厨房一间，一切器具自备。先索每一礼拜房租二镑五先令，后减至二镑。问可住几个月，对以大率两个月。约于十二日见该房主，兼立租券。

初十日丁酉　晴。现值七月，大暑已过，天气渐凉，而伦敦人之稍有余资者，亦皆陆续移居乡镇海滨，避热而吸凉风，故此三月内房多而租贱。盖住房人外游两三月，家中住房苟得赁出，则三个月之游费可由此租款中得之。英京房价之贵较北京者加数倍，如昨日所租四间空屋七日二镑，合当十大钱二百一十吊，京中四间中等小房，以之可租一年。

十一日戊戌　阴雨，凉。闻星使明日携眷移住老文涨庄之绿柳别墅，洋名“苇娄泗”，地在伦敦西北，距城约六十英里。余遂同沈、吴、袁、尹四君拟于十三日迁往富利街。镇日检点行囊，入夜颇觉乏倦，同人亦然。惟闽省诸公依然安乐自如，陈幼庸、林琴荪、罗叔羹、严伯玉自晨打麻雀，次日寅初始散。究不知诸公将移何处？从未见有言及找房者，惟屡次问余等觅得房否。

十二日己亥　阴。未初，星使偕夫人率公子、小姐及犹子小荷、伯苏，内弟魏莲叔，亲家陈幼庸，兰兄曾叔吾同行移去。

又今早见星使言拟明早移出，星使谓开工尚早，再迟几日亦可，须向叔羹商之。盖因叔羹精明强干，善英言，明英例，修房一事皆由其从中办理，故留住此监察照料。至星使之兄醒尘，为人明练老诚，亦暂留此，俟众人皆去，再移与星使同居。前日叔羹宣言曰：如有不搬者，当踢开房门，将其行李令洋仆抛掷街心，失去不管云云。如此催迫，想必早向房主商妥，工亦估定，而开工在迩也。午后，余同沈藕生等至富利街写租契。其人乃言非住三个月不租，余谓三个月亦可，惟租价须改按月八镑。彼竟不允，遂罢议。

十三日庚子　晴。早任谦斋与唐竹溪同搬去沙尔洛巷第十七号，罗梦祖与沈荔虎早住玛里兰路第五十二号学话，至是林琴荪、王少山亦皆移去同居。

十四日辛丑　阴雨阵阵。早饭后步至不闷街，觅得第十三号第三层楼中住屋五间、饭厅一间、厨房一间，床榻桌凳一切应用器具俱全。先索房租每一礼拜四镑，继落至三镑半，后改三吉呢，遂写定租契，择于十九日搬入。房主名巴的斯妥呢，祖居义大里，现入英籍。

十五日壬寅　晴。馆中传言此次修房，系经瓦木作估定修费一千五百五十镑，彼此约定加租二十年，修费统归房主。开工之期既未闻，而其事之确否亦未闻。

外国专有一行名曰“色尔威约尔”，系能察房之地基、木架，应如何修理，可保若干年。估工之人须照其所言办理，工竣后其人查验，如果属实即行画押，稍有不如前言之处，则须一概重修。闻其察估一次工费二镑。

十六日癸卯　阴。记：英都当铺系门外悬三大金球作“品”字形，凡当物皆以十三个月为限，利息每二先令每月半本士，逾二先令如二先令零四、五、六本士，即作为四先令。故铺中每收一物，总写二先令有零，罕有写整数者，且来物所值不及二先令而当半先令者，每月利亦半本士。

又各当铺门首于每礼拜一、六两日男女颇夥，因各礼拜日铺皆关闭，人工休息，则皆衣冠整洁，朝夕游玩。故贫者多于礼拜六日赎回，礼拜一日再当也，然如此打扮者妇女居多。当物限满十三个月，于拍卖时，当铺故号小价自行买回而另卖之。其所拍卖之钱，铺中扣除应收之利息，其余交还物之本主，亦尚公道也。

十七日甲辰　阴。午后，同吴少序安步当车至敖斯佛街一游。突见路南一小铺楼窗出烟，即时巡捕传电报知水局。倏尔东方一车喊叫吹哨驰至，载有红油高梯，救火兵六名皆头顶桃形铜帽，足登高皮靴，身着油布紧衣。车到即立梯至楼头第三层，有兵二名捷足先登，踢破玻璃窗，冒烟入内安置水管。少刻水自房内喷出，不及两刻之久，火熄而烟消。其所以不向外抢取物件者，因有保险也。不以账簿为要物者，因无欠款也，虽有，亦皆浮账也、零星账也。左右邻居之不有恐惧者，墙壁结实，火不能透也，救火速快，定不致延烧也。

十八日乙巳　镇日细雨淋漓。西人谓多食猪肉生痰，因而吃猪肉者无多。然西人之无痰者不仅此也，乃谓每日必缓行万步，筋络血脉周身运动，则所食者概得消化成血，无所遗留，亦自无痰。且西人每日必走数里，其平日佣工无暇者，则于每礼拜六及礼拜日必行动游玩，故男女平日不有痰，而患痰症者更少。

十九日丙午　晴。巳正，同沈、吴、袁、尹诸君雇一敞车载各人行李少许移入不闷街第十三号，彼此安置一切，房主夫妇接待良殷。

按：在伦敦城内租房，当此夏末秋初之际租价较廉；然在城外乡间，无论何时租价概减于城内。如租小楼一所，住房十数间，一切陈设器皿俱全，且楼外有院以及花园、菜圃、牛圈、鸡笼等，租价每月约三十余镑；其空房须租人自备一切者，则租价一年亦仅三十余镑。按其租房之规，租者惟自备床布、枕套及他物之在此房内所无，抑或虽有而不合式者，厨灶等处器具不敷而添买，准于租价中扣抵。房中之物，或遗失，或损坏，皆须照数赔补。房外之菜蔬、鲜花、果品，皆任租人自用，惟不准出售耳。

二十日丁未　阴晴不定，时飞细雨。记：伦敦穷人小店有四种，大小规模不同，皆于申正放入，次早卯正放出。一曰“蛮代洛径蒿斯”，义乃寄寓也；二曰“娄屯詹柏尔”，义乃娄屯开设之卧房也。以上二处宿一夜价皆三四本士，入门有床无被。三曰“萨勒瓦甚晒勒特尔斯”，义乃救贫遮避所也，价仅二本士，其中尤苦，然皆洁净，无鸡毛、火盆之丑态；四曰“倭尔克蒿斯”，义乃作工房也，宿者不索钱，而在内必须作工，或披麻四斤，或劈木若干，或碎石末若干。苟有不作者，店主即可告官。官场审验，如系故意不作，则罚坐监七天。闻各中仕宦子弟之因赌或他故而投宿者亦多焉。

二十一日戊申　镇日阴晴风雨不定。伦敦各铺凡出售衣服鞋帽、布匹绸缎、毡毯纱罗、绫花绢扇之类者，一因西国妇女衣式频改，再因天寒则夏季应用者难卖，天暖而冬季所备者无用，乃于每年正、七两个月清理货物，减价出售。虽少获利而存货得出，得以所卖之钱再买他货，不致存累而亏本。届时各在玻璃窗上，或横或斜粘贴白纸条，字则红黑不一，如年年出售大减价、夏或冬季本铺货物概行减价、夏或冬季所余各货贱卖十天或若干礼拜、本号夏季或冬季应卖各货价皆减半、按年清货发卖、现今出售所余各货、夏或冬季净货房现值末礼拜。更有写尚余几日者，盖意皆催客早来照顾也。

又各铺减价时于正月曰“冬季”，七月曰“夏季”。

二十二日己酉　晴。数日前马清臣染喉症，不能多言，畏震动声。今早至其寓所，留一名片，上书英字云：敬来探访，望早痊愈，盖西俗也。

记：英、德、美三国皆产钢铁，闻德国一年产铁二千七百八十八万七千吨，美国二千八百万吨，英国数至八千五百万吨；美国产钢三百万吨，英国者较美国多十万吨。以上皆上年所报之数也。

二十三日庚戌　细雨阵阵。戌初，同沈、吴、袁、尹诸君携小儿荣骅乘车至庇喀的里街埃及堂看杂耍。地不大，容人二百。台前横椅行行，价则台下者每座五先令，再则三先令，极后者二先令，楼上一层站立者每人一先令。戌正开场，先一人名戴万者变戏法，手执红、白、蓝薄纸三页，燃灯焚后乃自掌中抽出红、白、蓝色细绸三条，长皆数丈。继而两手团绸作球，展开再视，变成英旗，敏捷之极。又向坐客中借一金表，随以白纸一页折成喇叭形，另请一人上台，举以左手，交金表于右手，请掷入纸筒内。后将英旗卷塞一手枪中，向纸筒发之，请其人手摸纸筒，问："有表否?"曰："表软矣。"取出视之，非表乃英旗也。变者谓："此表当飞回主人怀内，请摸之，如无有，我当为君取之。"言毕，表主上台，变者即由其后衣兜中取出，不仅金表，乃更以红绦系诸一白兔项上，奇甚。此后立白纸一片于灯前，变者旁立，右手伸入纸后，以指作影戏，如猪羊牛象、鸡鸭鼠兔以及男女小孩，活动伶巧，无不与真无异。

第二场作射影灯法，由马斯金者所创。不仅影能射大，而人马车船皆能行动，如英君主之六十年庆典，兵马巡行，车辆驰驱。又德法交兵，墙倒炮发，兵亡马窜，处处如在目前，法乃灯后小照千页，随照随转也。

第三场系一人名罗柏滋者，身披黑氅，头顶一青布宽帽圈，式类都中草帽。乃立台中寸步不移，每次仅向内将帽形改折，氅式改披，转面向外则另成一人。改变二十余次，皆非平人，如法君那坡仑第一及某诗客、某将军等，无不毕肖。

第四场乃小戏一出，为伦敦高喜坊第十九号推得小客寓中寄居之画师高乐得及守财虏皮特尔、乐工鄂芬协并店主夫妇与店仆。各操本业，各施本态，或在己屋，或在客厅，各人往来出入，言语谐谑，令人解颐。台上虽不见有两人相遇，而使观者必度他人另在别间，其实不然，通场虽系六人，乃皆一人装扮也。

第五场如俗所谓"一人班"，台前正面悬一小鼓，左右横大小觱篥各一串，对面楼边左列小钟，右置喇叭。台左另一方小台，上设风琴，琴上立鼓，鼓左右二号筒及大小铙钹等。琴前立架挂锣，乃一人名柯拉玛者鼓琴，手按脚踏，按谱奏乐，能使台前者、楼边者、琴上者、琴前者，匏革木金，各器齐鸣，响泉韵磬，简简筝筝，洋洋盈耳，盖皆赖电气也。旋将通场灯熄，于黑暗中弹琴击鼓作雷电风雨声。

末场另作小戏一出，乃世爵司台达之妻已故，后与寡妇道呢相识往来，拟欲娶之。一日在女家适有巫觋卜来达者至，其人善卜，能拘鬼通神，预知一切。司欲卜妇女中何人为与彼最有情爱者，意必道呢也。于是放桌堂中，桌面置一木牌，卜坐桌后，向之述二十六字母，述至何字，木牌敲桌有声即为某字。连述五次，五字合成，则司故妻之名也，司闻之惧。少顷卜之杖动，卜曰："魂魄尚留而未去，可试之。"乃置三木板于桌上，前立两扇为门作一小屋形，立木杖于屋内。闭门后杖自屋顶抛出，且杖立地上，步步自行，如人拄之。卜曰："此司妻也。"卜执杖交司，司不敢接。卜曰："汝妻在内，愿听之否？"司曰："愿。"乃放一胡笳于屋内，未几凄清作响，即其妻平日所喜歌者。司欲入视，卜不许。司以头触门，门上有小玻璃窗，竟自内伸出一手，将司之假发顶攫去。回首再看，窗中露面真其妻也，司乃惊怖晕倒。醒后卜遂从中作媒，使司娶道，二人深谢乃罢。以上戏无甚奇处，盖板动杖走及胡笳鸣，亦咸赖电气耳。至小屋中本无人而出手露面，皆前在柏林看过之人头露于桌面之法也。子初回寓。

二十四日辛亥　早晴，申初阴雨阵阵，颇凉。记：居停主人巴的斯妥呢现年四十七岁，曾在伦敦四新报局中代笔，兼精论马各书，故善相马。凡马之步力如何，过目即知，一时伯乐之名藉甚。英兰各处朝朝赛马，何处所赛何马，彼即择其尤者与人赌之，因而每月所获颇丰。

又其妻乃续娶者，其前妻本一寡妇名柯利，携有一女随嫁，此女现虽呼其人为父，乃仍以本生父之姓柯利为姓。当柯利生母故后，复遗有子女各一，其继父续娶后，其妹嫁其继母之弟。是其继父既称岳丈又为姐丈，其妹既为女又为内弟妇矣。是亦西国之五伦攸斁处也。

二十五日壬子　阴晴风雨不定。因英君主寿考之长、在位之久，日前外部来文，请星使作颂词相祝。星使因颂之曰："积善必有余庆，上苍降福方长，万寿无疆，永恃圣人御宇，守法保邦御侮，歌功颂德未央，天佑君主。"令沈荔虎楷书，七分见方，以备雕刻云。

二十六日癸丑　晴。数日前星使属译英文新报一篇题曰《中国变时论》，著者名道显古，不知何许人也。其论曰：中国者东方一病国也，他国仕商中人纷然相诘曰："中国将有意疗治耶？抑将束手待毙耶？"余答之曰："前充京都同文馆总教习丁公韪良，当悉中国历来政事，及与英、俄、德、法交涉之情形。环顾泰西各国中，惟法国极有开疆拓土之心，曩者法被英国逐出加拿他与印度，今则欲占安南为属地，其意欲就东路扩充为尤妙。近又设法强占暹罗而未果，国帑虚糜，大失所望，如此妄为，恐终归于无济也。尝读各国史记，其欲创业立国，而所行悖于仁义，未见有成者。现在法廷注意于斐洲东南之玛达戛斯喀岛，力与俄国连横，故尚无暇计及东方耳。至于德国则不然，自西历一千八百七十年（即同治九年）各邦合众后始称大国，于今商务已成，所少者属地也。所占斐洲之地土产无多，因而虎视中国，亦势所必至耳久矣。夫俄之欲南开海道，竟被英国所阻，以至于今乃得展其赛比里亚之铁道而通东方。然则英当与俄合，而英俄更当与中国彼此推诚相信，盖以中国土地之广，货可售而财可得也。按现在情形，他国皆有以强凌弱之心，而英独无之。中国人众，足为英商贩货之地，他国咸忌英之独获其利，因而法美皆增进口税，德与日本又贩价廉之货来华，与英争利。然英以中国销货之路广，故与中国善交而无扰累之心。日本现为东方水师之至强，而陆路亦有可取者，如欲瓜分中国，日本不能无言。由此观之，中日莫若联盟，合为一气，策之最善者也。况中日人类本同，苟不协力同心，终恐各有唇亡齿寒之患。无如华人因循成性，不若日人存心讲求，会悟敏捷之善于自强也。果能两国合纵，则日本必有益于中国。夫中日既合，他国亦皆易处矣。昔者德皇曾言将来白种与黄种之交兵、贸易，彼此争雄等语，诚有先见矣。中国、日本各当绸缪防范，勿以为讆言也。夫中日两国最宜设一弭兵会，遇有争辩之事，即由本会判断，如迩来英美两国争渔矶之事，同一释然，是亦旁观者代筹之上策也。今而后假令各国依然与中国修睦，不思用兵，亦非中国之福。使能长保其自主之权，何则不思变法？即不能自强，是亦人所共知者。且中国制度之亟须变法也久矣，故其国内一切皆宜竭力自新。溯自中国因鸦片案两起衅端，嗣后发捻之叛以及云南、西北一带回匪之乱，四次耗费军需，国帑因而不继。凡为君者必壮年即位，则万几自主，权不下移，乃同治、光绪两朝皆冲龄践阼，大权渐分。故自咸丰以后，欲求如康熙、乾隆、道光之励精图治，其辅弼皆非庸庸者流，不可得矣。其时如能幡然自悟，极意挽回，则此次与日本交兵未始不可操必胜之权，以雄视各邦也。国事至此，犹欲拘守成法，不思及时变更难矣。以时势观之，中国现行之法乃大谬不然之法也。缅甸、暹罗、安南、真腊及朝鲜等小国，向皆遵从中法。今乃概行改用西法，则中法之不足恃，中国亦可恍然悟矣。中国时务之最要者首曰设立国教，并立教官。夫中国朝廷仅以一年祭天一次视为具文，岂足为通国教门之领袖，以教化一国之人民也耶？且所秉何教必须斟酌出之，或儒教，或佛教，抑或道教。夫道教奥妙虚诞，沙门自守清净，似乎不足为法。至于佛教寂灭避世，亦与中国理事之人不宜。如欲以儒教为国教，则孔子以前遵奉上帝之言可仍奉之。若然，则教师当自君上选派于四方，按教之由来本乎天，足可使人一心，皆如兄弟。夫发捻之所以从之者众，亦因其信兼别教，为首者七日一礼拜，诫人畏天，勇敢自豪。日本之教向与中国无异，乃能遣使泰西，留心访察，遂立意国教更新。故前者中日交兵之际，日本并无僧人在营，日兵战死，亦未见有超度魂魄投生之事，但知坚守忠心保国而已。回教《科丹经》有临阵唪经、叫剑壮胆之规，现在东方各国已无此举，惟每值紧要攻打之时，诚心遵圣经、守君命足矣。其次曰满汉合一，乃满洲人与汉人不相歧视也。相传清初时勒令汉人剃发，明将吴三桂投诚，约法三章：一、凡汉人殁后，仍准敛以明朝服式；二、凡宗室妇女，不准与汉人结姻；三、凡满人不得取中状元。清朝皆允之，所惜二百数十年来依然如故，毫无变更也。汉人之有学问者，每自命儒教之高，俯视满人为夷狄；满人雄壮精捷，藐视汉人懒惰而无争战之能。满汉各官各存私见，互相猜忌，故官场制度迄今并无进益。汉人不喜外人治理本国，故现在会匪蜂起，意在倾覆本朝。当国家极盛之时，立法甚善，有不洽于民者废之，汉人有不得不顺从者。以上各情，姑置勿论。总之，汉人宜视满人如一家，斯得耳。今满汉畛域之见，正如数百年前诺尔曼人（地在法国北界，于西历一千零六十六年占英，即宋英宗治平三年）之治安格路萨克森（英国别名）人也，可知英国之治理实亦土人及外人各参其半。今英国朝廷犹操德国语言，无异中国大内之说满洲话也。华人盍一思之？天下各国凡无会堂者，全权归君，则国之安危一人独操其权。曩者中国之兴衰全赖乎君之明否，或谓今上温和，极意中兴，现在年约二十五岁，久经太后、恭王、李鸿章保护教养，熟读英文，因而望其能善君位。然为君者久居大内，妃嫔左右，身体易弱，莫若效其列祖列宗操练壮身之法，或骑或射是也。如能洞悉其国之利病，固属要图，而能随时派人访察四方，尤为上策。西国君王如德俄等主，既巡行本国，更游历他邦。中国大皇帝能仿而行之，不尤善耶？国君尽知其臣之品行、才具为第一。奈中国官员皆喜揽权争利，国家永远迁延不改，为官治民之权太重，一切不守国法。夫既不遵国法，惟官自由，则其致富为极易，断案如同买卖，从中并无律师宣传国法，臬司州县多不以国法为然，而以己法为法。赋税亦无准凭，往往浮收舞弊。各官仆役成群，皆无工资，乃任其丑态，诡诈妄为，以致贿赂公行，勾结败坏，要挟勒索，一至于此。然有可转机者，恃学问以致之耳。夫考试人才必须加以格致、算学、律例、史记、洋文各学，亦必拔取真才而无冒替等弊，则官心庶几一变矣。中国税章亦须更改，其各地各物皆当一律平允。赫乐彬总税务司所办一切至美至善，为人所称。夫鸦片之为毒物人所共知，中朝既无禁令，列入税章，即应准于某地专种，如孟买等处情形，亦可厚获其利矣。至种莺粟地之多寡，亦须有限制之法，如中国南省以田禾为重，改种莺粟有损无益，即其一端也。欲使中国变弱为强，易贫而富，有数策焉，讲求学问一也，禁止裹足二也，准教师入内地以及建铁路、设电线三也。此皆由根本施治，胜于购炮位、建炮台、买炮船并时式之巡船等举多多矣。试观德义志与日本之所以能强者，前事可师耳。按：中西各国不同之故，皆在乎学问之讲求与否也。中国当立教部，专为整顿督理学问，肯派神甫入内充当提调，更属有益匪浅。如此变法，则渐渐人皆自知其当学者。犹不止此，更求夫精医学，净监牢，立住户防灾公所，设武备学堂、杂艺学堂，鼓舞人工土产，改铸银钱，准闽广人之四出作苦工者移入云南、四川等省以及保护华民之外出者。以上各节，中国亟当一鼓作气，振聩发聋，为维新之治，譬诸垂绝立起沈疴，是则有心人所引领而望者已。”以上所译，悉本原文，并无修饰增改之处，直书无隐，惟阅者鉴之。

二十七日甲寅 阴。见本地鲜果铺所罗列者有苹果、洋桃、红白葡萄、梨、杏、桃、橘、甜瓜、石榴、蕉子、波罗密以及红黄绿三色李子等，形状多类华产，亦皆余前数次在此所经见者。惟一种小李，大如葡萄，色紫红，味稍酸，英名“达木森”，每斤二本士。另种名未详，形如雪梨，周三寸，长三寸余，色赤红，味颇甘，贴价六本士一斤，而一斤亦仅六枚，合当十大钱二吊四百文。

二十八日乙卯 阴。英规：凡人家修理零碎物件，雇铁木、油漆、泥水、裱褙等工，皆须向之言明一切，使其估定价值。否则按时核算，乃连该工人由铺至宅及由宅回铺共走若干时刻咸计之，如逾两点钟之工即为半天。苟工程较大，另有监工之人。工竣后各工匠报明按日所用时刻若干、曾作何工，监工人画押开账，本宅则即照付。或谓于未开账前如本宅先给监工人二先令半，多者五先令，则其人自能为之少计三分之一云。

二十九日丙辰 阴雨阵阵。闻龚仰蘧星使前于五月十六日平安抵沪，小驻天后宫，因病势加剧请假三个月就医调养。方幸吉人天相，生入玉关，不意于六月二十一日昧爽时骑箕而去，诚可惜也。

三十日丁巳 大晴，暖。记：英国一种胰脂色黑紫而透光如胶，名曰“皮尔”（铺主姓也）。其铺设在新敖斯佛街第七十一至七十五号，门面三大间，楼高五层，极宏敞华丽，高大净洁如王宫。造胰厂在城外埃斯倭村，据云亦极宽广，所用工匠及铺中伙计共约六百余。此胰始于西历一千八百七年（即嘉庆十二年），为众胰中之上等者，人久用之，能光润面皮、去尘垢，有益无伤，并可以之剃发而代水洗。自一千八百五十一年（咸丰元年）至八百九十年（光绪十六年），在各国赛会共得宝星二十。其初设时，在本国及各国飞贴报单，共用二十五万镑，以后每年用十万镑。其红条不惟在沿街之墙壁，即凡人目力所及之处无不有之，如各公车内有贴小油画一张者，有彩画于四面横玻璃窗上者，或系一小孩横卧水盆作泣状，下字一横云：“小孩不见此胰，不觉舒服”，或系一老妪左手提幼童之耳，右手执巾，地置盆水，盆边放胰一块，下字一横云：“这个脏孩子”，义皆指此胰之利用也。至各点心铺、杂货铺、香水铺、油酒铺、酒肆、饭馆、米店、菜铺以及器皿什物铺，凡往来人多各铺店内壁上，无不横悬一牌云“皮尔胰脂”。通城各火车栈及四出沿路各火车栈，皆横一大木牌，刻以“皮尔胰脂”四字。又铁道沿途左右田地间距道一箭之地外立一栅栏形铁架，高丈余，上横“皮尔胰脂”四铁字。其货除本铺出售外，发往通国各城各铺代卖者十之八九，该行不为小矣。

## 八月

初一日戊午　阴，凉。数日前，同沈、吴、袁、尹四君齐率小儿荣骅乘车至万生园一游。内中禽兽鱼虫与前无异，未见增减，惟在园中添有加非馆、点心铺各二，一切价较园外者稍贵。象性驯良，又值天暖，皆放院中，一人执鞭看守，以备驮人。象背负一红垫木床，左右容坐四人。因象起卧不比骆驼，故象之左右立二木梯，各高十级作“ᄊ”字形。欲坐者先至旁一小屋买票，每人二本士。登梯坐后，则象奴赶行院中缓步往来里许，回时象自走立二梯之间而止步，坐者妇孺居多。又独峰驼亦备人坐，乃左右二人，价亦二本士。

初二日己未　早阴，午后细雨淋漓，申正雨止仍阴。现在菜蔬仍有黄瓜、扁豆、白菜、蓁菜、红白萝卜、白菜花等。昨见摊上置有嫩萸米，长约四寸，色淡黄，每个四本士。

又因天暖各加非馆带卖一种杂拌鲜果，如橘、杏、桃、李、蕉子、葡萄、樱桃、甜瓜与梨等。切碎泡以糖水，味尚鲜美，洋名“康柏湍斯甫路”，义乃集凑佳果也。按盘出售，一盘不足一茶杯，价则四本士。

初三日庚申　晴，入夜大雨。现在伦敦男女之骑脚踏车者既多，且专设有此等车铺。间又见街市有种汽车，式与坐车同，惟前无辕，不需马驾，乃在座下轴边藏有关键，或集天气或燃火油。上坐二三四人，前坐者手扶铁柄，主使前驱后退，或行或止，左右转旋，行动较马似快，惟停车尚不能十分遂意，故用者尚少。西人处处求精，每创一物，必期利用。将来苟得行止如意，恐街市间不闻马蹄声矣。

初四日辛酉　早阴，午后大雨滂沱，入夜雨止，凉。记英例：房税凡住房一所租价在二十、四十镑之间者，每镑一年纳税三本士，属铺店者每镑纳二本士；价在四十、六十镑之间住户每镑六本士，铺店四本士；价逾六十镑，住户每镑九本士，铺店六本士；由六十一镑至千万镑，每年纳税皆准此数类推。房税于人家者重、铺店者轻，是皆鼓舞商民之意也。

初五日壬戌　阴雨阵阵，入夜大风。伦敦各铺凡人买物，告以发寄他处者，皆管包裹装收，自书人名、住址于其上，即如瓷或玻璃各器皿、玩物以及铁木物件，皆代做木箱。至书皮、绸缎，则又包以薄纸、油纸，外加厚纸，再以丝绳捆妥，极属便当。

初六日癸亥　镇日大雨雯�而道无积水，盖通城沟渠毗连，统归大海也。

又英规：陆路兵丁准留胡而不留髯，水师则或满留或概不留。其为整齐、一律、壮观，抑为他故，询之土人，罕有知者。

初七日甲子　阴晴不定。见糖果铺中出售一种糖饼，周寸半，厚三分，圆式，颇类围棋子。色有深红、浅红、金黄、淡黄、白与藕色，每上印一人头，下字一横为：自君主以下，如太子及他世爵王公并各名士中一人之名姓、爵衔。其意系为恭敬耶？抑或玩嬉耶？不得而知也。

初八日乙丑　阴而风雨阵阵，极冷。前日午后，居停之女丽丽（女名）在厨中因取架上之盆，误将华人之碗碰碎，因而居停夫妇齐云："事必有三"，盖谓此等损坏物件之事，同日当有其三也。不意当日不及两点钟之工，其男仆倭特尔竟跌碎一瓷盘，女仆安呢亦撞破一玻璃灯罩，其言果验，斯亦奇矣。记：此等俗谚，颇与我国相似。

初九日丙寅　镇日风雨交加，入夜雨止仍风，冷甚。记：西国之红条报单向仅印字粘贴，无非多加"上等""至好""天下第一"等字，以便宣扬，以广招徕。近日英人以如此传报不甚醒眼，莫若将本行应售之物着色绘出，使往来游人见而注目。于是大张印成，长六七尺，宽四五尺，彩画人物禽兽、花木果品、鳞介昆虫，大小、高低必与真者无异。即如梳头铺画一女婢立少妇后理发，牛奶铺画一村女蹲肥牛旁挤奶，戏园、杂耍馆亦画名角所作各戏，随有山水、楼台、村城景致，笔端模影，无不宛肖，贴于高楼墙壁，望之鲜明夺目，颇足动人。

初十日丁卯　晴，冷。记：伦敦各酒肆、加非馆向有赏堂倌酒钱之俗，现除各大饭店仍照旧规外，其他多经堂倌开账条与客，客则执去柜上付讫，故皆无赏费。更有铺中横悬玻璃木牌，注写“诺欧格拉秋的斯阿捞得”等字之告白者，义即请勿赏钱也。查堂倌开账交客自付之法始自德国，于今此地凡男女朝夕照顾络绎不绝者，亦多仿之，如绸缎布店、米粮果店、油盐酒店及书笔纸墨、茶叶糕点等店是也。其所以喜用此法者，率因铺大货多，种类不一，楼层比屋，各货分有专地，各地守有专人，其伙计虽有数十人或一二百人，然各有专责。仿用此法，第一免伙计作弊错失，再免伙计时刻离其所立之地，有误主顾也。

十一日戊辰　晴。记：在本巷迤东不远骚斯巷第三十八号一猪肉铺出售生肉，极其洁净新鲜，价亦颇廉。带卖香肠、白煮肉、猪头、猪蹄、腰子、肝肺以及面包、番薯等，每日早晚买者甚夥。东主名葛蕾，夫妇各年近五旬，闻其生有七子三女，其幼者仅一二岁，大者读书，于散学后亦能四出送货，则无须另雇他人，亦俭省之一道也。似此等小贸易，其营运之法，无殊中土。

十二日己巳　白昼阴，入夜雨。记：西人驻华，隔墙不喜闻叫货声，竟有以鞭锤驱逐卖物者。近见伦敦沿途叫号卖物者颇多，朝夕不绝，然多用车载而无肩挑者，有顶于头、执于手而无提篮者，如卖煤，卖牛奶、鲜花、生菜、果品、新报等。且卖报者间于礼拜日清晨、夜半而仍喊叫者，在本国不厌闻，而在中国则厌闻，其傲慢之心亦可知矣。

十三日庚午　晴，冷。记：本房东夫妻与女本三姓人，按华规女随母改醮，自当称继父曰“父”，生母故，继父续娶，亦当称继母曰“母”，乃此处三人互相呼之以名，亦奇矣。本系三姓而强作一家，故不时口角。又其妻年近四旬，语尚温和，惟性嗜啤酒。且染一怪症，每遇事稍不如意，即痛哭流涕。不知来自何经，究非英人之上等。

十四日辛未　大晴。因地球绕日天下各处昼夜时刻不同，兹见英人合定以伦敦正午为准，各国著名各地早晚之时刻由此推计之。如在非勒特尔非尔城（在美国正东近海，为宾夕尔勒尼安邦之都会，又为河口）为午前六点五十九分，在纽约城为午前七点四分，在龟背海口（在美洲英属地加那他正东）为午前七点十五分，在包斯顿（美国东北麻沙朱色士邦之会城，又名“摩士敦”）为午前七点十八分，在葡京力士门（又名曰“立斯本”）为午前十一点二十三分，在爱尔兰会城德布林为午前十一点三十五分，在格拉斯高（苏格兰中界偏西，近海）为午前十一点四十三分，在日斯巴尼亚京城马德里地为午前十一点四十五分，在苏格兰会城埃典堡为午前十一点四十七分，在法京巴里为午后十分，在比京不鲁舍拉斯为午后七分，在洛特达木（和国西界，近海）为午后十八分，在罗马（义国新都）为午后五十分，在和京亚摩斯德尔登为午后二十分，在瑞士京北尔呢为午后三十分，在德国瓦尔敦巴尔邦都会斯都德戛尔为午后三十七分，在德国巴威里亚邦都会慕呢克为午后四十六分，在丹京克喷海根为午后五十分，在佛罗棱萨（义旧都，又作萧洛兰斯）为午后五十五分，在德京柏林为午后五十四分，在奥国不威米亚部之都会巴拉加为午后五十八分，在英属岛莫洛塔（在欧斐二洲之间）为午后五十八分，在奥京维也纳为午后一点六分，在瑞典京城斯德哥尔摩为午后一点十二分，在开埔塘城（斐洲南首，临海）为午后一点十四分，在希京阿森斯为午后一点三十五分，在土京君士但丁为午后一点五十六分，在俄京贤比得堡为午后两点一分，在俄南京墨斯高为午后两点三十分，在苏耳士为午后两点十分，在也路撒冷（即犹太古城耶稣陵墓处）为午后两点二十一分，在印度都城加尔各搭为午后五点五十四分，在印度孟买为午后四点五十二分，在南印度麻打拉萨海口为午后五点二十一分，在北京为午后七点四十六分，在澳大利亚洲正南阿得蕾海口为午后九点十四分，在澳洲正南偏东梅拉班海口为午后九点四十分，在英属地加那他东北卜莱屯岛之希达呢城为午后十点五分。

十五日壬申　晴。辰正着行装至使馆，偕同人为星使贺节，既而团拜，旋下楼更衣，各回寓所。酉正公宴，楼下两桌，楼上一桌，同座为星使及余与沈藕生、吴少序、任谦斋、王少山。酒肴如前，惟待净面后另上炖猪肉一大碗，看之极肥嫩，惜已饱餐，未得下箸。戌正席散。

十六日癸酉　晴。西人处处设法使人行动便利，初到此即见男女之骑脚踏车者若许，掉臂游行，不用车马，已觉费用一劳而永逸。乃近者又见敖斯佛街第二百七十一号利特尔铺中新创一种溜地鞋，造以钢铁，前后两轮，旁一木棍长约二尺，棍头有皮带，以备结于膝下，鞋底如船，前有皮套，后有关键。此间路途平坦，着于脚上行动轻快无虞。然于街市之间，恰值急驰之际，遇有车马行人，往往退避不及，所谓“舆不及还辕，人不暇施巧”[1]，亦可虑也。至其价值、份量，如妇女者长由八寸至十寸，轮周一尺四寸，每对重六磅零；男子者长由十寸至十二寸（英尺十二寸合华尺九寸），轮周一尺七寸，每双重八磅零，价则男女者一律，其不着色者每双三镑十五先令，彩画镀金者四镑半。

十七日甲申　晴。前日路遇广东人沈姓者，年近六旬，向余讨钱，遂取一先令与之。回使馆讯诸同人，知其两次蒙前任星使赏给回华船票，皆经卖去。又据房东云：伊于每礼拜日沿街向人讨钱，竟得一镑有零。平日老城英商有用华字者，招伊描写，亦得少许，故较本地贫民得钱尚觉容易云。

十八日乙酉　晴。伦敦市廛每遇拆修楼舍及扫撮粪土，亦有小孩男女拾取碎木杂柴。由此观之，乃知外洋名胜之区，此等贫民之穷态亦所不免。彼震其富强而谓英兰无乞丐者，固未尝身临其境，一为寓目耳。爰志之，以告世之采风问俗者。

十九日丙戌　晴。尝考兽类中长生者莫如鹿，以其铤走乎深山穷谷之间，孕育乎丰草长林之际，故能遂其生。若人家所蓄者，如猫与犬，其喂养得当者，亦仅生十数年，多至二十年，罕有逾此数者。不意昨闻在英兰中界偏西柴晒府之柴斯特城有某甲蓄一花猫，现已二十八年，尚能食肉扑鼠。而在德国巴威里亚邦之呢芬布行宫内蓄一黑猫，现年四十有二，可谓寿猫矣。

二十日丁亥　晴，入夜雨。记：英人故后讣闻不载官衔、履历，而于新报多有叙及者。昨见某新报内一则云：世爵魏克住柴拉喜坊蝉窝巷第二十三号，距生于一千八百一十五年某月日，享年八十有二，患病已久，一二日较重，乃故于昨晨八点钟。魏公幼充千总，屡擢领事，派充专使，前于八百六十六年驻扎汉诺尔，八百六十七至八十一年驻扎丹麻，八十一至八十四年驻扎葡国。又前于一千八百七十二年奉命代太子、卫拉斯王吊唁瑞典国王察里第十四云云。是亦中外之风俗不同处也。

二十一日戊子　晴。记：伦敦有二大表局，为历来经华人照顾者。二局皆为德国犹太教人开设，所售者皆瑞士产，一名韦勒，一名哈尔布，一在蒿本十字街又名哈屯园之第一百十一号，一在蒿本十字街第六号。二局货皆大同小异，惟韦勒者货多不二价，哈尔布者货少而价稍廉耳。

[1] 语出《汉书·司马相如传下》。

二十二日己丑　早阴凉，午后细雨一阵。记：伦敦邮政局通城共用万人，除总局外有收信分局及沿街红信筒共计一千五百。每年所送信函为数不下二千五百八十兆，新报、书卷等九百八十五兆，说帖四百八十八兆。由此观之，则国家所获信票之利可知矣。

二十三日庚寅　晴，凉，换着棉衣。英人寇克思约于午正在伊姐尹里夫人家午酌。巳正，同坐地道火车西行五十余里至梨池满村。下车步入其家，见伊姐年逾五旬，并二甥男，年皆二旬余。房虽不大，华美净洁，前对邱园，隔窗远眺，景致怡人。午正入座，酒食颇好，伏谒甚恭。食毕少坐，酉初谢归。

二十四日辛卯　晴，凉。伦敦乞丐较前既多，而种类亦不一，其扫街乞钱及持鲜花、线带、火柴等物讨钱者，似皆与前几次来此所见略同。今又见有一种，或男或女或夫妇，缓步街衢歌曲以讨钱者，更有徒手悄随身后者，其他又有手摇琴者、弹胡笳者。然皆衣履整洁，既不高声喊叫，亦无呼爷丑态，似较亚洲者不甚令人心惨。

二十五日壬辰　晴。记：伦敦通城大小银号共计四百五十五家，多在老城。兹将各号名住分录于后，如斐洲银行在线针街第四十三号，阿戛腊银行在尼扣拉巷第三十五号，蒂蕾车银行在贤海澜坊第二号，阿来三德银行在狼坝街第二十四号，阿兰银行在葛蕾哲街第十七号，阿真坦银行在尼扣拉巷第十五号，英奥银行在狼坝街第三十一号，英旧金山银行在敖斯田巷第十八号，英埃银行在柯莱门自巷第二十七号，英外银行在比朔该街第一号，英义银行在贤海澜坊第九号，阿木斯特朗银行在老卜洛街第三十四号，澳洲银行在甦良王街第二号，阿代蕾银行在宽喜山第七十九号，阿非利加银行在堪南街第百十三号，新荷兰银行在线针街第四号，英克伦柏银行在狼坝街第六十号，英北美洲银行在柯莱门自巷第三号，英中日银行在普林寺街第三号，君士但丁银行在大温柴色街第十九号，埃及银行在老卜洛街第二十六号，英国大银行分三处，一在线针街、一在柏苓屯园、一在福立街，李楠银行在狼坝街第四十一号，蛮他里亚银行在阿卜哲巷第二十二号，牛骚斯卫银行在老卜洛街第六十四号，新锡兰岛银行在君主维克都里亚街第一号，詹森银行在阿卜者赤巷第三十二号，维克都里亚银行在阿莱门自巷第二十八号，北坤姒兰银行在里敦霍街第百三十八号，鲁麻呢亚银行在大温柴色街第七号，苏格兰银行在洛斯柏里街第四十三号，他勒帕喀银行在线针街第四十三号，巴克莱比宛银行在狼坝街第五十四号，卜立丹斯田银行在线针街第五十五号，巴尔菱银行在比朔该街第八号，毕格斯他茀银行共分三处，一在西斯米扉街第十八号、一在牛市第六号、一在外国牛市，阿达木森银行在柯莱门自巷第三十三号，柏尔贝银行在蝉色里巷第三十号，南美洲银行在木耳该街第二十四号，米攸秋银行在乐该十字街，卜鲁克银行在狼坝街第八十一号，拜倭特尔银行在君主维克都里亚街第百零七号，麦加利银行（英名“查特尔达”）在线针街，石蒲蕾银行在洛斯百里街，柏尔特银行在宽喜山第八十号，卜朗银行在阿卜者赤巷第二十五号，京省银行共分八处，一在线针街第三十九号、一在埃兑路第百九十五号、一在乐该山第二十五号、一在克英街第三十五号、一在敖斯佛街第百二十五号、一在峨坡巷第五十号、一在庇喀的里街第三十五号、一在牛营屯箭道第四十七号，柴艾克银行分两处，一在倭特路坊第四号、一在狼坝街第三号，柴拉得银行在茀立街第一号，京都银行共分十一处，一在线针街、一在老班得街第三十四号、一在土屯哈木阔尔路第百五十九号、一在乐该山第四十五号、一在司娄恩街、一在埃得卫路第二百十九号、一在蒿本路第三十四号、一在君主维克都里亚街第九十三号、一在佛尔街第百号、一在西欧巴路第四十四号、一在老开安路第二百八十号，美乐班城银行在比朔该街第百一十七号，克立代斯代银行在狼坝街第三十号，阔克斯银行在柴苓十字街第四十三号，宽安银行在色娄莫尔屯街第二十七号，新锡兰属地银行在堪南街第九十二号，澳洲商贾银行在比朔该街第一号，苏格兰商贾银行在狼坝街第六十二号，属地银行在比朔该街第十三号，西达呢银行在柏尔勤巷第十八号，宽搜立代银行分二处，一在线针街第五十二号、一在西斯特兰街第四百五十号，巴里银行在线针街第五十二号，库克银行共分五处，一在乐该十字街、一在斯特兰街第四百四十五号、一在庇喀的里街第三十三号、一在柯蕾哲街第九十九号、一在敖斯佛街第八十二号，乡汇银行分两处，一在柯莱门自巷第十一号、一在克拉文街第三十三号，库自银行在斯特兰街第五十九号，考克斯银行在斯特兰街第五十号，克来的银行在狼坝街第四十号，克立普该银行在下白十字街第一号，根立茀银行在芬池巷第二十二号，代乐喜银行在比朔该街第百二十三号，得池银行在狼坝街之卓志院第四号，得乐门银行在柴苓十字街第四十九号，多卜利银行在妥根蒿斯院第六号，里欧扎乃娄银行在木耳该街甲字第二号，英苏澳银行在狼坝街第三十八号，澳洲费得拉银行在韪良王街第十八号，日耳曼银行在老卜洛街第三十四号，吉来银行在狼坝街第五十八号，格林银行在狼坝街第六十七号，高斯令银行在福立街第十九号，格麟来银行在巴连门街第百五十五号，格兰银行在老卜洛街第六十一号，敖头满官银行在蓑莫脱街第二十六号，海狸银行在贤翟木斯街第十六号，喜乐银行分三处，一在西司米扉街第二号、一在牛市第二号、一在外国牛市，喜格银行在倭特路坊第十四号，侯二银行在福立街第三十七号，侯勒特银行在白堂街第十七号，汇丰银行（洋名“香港上海银行”）在狼坝街第三十一号，何金森银行在利贞街第三号，波斯官银行在敖斯田苐里亚巷第十四号，欧年银行在狼坝街第三十三号，爱孟克银行在老卜洛街第九号，开色尔银行在宽喜山第二十一号，伦敦万国银行在老卜洛街第五十号，克英银行分二处，一在帕玛街第四十五号、一在宽喜山第六十五号，库勒布银行在宽喜山第十六号，印度兰墨垓银行在印度大街第四号，赖自银行分七处，一在狼坝街第七十二号、一在福立街第百八十九号、一在斯特兰街第二百十五号、一在贤翟木斯街第十六号、一在贝格蕾伍路第三十四号、一在哈艾街第十三号、一在哈墨司米士路第四十二号，马尔勒银行在狼坝街第六十八号，维克都里亚兰墨垓银行在清萨穆院第十七号，伦敦巴西银行在妥根蒿斯院第八号，伦敦墨西哥银行在里敦霍街第百四十四号，伦敦各洲银行在狼坝街第七十九号，京县银行共分四十二处[1]，一在狼坝街第二十一号、一在阿得该街第百三十四号、一在卫斯班林、一在卜立克斯屯路第三百六十九号、一在坤姒校场第六号、一在汗里达街、一在克来屯哈艾街、一在格林泥趾哲赤街、一在克英街第十二号、一在罕讷倭坊第二十一号、一在海蒿本街第三百二十四号、一在卮坡尔街第四号、一在喷痰味路第二百六十六号、一在李义路、一在琪斯威哈艾路、一在阿乐伯门第六号、一在巴哈木哈艾路第百二十八号、一在伊苓麻勒巷第四号、一在代普佛布洛街、一在哈克呢阿莫思路、一在哈娄路第三百三十四号、一在蒿篓卫路第四百九十号、一在堪兴坦哈艾街、一在清斯兰哈艾街第七十四号、一在卫斯民斯得桥路第百六十五号、一在牛英屯箭道、一在敖斯佛街第百零九号、一在蒲特呢哈艾街、一在色赛坊甲字第二十四号、一在斯塔佛卜洛卫街、一在西哈木斯苔西首小巷、一在文伯敦哈艾街第四号、一在西印度澳路第五十二号、一在上诺尔坞崴斯斗山、一在宽诺街第一号、一在朔尔的池街第百八十号、一在万字窝哈艾街第百号、一在波罗海街、一在维克都里亚街第百七十三号、一在五雷治褒姒街第七十一号，伦敦内地银行共分十五处，一在阔恩山第五十二号、一在扎美喀路第九十三号、一在布拉苐里亚路、一在代达佛哈艾街第四十一号、一在牛盖街第

[1] 此处有误，应为四十处。

九十一号、一在沙斯百里大街、一在土里街第九十号、一在西司米扉街第六十号、一在贝斯那格林路第四百八十八号、一在查特蒿斯桥、一在买安路第九十一号、一在娄尔路、一在朔尔的池哈艾街第三十一号、一在托屯杭阔路第二百三十七号、一在槐沙贝哈艾街第百十号，伦敦汗夏的银行在狼坝街第二十七号，伦敦合本公司银行共分十二处，一在普林斯街第五号、一在帕玛街第六十九号、一在查特尔蒿斯街第八十九号、一在大楼街第九十四号、一在老卜洛街第五十五号、一在娄尔路第百七十八号、一在波罗哈艾街第二十八号、一在克拉万路第二号、一在詹色里巷第百二十三号、一在里顿霍街第百四十四号、一在哲赤街第五十五号、一在格娄赛斯特路，伦敦西北府县银行在老卜洛街第五十八号，伦敦各省银行共分四十四处，其在某街有号数者四，一在洛斯百里街第七号、一在埃得卫尔路第百六十三号、一在老堪塔路第五十六号、一在埃赛路第三百八十八号，其他四十处之仅有大地名者为清斯兰、安讷里、色赛克斯、堪宁城、梧格林、蕾杉木、瓦勒杭格林、哈克呢、布拉希斯、牛英屯格林、埃蛮屯、李义格林、牛克洛斯该、来屯斯敦、喀特佛、卜乐木斯台、贝肯哈木、邱园、牛骚该、喷得森、梨池满、骚斯该、色比屯、色勒屯、太丁屯、索安屯、溪斯、推肯哈木、瓦勒萨木投、五雷治、海百里、苇子坑囿、霍恩赛、南妥屯哈木、司坦斯、司丹佛山、牛营屯、米查木、妥屯哈木、格林泥趾，伦敦里倭佩（地在巴西）银行在木耳该街第五十二号，伦敦旧金山银行在狼坝街第七十三号，伦敦及西南各地银行共分九十五处，其有地名、号数者，一在芬者赤街第百六十八号、一在利贞街第二十七号、一在巴特溪囿路第三百五十六号、一在福立街第七十八号、一在贝喀木哈艾街第五十五号、一在帕尔克街第六十八号、一在魏凌屯路第四十六号、一在卜立克斯屯路第二百七十五号、一在霍娄卫路第四百零三号、一在柏鸥路第九十号、一在阿讷里路第百三十五号、一在里卜立之街第八号、一在敖斯佛街第四百五十一号、一在海该哈艾街、一在肯的什塘路第二百三十号、一在东印度澳路第百九十三号、一在份什百里街第八十二号、一在蒋勒木路第二百零二号，一在牛肯路第二百四十八号、一在骚桑屯路第四十六号、一在槐沙贝路第百八十号、一在倭勒倭尔斯路第二百六十号、一在卜立克斯屯山第二百五十六号、一在哈木斯苔哈艾街第二十八号、一在上堪宁屯巷第二百十四号、一在倭尔威街第三十三号、一在大坡兰街第五十六号、一在朔尔的池哈艾街第百二十五号、一在芬池蕾路第百三十五号、一在班比丁街第七号、一在卜立克斯屯路第四百六十五号、一在庆斯路第百四十号、一在牛克洛斯路第百三十八号、一在色色兰大街第十号，其仅有大地名者如阿克屯、哈艾街、克拉伐木扣蛮、韦斯投山、巴拉哈木、普特呢、哈木卫、佛来斯山、伊凌大道、康伯卫格林、赛丹哈木、土丁哈艾街、克拉伐木征克慎、南诺尔坞哈艾街、俄克斯卜里之路、司特里他木、柴斯苇、万字窝、吉乐本、阿的斯扣木路、克赖屯、芬斯百里囿、佛来斯该、哈娄路、汉屯、牛克洛斯、文卜屯、柴勒西、欢赛俄斯阔路、阿莫思特、司特老格林、哈克呢、巴特西囿、哲赤安达、芬池里、东芬池里、罗艾屯、墨尔来克、牛巴尔乃、色屯、瓦哈木格林、布仑代斯百里、瓦哈木斯投、万丝带、西堪兴坦、西诺尔坞、苇子屯格林、查尔屯、哈尔屯、坡蒲拉尔、司特里哈木扣门、巴尔乃斯、瓦凌屯、巴尔青、喀特佛、德来之、佛来喜、哈墨尔司米士、庇木里沟、朔尔的池、哈木斯苔，伦敦卫斯民斯得银行共分十五处①，一在洛斯百里街第四十一号、一在柏娄哈艾街第六号、一在蒿本街第百十四号、一在斯达佛坊第四号、一在卫斯民斯得桥路第二百六十九号、一在俄伯尔街第九十一号、一在海蒿本街第二百十四号、一在哈木斯苔路、一在芬池里路第百零六号、一在贤翟木斯坊第一号、一在白堂哈艾街第百三十号、一在维克都里亚街第六十二号、一在堪兴坦哈艾街第九十四号、一在斯特兰街第二百十七号、一在邦普屯坊、一在敖斯佛街第百十二号、一在苇子畔，林马威银行在狼坝街第七十五号，伦敦四海银行在斯特兰街第四百四十九号，伦敦约克府银行在索莫屯街第七号，伦敦澳洲银行在老卜洛街第二号，马格理格银行在查尔巷第二十五号，商贾银行在堪楠街第百十二号，满柴色立文浦二城银行在阔恩喜街第七十五号，中地银行在立敦霍街第九十号，英兰卫拉斯会城银行在格蕾斯哲赤街第六十号，墨里斯银行在利贞街第八号，那他银行在立敦霍街第百五十六号，官银行分十一处，一在喀木敦塘哈艾街第百八十九号、一在老卜洛街第十三号、一在比朔普斯路第六十八号、一在格娄乌诺园第二十一号、一在柴苓十字街第九号、一在□勒珍大街第二号、一在高斯卫路第三百六十一号、一在喷吞味路第二百八十六号、一在贤马丽路、一在诺亭溪哈艾街第百五十八号、一在敖斯佛街第二百□十六号，澳洲官银行在比朔该街第百二十三号，印度官银行在线针街第四十八号，新锡兰官银行在老卜洛街第七十一号，补水官银行在阔恩喜街第三十五号，英兰各省官银行分九处，一在比朔该街第百十二号、一在贝克尔

① 此处有误，应为十七处。

街第五十三号、一在瓦戛的里街第二百十二号、一在俄伯尔街第二百十八号、一在喀里街、一在克朗卫路第八十八号、一在阿得该街第百八十五号、一在南敖得里街、一在芬池来路第百二十八号，苏格兰官银行在尼扣拉巷第三十七号，罗四银行在阔恩喜街第八十号，帕尔斯银行分十六号，一在狼坝街第七十七号、一在巴尔搜娄米尤巷第四号、一在哈艾路第三百三十三号、一在斯娄恩坊第十四号、一在厄斯阔路第二百零一号、一在吉乐本哈艾街第七十四号、一在利贞街第二百二十九号、一在哈艾路第百三十八号、一在卓志巷、一在维克都里亚路第三十号、一在喀木敦塘哈艾街、一在布洛达街第二十三号、一在霍娄卫路第八百二十号、一在诺亭溪哈艾街第七十四号、一在堪兴坦哈艾街第八十八号、一在克拉伐木哈艾街第五十二号，骆巴自银行在狼坝街第十五号，爱尔兰各城银行在色洛格莫屯大街第八号，普来斯阔银行在阔恩喜街第五十号，坤姒兰官银行在普林赛斯街，李武斯银行在克来门自巷第二十七号，黎查森银行在色浮街第二十五号，罗紫柴银行在随蹄音巷，坤姒兰大银行在芬哲池街第一号，苏格兰大银行在比朔该街第百二十三号，俄商银行在狼坝街第三十二号，司米士银行在狼坝街第一号，吕佛尔银行在狼坝街第三十九号，萨苗银行在老卜洛街第六十号，司阔达银行在喀文的什坊第一号，赛大银行在狼坝街第三十八号，巴里会合银行在茀兰者池街第五号，杉克银行在牛市第十四号，郗勒倭银行分二处，一在阔恩喜街第六十七号、一在欧班街第二十九号，南斐洲司丹达银行在克来门自巷第十号，司堤卫银行在大卓志街第二十一号，瓦村银行在里敦霍街第二十七号，槐塔银行在狼坝街第八号，澳洲会合银行在洛斯百里街第一号，伦敦会合银行分十一处，一在妥屯杭阔路第九十七号、一在普林赛斯街第二号、一在柴苓十字街第六十六号，一在茀兰者池街第百十五号、一在骚斯倭街、一在克来敦街、一在蝉色里巷、一在司娄恩街第七十四号、一在比朔普斯路第六十七号、一在蒿本坊、一在阿盖坊第十四号，苏格兰会合银行在阔恩喜街第六十二号，槐大里银行在卫斯班林，日英会合银行在老卜洛街第二十一号，韪良银行在比尺木巷第二十号，日本长崎银行在比朔普斯该街第八十四号。

二十六日癸巳　晴。本地亦有勾货者，乃左腕提一布袋，右手执一短棍，棍头插一倒曲钩，勾起纸张、布块，另以手取下放入袋内，不似北京业此者取携便捷。

二十七日甲午　畅晴，暖，入夜风。伦敦现卖生熟栗子，生者每斤二本士，熟者一本士。其熟法系一铁炉圆周三尺余，高约二尺，炉头一铁盘，置生者于其上，往来炮烙，皮裂即熟。大小与中国者同，惟味不甘香耳。

二十八日乙未 晴，入夜风。伦敦现有菊几种，闻系来自东方，花仅白、黄、粉红、木红四色，虽浮金点玉，而冷艳无香。朵有大小，亦无狮头、凤尾之别，无非团团绣球而已。西人养菊培溉整洁，独惜其未得佳种，且仅爱其色而未识其品，即如花坞所售，蓓蕾新鲜，皆为点缀筵席插瓶陈设，未闻有赏是花者。苟有人焉，爱菊如陶渊明，万里不惮，搜罗异种，广撷奇英。艺植之法悉仿东方，将见紫分异国之精、墨染秦川之妙，非仅江红海绿、嘉卉盈畦，乃异色清香，自觉胜于他花多矣。

二十九日丙申 早阴，午后细雨阵阵。见针线铺中出售一种绒线、兽毛织成之假貂、狐狸、鼠皮及水獭、海龙、麦穗羊皮，无不与真毕肖。视其毛，极属丰满，真假难辨，观其鞟，则非皮而成粗布矣。惜其幅细而长，宽仅二寸。价颇廉，每码仅由二三四本士至一先令不等。缘外洋男女长服除俄国外，入冬虽有皮衣，然罕有满铺皮里者，盖衣多制以毡绒毛货，内衬棉花，且身袖皆瘦，固已暖矣。皮则无论真假，只在袖头、领边、襟外镶一窄条，藉以壮观云耳。

## 九月

初一日丁亥 晴，暖。午后步入加非馆少坐，遇土耳其随员蒋洛玖，谈及世态不古，人心易变。据云：土耳其亦二千余年之旧邦，凡世家子弟向皆多学明理，温恭俭让，奉教尤虔。不意现在乡民仍守朴诚，而仕宦中人反多奸佞。其来外国者虽未反教，而语言中频露羡慕他教之意，即如敝国公使之弟，在本国读书出仕，随行往往口诵诗文。及到此未及半载，心性辄改，竟向土人恶言，侵及教祖，亦奇矣。

初二日戊子 早雾，未初雾散仍阴。记：马力赍路第百八十一号一大澡堂，堂名“贤马力赍”。楼四层，极闳阔。男左女右，分头、二、三等。小屋三百余间，间间洁净，墙皆铁板，板如船舱，刷以浅绿色油。每间内正面横一白石长盆，盆下一脚凳，旁一木凳，铺以白布，壁上悬明镜，旁列木梳鬃刷一份，另有“ㄐ”形铁钩三，系为挂衣置帽者。浴盆边上置长柄刷身鬃刷一柄、小便瓷盆一具，盆尾有冷热水龙嘴，内外临墙，皆有关键，用水多少任便。头上悬有喷水洗发之铁壶，近盆左鄙有唤人电气铃，此头等洗浴房也。其二三等者稍亚于此，洗者入门买票，随票给厚薄白布各一块。至浴房前，伺候者收票，代放冷热水，浅深温凉则听所命，放毕关门，客则游泳自如矣。又有泅水澡池，大小共五，乃男者分三等，女者分二等。男子头等者长逾四丈，宽二丈余，上下皆瓷墁，水深六尺，其色清澄，温而不凉，下水有梯，池上四面排有小屋间间，备人脱衣、梳洗，一切应用器皿俱全。小屋之上四面另有阑杆，正面阑杆外横一木板，高距水面一丈四五尺，愿由其上跃入水中者听。楼顶垂大电灯三，伺候有人，洗者买票与盆堂同。妇女者亦然，惟池稍短而水深仅三尺耳。其二三等者亦稍亚于此，无须琐述。外有蒸气洗澡房，式与盆堂相似，仅有蒸气关键之别。至该澡堂之各等价钱、规矩，如男子盆堂头等者热水六本士，凉水三本士；二等者热水二本士，凉水一本士。蒸气澡不分头二等，价皆一先令。男子泅水池堂头等者一票六本士，总买百票每票五本士；二等者一票三本士；总买百票每票二本士；三等者一本士，票虽多买不减价。学校生徒总买头等票一百则每票四本士，二等票一百则每票二本士，至搭饭学堂者，洗澡、泅水票价统归三等。妇女盆堂及蒸气澡，价皆与男子者同。妇女泅水池堂头等者六本士，总买十二票每票五本士，五十票每票四本士半；二等者四本士，总买五十票则每票三本士；女学堂生徒总买百票每票二本士。妇女二等泅水池堂专有定期，系在每礼拜二四两日，由申初开门亥初关闭。男子洗澡开闭堂门时刻，每年自四月至十月每日皆由辰初开门亥初关闭，惟礼拜日白昼不开，仅由戌初开至亥初。至正、二、三、冬、腊五个月，皆自辰正开至戌正，礼拜日不开。又每礼拜六晚至亥初三十分方止，周年如是。泅水、温澡每年由四月初一日至十月三十一日止，因天寒故也。妇女洗澡开闭堂门时刻，系每年由六月初一日至九月三日，皆辰初开门，其他八个月皆辰正开门。又自四月初一日至十月三十一日，皆亥初关闭，其他五个月皆戌正关门。又通年礼拜六日皆亥初三十分关门，礼拜日不开。凡洗浴者自脱衣至出门，不得逾一小时。

又堂中另有洗布房，系一大间，为洗浴者用毕各布处，工人男女各三，二水池，一当地一临窗。脏布到乃先掷入临窗池中泡之，继而取入横铁洗器内，器形如辘轳，周约六尺，长四尺，布放满器自转。逾时洗毕，取置当地池中涤之后再取出，每五六块叠成一卷，落入抡飔器中。器则铁造如磨而内空，周约七尺，深三尺，中立铁轴，将布盛满，旁有关键，拉则自转，转则内外收风。少刻布皆半干，乃取出舒平，挂于烘布架上。架高宽各六尺，木框中横五铁条，每上搭布五六块。旁另小屋一间，容架十二，架框有环，架下有轮，可任便推入抽出。屋有热气，不久布干，乃拽出取下，按份叠起，送入柜房，以备随票给客。伦敦城大，现将四面各村圈入。此堂所建之地，即前之马力赍村，系在伦敦城之西北角。

按：此堂之设并无东主，专为贫民起见，由通村各家鸠资建造，聘请公正之人管理，故洗布房中亦准贫人自来洗衣。另有水盆、衣架、熨斗、木桌以及拧衣等器，每一点钟无论洗衣若干件，仅须付水钱一本士半，其时亦自辰正至戌正。

又此堂于耶稣诞节、好礼拜五日及各放工之日皆不开云。

初三日己丑　镇日阴雾暖。午后步至马力赍路，见一殡由南而北。亡者为一邮政局人，载棺以车，无执事之繁缛，马用黑色，车箱四面玻璃，棺包黑缎，左右四金环，盖上及四角共置花圈十余。车左右随行送信人约五六十，灵车后又坐车三辆，内载妇孺。灵车经马力赍路入里深沟街，则左右送信人止步免冠，立成两行，追送殡车过遂散去。其所以免冠者，乃一为吊唁亡人，再为恭敬生人也。车左右随行者头戴红窄边红青毡帽，身着天青红窄边衫裤，肩荷白布长袋，故知送者为送信人，因知亡者为邮政局人也。

初四日庚寅　阴，暖，亥初雷电交作，骤雨一阵。记：伦敦亦有剪绺，闻在城中斯特兰街之北、敖斯佛街之南有地名“赛奋代阿斯巷”者，因中央空地，周围七巷作七出菊花形，地似鄙陋，居民混杂，剪绺每萃居于此，故行经其地者咸有戒心焉。

初五日辛卯　镇日阴雾暖。记：由伦敦汇银至中国，上海系规平，北京则公砝平。其写票法系在柜前备有票稿白纸一叠，横长一尺，竖宽三寸三分，印就应用各字，色分黑红。汇钱人先在黑字边自行填写某年月日、汇者何人、住何处、汇往何地、收者何人、汇若干或两或圆等、限期见票即取或几年月后取、兑价若干（如二先令七本士半公砝一两）、共合所值若干（如见票即取，六十两则合七镑十七先令半），后则行人在红字边自写第若干号、经何人合定、何人验过，下写所收何钱，或钞或镑或对帖，末写收者何人，是亦汇钱当知者也。

初六日壬辰　阴凉，午后微雾。记：伦敦街道无往而非石、木与漆，极属平坦整洁，然而雨后泥泞，竟厚寸许，不知何所由来？通衢驰道有马粪，小巷中不惟有马粪，且污秽之状、抛弃之物狼藉于道途，较巴里、柏林二城又不如矣。

初七日癸巳　阴凉微雾如昨。记：前在柏林英人娄欧家，坐中一人向娄君谈及该国公使，言其为人惜财如命，每用一钱虽系正款，其吝啬之状不堪言喻，即以各同事之俸薪而论，本应每月朔期发领，乃必延至几乎一旬之久。领款既不多，其不知节俭者始则彼此借贷，继而出卖衣衫，犹不止此，恐典押等事亦必有之。公使非不知也，其所以迟迟者，或有所图，不得而知也。夫贪利不顾大局，有伤国体者甚矣，可慨也。其人言毕，少坐即去。余因询之娄曰："斯人为谁？所言又为何国？殊骇听闻。"娄笑而不答，既而言曰："人心各殊，品类不一，伊所言之国自在天壤间，君亦姑妄听之，何必穷原竟委耶？"余默然太息。不意昨在此复闻有如此云云者，何前后之相同也如是？

初八日甲午　晴，凉。记英例：一切城内税则皆归邮政总局管理，如凡坐车左右画有本家祖遗记号者（详见《四述奇》），每辆每年纳税二镑二先令，别项用者则按项一镑一先令，如在信纸、戒指、盘碟、酒杯之类是也。此外另有车税，四轮车或双马或多马每年二镑二先令，四轮一马者每年一镑一先令，两轮者每年十五先令。凡出赁车辆，不论双轮四轮、一马两马或多马，每辆每年皆纳十五先令。

初九日乙未　阴而细雨阵阵。同事罗醒尘现年五十有二，前自光绪三年由福建船政局随李丹崖星使来法学习，后历随各任星使驻扎法俄等国。此次派充二等参赞，迩因不服水土呈请回国，现经星使批准，定于本月十六日坐德公司赴沪。余遂择于十一日酉刻约在利贞街之特拉喀代娄饭馆晚酌，与之饯别。伊因公私繁冗，谢辞。

初十日丙申　早阴雾，午后稍晴，继复阴。记英例：人家畜犬除牧童用以护羊、瞽者用以引路者外，每犬之生过六个月者，一年纳税七先令半。又凡男仆衣服之用金银钮扣者，每名每年纳税十五先令。至火铳除兵丁应用者外，其用以护身、打猎者，每杆一年纳税二先令。

十一日丁酉　早雾，午后雾散，仍阴冷。外洋牛奶油亦分多种，有清有浊，有白有黄，味则有香、有不香者。据云喂牛以草则奶色白，饲以萝卜则色黄。惟贫民另用一种牛油代奶油，每斤价仅四五本士，其色黄而无味，视之与奶油同，其名曰"麻扎林"。然此油为官所禁，苟有以此代奶油卖者，被人察出告官，则罚四十镑云。

十二日戊戌　早大雾，午后稍晴，冷。记：英都御者后坐之单马双轮车名曰"哈喀呢"，每中仅容二人。其雇用之定价，如在四洋里内行不逾二里者一先令，逾二里则每一里或半里加半先令，半途因故不坐者不及一里一先令，逾一里则每一里或一里四分之一亦一先令；论时不逾一点钟者二先令半，逾一点钟则每十五分加八本士，若中途因故不坐，不及一点钟者二先令半，逾一点钟则每十五分八本士；其余车费不拘论时论里，凡在四里地外，每多一里一先令；行李不论大小每件二本士，多坐一人六本士，小孩不及十岁者三本士；雇车等候者在四里地内或外，无论论时论里，每十五分钟皆八本士。凡雇车论时者，须于上车时言明。至所谓四洋里者，系在柴苓十字街为城中心，自彼四围不出四洋里皆为城内云。

十三日己亥　阴，入夜雨。见本使馆之修工延至今日始开，至如何修法，其详不可得闻。

记：外洋政策日新月异，然亦有自古至今不改者，即如吹牛角，数百年来于军营中用之，始自何年未详。至律例学堂之用吹牛角以唤诸生晚餐，据云于今已七百年矣，且所用之牛角亦多数百年前之古物，不知确否。古时并有声炮唤众者，乃经左右邻居禀官求免，毋使震惊老幼，遂行停用云。以上一节，亦彼都世代传流之古迹也。

十四日庚子　晴。记：伦敦除邮政局送信人外，乃于街市另有跑信人两种，一名“巡捕厅使”，系着便衣，左腋下拴有铁牌，长圆形，白质黑字云：经巡捕厅所准，第若干号。其人各处游行，遇人有急务，或送信或送物，可记其号数，将信或物交彼执送。每一洋里脚力四本士，苟有逃走遗失，即赴巡捕厅言明其人之号目，代为寻觅捉捕。一名“县中邮使专有公司”，名曰“县中邮使局”，由邮政局总办所准，共养幼童千名，年皆不及二旬，衣服一律，黑衣黑帽银钮扣，帽横银圈，凿以局名、号数，肩挂皮囊，备载信件。遇有即时须送信物者，可至该局雇用。凡行不及半里者四本士，逾半里而不及一里者六本士，逾一里不及一里半者九本士。以上工钱，公车及火车费在内，间有逾以上里数者，详见局中工例簿。除送信件外另有使费，若时逾五分则每五分一本士，要回信者外加六本士。另一法系该局设有电线或得律风，人家欲专用该局中人随时作仆役，即取电线通于门内，壁上钉一铜牌如表，面有铜针，下横“使车捕火”四字，局与本家立定第若干号。每遇事或唤跑信使、或叫车辆、或唤巡捕、或因失火求救，即将铜针移指某字之上按之，该局得信，查明号数，立即照办。其价：叫车费每辆由辰初至亥正二本士，由亥正至辰初四本士；送纸信或电信至附近信局者，每日由辰初至戌正二本士，再由戌正至辰初及每礼拜日皆四本士；代买新报二本士。凡用此电线者，一年须出电费一镑。

又用此童仆者，或按日、按礼拜、按月皆可，工价须向该局商定，否则论时。除公车、火车费外每一点钟八本士，凡令所送之物原价不得逾二十镑，逾此数则该局不保。

又该局出赁雨伞，用者每柄六本士，无论认识与否，须先交六先令作押质，次日不用互相缴还。

又前种跑信使，凡贫民之欲充此役者，须先向巡捕厅报明所识者何人及某宅共四处，则该厅先差人讯问与此人识否、此人品行如何、可靠与否，必待所报四处概皆作保，方允充当云。

十五日辛丑　晴。伦敦开设代人收存器具局颇多，洋名“佛呢迦的婆西多里斯”，即华言器具栈房也。凡人有桌凳、床榻以及他等器具，或因楼房窄小，或因本人外出，则入该局赁屋若干，运物收存，按礼拜、按月、按季、按年皆可，所费不多。盖西人喜游或谋于四方，如此殊觉便当也。

十六日壬寅　晴。辰正一刻，乘车至倭特路火车栈送罗醒尘启程回华。星使先登车，兄弟一揖，诸同事亦与之揖，惟陈幼庸系姻亲，罗叔羹为犹子，皆同车至骚桑屯海口面送登船，巳初一刻车开。

又明日为星使寿辰，同人公具寿幛一轴、金问表全架、寿酒十二瓶、寿烛双辉。此次寿幛上下款由同事所拟，上款系诰授资政大夫、宪台大人千春双庆，下款则驻英参赞、随员、学生、供事、武弁某某仝叩祝。至上款应否用号，下款应否如此，余不敢妄参末议。

又昨日林参赞来信通知言：大众拟于十六日下午五点钟花衣、补褂预祝星使寿，十七日早九点钟仍花衣、补褂拜寿云云。酉初，余入使馆，同众在客厅分四起向寿幛叩祝毕分散。

十七日癸卯　晴。巳初，复偕众登寿堂叩祝如昨。午正齐入饭厅吃寿面，桌列四大碗为红烧豚肩、白煮鸡肉、椒面烧海参、清汤煮鱼丸，五寸碟六为洋糖饼、洋咸肉、鸡肝、猪肚、炸红面丸、炸白面丸，微饮绍酒，各人卤面一碗。酉正晚酌，分四桌，每桌列四鲜果为橘、李、苹果、梨，四干果为洋糖块、干葡萄、蕉子块、波罗密片，外趁瓜子四小碟，攒盘四为胡萝卜片酱肉、菠菜猪排骨、黄瓜鸡子、扁豆鸡肝，菜十色为肘子、假鸭、金银肉、鱼丸子、醋溜腰花、椒面海参、软炸鸡、甜莲子、炖鸡肉、蜜制肉，点心四色为克什包子（即今早在寿幛前所供者）、脂油糖饼、牛油酥、瑞士卷。四桌陪坐进酒者为罗梦祖、罗小荷、罗叔羹、罗伯苏及星使之三少君仪元（忠诒）、仪朱（忠谌）、仪周（忠咏），彼此饮谈乐极，乐至极处有以手招者，有招之以目者。陆续不约而散，早知不有粥饭、馒首、汤面，故无须久待也。

十八日甲辰　早阴雾，午后细雨淋漓，颇凉。记：昨晚饭前包封由沪至英，饭后罗叔羹执有上海文报局委员李汝才来函，乃向馆外寄居各人宣言曰（此时星使之宝眷、兄弟、犹子及曾、陈、魏、林、严各戚友皆已移回）："沪道节省经费，今后诸君家报，概不能由包封递寄。"于是罗小荷支应、魏莲叔收发遂齐和声曰："今后各人自寄，我等不能照管。"余敬聆之下，不胜诧异。查历来出洋各人，自星使以至仆役之家信，悉皆附入包封，无论由外洋寄往何省，至上海后再由文报局代为分寄。曾记有定章云："出洋人员往来书信，向由文报局转寄，其信资由收信之处付给，间有家居远乡，信难直达，须由他人代收转送，其信资亦即由代收之人代付。"然往往有因须代付信资竟将信件推诿不收，以至浮沉中途，竟作洪乔之误[①]。推原其故，皆因代付信资。查此项每年所费无多，纵令由文报局发给作正开销，是亦国家体恤国人远出之意也。至李汝才来信所言，系七月杪沪道信到，以南北洋文报只准转寄各国大臣公文，寄费作正由道报销，此外书信概不准附入包封转寄，其书信何人交寄，即向何人收回寄费，以归简便而节经费等因。从八月初一日起，凡有书信遵交邮政局另寄，已与筠亭商妥，信资归筠兄暂垫矣。嗣后使宪寄各口官场书信，乞用印封，寄资可免云云。不知伊曾具禀星使与否，同人亦未奉有星使明谕，乃叔羹竟武断至此，且言出使各国一律。窃谓此信果确，其出使大臣之体念属僚者必将曰："诸君从我离家数万里，或有父母兄弟，或有妻子族人，两地驰思，望信几同望岁，所有邮寄分送各费所需几何，虽不能作正报销，本大臣皆可代付也。"如是而宾僚犹不歌功颂德者，吾不之信。

十九日乙巳　早微雾，午后稍晴，入夜暴雨一阵，冷。记：英在本国内往来寄费随信付讫，重一两一本士，逾一两不到二两一本士半，逾二两不到四两二本士，逾四两不到六两二本士半，逾六两不到八两三本士，逾八两不到十两三本士半，逾十两不到十二两四本士，余类推，每多不逾二两皆加半本士。其信件之不先付钱贴信票者，送到时信资加倍；其已付仍不足者，送到应补之数亦加倍。凡信件除由公署外发，或由他处寄交公署者外，皆不得长逾十八寸，

① 此典出自《世说新语·任诞》："殷洪乔作豫章郡，临去，都下人因附百许函书。既至石头，悉掷水中，因祝：'沉者自沉，浮者自浮，殷洪乔不能作致书邮。'"

宽逾九寸，厚逾六寸。

二十日丙午　早阴雾，午后雨。记：伦敦各大铺店凡朝夕照顾之人多者，皆专雇一人，衣帽鲜明，颜色异众，青、黄、赤、白、蓝、绛不等，镇日鹄立门前，伺候妇女上下车及代唤车、执雨伞、提物件等事。门内各间亦专有一人查看、照料、指引，有客人不知欲买之件在何所，伊即为之向导，即在本屋亦必领至柜前，其人特服礼服，与他伙不同。

各铺收钱之法不一，在小铺中买毕，将钱即交卖物之人，其他有写小纸一片连钱自送柜房者，有交客送往者，有自执一账簿。卖毕或仅录一篇拆下交客到柜付钱而自留号目、卖价于簿首者；有写两篇，一篇交客付钱而自留一篇者；亦有不自留而交客收存者；有两篇皆交客到柜付钱后柜房打印，自留一篇而交客一篇者。又每卖货开账毕，即呼曰“合”，则其照料者至柜前，以铅笔按价申算，无错画押，以明查过。以上各法，盖一为内外清楚，再为买卖物人及收钱人三造各有凭据也。至各铺柜房之多寡，视乎铺之大小，其式皆一小木房，周十尺，高六尺，前三面上半置玻璃窗，后面有门，正面玻璃下左右作二小月门，高各半尺，以便彼此递收钱钞、账单。一人坐内，置有钱匣、笔墨、戳印等。此房铺之小者一，大者层楼，上下统计不下二三十。镇日男女往来拥挤，上下升梯，亦足见生意兴隆矣。

# 卷　四

光绪二十三年九月二十一日丁未　晴。记：英都信局出售一种大说帖，四面半尺见方，沿边施胶，胶侧有针刺小孔一行，字写当中，叠成两折，以舌舐边，自然粘封。外书姓名、住址，即比写信不用纸而书于封筒内也。收信者顺针孔撕去三面，则展开依然四方。此说帖价：每页一本士半，两页两本士半，五页五本士三法丁，七页八本士，八页九本士，或以九先令买九十六页。此封内亦可多加纸片、物件，然份量不得逾一两，否则须多贴信票，与寄信函同。

二十二日戊申　镇日阴晴不定，颇暖。记：英都信局所售之小说帖横宽三寸，竖长二寸，纸分厚薄，价亦稍异：厚者一页三法丁，两页一本士一法丁，三页二本士，四页二本士二法丁，五页三本士，六页三本士三法丁，七页四本士一法丁，八页五本士，九页五本士二法丁，十页六本士，或五先令一百页；薄者一两页价与厚者同，三页则一本士三法丁，四页二本士一法丁，五页二本士三法丁，六页三本士半，七页四本士，八页四本士半，九页五本士，十页五本士半，或十一先令买二百四十页。另有双折如册页者，系为致书要回信而复回信者不便出信资，则用此帖。乃自写左半页，答回信者撕去左半而写于右半，无须再贴印花。其纸亦分厚薄，厚者一页一本士半，两页二本士半，三页三本士三法丁，四页五本士，五页六本士，或五先令买五十页；薄者一页一本士一法丁，两页二本士一法丁，三页三本士二法丁，四页四本士二法丁，五页五本士二法丁，或十一先令买一百二十页。此帖正面上横印帖名，左角印半本士印花。按规正面惟准写或印收信人之名姓、住址，后面写信，任所欲言，但不准加粘信纸。倘因住址字多须外贴少许者，长不得逾二寸，宽不得过九分。

二十三日己酉　早晴暖，午后稍阴，入夜雨，凉。记：英国信票现共大小十七种，颜色不同，式样稍异，无须琐述。其价则半本士、一本士、一本士二法丁、二本士、二本士二法丁、三本士、四本士、四本士半、五本士、六本士、九本士、十本士、一先令、二先令半、五先令、十先令、二十先令。以上信票，除寄信用外，亦可以之贴付电信所值，中惟一、二、三、六、九本士及二先令半者皆可用付内地税务，如收条、合同、契纸、兑换凭单等是也（详见后）。人亦可以信票还欠债，苟为数不多，不便汇兑，则按数封信票寄之。设如甲欠乙一先令，甲以信票如数寄偿之，乙若不用信票，可执入信局换钱。国家又从中抽税，仅给十一本士半，盖英例每一先令半抽半本士也。

二十四日庚戌　早阴雾，午后雾止仍阴。记：二年前德人骆岑创造一种射光照物器，洋名“骆岑蕾司”，义即骆岑所制之射光也。以之照物能洞见其底蕴，医生以之由衣外照病人，可见通身筋络骨髓以及血脉五脏；善地学金石者可持以考察矿产；税关可用以验货物、察行李，凡中所藏纤细靡遗。现在初创，价固尚昂，将来如电灯、得律风之类，用者日多，价则日廉。以后不惟偷漏私运者无从作弊，即人之一身亦将肝胆毕照，无所用其消沮闭藏矣。

二十五日辛亥　微晴。按：英在本国寄送新报亦有定规，凡未经官场批准目为新报者，寄则按份量如书；其业经允准者，寄费每卷一张者半本士，多张齐寄者寄费不得逾寄书之数；其长不得逾二尺，宽高各不得逾一尺，重不得逾一十四磅。

二十六日壬子　稍晴而凉。今日为西十月二十一日，前于一千八百五年（嘉庆十年）英王卓志第三之世，英与法、日二国交兵，战于日斯巴尼亚国正南稍西、支布洛塔海峡迤北之特拉发勒戛尔地方，世爵乃乐森于是日受伤阵亡。息兵后国家欲铭其功，乃在伦敦城内柴苓十字街中央立一铁柱，顶立其像，高与人同，衣冠较今稍异。脚下四面阑杆，柱圆式，周约二丈，柱下石阶四层，由地面至乃乐森头顶计高十二丈。石阶四角立四石长台，每上卧一铁狮，大于生者，台高一丈，长丈余，宽五尺。英国海军因而立一盟会名曰“水师盟”，义在效其忠勇报国也。乃每于乃乐森阵亡之日公具花练、花圈，献于铁柱之上，以示祭奠。《记》曰：“以死勤事则祀之，以劳定国则祀之”[①]，英人此举允合昭忠之旨矣。午后，余偕袁仁圃前往一观。见树叶长练四条，各由铁狮旁上系柱身至顶，盘绕如龙。又四大花叶圈周各八尺许，套于铁狮项上。柱下男女往来如蚁，并有土人沿途喊售《乃乐森传》及伦敦《泰晤士新报》之摹本。

二十七日癸丑　阴，凉。上月十一日，《时务报》第三十八册内有《南皮

①语出《礼记·祭法》。

张尚书戒缠足会章程叙》一则，因所言切得受害当戒之情，兹谨录之。其叙云："今世士君子为中国谋富强、计安危者，会中国民数率皆曰四万万人。乌乎！中国果有四万万人哉？山泽民数阴阳不齐，以男女各半为通率。禹迹九州之内，自荒服狭乡、极贫下户外，妇女无不缠足者，农工商贾畋渔，转移职事之业不得执一焉，或坐而衣食，或为刺绣玩好无益之事。即有职业者，尫弱顷侧，跰蹸却曲，不能植立，不任负戴，不利走趋，所作之工五不当一（机器纺纱织布局司机者，一人常管数机，须终日植立奔走，缠足者不能为也；机器缫丝局其司盆者，亦须久立，缠足者亦不便），与刑而废之，幽而禁之等，是此四万万人者已二分去一，仅为二万万人。男子二万万，其吸洋药者南北多寡相补，大率居半，又十分去五，仅为一万万人。此一万万人中，其识字读书、有德慧术智者，十人中止二人，又十分去八，仅为二千万人。以中国幅员之广，而所资以出地产、尽人巧，上明道术，下效职事，旁御外侮，其可用之民仅如此，裁足当日本之半，甚矣其危也。古之欲强国者先视其民，一曰众其民，二曰强其民，三曰智其民。今日智民在兴学，强民在戒烟，众民在使男女皆可资国家之用。兴学之举，朝廷屡有明诏矣。戒烟之举，余于抚山西时设两局力行于省会，官弁吏士戒者日多。余去晋后旋即废罢，今江湖诸省政令不如山西之易行，惟先于书院之士、挑练之兵、新募之勇行之，其余俟以渐变化之耳。若禁缠足之议，则同治初年南海桂君文耀尝上疏言之而未行也，梁君卓如合南北之贤者数十辈倡为此会，并为之说，其意美矣。其言创此事之不仁，亦已痛切矣。然特言其拂乎天理也，请更言其害于家、病于国者。不任职事，家食自窘，一也。贫者困于汲爨抱子，富者修饰愈甚疾病愈多，终身若负械而行不能自脱，家政废、医药繁，二也。水火兵乱，不良于行，不能逃免，三也。尤酷者人子之生得父母气各半，其母既残其筋骸、瘁其血脉，行立、操作无不勉强，日损无已，所生之子女自必脆弱多病。噫！吾华民之禀赋日薄，躯干不伟，志气颓靡，寿命多夭，远逊欧美各洲之人，病实坐此。试观八旗、满蒙不缠足，广东沿海不缠足，其人气体之强即胜各省，信而有征，四也。《洪范》六极[①]，以弱终之，今以洋药弱之于既生以后，而又以母气不足弱之于未生以前，数十百年以后，吾华之民几何不驯致人人为病夫，家家为侏儒，尽受殊方异族之蹂践鱼肉而不能与校也。夫远不合古圣人《礼经》服舄之制，近不奉今

① 《尚书・洪范》："次九曰向用五福，威用六极。"

圣人《会典》衣饰之法，而甘自同于雕题镂耳之蛮俗，以自蹙其类。《周礼》所谓‘怪民’[①]，《王制》所谓‘异服’[②]，《孟子》所谓‘戕贼’[③]，汉法所谓‘不道’[④]，兼而有之，此其可怪，殆有甚于吸洋药者矣。且夫父母非不慈其子也，为其戾俗则难嫁也，是故俗之所染可以胜礼，俗之所锢可以抗令。今欲请诸朝而禁革之，则必有以知务沮之者，然非齐之以法，则私禁亦终不行。然则为之奈何？曰：《记》不云乎‘化民成俗必由学’[⑤]，是惟志士仁人日以强华族、化游惰、足民食之义提倡海内。期年之外，十九省之广，感发必多，父兄儆其家，荐绅晓其乡，其俗已动于学，然后以法从之。于是各约同乡京官合词上请于朝，重申顺治十七年圣谕惩罚之条，罪其父母夫男，并着为令：自光绪二十年以后所生之女，凡缠足者不准给封为命妇。又缠足之妇女为人所欺者，以良贱相殴论。如是则此俗革矣。吾不惟伤此中华二万万妇女废为闲民、戮民也，吾甚惧中华四万万之种族从此嵬琐疲尔，以至于澌灭也。今年七月初五日，湖北、湖南两省人服官广东者潮州府知府李士彬、韶州府知府陈武纯等二十二员联名公禀，乞余下禁妇女缠足之令于两湖。事虽未能猝行，人心之憬悟振奋已大可见，是此会之效也。诸君子既为此会以救二万万之妇女，何不更举戒烟会以救一万万之男子？除此两害，虽不能比于抑洪水、驱猛兽，其功当不在韩昌黎之下。愿梁君更播吾说于十九省，以吾之所惧者动之。时光绪二十三年七月　南皮张之洞书。”录毕，因而志曰：窃思中国缠足一事，千数百年久成锢习，牢不可破。我朝定鼎之始即已降明谕、悬厉禁，惜当时官吏奉行不善，遂复贻害至今。数年前，余在德国时已见沪报中论缠足之害者两节，余曾录之于《五述奇》，具征我汉族亦渐有恶裹足之见。丕变之机，此为起点。迩来沿海各省多有设会者，惟冀此会四方盛行，得扫千禩之痼习。是所深望，成效可期，当拭目俟之。

二十八日甲寅　镇日阴雾，冷。记：伦敦寄送新报外裹之纸亦由信局发售，乃白纸长一尺二寸，宽五寸。其价：凡印以半本士印花者每张三法丁，两张一本士一法丁，三张一本士三法丁，四张二本士二法丁，五张三本士，六张

---

① 《周礼·天官冢宰》：“奇服、怪民不入宫”。

② 《礼记·王制》：“作淫声，异服，奇技，奇器，以疑众，杀。”

③ 《孟子·告子上》：“如将戕贼杞柳而以为桮棬，则亦将戕贼人以为仁义与？”

④ 中国古代一种刑律名称，《唐律疏议·名例·十恶》：“五曰不道：谓杀一家非死罪三人，及支解人，造畜蛊毒厌魅。”

⑤ 《礼记·学记》原文为：“君子如欲化民成俗，其必由学乎！”

三本士半，七张四本士，十四张八本士，如此每七张加四本士，或四百八十张二十二先令十本士；其印以一本士印花者一张一本士半，两张二本士半，三张三本士一法丁，四张四本士一法丁，五张五本士半，六张六本士半，七张七本士半，八张八本士半，十六张一先令五本士，二十四张二先令一本士半，如此每多八张加八本士半，或二百四十张二十一先令三本士。

二十九日乙卯　晴，凉。数日前沈藕生接家信，知其夫人前于八月初十日逝世。于是同事中除星使之弟罗梦祖，犹子罗小荷、罗叔羹、罗伯苏不欲应酬外，余乃同吴少序、任谦斋、杨仲卿、王香圃、于心泉、尹元圃、袁仁辅公具祭幛一悬，径寄上洋，交其世兄和甫，藉申挽意。盖谊笃同舟，礼不可废也。曾叔吾、林琴荪、陈幼庸、沈荔虎、魏莲叔、严伯玉、吴旭霄、唐竹溪于今日又各具奠敬三五先令至王少山，云已致信上海，另具菲仪矣。

三十日丙辰　早阴雾，午初晴。记：伦敦信局售有带印花之信封，其印花改椭圆形，色分红蓝，系用錾花铜戳蘸色敲印信封左角。居中君主面形凸起仍白色，外圈上半系阴文"一本士印花"五字，乃白质而字或红或蓝，下半系阳文网花，则又白花而质或红或蓝，前日所述之裹新报纸上之印花亦然。此等信封之印半本士者分二种，印一本士者分三种，印一本士半者亦分二种。至其所分种类，无非纸之厚薄，式之方长。每二十枚一束，价虽稍增，而连纸计之较省，即如一本士之三种，乃薄纸长者一先令九本士，厚纸方者一先令十本士，长者二先令二本士，余可类推。

## 十月

初一日丁巳　早雨，午初雨止，黄雾迷漫，咫尺不辨，午后虽见日而无光，曚昽雾中红饼一团而已。上年由同文馆派来肄业者四人为陈安生（贻范）、丁炳如（永昆）、朱乙尊（敬彝）、王畹南（汝淮），中惟畹南聪敏勤奋，口齿伶俐，所学算法亦颇娴熟。自到此后，星使独考试其一人五次，幸皆按题测算无差。今早星使又自洋书钞十二题，限自申初至酉初交卷，使余监之。未至酉刻连成十题，其他二题一因算用法国度数，一因星使落写角度，故皆未算。逮执卷往见星使，知于申刻已乘车回西山别墅，遂将试卷封固，面交陈幼庸代收，余始回寓晚餐。盖星使前所租之老文悠别墅自七月十二日至上月十二日两个月已满，遂携眷移回使馆，其犹子、内弟、亲家、盟弟等亦皆同时搬回。前日房已开工，星使乃另在城西租定一所，携宝眷并内弟、犹子于昨日移去。其他各人将待开沟截水管而无水可饮、无火得用之时，方各分移，是亦各自节省之一道也。

初二日戊午　镇日阴雾如昨。记：伦敦寄送书卷亦有定规，其常价：每重二两半本士，每捆书卷长不得逾十八寸，至宽者九寸，至厚者六寸，重不得逾五斤。凡板印或石印之报篇，亦可照书捆送，惟写板字者则又须按信送。书卷寄时，或用纸裹或用不封之信筒，皆须易于抽出，以备察验，如裹纸内有所写印，亦须敞而不封。至书之两端，虽准捆缚，而其绳结必须松而不紧，以便易于拆验。

初三日己未　早大雾，咫尺不见人，凉而地泞。车皆白昼燃灯，至酉刻因雾太重灯烛无光，通城马车奉谕停行一点钟，盖恐伤人故也。戌初雾稍薄，始闻辘辘车轮旋转声以及行人往来皮底丁东触地声。

又罗叔羹前于八月电约其内弟陈绅斋（常缙）陪其夫人坐法公司来英，上月三十日叔羹即去马赛迎接，今早到此，因使馆兴工，乃借居喂猫巷第十五号。

初四日庚申　早雾，午后大晴，稍暖。记：伦敦邮政局寄送物包之定规，凡物件不能如信函之可竟投入信筒，必须送赴信局，称其份量，照付邮费。其价：重不足一磅者三本士，不到二磅者四本士半，不到三磅者六本士，不到四磅者七本士半，如此递增，每多一磅加一本士半，至重以十二磅为止。每物损坏、遗失，自当赔偿，然所寄之物实值仅二镑者，无须外加使费。

初五日辛酉　晴，暖。记：伦敦邮政局信件、物包保险之定价，凡值五镑者二本士，值十镑者三本士，十五镑者四本士，二十镑者五本士，二十五镑者六本士，三十镑者七本士，三十五镑者八本士，四十镑者九本士，四十五镑者十本士，五十镑者十一本士。

初六日壬戌　早微雾，午后晴凉。又伦敦邮局定例：凡信物之由京寄往本国不通信道各处者，亦管代送，伦敦二百五十三信局皆收。其价：执重不足一磅者每一洋里内脚力三本士，加重一磅加脚力一本士半，有须坐车之处，车费亦须预付。然一切皆须向信局商定，先以信票付足，各处自皆照规分送。

初七日癸亥　微雾而晴，虽见日光，颇凉。记：英在本国送电信之价，乃前十二字六本士，以后每多一字半本士，付钱时或交钱或自贴信票皆可。

初八日甲子　晴雾如昨。记：英国各电信局亦以电线寄钱，其价：不逾一镑者四本士，两镑内者六本士，四镑内者八本士，七镑内者十本士，至十镑则一先令，然为数至多者亦仅十镑，多则不寄。如由此局至彼局仍须转他局者，不论远近，本人须预付九本士费。

初九日乙丑　镇日晴雾矇眬，日轮隐现不定。记：伦敦电报局定规，凡幼童入局学习五年后年不及二十一岁者，仍不准入考。其及岁入考者，乃考收发电信及局中一切规模并其应守各职。以后再考则考暗码等法，追列等第后，遇有有工资之缺出，陆续传补。

初十日丙寅　阴。辰刻即起，点心毕着蟒袍、补褂，偕沈、吴、袁、尹四君乘车西北行二十余里，登西山至南林第十六号住所，为星使僦居之别墅。入内会诸同事，少坐，待星使吃粥下楼，乃齐入客厅，分三排面北恭拜圣牌，行三跪九叩礼毕，星使上楼更衣。此客厅不大，整齐洁净，北面临窗设桌，上立黄牌，牌前列鲜花四碗，燃红蜡一对。今日行礼未到者，除马格理及肄业诸生外为曾叔吾、陈幼庸、沈荔虎、罗梦祖。此房后有小花园，园后为土人义冢，本园亦有隧道相通。逮余等行礼毕，始见梦祖趋入，天虽寒冷而赤背披汗衫，乃谓适才往游义冢，今自隧道中来也。午正一刻入座，得食鸡丁、海参、鱼丸、肉块及卤面，甚好，颇有家乡风味。宴罢入书房，少坐即乘车回寓所。

十一日丁卯　阴，凉。外国寄信不准封钱，信票虽可代钱，亦仅四五本士，多则不便。因而邮政局自造一种钱帖，由六本士至十先令，白质蓝花，横宽八寸，竖长二寸五分。此帖随信寄送，不惟通国，即莫洛他、支布洛达、香港、印度、牛佛兰、君士但丁以及英各小属地，一概认用，极为便当。其价除原值外，另索纸与印费少许，如一先令、一先令半者每页皆半本士，由二先令至十先令半者皆一本士，十五先令者一本士半，一镑者亦一本士半，如此类推。此帖以三个月为限，其收帖人有逾三个月方取者，则该信局须另收些须代存此钱之费。

十二日戊辰　阴。记：伦敦城内又有信局代寄钱项一法，通城各信局一律照办，除法丁不寄外，其价在一镑内二本士，两镑内三本士，四镑内四本士，七镑内五本士，十镑内六本士。如此寄钱者须至信局，将钱若干交明，再自写由某处某人寄与某处某人，然后该局给一长方白纸，填写某人至某信局取钱若干，本人即将此纸随信寄去，信到后可即赴临近信局中执票收取。以上各法洵属有益于民，民既省费，而国家更获小利焉。

十三日己巳　阴，雾。记：英国因幼童、雏女、工匠、仆婢等人虽有钱而无多，苟欲积存又无妥地，于是国家设法代其收存，并使微获利息。其法准存入信局，盖各银行所存皆巨款，遂名此举曰“信局代银行”。通国各信局应存之数至少者一先令，然一人一年至十二月三十一日所存不得逾五十镑，虽多年续存，总数亦不得逾二百镑，按年二厘半行息。苟一人分处积存，总数至五百镑，可集于一处作为借款，另由信局领票，则利改三厘。别有一法，乃一人可将其财产概交信局收存，每月利息极重，无论寿之短长，死后本利一律停止，虽有妻子亦不能收回。此钱代存一生，名曰“赡口银”，或曰“养生银”。

十四日庚午　镇日雨雾迷漫，暖。记：信件由各处往来英都之日数，如至阿代来海口（在澳洲东南界，临海）三十四天零，至阿来三德五天零十一点钟，至亚丁十一天，至阿三思（希腊京城）五天零六点钟，至阿勒吉尔（斐洲北界稍西）两天零十八点钟，至安堤卦岛（在大西洋南文多群岛中）十四天零十七点钟，至阿森县岛（在斐洲西大西洋内）二十八天，至敖克兰（在新锡兰）三十三天，至巴哈玛岛（在古巴之北）十四天，至巴西亚（在巴西国正东界）十七天，至巴尔巴斗斯岛（在安堤卦岛之南）十一天零二十三点钟，至巴他威亚（地在扎洼）二十七天，至柏尔镇（在瑞典正西界）四天零十二点钟，至柏尔木塔（在大西洋）十五天，至北路（在地中海）八天，至孟买十六天零十二点钟，至包斯顿（美国）九天零十二点钟，至开路（埃及京城）六天，至卜林的细两天零十二点钟，至开蒲塘（在斐洲西南角）十九天，至卜立斯贲（在澳洲正东界）三十九天，至卜伊诺赛尔斯（在阿真坦国东南界）二十四天，至代拉卦海湾（斐洲东北界）二十六天，至加尔各答（在印度正东界）十九天零十二点钟，至喀娄（在秘鲁正西界）三十一天，至君士但丁四天，至石高沟（在美国正北通海）九天零十二点钟，至康沽（在斐洲正西）二十六天，至赛布勒斯（在地中海，亚洲土耳其正南界）十一天，至香港三十三天，至克伦柏（即锡兰）十七天，至支布洛达四天零六点钟，至代玛拉腊（在巴西东北英属地吉阿那）十三天零二十点钟，至勾森柏尔（在瑞典西南界）一天零二十二点钟，至格蕾塘（在澳洲南界偏东）二十一天零八点钟，至哈瓦那（在古巴西北界）十二天，至霍诺鲁路（即檀香岛）二十天，至艾斯兰十天，至扎美喀岛（在古巴东南）十五天零二十一点钟，至库拉器（在印度西北界）二十天，至立马（在秘鲁西南界）三十天，至麻的拉岛（在斐洲西北）四天，至麻达拉斯（在印度东南界）十八天零十二点钟，至莫洛他四天，至蛮达蕾（缅甸蒲甘都城）二十八天，至麻呢腊（在斐娄宾群岛内）三十二天，至莽特威兜（在乌拉怪国正南界）二十三天，至墨里特斯岛（在印度洋马达戛斯戛岛东）二十三天，至美勒班（在斐洲正南界）三十五天，至墨西哥十四天，至孟特里亚（在英属地龟背正南，美国正北）九天，至某萨木比（在斐洲正东）四十九天，至那百里两天零三点钟，至那塔国（在巴西正东界）二十三天，至牛佛兰岛（在龟背东）九天，至纽约八天零十二点钟，至诺瓦斯扣的亚（在龟背之东南）九天，至欧坡兜（在葡萄牙西北界）三天零两点钟，至巴里九点钟，至敖他瓦（在龟背正南，安他立欧之东北）九天零六点钟，至龟背九天，至帕那玛（南北二美洲中间胫地）十九天零八点钟，至贤海来那岛（在斐洲西南）十八天，至鄂代萨（在黑海，俄之西南界）三天零十二点钟，至坡尔那布扣（在巴西正东界）十五天，至兰棍（在缅甸怒江口东）二十四天，至柳得染呢娄（在巴西南界）十九天，至槟榔屿二十四天，至特里呢达达（在巴立威亚国中界稍北）十三天零二十一点钟，至瓦勒巴莱搜（在智利国西界）四十天，至三多斯（在巴西东南界）二十三天，至长崎（走苏耳士）四十三天、（走美洲英属地万库瓦尔）三十二天，至三西巴尔（在斐洲东界）二十一天，至希达呢（在斐洲东界）三十八天，至旧金山十二天，至新嘉坡二十六天，至苏耳士七天，至上海三十六天。

十五日辛未　雨雾如昨，道颇泥泞。今日系西历十一月初九日，为英大太子、卫拉斯王埃达倭之生辰，处处挂旗，入夜悬灯庆贺，较其君主者稍逊。

又在伦敦凡各府第、客寓、饭店、酒肆皆于楼下有暗室，存酒曰“酒窖”。闻在城西某店之酒窖中住有大小无主之猫若许，镇日暗昧，不见天光，耗子无多，饥渴受寒。不意楼上店主卧室所畜之猫，于每夜十二点三十分迨店主睡后，则口衔肝肉，往来盘桓于楼下窖中，寻觅同类而饲之。夫恻隐之心，猫亦有之，岂独人也欤哉？

十六日壬申　镇日阴雾，微见日光。记：英国电报局人之工价前于西一千八百八十一年（即光绪七年）所定，乃首领一年一百四十镑，以后按年加五镑，多至一百六十镑止；头等电工一年百镑，以后按年加五镑，多至一百三十镑止；二等电工一年七十镑，后亦按年加五镑，多至九十镑止；三等电工初定系每礼拜十二先令，第二年十四先令，第三年十六先令止，嗣改一年四十五镑，以后每年加五镑，多至六十五镑止。至一千八百九十年（即光绪十六年），首领改一年一百六十镑，后按年加八镑，至一百九十镑止；头等电工一年一百十镑，后按年加六镑，至一百四十镑止；撤去三等，仅留二等，一年一百四十镑，后按年加六镑，至一百一十镑止。迩来又经管理电局大臣屠威茀改定，首领及头等电工者如前，惟二等电工者改一年五十二镑，后按年加六镑，至百零六镑止。

十七日癸酉　阴，雾。本年五月，英君主即位六十年庆典所收礼仪、祝词共计大小六百一十三色。本月月初，概由宫内移入康卫路南堪兴坦博物院之北阁，应悬者挂之，应列者设乌木桌以陈之，日日开门，便人瞻望，入门纳费，每人一先令。昨日，余偕沈、吴诸君乘车前往。迎门罗列者为向来所陈之印度土产，再两转则豁然开朗，长阁一条，极闳敞，左右列物，挂有号目，物前横木阑，禁人摩挲，中路行人，亦必左进而右回，以免往来拥塞。沿途有人弹压，随时启请曰：顺途而行。其中第一号为太子、卫拉斯王埃达倭所呈之油画一轴，高丈六七尺，横亦如之，上画太子并其三弟、宽诺公阿色尔乘马领兵自树林内突出，图画精妙，景致宽旷，翱翔郊郭，人马如生；第二号为德太后、英大公主福来得立所呈之王冕形压纸具，上有“维克都里亚自一千八百三十七年即位至八百九十七年”等字，或系金铸，或系宝石攒成；第三号为二太子、艾典堡公阿茀莱，三太子、宽诺公及他宗亲王公等公奉之金刚石长项链一挂；第四号为太子妃阿来三德率子女四人所奉之宝石五块，一大四小攒成之项针一柄；第五号为俄皇与后所奉钻石项针一柄；第六号为德皇与后所奉之银瓶一樽；第七号为德国公主霍混洛所奉之金字花玻璃大炉屏一扇；第八号为默林堡斯台里自公韪良（英君主之妹丈）所赠之经卷一本，金皮，以钻石、珠宝镶嵌；第九号为君主之堂弟泰克公与夫人率英国丝绸会中各女首领所奉之大绒毡一方，周约四丈，其色深红，四面花边，中一圆圈黄色，周约五尺，内有“君主维克都里亚”等字；第十号为英四公主碧阿特丽姒之姑巴坦堡王妃所赠之针绣桌罩一方。（以上十号皆属王室宗戚，故列在前）第十一号为法兰西前朝得巴里伯爵夫人所奉之花瓷瓶一对，各高尺半；第十二号为义国太子所奉之用陈宴席桌中银花架一个；第十三号为德国巴屯公夫人所奉之青石一方，上凿德文祝词金字；第十四号为波斯国王所赠之宝石镶嵌金架自己小影一页；自第十五号至二十四号为大清国大皇帝所赠者（详见前），又自第二十五号至三十四号为皇太后所赠者（详见前）；第三十五号为韩国王所赠蓝地金字绣花钟鼎文屏八扇，各宽六寸，高约四尺，古铜尊成对；第三十六七号为日本皇所赠之绣工山水景屏一扇、漆橱一架。以上为各友邦所赠。第三十八号为御前各大臣、命妇同奉之金刚宝石项链一条；第三十九号为君主御前侍仆五百九十一名同奉之金刚宝石碧玉手镯一支，中作王冕，左右四花为玫瑰（洋名“娄斯”，指英兰)、蝴蝶花(洋名“沙木洛”,指苏格兰)、蓟(洋名“奚斯”,指爱尔兰)、莲(洋名“立立”,指卫拉斯[①]),盖四花皆为四地所产,中列王冕者,以王领此四地为主也。以上为君主宫中各人所奉。其后自第四十号至百四十七号为本国及他国之官商男女并各属地王爵所奉,中惟第六十号至第六十七号为张樵野星宪所奉之乾隆御笔“岁岁平安”一架、蓝花大瓶一口、朱砂刻花大盒一对、朱砂刻花小柜成对、五彩大花瓷盘一个、檀木雕花宝石镶嵌小橱成对、子孙万代瓶成对、景泰蓝卐卐不断小花屏风十二扇,皆极华美壮观。其他所奉各皆一二件,且多零星之件,无甚可取,如折扇、瓷碟、背枕、茶盅、地图、拐杖、雨伞、小照、木椅、金表等是也。再自第百四十八号至六百一十三号为本国及各属地之官商人民所奉之颂词,各仅白纸一方,长宽各尺余,颜色饰边,横书英、法、拉典、印度等文,中惟新嘉坡商总许德顺等所奉者,乃黄绫一方,书以汉文。各篇颂文随有或筒或匣,造以錾银花皮以及雕花象牙不等。文悬壁上,筒横文前,罗列极属整齐。阁中列座,出售加非酒食,男女鱼贯往来,极一时之盛。

十八日甲戌　阴。记:英国电报局定例,各工人应作之时刻白昼八点钟,入夜七点钟,歇息、饮食在内,有时因事繁多须费工夫者,则与次日换班者对折。总之,一人一昼夜不得作逾十六点钟。

十九日乙亥　阴。见街市驾车马匹现因入冬新毛渐生,不使旧毛自脱,乃先前自脖下后至尾边、中由肚边至蹄先用刀剃去,迨下身生足,再剃背上者,盖不欲通身一时受寒也。

二十日丙子　早阴,午后微雾。记:现在伦敦鱼铺出售者大小多种,皆列于白玉石槽之上,所识者为扁鱼、鲢鱼、银鱼、鲤鱼、龙虾、虾米、蛤蜊、蛎子等,外有熏鱼、咸鱼以及咸水煮螺蛳。然皆海产,不比他国河鱼养之水中活而鲜美。虽槽上置冰,而每由铺前经过,腥臭触鼻,以故鱼脍之属,罕有佳品,令人动张翰思鲈[②]之感。

二十一日丁丑　微晴,冷。日前赴星使所居西山别墅之便道,系先自马力赉路坐马公车东行三里至尤斯屯路,中间哈木斯台路之南首(车价一本士)改

① 此处有误,Thistles为苏格兰之国花,北爱尔兰国花为Shamrock。

② 张翰字季鹰,吴中人,有清才,善属文而放纵不拘。《世说新语·识鉴》载:“张季鹰辟齐王东曹掾,在洛,见秋风起。因思吴中菰菜莼羹鲈鱼脍,曰:‘人生贵得适意尔,何能羁宦数千里以要名爵?’遂命驾便归。俄而齐王败。时人皆谓为见机。”

坐红色铁道公车，北行转西约二十里至阿尔池路（其价二本士，买来回票三本士，回时须将红色原票缴还，换一黄色回票）。下车在酒店之左，转店之右有铁道汽车，因登山路高省马力也，直行八九里至骚斯小林或高门村（价皆一本士）。

又铁道公车每辆坐四十四人，乃上坐二十六，内坐一十八，其所换之回票下印云："此票专为交换回路之凭，并不额外索费。"车本双马，行向高处二马力不及拽，乃一人另由旁厩牵出一马，缰带铁环套于车左马旁，行至平处不必人掖，马自止步，习惯故也，马亦明其所司之职分也。

二十二日戊寅　阴。因天气倏凉小儿荣骅早晚上学受寒，昨晚发热不食，熬午时茶加姜片，饮之未见汗。今早请唐竹溪诊脉立方，草药七位为羌活、建曲、桑叶、防风、焦查、前胡、赤苓，外加生姜一片，卧时煎服，夜半见汗。

又女房东闻之，先来探问，至酉正乃为之熬玲珰麦碎米粥一盂，加灰斯几酒一大匙、糖若许，带女仆捧至，温语慰之曰："早睡多盖，吃此粥，宵分见汗自愈。"余与之握手致谢。此粥为伦敦人着凉常用者，且幼童、雏女之入学者每早多吃此粥，专为助气暖身之用。另一发汗成方曰"隋司皮立敖呢特佛埃扣勒得"，华言逐寒甜硝酒也。

二十三日己卯　阴。伦敦城大，途径纵横，无异蛛网。除四面路宽处之铁道公车外，双马趟车洋名"敖木呢柏斯"者为数不下二千余辆，共马一万四千余匹。因马不能镇日驰驱，必须按时更换，以便喂饮歇息也。闻每辆于每礼拜须获一十六镑云。

二十四日庚辰　阴，雾。又双马趟车因路多而行亦多，仅以红、白、蓝、黄、绿五色涂于车身分之仍不足用，于是有另在车顶御者座后以铁棍立红油布雨伞一柄者，有在车顶右角立一油布小国旗者，更有立一八出金花者，种类不一，无暇琐述。竖有此幌，使人一望即知其所去之东西南北某街何巷也。

二十五日辛巳　阴雾，凉。见利贞街马蹄模巷口加非馆中新出一种牛肉饼，颇可食，如中国之肉团，乃碎肉以酱汁佐料调成作饼，厚半寸，方形，周不及八寸，上下四边烙熟，则外焦而里嫩，食时洒以菽末颇香，价每块二本士。

二十六日壬午　早大雾，午后见日，红晕无光，继而复阴，烟雾昼暝。前于六月底经曾叔吾写知单，谓十月初浣星使大千金在家出阁，同人公凑礼仪一百五十两。至今星使知否未闻，而届期贺禧一节，自当日迄今凡三阅月，并无人叙及。昨午任谦斋忽来，谓闻得今日系星使小姐出阁之期，明日星使在寓所备喜面，福州诸同事咸往叩贺。余谓既知日期，理宜前往，惟不必定食喜面也。今日早餐后偕沈、吴诸君乘车前往至彼，楼房壮观，幽静如府第。同令持禀道喜，其人下楼，言：回明了，不见了。少刻，罗伯苏进客厅，似非奉星使所命前来者，既不向众问候，亦不言奉家叔命来与诸君道乏，且在家出阁尤不敢当等语，乃仅向一二人稍叙寒温，道喜一事似与彼无干涉。

又上月为星使祝寿，后见众人毫无申谢之言，恐闽俗凡处实受，不讲虚礼耳。

二十七日癸未　早微雾，申刻忽大雾，昼晦，屋内燃灯。前日午后，在牛该街之北、阿得斯该街之东哈木赛巷内制造女外氅之博朗行因煤气灯管轰裂失火。地在老城，巷窄房密，多系商局，自一点钟烧至五点半钟。其地十万码见方，共闾巷街市大小二十一，焚毁楼房一百五十所，间数未详。内大制造局如金银绦带、伞帽衣服、衣料地毯、熟皮皮货、胰皂雀翎等共计五十五处，其他小货铺数未闻。通城共去水龙四十四份，救火人数百。奈地窄楼高，救之不易，幸各处所用女工二三千人无一伤命者，白昼故也。据云所烧货物约值一百万镑，连楼房、什物计之，当共值五百万镑。

二十八日甲申　天虽阴雾，幸而不浓。前日失火之处拟往一观，遂于未初偕吴少序乘车往。至彼见临街各巷口皆横系长绳，外立巡捕二三四名不等，阑阻闲人，非有本属某行某铺者不得入，余等仅立巷外遥望。铁架耸立，间间仍有堆积物，红绿五彩，悉被烟薰灼，不知其为何铺者。

二十九日乙酉　镇日黑雾迷漫，白昼燃灯，酉刻稍爽。闻在哈米斯台路有妇名博妥蕾者，系某学堂教习之妻，平时琴瑟颇笃，前日忽饮酸盐殒命，留致其夫一书，谓汝不能设想我心如何烦累，此等苦难无颜以见戚里云云。官场验尸，断其自尽之由为魔鬼所迷。夫西国不信鬼，而又断其人因鬼而死，殊令执笔者疑之。

## 十一月

初一日丙戌　阴，雾。我国前在英兰正北偏东得尔哈木与约尔克二府之间牛喀色安太音地方埃勒隋村之阿摩斯当船厂定造兵轮一艘，其长三百九十六英尺，宽四十六英尺，深十六尺九寸，重四千三百吨，内盛大小炮位及喷炮共三十六门。现在船壳造成，定于明日午后下水，乃经厂主夫人出名专帖请星使，外附空帖十页，以备填写随带各员名姓，星使遂派马清臣、林和叔、陈幼庸、吴少序同往。其地距伦敦二百七十四洋里，须于今日未初起程乘火车，戌正始到，届时星使因故未往。

初二日丁亥　早晴，午后阴雾。数月前因四川水灾来信劝捐，星使即汇去规平银二千一百余两电交总署，并未叙明内系何人捐款，意必星使乐善好施，慨捐巨款。乃九月份同人领俸薪时，忽经支应按人扣去十两二十两不等。星使既无明谕，而支应亦不明言其所以，殊难索解。

初三日戊子　阴雾，入夜雨。前于七八月间当罗醒尘未递呈时，即有林和叔欲告不服水土假，林琴荪拟告会试假。至上月，林和叔言呈已递，星使面谕：俟往义、比两国事蒇后再行回华。林琴荪言呈子亦递，因星使夫人患肝气、小姐咳嗽、公子出疹，皆请琴荪疗治，因其善医道也，现皆痊愈，呈子尚未批下云云。

又前经龚星使调来之医官唐竹溪亦于上月呈请不服水土，同文馆学生丁炳如因病告假回国，皆立经星使批准，现定于本月十三日由骚桑屯海口坐德船回华。今晚酉正，余偕沈藕生、吴少序、尹元辅诸君率小儿荣骅公请唐竹溪、丁炳如在敖斯佛街坨里奴饭馆晚酌，与之饯别，彼此畅谈，酬酢甚欢。亥正回寓。

初四日己丑　早阴雾，申初雨。记：敖斯佛街路北第三十二号一大加非饭馆名“茀拉斯喀悌”，又名“冬园”，兼售酒馔多品，并按时奏乐以侑酒。地基颇大，楼三层，式作“ɑɪ”形，约容二千人。入门圆楼一圈，中空，上有罩棚，楼上卖饭，楼下前面八柱分八门作一圈，前三门对街门，满用玻璃隔断。此圈内列桌椅，卖酒食点心，圈外即楼下，列座卖茶酒、加非。正面设乐台，乐工十二人，圈左另横一大间，列座仍卖酒食。其乐每日午后自一点至三点钟奏十节，为午酌也，再由六点至十一点钟奏二十节，为晚酌也。酒食俱全，亦皆芳美，其价较各著名大饭店为廉，而酒食丰腴，亦不亚于他处也。且入夜通堂电灯万盏，灿烂辉煌，光耀如昼，人坐楼上，举杯四望，笙乐聒耳，五彩射目，自当怡性骋怀，颐指如意也。

初五日庚寅　阴雨，入夜大风。早见楼下一坐车一货车，不知何故将货车拽马之皮缰扯断，彼此车夫并不喧哗口角，即有巡捕前来，问明各人名姓、住址、号数，取出记事小本，一一以铅笔记之。据云二人到官，供明其故，两造须循理自结，或赔或不赔，不然则归官断。

初六日辛卯　大晴，凉。现值昼短，申正天黑，辰正天明，故街市各铺皆自申初燃灯，以待应关闭之时关闭，而各处匠役亦皆秉烛作工，以足八点钟之常例。

又各铺之刷洗、油饰门窗者，无论何时皆于日暮关闭后雇人修理，盖免误白昼之生涯也。

初七日壬辰　镇日阴晴不定。今日未刻，星使率马清臣赴文泌行宫呈递国书。盖前于五月间英君主回敬中国大皇帝钻石小影一页，而我皇上答书致谢也。午刻，星使召唐、丁二君与之饯行，令余同林和叔、曾叔吾、林琴荪、沈荔虎陪坐，罗梦祖代东。巳正，余偕唐竹溪至西山别墅，丁炳如因病未往。未正入座，酒食颇佳。申刻席散回寓。

初八日癸巳　早晴，午后雾，冷。记：伦敦现将四面各村连于一处，统称伦敦。今老城居中比为一府，四面六十六村仍因旧名而分为县，一切归伦敦美尔为首领，而各县又另有美尔，另有规例章程。

又因城大暗分十方，以便人知某街在何方某县，乃以老城为正中，以东为东中，以西为西中，环此三中则为东、南、西、北、东北、西北、东南、西南。今姑将各县名按方分记之，如正中为伦敦老城，东中为芬斯百里，西中为豪乐本（又名“蒿本”），东为白鸥，与坡蒲拉尔、斯苔铺泥、桃尔哈木蕾、莱木蒿斯、苇泗他木、柏木里、沙达卫，南为柴勒溪，西为贝斯倭特尔、贤卓志、哈墨斯米司、罕诺倭坊、诺亭溪、巴丁屯、诺尔乌、马力赍、伊凌、奶子桥，北为堪顿塘、哈木斯台、郝克思屯、伊苓屯、海百里、堪的什塘，东北为贝斯那格林、哈克呢、哈莫屯、戴乐斯屯、庆斯兰、欧得佛，西北为堪萨格林、贤班克思、祁乐本、贤专苏、苇洛泗屯、瓦拉哈格林，东南为康百卫、柏尔门赛、卜立克斯屯、克拉伐木、戴特佛、洛色尔希斯、德蕾芝、格林泥址、开宁屯、郎贝斯、来杉木、瓦拉倭厄斯、哈查木、牛饮屯、巴喀木、鹲立芝（又名“五里治”）、弥勒倭、骚斯倭、牛克洛斯，西南为巴特尔溪、卜洛木屯、厄勒斯、阔尔特、苪勒哈木、庇木里沟、巴尔森格林、堪兴坦、卫斯民司得、普特呢。

初九日甲午　晴。伦敦通城所用牛奶皆由乡间以火车载运，入城后各铺按家分送，每早现自卯初至巳正频闻小车声、放罐声。车皆两轮，或马驾或人推，敞箱在檐下，有轮而无轴，箱中立一罐，铜锡不等，高约四尺，上细下粗，形如塔底，周约四尺，上有龙嘴，箱外左右挂大小椭圆平底锡罐数十，至大者盛二戛伦（一戛伦合四排音他），至小者盛半排音他（一排音他合中国八两）。至各家门首，或置窗下或挂楼前铁阑上，待昧爽启门自然取入，而无偷窃攘夺之虞。

初十日乙未　晴，凉。伦敦楼房旧式高皆二三层，且沿街铺面仅一层，铺后住房始高起二层。现在城之四边依然未改，城内亦间有照旧者。今定新章：凡楼房之旧而应修者，咸改建高至四五六层。且土木之工日新月异，旧房既不壮观，而新楼于朴素中仍欲华美整洁。无如伦敦烟雾太重，不居何色，久而自黑也。

十一日丙申　早晴，午后阴雾。记：在敖斯佛街东首路南蟾色狸巷内有藏宝库一区，英名“赛苐的坡西”，义乃妥当收藏处也。亦系商人醵金开设，专为人有至宝，或平日不愿收放家中，或因外出不欲携带，无论多少皆可送此收存。地基不大，且在地道中，门外支金花铁棚，棚下横铁阑，入门步下石阶二十级。另一铁栅阑门，门内正面铁巷十二，皆不甚宽，长各一箭。每巷外先立铁门一扇，厚约半尺，门内又一钢栅阑，门与栅阑皆有双层暗锁。各巷内正面悬大玻璃镜，俾人在内动作在外者一望而知。每巷左右两壁皆钢铸方隔，大小不一，竖分十层，横分三十二三四五六七节不等。每隔深二尺，外有铁门，厚逾三寸，隔板厚亦二三寸，每隔内置一扁方漆长钢匣，匣之长短宽窄与隔内相称。隔门双锁，钥匙两柄，存物人与管库人各执其一。其宝贝多者赁大匣，少者租小匣，其租价论年而不论月。匣分五等，长皆十八寸，其高四寸半宽五寸半者一年一吉呢，高四寸半宽七寸半者一年一吉呢十先令，高宽各七寸者一年二吉呢，高九寸宽十一寸半者一年三吉呢，高十三寸半宽十一寸半者一年四吉呢，高二十三寸半宽亦如之者一年五吉呢。巷内钢地钢棚，中垂电灯一行二十盏，巷外墙壁垒以铁石，亦极光润整洁，异常坚固。此巷总名“音讷尔卫斯堤比攸”，义乃内巷也。巷对面即入门，石梯之左右有客厅两大间，又名“录事房”，装饰华美，棚悬电灯三大盏，墙挂画轴、面镜，陈设桌椅、坐钟，备有纸笔，客可在其中议事、闲谈。厅正面更有小暗室六间，每中仅容二三人，内亦备有桌椅、纸笔，盖为男女客中存物者有避人之言，或缮写约契，皆可入此室中议办。二厅外地中立一方铁阑，高三尺，周约二丈五尺，由此步下石阶九层，为钢屋储宝处，英名“斯脱朗陆木”，华言巩固屋也。其内路如船中，左右列屋，颇类船舱，大亦如之，共计二百余间。其门墙、棚壁及地板无往而非钢铸，门外四壁皆白瓷砖砌成，中截花瓷一横，颇属光洁，门外屋内皆垂电气灯。此屋租法：凡有箱匣收存者，其大三尺余见方者一个月五先令，两个月七先令半，三个月十先令，半年十五先令，一年一镑半；其不及三尺见方者一两个月其价皆与前者同，惟三个月乃八先令半，六个月十二先令半，十二个月一镑一先令；遗命亦可代收，第一年五先令，以后每年二先令半，终身者一镑一先令。又头层巷内大小钢匣共一万二千余件，此库每日开门由巳初至酉正，惟礼拜六日系自巳初开至未正。白昼四五人在内伺候，有守栅阑门者、掌柜者、管钥匙者，入夜亦有人各处巡察，极属严密。

十二日丁酉　阴雾，冷。记：昨夜寅正忽有乐工楼下奏乐，梦中惊醒，倾耳听之，幽雅异常。作毕两节即去，半点钟后复闻其声，顺风悠扬自他处来。今日讯诸土人，据云是为伦敦旧俗，每于天主降生节前三个礼拜各礼拜六夜，乐工通城盘绕奏乐，待至十二月二十五日正节之期，则乐工于前奏乐之各街市闾巷中按户讨赏，现在城内尚少，四面乡间甚多。且有歌曲者，竟有绕富家之楼四面歌唱，以冀届期多获赏赉云。

十三日戊戌　阴。卯刻睡起点心毕，辰正偕沈、吴、袁、尹四君乘车至倭特路火车栈送唐竹溪、丁炳如起程回华。

又罗叔羹之内弟陈绅斋亦同坐德公司回沪，其他往送者为林和叔、曾叔吾、林琴荪、严伯玉、吴旭霄。

十四日己亥　阴。记：伦敦每届冬令于天主复苏节三礼拜前在伊答屯县额坡尔街路西之公设稼穑堂英名“阿格立柯秋擢”设一农政会，又名赛畜会，英名“喀特收”。届时四乡商农各将培养牛、羊、猪之至大者，鸡、鸭、鸽、鹅之最肥者，以及果品、菜蔬之极美者，更有各种耕种并造作饮食之机器，或新创或改式，概行送入比赛，罗列五日，备人观看定购。第一日太子先入开堂，择其尤者奖赐之，以示鼓舞。他人往游者第一日入门五先令，后四日皆一先令。本年定于西十二月初六至初十日，即昨日至十七日。今日午后，余偕沈、吴、尹、袁四君乘车北行二十余里至该堂，纳费入门，先穿一巷，左右罗列玩物及数种小机器，如切肉末者、割肉片者等等。过此巷则入堂，堂方形，四面层楼，中罩玻璃天棚，棚下中央分四行，每行左右立木阑，不甚高，内三行，地铺干草，横排牛三四百头，皆头向木阑，硕大无朋，色分黑、白、红、黄，有长角者，有无角者。每前悬一牌，载明来自何处、属何人、生几年、重若干斤、价若干、曾得第几等奖赏。其业经售出者，于牌下另书一纸，言卖与某地何人，中有生仅一年零八个月而重至三百斤者。另一行放羊百余只，色分白黄，毛有短长，身大如驴，平背如牛，仅腿短耳。其长毛绵羊与华产无异，惟尾细如猪尾，短毛者如骨重羊，毛短而绒厚，身白头黑而无角，据云来自杭卜晒府，其肉极鲜嫩。四面楼下列各种大小机器及出售酒食点心处，四面楼上左右仍列各种机器及菜蔬、果品。萝卜红色者长二尺周尺五六，青色者长一尺周二尺，白菜有厚盈尺周四尺大可合篑者，胡萝卜有长尺余周拱把者，其他豌豆、蚕豆皆晾干盛布袋中，豌豆颇大，中土罕见。其中惟见甘萝一篮，英名“阔勒拉必”，据云三年前来自印度，于今始明种法，渐登菜谱，种于西三四月间，出售每斤六本士。蒜头有大如茄者，番薯有大如中国红薯者，果中苹果与梨有大如瓜者。左楼下二门另通两大间，一内列桌排放已去翎毛之鸡、鸭、鹅、鸽、火鸡等，各皆肥大无比；一内放猪，皆极肥壮，有卧不能立者，其皮或黑或白，尚皆洁净，入者另付六本士。通堂所列物件、菜蔬、果品等，主人皆备有纸报一本或数篇，印其名姓、住址，所售各物之价值、用法，或菜蔬、果品并子种之价值、种法，且各带有图解。印工既细，彩画装钉亦颇华美，随时奉送游人，以广招徕。又大门内巷左一门通有小院，陈列各种玩物什具，如手帕、表链、烟卷盒、信纸、信封、铅笔、墨盒等件，无须琐述。同时来者，男女拥挤，不下千余。看毕出门遇雨，因候车遂步入对户加非馆，其柠檬水、加非价廉而物丰，奈味不浓厚，类乎乡井所售者。酉初回寓。入夜狂风骤雨阵阵。

十五日庚子　镇日阴晴风雨不定。午后同吴少序步入加非馆少坐，见一人唤来加非一盅，抹奶油面包四片，随吃随喝，随割自携之苹果片片而兼食之，待加非喝罄，面包吃毕，而三大苹果亦皆食尽矣。是诚泰西吃法，为余历来所未见过者。入夜大晴，皓月当空，光鉴毫芒，亦为伦城罕有之天气，望之令人心旷而神爽也。

十六日辛丑　阴雾，凉。西人尝谓鸟兽和睦相交，互受其益，即如鸡入牛圈，刨掘牛粪，冀啄扰牛之蝇，牛见而感之，乃故翘一蹄，以便鸡得周历其身而搜捕之；乌鸦频落羊背，羊亦喜纳之，皆此意也；犬多仁义之行，鸡犬虽皆人家所饲，然两无瓜葛。某家一公鸡为他鸡所不容，犬频怒视，逮后此鸡离群独处，饥渴顿踣，犬颇怜之，乃至分余已食而同宿一窝。猫犬同居而非契友，曾有小孩淘气，系一藏铁壶于猫尾，绳结太紧，猫尾几折，无法得脱，屡向犬哀之，犬初不顾，继生恻隐之心，顿得一法，咬断猫尾，壶既坠而猫亦愈。猴与鸡时为密友，天寒共寝，猴蹲伏于羽翼之下，互受其暖。马最喜山羊，而与猫犬鸡鹅亦善，猫犬卧其背上，鸡、鹅、山羊皆可伏其肚下、蹄旁，既得彼此互换暖气，马更因而不受蝇耗之扰，而猫、鸡亦各得零食也。以上各节中国亦间有之，可见交友固贵能择其善者，而人心亦须鉴此，遇事自忖，当有胜于禽兽也。

十七日壬寅　阴雨，入夜大风。英规：凡人或因体弱、或因病笃、或以残年垂尽将卜窀穸，所遗财产自当预先斟酌分界，如妻女子孙、兄弟姊妹、叔伯侄女，或族支或戚友，抑或施舍助善。于是于某年月日自书一篇，言家产共若干，拟于死后分与寡妻若干、子若干、女若干，或并给侄甥各若干。其无妻子者，或统与宗派，或与某戚友，或送施医院，或给育婴堂。总之无论如何分法，咸任本意。此篇即前所言之"遗命"，写毕画押，另录一篇，乃送入"色墨赛［特］蒿斯"公署收存作证（此署专管通城一切杂税租产，以及人之生死娶聘概须报官，署中存册，百年可查）。其原篇或自存，或交所托将来监分之人，或送入藏宝库中代存皆可。其人死即报官，官则传齐遗命所指各人，照单分给，罕有敢争者，国法使然也。

十八日癸卯　稍晴，风。午后，偕沈、吴、尹、袁诸君乘车西南行约十余里至布洛木屯街看敖拉托里天主教堂。其地基之大小、堂楼之形式，多与义法两国同。至其工程精妙、地方清静，亦与中国之庵观寺院同。上而楼顶，下而地面、砌阶以及墙壁与柱，无往非花石建造，琢磨光润。柱之高者二三丈，围四五尺，所供天主母、天主及他古贤之像，亦皆玉石雕刻，抑或五彩刺绣，高大与真人同，神气毕肖，工殊精细。因而思及华人之奉天主教者，协洋人译著《新旧两约全书》，往往同斥释教之供木偶泥像，如谓不宜供奉偶像也。而此堂中有石像、绣像在焉，是不宜供奉偶像一语，非其本意矣。其本意为何？予细查之，是其仅言"木泥"二字，下欠解释也。其所以当解释者，乃木泥不能经久，必以石雕抑以金丝绒线绣成，方可传于后世也。天主教人闻之，亦必以为然也。

十九日甲辰　阴雨，冷。西人备物致用不惟精益求精，更于一用中另求别用，即如煤气，四十余年前创造作灯，光亮异常，胜于油烛，是仅用其光也。迩来数年又设法用其力，乃以之作炉，小者可以煮水，大者更可以烹炒煎炖，是又只用其力也。近又反煤之本而用其热，乃屋中火炉，天凉不烧煤，而满盛不灰木壳。壳形如空核桃，四面有孔，用时内燃煤气，则壳皆变红如煤，约烧一小时撤去煤气，壳乃永热如火，屋自长暖矣。是不惟省煤，且使屋中洁净，不有灰尘，不生异味也。

二十日乙巳　镇日阴雨而稍暖。记：敖斯佛街之坨里奴加非饭馆东主计第，义大里国人也。其例菜定价早餐一先令半或二先令，晚饭二先令半，菜颇丰饫，亦有鸡鱼、鹌鹑、铁雀、火鸡、火腿、筒面、牛羊肉之类，并有鲜果、生菜、冰乳、点心等，侍奉殷勤，菜味亦佳，较他处者胜加倍。他处至贱者五先令，而此地仅二先令半，他处未必多赚，而此地亦未必稍赔，全在东主之所为，善与不善耳。入夜微风，晴。

二十一日丙午　白昼微晴，入夜狂风骤雨，雷电带雹。午后，余因步回使馆看各屋之工作，忽于烂堆中拾得字纸若许，中有本年七月十一日第三十五册《时务报》一本，内有黄君鹄生论中国妇女缠足之害一篇，题曰《中国缠足一病实阻自强之机并肇将来不测之祸说》，所言禁革之法姑不具论，而所叙妇女缠足之害最详。近数年来屡见吾人论及，则此俗之变或有转机，兹特录之。其说曰："中国有亘古未有之奇病，一曰缠足。缠足之缘起不可悉考，而莫盛于本朝。本朝又莫盛于今日，始惟城市为多也，继而渐达于乡僻。向惟富贵之家竞尚也，今而遍及于贫寒，井臼不能操，步履不能适。一经束缚，遂成废人，遂有专工缠足之妇人诩诩然曰：我善缠足。小女儿至七八岁，则胫骨已硬，足指已粗，虽缠而不能极小也。及四五岁而缠之，襁褓甫离，即加桎梏，筋酥骨脆，血泪交零。而女母及婢媪之为女缠足者，方欣欣然有喜色，以为此女足小，他日为门户光也。其丧心病狂、伤天害理一至于此，讵能以口舌争乎？亦有年已长成，双趺未束，为婢、为妾、为妓，身属他人，遂有贪淫好色之徒，遣万恶奸媪为之矫揉造作。先以猴骨等药软其骨，再用斑猫等物烂其肤，血肉淋漓，腥臭四彻，筋断骨弱，寸步难行，乃能使六七寸之足跟改作金莲三寸。其残忍刻毒几于人神共愤，而施者不皱眉，受者不敢怨，闻者见者习以为常。中国四万万人民妇女居其半，妇女因裹足而成废疾者尚不止居其半。其在穷乡僻壤粗蠢之妇女缠足者尚复无多，至于大族名门、富家商贾及中人以上之资，其妇女之聪明贤智足为内助者，则其受缠足之害为最深，盖几几乎求一二不缠足者而不可得。精颓神丧，血枯气衰，门户难持，呻吟可厌，为之夫者终身为所累，安有余力以相其夫？是缠足一端固专害中国贤达聪明之妇女也，且数千万贤明之妇女皆成废疾，不能教子佐夫，而为之夫、为之子者，亦只可毕生厮守，宛转牵连，无复有四方之志。故自上达下、自内达外，因循颓惰，得过且过，无意自强，是缠足一事到天下妇女之足者患犹小，丧天下男子之志者患无穷也。自秦倡君权愚弱黔首，汉崇黄老高谈元渺以愚之，唐奉佛教讽令舍身以弱之，终成六朝五季之乱，生民无复孑遗，虽洪水猛兽之杀人犹为显祸也。缠足之害，戕生伐性，以弱天下，即以愚天下，使天下妇女自投桎梏，自入网罗，俯首降心，甘入九死之门而不悔，其祸较洪水猛兽、佛老而尤大、尤酷、尤深。所以至今不禁者，是谁之过欤？且无事之时缠足者虽生犹死，值有事之日则缠足者决死不生，已见于粤捻之乱矣。东南十省小足妇女一遇贼无不死者，什九皆赴井、饮刃、投缳、服药，先期自裁。即或有路可逃生，而有死之心、无生之望，盖不缠足或犹尚可逃，一缠足则更无可逃也。此时财尽民穷，伏莽会匪遍于海内，敌国外患迭起相乘，万一或有变端，则中国万万缠足之才智妇人，窃恐皆无生路矣。不宁惟是而已，父之于女也，夫之于妻也，子之于母也，族属诸姑亲戚也，华人因亲及亲，相连如骨肉，此时、此情、此景，危机苦思，地惨天愁，宛转啼呼，殆如羊豕。人以为未必然，而不知足小难行，一有乱则决无生路乎？缠足之祸至于此极。然则有父母斯民之责者，思欲保全民命，无论日后之缠足急应禁革，即当日之已经缠足者，亦应设法解除，乃能尽去拘挛，同登仁寿。今请定一解足之赏曰：缠足天下弊俗，此后之缠足者当悬厉禁以禁之矣。惟昔日已缠者，尚不知几千万人，筋断骨伤，受创过甚，则听之而已。其将缠、甫缠、已缠而未受伤夷尚能解放者，果能翻然悔悟，解脱牵缠，诚可谓贤明之妇矣。请由鄂粤钱局精铸铜钱千万枚，每重一钱，圆边无孔，面刊‘赏’字，幕刊‘贤’字，准解足者随在报明地方官发给赏钱，置诸衣饰间以自标异，解足者贤而得赏，彼不贤不赏者当知愧矣。并请定一缠足之罚，其办法有二，先下一令曰：缠足一事残虐无理，必应严行禁绝，以全生命而正人心，自某年某月日为始，各直省官民人等所生之女，一概不许缠足。如果自甘污贱，仍蹈积习，献媚取怜，闺闱暗昧之中亦不加以深责，惟他日夫贵子贵，例请诰封，此等缠足妇人自暴自弃，不准再受封赠云云。此令一行，则富贵人不禁自止矣。惟有一种恶鸨蚁媒，购买他人儿女为之梳头裹足，百般残虐，以重价售之为妓为妾，则伤人性命即在缠足之时，其为害尤速。请定一强人缠足之禁，有告发者无论男女，初犯则黥其面，再犯则截其指，则贫贱之人无论如何贪利，虽有而不敢缠矣。西人天足会用意甚重，用心良苦，然华人大都一笑置之，或以为多事，或以为妄言，或以为无益劝惩，或以为大煞风景，皆所谓‘少而习焉，长而安焉’[①]，随所性而迁焉，忽焉而不自觉。不知此一端实中国五千年未有之大害，亦全地球十万里仅见之奇殃也。知其害之酷矣，受病之深矣，则将设法以禁之乎？或又曰：是秽琐之事，安可以形之笔墨、行之公牍、出之语言？噫！是中国自秦以来汉唐以后自命骚人雅士之所为，而不知古圣王之治天下至纤至悉，一夫不获，时予之辜。况数千万贤达之妇人，皆毕世沉沦而莫救乎？况痛苦颠连相随入狱者，再阅百年尚不知其几万万人乎？世有采此言而用之而行之者，则一纸风行，立时禁绝。宏功大愿，将与须弥争高、与东海比深、与日月同其悠久矣，予日望之。”

二十二日丁未　晴，暖，入夜风。记：洋人饮茶不讲品位、颜色，不论清香、浓淡，惟求浊黑苦涩而已。迩来英人乃在印度学种各种，颇称其意，故中国茶叶之西来者日少。虽有，既非所喜，价且较昂。现在伦敦茶叶共分九大种，如印度茶五种，内多因地而名，第一曰锡兰茶，分三色，淡而无味，一、“狄木巴”每斤一先令六本士，二、“奴瓦拉”每斤一先令十本士，三、“的扣亚”每斤二先令六本士；第二曰印度茶，分两色，味苦色黑，一、常用茶每斤一先令四本士，二、阿萨木每斤一先令七本士；第三大日凌茶，亦分两色，味甜色绛，一、特勒埃每斤一先令十本士，二、山茶每斤三先令；第四冈戛勒茶，无力而浓，每斤二先令；第五杂搀茶，分十色，一、节用每斤一先令，二、仆婢每斤一先令二本士，三、硬水每斤一先令四本士，四、次碗每斤一先令六本士，五、柴市每斤一先令八本士，六、同心每斤一先令十本士，七、午后每斤二先令，八、会合每斤二先令四本士，九、上上每斤二先令八本士，十、官茶每斤三先令。中国茶四种，第一“工夫”，分五色，一、家用每斤一先令八本士，二、上等每斤二先令，三、春头每斤亦二先令，四、待客每斤二先令四本士，五、野茶每斤三先令；第二小种改名“君国”，每斤二先令六本士；第三杂搀，分二色，一、福州君眉每斤二先令，二、乌龙每斤三先令；第四绿茶即“熙春”，又名“火药珠”，每斤二先令六本士。

二十三日戊申　稍晴。前二次记英规老人遗命，兹见西十二月八日《日电新报》内一则，载有三人之遗命，今特一一记之，以见其遗分之不同。一、御前外科军营医长、世爵马计能于上年某月日留有遗命，至本年十月二十八日病故，享年六十有七，所求代理遗命者三人为水师提督霍塘、总兵梅

---

① 语出《管子·小匡》，原文为：“且昔从事于此，以教其子弟，少而习焉，其心安焉，不见异物而迁焉。”

兰、医官韦良。以上三人各赠五十镑，并赠霍提督各种名酒一窖；赠其友世爵乐泗百镑；其女管家哈尔卫一生每年百镑，死后伊女哈玛丽接领，迨其死则止；赠其妹马多腻五百镑，并一生每年二百镑；其已嫁之姐李的雅五百镑，并其甥男韪良，甥女米腻、阿腻各二百镑，侄女安腻、埃玛、爱腻亦各二百镑；赠埃典堡城苏格兰礼拜堂中各教士之子共百镑；大学堂二千镑，专为奖赏诸生之学习地理、格物以及各国语言文字者；其余若干镑概交柏龄坦会馆收存，以备奖励格物、医道、天文、地理、病学诸生。以上所遗之数共计二万五千五百六十七镑。

二、则例生喀倭里前于西九月十五日病故，享年七十一岁，西八百九十五年四月日写有遗命，交其长子喀卓安，存款共计一十五万零二百八十八镑，统交本县多恩堂收储，月收利息。待其死后，即将款内五百镑分与伊妻伊斯贝拉以及一切珠宝首饰，并每年给领八百镑，如再醮则即停止；与其次子喀倭特、三子喀埃蛮、其女喀玛贝并其叔喀汗里、其侄与其次子、三子之子各一万二千镑；其余尽归其长子。

三、伯爵齐那故于西本年正月日，享年六十有九，前于八百九十五年二月十四日立有遗命，交其长子齐卓志。共存银行四万九千六百二十四镑，死后由内拨二万五千镑交其不袭爵之四子均分，并约其侄、副将喀赖得门，婿胡阿都、殷悌爱三人临时监理。至前经太子所赏之二银盏及所得之钻石宝星五枚、银蜡阡二十二把并他金银各器与所余之金镑，概给长子卓安。以上所叙三人之分法不同如此，闻更有共留若干，俟故后分给子女各若干，然必自故日计，三年后方照遗命而分者，种种不一，各听己便。

按：英规一人故后，如无留遗命，则妻在者分三分之一，长子三分之二，无妻者即统归长子，次者虽因贫乏而成乞丐亦不顾也。

二十四日己酉　阴而细雨阵阵。现在敖斯佛街南笛音巷之洛亚的戏园内演新戏一班，系上月中旬由美国旧金山来此者。数日前，班头卜林、园主李斯力折柬公请今晚往观，遂于西初偕沈、吴、袁、尹四君乘车至彼。园不甚大，容坐千人，台前乐工十二。戌刻开场，所演华戏一出名曰《天神与猫》，男女优伶实皆美国人，而装扮粤人之在旧金山者。乃一巨商名胡庆，伊子胡祺年五六岁，雇有看娘名花桂，其侄女阿妖年未及笄而甚都。某年十二月三十日晚，胡遇名医王士携其子王森雷于门外，王既通医道，更兼星学，于是胡求王士预卜其子胡祺次年之运。王先首肯，既而察书测算，移时乃皱眉向胡言："恐明年即有遗失之险。"胡闻之惧而恻恻欲涕，乃全家跪天默祷，并嘱花桂留心看守。次日即元旦，彼此拜贺新年。入夜，有人奏乐经过，花桂令胡祺抱猫稳坐门前勿动，因胡祺喜抱一小黑猫，永不释手也，即时花桂驰去巷外观玩。邻居为设烟廊人秦芳，芳极窘迫，见胡祺独坐门外，遂急抱去，匿于楼下地板中。意在胡富，俟其觅时，言可代寻，迨抱回必得谢赠。得此巨款，不惟饱食暖衣，更可捐官而坐轿施威也。胡失其子，惊恨欲绝，昼夜哀哭，忽忽若迷。不意越日王森雷访知胡祺所在，乃乘间抢出。急奔之际，秦芳追至，一刀刺死，复将胡祺抱回，另藏他处。王士见其子死，不知何人所害。王胡相遇，互相悲泣，潸潸泪堕。翌日，王士焚香祷告求神，纸马焚毕，猝闻隔壁地下猫叫孩哭，呕哑不休。随声寻去，暗地攀登，几乎蹶蹶者再，幸将胡祺觅得抱回，面交胡庆，而秦芳不知也。王素知秦芳不法，早经疑及，至是既知胡孩为伊所窃，则伊子亦必被其所戕。抵夕遇秦于途，乃牵衣促坐，好言绐之，故作泣态，述所遭逢，既求代觅凶手，更求为胡寻孩。秦乃慨然允诺，言次王因念子心切，随泣而咒骂凶徒，谓天道愦愦，不久自现，报应当在目前耳。秦闻而恶之，复起祸心，乃随言随由袜内暗取牛耳一柄。同时王亦拟杀秦，言间亦自袖中抽取钢刀，王先举出，搂住秦芳，喊明其故，背砍一刀毙命。又阿妖原许聘与王森雷，因森雷被害，遂哀痛至于疯癫。胡庆失子后，屡次拷打花桂，花桂悔惧无法，抱衣逃去。此戏虽系洋人装作，而一切打扮、态状、男女，无不与粤人同。此后洋戏一出，分四节，乃一贫医之呆婢，爱医生欲嫁之，而医生亦尝以此言戏许之。迨医生觅得佳偶，涓吉成礼，婢竟呜呜饮泣，抑郁而死。男女各优伶所作颇好，亦多可笑之处。亥正戏散。此戏亦有戏单出售，外加一纸，系论作演此戏之由。于此篇中所论者观之，足见中外人情之不同，其论曰：此戏为佛那公所排，凡吾人之未历中国者，由此亦可知其风土人情。夫旧金山之老城为华人所居，四面虽有白面人环住，而中间竟成华镇，人数不下二万，内多广东者，男多女少，且多由中国贩卖猪仔而至。遇事皆愿自行调处，不归洋鬼子报官，且呼本地蓝衣巡捕曰"街市佛"，因而自立公所六处曰行"礼拜"，庙宇颇多，皆曰"菩萨堂"。此等外国人以孝字为大德，爱父胜于妻，处子最重贞节，上等幼女与男子交谈为无耻，嫁娶皆归父母主之，缠足愈小愈贵。华人最忌孤身亡故在外，因信有国人在旁，魂魄便可携带回国。有人死在门外为不祥，故一人自尽于仇人之门首，即为报复雠冤，此奇怪之风俗。华人之由本国走太平洋而带入美洲者良多，一时难述，观此戏者即可知其梗概云云。

二十五日庚戌　镇日黄雾迷漫。同事袁仁圃因所带茶叶无多，此地所卖者虽不佳，而与所带者搀混烹之，可仍不多失本味。且价虽贵而份量足，与北京者相较尚不甚昂，遂同至利贞十字街茶店姑买一斤试之。其价：中国茶用纸包每斤一先令半，印度茶不惟贱半先令，且盛以红漆金花马口铁匣。其故盖欲多售印度各处者，不惟得使本国人之买卖兴隆，更欲使本国人之在印度种茶者生涯茂盛也。

二十六日辛亥　阴。平日见土人食有一种小白菜团，大如核桃，疑其为白菜初生，然不甚嫩，英名“斯朴老自”，释其义乃苗也、芽也。昨见街市出售，乃老白菜梗上所生，白菜圆形，周逾二尺如棰，其下梗长三尺，粗三四寸如棰柄，柄之四围密生小菜团，为数不下八九十，亦另种青菜也，其价每斤一本士。

二十七日壬子　阴。记：前日袁仁圃所买两种印度茶叶，连日煮尝之。原带者虽属次品，尚有清苦带香之本味，印度者味甜而涩，饮之令人欲呕。尝思天之生物迁地弗良，故花木、果品咸关乎气候之寒热与土脉之肥瘠。往往有南北不宜移种者，虽由暖地所产，仍移暖地栽种，犹必视其土之宜与不宜。总之，栽种虽生，初年尚无大异，次年稍变，至第三年则迥非本色矣。茶本中华南省种也，数年前，英人雇华人携秧至印度，教土人以栽种、掐收各法，虽云盛收，而至今味已如此，恐将来因天时、土地不宜，将变成另种树叶矣。

二十八日癸丑　阴，凉。亥初三刻冬至节。巳正，余偕沈、吴、任、尹、袁诸君乘车至西山别墅，换着花衣、补褂，随星使向北恭拜圣牌，行三跪九叩礼贺长至节[①]，同时在场者为林和叔、罗叔羹、曾叔吾、林琴荪、魏莲叔、罗伯苏及余等六人。行礼毕吃点心，乃江米面团外裹洋糖，形似元宵而无馅，义取长至团圆，盖闽俗也。

二十九日甲寅　阴，雾。伦敦著名优伶部立斯者现年四十八岁，为人慷慨好施，无论同类中人及城镇远近，罕有不闻其名而爱慕致敬者，其人现在美丹巷阿代扉戏园中演戏。昨于二十三日晚七点钟，伊自会馆回至戏园，将入门，

①长至节即冬至，因夏至以后白昼渐短，冬至达到极点，其后白昼渐长，故有此称。

忽被同班人名蒲林斯者以尖刀刺死。即时巡捕捉获凶手，收入白鸥街巡捕房，次日入监。昨日其人出殡，车辆甚多，花圈无数，通城男女往观者拥挤如蚁。据云该犯如果疯癫，自当收监不放，否必定以缢死之罪，至已判定何罪未闻。

三十日乙卯　大雾，冷。下月初二日系西十二月二十五日礼拜六，为其天主降生之期，乃西国之一大节。自本月初各铺加添货物，如绸缎布店、纸笔墨店、书铺、画铺、玩物铺、什物铺等，皆增列玻璃窗内，如射影灯、假金鱼、小车小马、火车小船、刀枪炮队、碗罐壶碟、桌椅床榻，大小千种，或瓷、或铁、或木、或铜、或纸、或布、或锡、或玻璃，笔难尽述，价由一二本士至一二十先令不等。食物铺、点心铺亦各添卖新式糖果、饽饽，以之作成牛、马、猪、羊、鸡、犬、猴、猫之类，大者盈尺，小者一二寸。更有盛以瓷盒、小壶、玻璃罐者，马口铁或纸木匣者，种种油画，光彩射目。又有白丝织成方孔小袜，内中满盛糕点、糖果，金花五彩，由外可见其内，因方孔如网也。英俗：小孩皆早睡，乃于二十四日晚待小孩睡后，置此等小袜于孩旁，次早孩醒，见而诧异之，父母乃告以昨夜天主降生蒙赐此袜云云。以上各物价皆由三四本士至八九先令，盖皆为人购买赠送戚友之子女者也。各铺另有庆贺此节及新年之花片，式与德、法者同，无须再述，亦皆于二十五日前分送，以明纪念不忘之意。

青菜铺亦添卖松枝以及红豆如天竺之“活立枝”（义乃圣也、善也），并小白豆、长叶之迷色头枝（木名）。以上三种前于各日记皆经陆续述及，无须琐记。

## 十二月

初一日丙辰　镇日大雾，冷。英规于天主生诞，各铺各工除火轮车船、铁道公车、趟子车、街市马车及送牛奶小车依然操作外，其他皆由二十五日休息三日。今日即西二十四日礼拜五，至戌刻街市各大铺关闭，余皆与礼拜六日同。且门扇敞开，罗列货物，直至夜半，男女买办，络绎不绝。凡馈送礼物、往来换送贺节花片者，皆至今日止，因各信局亦皆息工三日也。

初二日丁巳　早大雾，午后天气稍清。本使馆修理将毕，奉星使谕：诸同事皆于本月十一日移回。申初，房东夫妇约余与沈、吴、袁、尹四君暨小儿荣骅午酌，乃烧火鸡一只，宾主仆婢一十三人，未能食尽，其大可知矣。外有自蒸圣节糕，洋名“普勒木卜丁”，义乃李子糕也，以酒烧热，割分每人一块，食之甚佳。亥初，邻居罗柏滋夫妇请过节，男女客共二十余。先彼此鼓琴歌曲，至子正互行贺节礼，有握手者、有接吻者、有道天主圣诞平安者。既而登楼夜餐，食有火鸡、牛舌，皆冷荤也，拌生菜、腌黄瓜、节糕、醉饼英名“提普奚开克”，酒有红酒、白酒、舍利、勒木等，果则葡萄、香蕉、苹果、金橘，营备臻至，伏谒甚恭。食毕下楼吸烟，少坐谢归，时已丑正。出门大雾，咫尺不辨，幸经罗君派人伴送。尝谓人情风俗五洲不同，乃进而察之，其用意竟多暗合者，吾华椒盘柏酒、饯腊迎年，所以庆室家之好而联戚友之欢者，事虽不同，其意则一，吾观于此而知礼俗之不外情理也。

初三日戊午　阴。伦敦各铺出售米谷豆面，有按升斗者，有按斤两者，其他油煤等类亦然。其买者或亲身前往，或写信吩咐，迨送来时即行收入，罕有较量尺寸、份量者。总之，通国出售各物之用尺寸、份量者，不惟彼此推诚相信，且各皆不敢暗行亏短，抑或自造尺称升平，其故在一切斗斛权衡皆由官造，随时有人暗行访察也。

初四日己未　阴，入夜风雨，凉。闻昨在法国近敦吉城之蕾桑塔村设墟市，有耍耗子人名拉伊者，于一琵琶桶内置耗子大小百余，其人跃入桶中，掩盖后即闻内作喁喁声、嘎嘎声，观者无不悬念，恐被耗子噬烂其身。无何，桶盖启而拉伊现，虽有耗子往来于其胸背之间，而毫没所伤。乃诪张为幻而谓随时调声念咒，俾耗子口闭不噬。此等惑人之术在中国固不为奇，而在泰西既为人所不信，亦为余之六次出洋所未见过者。

初五日庚申　早晴，午后阴雨，入夜大风，暖。伦敦一城所分各方及县各有一大礼拜堂居首，即如本使馆一带属贤马力责是也，各中一人管定租税等项，一人总理，外有小官六员，分理堂中各事。以上各人皆由本方公派，料理本方住户之事。

又各处工作虽云今日开工，然其因昨日酒醉未醒，或因度日稍有盈余者，皆依然休息不出。

初六日辛酉　镇日风雨阵阵，暖，入夜暴风骤雨，凉。向在京中每遇我国贫民之向洋人讨钱者，余颇耻之。今到此，不意除扫途乞丐外，又有以线带、木梳、铅笔、火柴等类为名而向人乞钱者，有手不执物而悄声哀恳者，更有追随求赐所吸将尽未尽之烟卷者。

初七日壬戌　镇日阴晴风雨不定。本使馆自七月初间议及修理以来至今几至半年，其修费之多寡，询诸星使及醒尘、叔羹两参赞，有言统归房东者，有言各半者，有言房东八成而本使馆二成者，究不得知其详。惟闻一切归叔夔总理，通楼上下如何修理，各工头概听叔夔指使。至修成后，各人改住房间，星使虽云向叔夔、小荷商议，而仍归叔夔主使，因各间之所在、大小如何，星使皆不知也。因移回之日在迩，遂即往一观。见前后楼梯、墙壁、阑杆油饰朴素，尚属鲜洁，楼下六间，头间外客厅，二间大饭厅，皆未改修，第三间加添木柜两顶，为马清臣办事处，第四五六间添设澡盆，油饰中厕棚门，归叔夔夫妇住。头层楼六间，头间作洋客厅，二门为华客厅，三间为星使签押房，四间归林武弁住，第五六间为星使藏书处。第二层六间，内一间作女客厅，四间为星使住房，一间归女仆住带茶房。以上三层门窗油饰粉白，棚抹白灰，墙糊五彩金花厚纸，华美壮观。第三层八间，中惟林琴荪一大间截作两间，添住罗伯苏，吴、任二君同住一大间归曾叔吾，魏莲叔一宽间归罗小荷。第四层七间，唐竹溪旧居一间归吴少序，王、于二君前住一间归两供事，袁仁圃一间归魏莲叔。以上两层门窗刷洗，屋外墙壁亦然，各屋内棚刷白色，墙糊印花，或红或黄或蓝色粗薄纸。各间门外贴有红签，言某参赞、某随员、某供事，以示星使派定也。正看间，会叔夔随星使登楼，至各间门外一观，告以某间属某人，星使皆曰唯唯。余见各间不有贴任谦斋者，询之，始知谦斋自请带其少君丹崖外住，以便学习英文云。

初八日癸亥　阴晴不定。早起熬粥，送诸同事各一瓯。今日为西历一千八百九十七年十二月三十一日，午后到使馆，自雇洋人刷洗玻璃、洒扫地板，铺陈安置一切，共用两点钟之工，索费八先令。

初九日甲子　阴，暖。今日为西历一千八百九十八年正月初一日礼拜六，各铺开张与平日同，仅于觌面时各道新禧而已，别无礼节。然在英本国规矩不同，苏格兰一岛乃天主生诞不为节，铺皆开张，工不休息。至新年则铺关工息，为一大节，与我国同。

初十日乙丑　阴，微雾。林和叔前因不服水土禀辞回国，因星使不能法文，乃约俟同往义、比递呈国书后再行启程。兹因去彼尚无定期，且有他故，遂仍请批准，定于明日偕其夫人坐德公司回沪。昨日来此辞行，今日余往送别。连日阴雨，街道泥泞。据土人云：每年此时自当大雪缤纷，未有如此阴而不甚冷者。

十一日丙寅　早起黑雾迷漫，尺寸不见人。原拟辰正乘车赴倭特路火车栈送林和叔启程，届时车厂来信，谓雾重难行，遂未往，继闻火车亦因雾厚展至巳正一刻始开。午后晴，未初同沈、吴、袁、尹四君率小儿荣骅移回使馆。惟楼上第三四层之陈设诸多错乱，内有任意换去桌椅、抽屉者，扯去油布者。总之，初来时先到者挑选一次，至是修房于平日留心者又暗行更换一次，此亦中国人之与蛮貊之邦不同处也。

# 卷　五

光绪二十三年十二月十二日丁卯　镇日阴云黪黮而欲雨。英国地狭人稠，所产绵羊不足食用，乃多贩自属地克伦比亚与新西兰。

按：克伦比亚在赤道北五十度，北美洲正西，距伦敦四千五百余洋里；新西兰在赤道南四十度，澳洲之东南，距伦敦一万三千余洋里。计程轮舟当驶半个月或五六十日，何以羊肉载运到此依然挺直，毫不腐败臭恶？盖宰后剖膛洗净，缠以白布，置在一屋，以机器作冷气冻之（此器当与前在德京所见者同）。载有专船，舱内亦以火机作冷气，逮到伦敦海口，仍有冷房以存储之。各铺趸买，亦仅市其一日所能销售者，多则恐冷化而肉腐也。苟无此法，乌得历此远程？此法之由来，当亦不外乎格致耳。

十三日戊辰　阴雨。闻前于初八日星使行文德馆，咨调许竹筼星使如夫人之弟朱听涛（贵申）来英学习，以四等翻译候补。其人年不及二旬，秀外而慧中，现因许星使卸任回华，故拟来此学习云。

十四日己巳　微晴。前因李汝才致罗叔羹之信义不甚晰，余因致书沪友，究其实义。昨接来信云："汝才致叔羹之信系指邮政局寄本国各海口信件而言，假如福建人家信由星使包封寄至上海，应由文报局另交信局，不能再入星使包封，以省寄费，而与外洋信札往来无干"云云。乃罗叔羹及魏莲叔皆毅然谓今后包封不管带家信，如欲令带，当亦纳之，倘或遗失，不与包封相干。以上一节，不知星使知否，得便当请示之。

十五日庚午　稍晴，暖，路仍泥泞。各国国家皆以卫生为要政，伦敦所分各方立有专司，内设正副监督、书手、巡察使等九人，统名"萨呢他里音斯佩克多尔"，义乃葆卫身体人也。每日按时在本方各巷暗行考察人家铺户之楼房有无应修者、门外石阶净否、以白土刷否、洒扫否、灯火得当否、天气地道通否、污秽否、气味正否、人居之宜否。凡有不宜不当者，令修改之，违者受罚，无论上中下户，罕有不遵者。

十六日辛未　阴。馆中自罗叔羹创议楼上第三四层各屋禁烧煤火，改用蒸气，一劳永逸，以便节省经费。其法系以铁管粗三四寸者自楼下厨旁上达各间屋内，乃沿墙下距墙与楼板各二寸许横一铁管。各屋不同，有四面皆有者，有两三面者，有仅一面者，更有沿墙叠起数层作“弓”形者。每晨烧火煮气，巳正始暖，午正极热，至申初则气息而管凉矣，不能昼夜皆暖，亦不能屋留余暖。是其人之畏寒者须早晚着皮衣，午正着薄棉袄。一日之内，一室之中，而气候不齐。人之身体不同，有喜暖者，有不畏寒者。而此管每日欲其不暖不得，欲其多暖亦不得，限定六点钟之时，凉热听之，岂若煤火可以使其力之大小、时之短长一如人意耶？且所烧之煤名曰“扣克”，系造煤气烧后之渣滓，其色不黑而体轻，每吨价仅十二三先令，较炉中应烧二十六七先令一吨之煤所省者多矣。

十七日壬申　阴。英政府因恐市廛出售之饮食等物，或材料不真，或气味变异，有损于人，于是通城各方专派人暗行考查，凡物之搀杂者受罚。人有病容，询明其故，则勒令疗治调养，尤注意于工匠、贫民焉。《王制》曰：“五谷不时，果实未熟，不粥于市。木不中伐，禽兽鱼鳖不中杀，不粥于市。”[①]卫生之政由来尚矣。中土户口蕃庶，而卫生之道不甚讲求，往往瘟疫流行，夭札相继，有临民之责者曷审诸？

十八日癸酉　阴。记：英都悬迷色头于门楣之俗自十二月二十五日始，悬十二日，其男女相遇搂而接吻，仅二十四、五、六三日，以后限内。门虽悬有是物，凡上中两等人，多有厌其俗者，更有虽在正日，亦只向亲近之儿女啜吻者。

十九日甲戌　阴。英俗于新年后无论自有子女与否，多有约戚友之子女前往集作小茶会，备有糕点、鲜果、茶酒、加非之类。今日为西正月十二日，不闷街房东夫妇约于申正往观。见共来幼童稚女廿余，乃一人鼓琴，众孩或歌或舞，并不喧哗，颇有意趣。少选，另种玩艺名曰“真讷拉剖斯特”，华言报信也。乃先一男孩出立门外敲门，一人立于门内问何事？男孩则立意喜悦某女孩，即对曰有信，请传知某小姐。其人再问应付若干脚力？男孩答曰若干。其人即请该女孩出，男孩遂搂女孩，按所应付脚力之数与之亲吻。亲毕男孩入，女孩在外照式敲门送信请男孩，倡予和汝，倦而后已。看毕，点心少许谢归。

---

①语出《礼记・王制》，原文为：“五谷不时，果实未熟，不粥于市。木不中伐，不粥于市。禽兽鱼鳖不中杀，不粥于市。”

二十日乙亥　阴，雾。前记英俗凡有子女之家，皆自天主生诞之期在屋中立一松枝，大小不等，上悬玩物、糖果之类，至正月中旬前后自择一日，约戚友之子女前往分取耍物。旧邻居罗柏滋夫妇请于今晚戌正率小儿荣骅往观，见除本家三男二女外约亦廿余人。先乃鼓琴、歌舞，后则男女携手环立，当中先跪一女孩，四围者向之随舞随歌，其词曰："觅男郎，选男郎，选得拽入立中央，一啜乖，再啜乖，三啜乖，啜毕仍回圈里来。"当时即择其所喜之男孩，拽出与之三啜乖，而后入圈。继而男孩又跪选女孩，更唱迭和，倦而后已。至子初将松枝移入饭厅，客分远近，主人陆续以帕蒙孩眼，领至树前，令自行由上摸取一物，然欲其摸得何物，立意仍在主人。主人座旁另有一筐，置物之或重或大枝上不易悬挂者。领孩近树，主人乃自筐中另取一物，举其手使之持去。人少物多，竟有蒙取两三次者。看毕，饮舍利一杯，食果脯少许辞回。

二十一日丙子　早黑雾迷漫，咫尺不见人，屋内燃灯，午后稍霁。申刻，星使携眷自西山移回馆中。改燃电灯早经修妥，因星使今日移来，此灯遂自今日始。各屋共若干盏，起其关键，大现光明。按星使或叔羹之意，以改用此灯，取其清朗便当，不用火燃，不有黑烟，屋自洁净。然在此灯下写字、观书不惯者，反觉稍费目力耳。是灯各间皆一盏，惟罗叔羹屋内外五盏，并可上下挪移，尤觉光亮异常。

二十二日丁丑　早雾如昨，午后稍好。前者同事沈藕生面请星使设惜字纸炉，星使喜诺，今闻星使商诸叔羹。据云外国用新报拭秽，我国又何如此之爱惜？且此炉无处可设，即使置诸楼外小院中，一旦不戒于火，楼房有伤，恐此赔偿不菲，因而停止。

二十三日戊寅　早稍清爽，天虽不阴而日无光，天际乌轮仅现红晕，午后大雾，楼房遥望模糊莫辨矣。罗梦祖，星使之胞弟也，到此充当随员，每月俸薪九成，因无所司事，遂出居外舍，以求安逸自如。昨日忽其房东来电，谓伊患重病，洋医谓恐不能过二十四点钟。星使即偕叔羹往探，知其病系血经受毒，右腿臃肿，粗周二尺，不痛不痒。屋虽宽敞，而病气熏人，虽未必不能过二十四点钟，若竭力疗治，当延时日云。

二十四日己卯　阴，雾。闽俗今日祭灶，亥初，星使送各同事卤面一碗。询之，并无取义，惟在福州各家今晚咸以蛏干煮粉条为食，因在此无蛏干无粉条，故以小鱼面条代之。闻当星使嘱令庖丁作面时，庖丁声称此来系为作饭，不管作面，乃竟置之不理。星使无法，遂使男仆在楼上茶房煮之。不意第一锅煮成浆糊，次锅仍因面多水少，乃用凉水冲洗一番，再煮方熟。食之，其臭焦其味腥，似当有闽省家乡味也。

二十五日庚辰　阴，雾。今日罗小荷往探梦祖，知其病稍愈，饮食渐进。为之设想，在此虽有兄侄，而位居钦使、参赞、支应，公务匆忙，间去探询，亦不能久与共处。虽有妻子，而相隔重洋，不侍奉左右。稍晓英语，饮食有所欲而难言，昼夜独卧，零丁凄惨。是亦远涉重洋、旅居卧病者之苦境也。按其治法，每日除服药外，又用滚水蒸棉布裹腿，以使消肿。此布半点钟一换，幸有女房东按时服侍，虽云该妇慈善，究不如己之妻子，言语既通，而侍奉周致也。

二十六日辛巳　镇日阴雾不定，午刻微见日光。记：前在德国，各人俸薪不分几成，镑价亦不如是之贵，已觉费用维难。至此俸薪既多少不同，镑价亦贵至七八两，尤为窘迫。其九成十成者手中宽裕，自然舒畅，如罗叔羹俸薪九成，又兼此次承修使馆，所住三间，自然踵事增华，焕然一新；罗小荷俸薪亦九成，其住屋虽不如叔羹者之华美，而电灯高悬，上下如意，桌椅加增，坐卧舒泰；曾叔吾十成，于是地铺漆布，添制皮椅；陈幼庸每月不惟十成，且兼在德监修船只，公俸六十两，又外加十两，故其屋中、门外皆铺花毡，电灯线长，不惟可上可下，更可悬诸门外，挂近床边，华美周备，一如洋式；其他各七成者只得照旧安置刷洗、洒扫，求其洁净而已。

二十七日壬午　天虽阴而稍觉清爽。记：伦敦通城各方因恐居民有不明律例章程者，于是公派一人允当律师，名曰“索里希妥尔”，义乃暗律师也，遇有案件则律师指示之。律师无公署，而本方各户罕有不知其住址者。入夜雨。

二十八日癸未　阴而道途泥泞。昨见《伦敦新报》内一则，言前晚某街一妇出售钻石戒指一枚，物料真实，本值十数镑，乃仅索一镑半。一人见其便宜，遂还以一镑，该妇允售，即令以纸包妥，钱物两交。不意其人至家拆视，竟非原物，金石皆假。由此观之，亦足为贪便宜者戒云。此固中国贫民之故态，而竟流传于数万里外，亦奇矣。

二十九日甲申　阴，雾。酉刻星使约众公宴，菜酒颇好，乃白菜闷鱼翅、洋醋炖海参、炸溜鸡丁、白煮鸡肉、菠菜熬粉肠，压桌红肉一碗，无饭、面、点心，末乃各人米粥一瓯，因厨工精、火工足，故其味浓而甘。

## 光绪二十四年岁次戊戌正月

初一日乙酉　大晴。巳正偕诸同事随星使向北恭拜圣牌，行三跪九叩礼。礼毕互相团拜，旋吃点心，每人元宵五枚，颇佳。今日为元旦令节，理应挂旗。至午正尚未悬挂，星使既不知，同事亦不问。余令洋仆禀知罗叔羹，乃现觅龙旗，至申刻始见扯起。

初二日丙戌　早白雾迷漫，咫尺不见人，午后雾息稍晴。记：初到此有二女仆，姊妹也，大者十八九岁，名阿里斯，小者十五六岁，名巴得，其母曾经伺候华人，现仍为华人浣洗衣裳。二女工价极贱，初归陈幼庸、林琴荪、曾叔吾诸君分使，伺候、洒扫兼授语言，后乃并归罗小荷一人。于是逐日早来晚去，往往入夜一二点钟方走，小荷闭门习话，彼此工勤，令人羡慕。至上月外国新年，小荷因其勤劳各赠小金表一枚。上月底，星使禁用女仆，二女因工期未满，至二十九日犹在小荷屋中恋恋焉。入夜细雨淋零。

初三日丁亥　阴。记：本使馆历来司阍者二人，皆洁净殷勤，去岁四月到此，虽有门丁二人，乃皆鄙陋，似非久任此职者，因而屡次更换。至腊月初则仅一老仆同一打杂小童，腊月底老仆辞去，故值新年无人守门，内外乱置杂物，湫隘嚣尘，如破府如民房，令人观之毫无兴旺气象。使馆体制攸关，乃竟以转舍视之，窃所不取。

初四日戊子　阴。戌初，同沈、吴、袁、尹四君率荣骅乘车西北行八九里至芬池里路入韦凌屯堂听曲，英国副将司平士所请也。堂式长方，长逾五丈，高三丈，宽亦如之，油饰彩画鲜明华洁。正面一台，中设大琴，左右环列鲜花各数盆，台下先横长方桌四，每上列假花一盆，净水一瓶，曲单六页，此后倚背长凳四，再则木椅行行，容人数百。当晚男女满堂，入门者二先令，余等列入首座，其开堂售票者，皆第三营之马队武官，为首者即司协戎。坐后亲来致候，请各饮加非一杯。歌曲三十六节，或男或女，内多清客，其曲既玲珑宛转，乐亦裂石惊波。子正回寓。

初五日己丑　阴。闻上年西九十月间，伦敦碧玉鸟之来自德国及本国新育者为数不下四万，乃不即时分铺出售，而有专人先行按法教养，如鼓风琴使其效音而鸣，作假雀飞舞，令其回翔学习，洗浴得法。其颜色有不纯者，并以黄色染涂之，届时教成，唱声和调，颜色壮观。而得列入超等者，竟价至五六镑，其他平常者仅一二先令。

初六日庚寅　阴。前日陈幼庸接电，知其尊人庸仲君于初二日仙逝，又因其太夫人与其夫人现皆患病，乃即日具呈销差回籍守制，抑或赏假四个月，俟将家务安置妥当，再行来英。星使概未批准，乃云回籍守制，原属孝思，第有经手未完事件，碍难准行，自当照章留差，据实具奏云云。

初七日辛卯　阴。记：英国古礼有至今奉行者，如前于西历一千三百三十年（元文帝至顺元年）当英王埃达倭第三之世于每晚十点三刻十分关锁伦敦台时，乃先经着红衣黑绒帽之夜巡首领手捧钥匙，步至守兵房前，兵佯不知而问曰："谁?"伊乃高声答曰："要护送钥匙者。"守兵遂喊曰："护兵出。"于是高帽护卫四名，内二名举枪，一名提一古式牛角灯笼，一名协同关锁内外各门。五人经过各处，凡立有守兵者皆向钥匙举枪为礼，以昭恭敬。锁毕，回时亦然。逮至守兵房外，各守兵复问曰："何人之钥匙?"其人答曰："我国王者。"各兵闻之，亦皆举枪致敬。继而捧钥匙之夜巡高声唱曰："上帝保佑国王埃达倭第三（现改曰君主维克都里亚）。"后众守兵亦齐声和之，朝朝如此，类乎演戏登场。夫六百年之故典今尚凛遵不废，吾人之好语更新者盍深长思之。

初八日壬辰　阴，冷，大风扬尘。五洲万国大小教门颇多，兹将人所习闻各教之人数大略记之，如天主、耶稣及东教共四万七千七百零八万零一百五十四人，儒教共二万五千六百万人，火教英名"辛度伊色木"共一万九千万人，回教共一万七千六百八十三万四千三百七十二人，释教共一万四千七百九十万人，道教共四千三百万人，割教英名"什音投伊色木"共一千四百万人，犹太教共七百一十八万六千人，多神教（亦在亚洲）英名"剖里太伊色木"共一万一千七百六十六万一千六百六十九人。

初九日癸巳　镇日风雨。前住不闷街第十三号，初租时言各间灯烛、厨灶、煤火皆由房东预备，先言每礼拜租价三镑半，余还以三镑，伊谓望每礼拜给三镑三先令，每日多备些煤可也。余因仅住一两月，遂未与之互立合同，不意竟住逾五个月。追移出后忽来信，言袁、尹两君所住屋中地毡（虽名曰毡，乃麻线所织，既薄且旧）踏破沾污，须赔三镑，房须刷洗，工价十五先令，煤火共用四镑，前后应付七镑十五先令，至前所碰碎之碗不能赔。余乃再三定日向之辩驳，伊谓碎碗为华厨之错，不应放在该处。余谓华人自以厨中应放器皿，不知何处应放，又何处不应放也，且放在错处，房主自当使令挪移，如谓其不谙英语，何不告我？后遂商定彼此不赔，惟偿煤火及洗扫工价共四镑十五先令。次日忽又来信，谓所定之数其妻不允，余答以来信之义不解，须来面叙。少刻其妻至，余言初次租房及此次之镑数，皆经与其夫商定，其妻狡展辩论，余不答遂去。继而夫妻同至，余乃畅言大义，以理评之。其夫言所定之数我已允之，不再多言，其妻无法，强而后允，余遂给纸，登明一切，令其夫妇画押，付清钱数乃去。

初十日甲午　晴，暖。记：英之圜法前在《航海述奇》中业经述及，兹更详其所略者，如小铜钱名“法丁”者四为一大铜钱名“本士”，六本士为一小银钱名“赛本士”，二赛本士为一中银钱名“先令”，二先令为一茀洛林，二先令半为一“伍克劳安”，五先令为一大银钱名“克劳安”，十先令为一小金钱名“哈伍色伍仑”，二小金钱为一大金钱名“镑”又名“色伍仑”，二十一先令亦为一金钱名曰“吉呢”（此钱现不铸，用时则以一镑一先令代之）。

十一日乙未　阴，入夜风。记：英国之权衡虽由官定，通国一律，然各行用法、轻重仍有不同，亦如我国之粮煤、草木、棉花、茶叶等称各有差，如其粗称名“阿外都拜斯卫”系一斤十六两，乃十六得拉木（钱）为一敖安斯（两），十六敖安斯为一磅（斤），十四磅为一斯投恩，二十八磅为一夸特尔，四夸特尔（百十二磅）为一很得徕卫，二十很得徕卫二千二百四十磅为一吨，其细称名“阿坡台喀里斯卫”用称金银珠宝之类，份量稍轻，如二十四格蕾恩为一佩呢卫，二十佩呢卫为一敖安斯，十二敖安斯为一磅；至其药行之份量，乃二十格蕾恩为一色克布，三色克布为一得拉木（义乃滴也），八得拉木为一敖安斯，仍十二敖安斯为一磅。

十二日丙申　晴，风，凉。记：英国称草之份量与称米谷者不同，如长干草三十六磅为一捆，老干草五十四磅为一捆，鲜草五十磅为一捆，十六捆为一里得。

十三日丁酉　微雨。戌初，同沈、吴、尹三君携荣骅乘车赴阿兰布拉戏园观剧。此园重加修理，改理喜得坊之旧门为入次等座客门，柴苓十字路之新门为入上等座客门。余等入其新门，见装潢华美，电灯辉煌，各座绒垫靠背亦极洁净壮观。开场后先演杂耍十节，其中最可观者，一为一男一女各着藕色靠身绒衣骑脚踏车，一人独骑则或旁骑或倒骑，或蹲或立，或一脚踏而手不扶，或双手扶而脚上翘，或反骑或仅骑一轮；两人并骑女则或伏男背，或骑男颈，或偏立男跨，或反搂男腰，种种新式，行动如飞，既不跌倒，亦不坠落，轻捷之至。

二系一人领十猫横伏一排于一长桌上，毛则或短或长，色分黑、白与黄。

先以架支扁方木墩，一尺见方高约五寸者四，彼此相距各四尺余，猫乃一一往来跳过，快慢形式不同。此后立十二酒瓶于木板之上，各瓶相距一尺，猫则先各由瓶上走过，或快或慢，亦不一律。继而越瓶，有二瓶并越者，有隔瓶而越者，更有在瓶下左右往来穿绕者。又一长板左临猫桌，右支以棍，上立一木轮，横竖各尺余，宽约三寸，猫有缓步至轮下即回者，有至半途而回者，惟一猫急趋窜至轮上，猫随驰而轮随转，其势如小鼠踏轮，惟此乃猫在轮外耳。另一长板上立“幵”形方木门八，猫皆一一往来其上，有缓步者，有急趋者，有跳越者，有走门上者，穿门中者，过门下者，不入门而由左右绕过者，种种不一，亦颇有趣。再则人立当中，猫由其脚下往来，前后穿绕，步履整齐如兵。此后一犬拽一小车出，内坐一猫，猫下车跳棍穿圈，或后腿翘起走以前腿，或前身立起而走以后腿，如人行如马戏，作毕登车，犬即拽回。继而犬车另载一长毛白色小犬至，人即取出，使其直立，或在掌上，或在指头，遥望疑非真犬，乃作毕掷诸台上，犬即登车驰去。末乃猫踏软绳，绳长一丈，粗如胡核，先一猫跳上，步至左首。转回至中途遇另一猫前进，路窄且在半空，两不能让，乃各出声悄伏以待。待时许久，忽先来者跃过他猫，始得步回绳头，跳至桌面，因此猫跃过，他猫亦即步至左首。迨转回时，中途亦遇一猫，仍彼此不让，乃互相嗷嘈作口角状，作声良久，后来者无法，乃缓步退回。此猫随退，他猫前行，至绳头则齐行窜下，各归其所伏处，趣甚。按：此乃绳作前台桌为后台，三猫绳上所作，诚演成之一出也。

三乃一人与一假男一假女携手同行，二假人头能左右回顾，腿能缓急迈步，能吸烟，能扇扇，能说笑，能歌唱。又一老鹳飞落凳上，能歌且能说，究不知以何法作成，而男女声音不同，雀声惟妙惟肖。其他七节无非作乐、男女歌曲以及打秋千、攀杠子、耍木棰、翻筋斗等艺，皆前在他国看过者，无须琐述。至此少息，乃偕诸君转登前楼，各饮加非一盅。

下楼则大戏开，系一巨商装如印度人名鲁西者，携仆阿立游山路迷，误入野兽王之行宫，然宫中寂寞无人，风飔日冷。正踌躕间，突见他舍有火，于是围炉笑语，相庆得避风寒，无何身暖，复觉腹馁思食。言未毕，遽见嘉肴旨酒罗列满前，玉碗金瓯，备极丰美，主仆诧异，莫知其所自来，四顾无人，而盘餐樽酒香气触鼻。主既坐而仆亦欲坐，仆将坐而椅不见，椅既不见而桌面随之亦空。主正怪仆欲坐之非，倏又来山神一队，像貌凶恶，装饰新奇。鲁见虽惧而无法，勉强问其何来。一神答曰：“无他，欲知尔所欲耳。”鲁曰：“我等所欲者点心而已。”神曰：“在此。”转瞬之间列满桌面，珍馐满而山神去。继而四小神现，共抬一大饼放诸桌心。阿立取刀割之，乃自饼中突出一小神，即时群神毕至，互相戏弄鲁与阿立。居无何，神鬼、酒食、桌椅一概羽化，空空如前，鲁乃率仆信步入园，冀有所得以充饥。时值隆冬，冷气袭人，乃见园中鲜花一丛，趋视之玫瑰也。正惊讶间，花仙群降，数共百余，咸着翠裙花箍，纤腰瘦项，翩然妙丽，分队跳舞，有短裙随跳左右提起作大蝴蝶者，其色不同，黑纹亮镜，粉红淡青；有白纱短裙佩以玫瑰，花色亦不一，中惟一胸插红玫瑰者，貌既娇丽，舞亦轻捷。鲁以现值冬季，花不易得，因思摘一朵与伊女阿美。然花之香艳，朵朵可爱，忽见红者色尤竞秀，乃急自花仙胸前摘下，才入手，他花皆不见，惟野兽王在前，遍体黄毛，其状如猿，顶生两耳，则又如狼，后一小兽精双手捧一弯刀。兽王云：“我遇尔以酒食，尔仍窃我上等第一朵鲜花，罪自当死，限尔一刻之时以备之。”鲁闻之惧，面如死灰，乃诉其故而哀之。兽王言：“既云有女，如能前来代尔领罪亦可。”鲁无法，姑颔之，率仆回家。会其三女阿美率仆作黍以待鲁，鲁入门，其长女、次女即索玩物，鲁乃给玫瑰花与阿美，因而泣曰：“此花重比我命，尔其宝之。”众闻不解，细问始知其由。于是其长女、次女同斥阿美之非，不宜向父索要鲜花。阿美言：“此诚我错，我当代父死。”言次嘤嘤啜泣，鲁闻亦潸潸以涕，再三劝慰不听，乃使阿立偕之去。至彼四望无人，忽拾一纸，书云：“此即阿美栖身之地”。错愕良久，不知何所由来。既闻鞈鞻靴声，则兽王至。阿美见其像貌狰狞，惊惧欲绝，默然良久，乃勉强致笑。王恋其美，问曰：“汝来是本意否？”对曰：“然。”曰：“既有诚心，自当宽恕。”阿美因念其貌虽恶而其心仁，必不致我于死地。正思间，阿立领众花仙入，各捧鲜花、糖果等，复又分班跳舞一场。花仙去，阿美眠，梦其父忧闷染病，相见哽咽不能成语。醒后兽王至，问：“适才所见花仙群舞喜悦否？现仍憎其陋恶否？”阿美答曰：“不意尊王如是之慈爱。”兽王喜曰：“既不惧，当嫁我。”阿美闻之失色，目瞪舌挢而无以对。少选，呜呜泣诉所梦，谓与伊父但得一见，自当速回。兽王曰：“汝若去而不返，我当思念至死。”阿美为其苦言所迫，乃言：“以王情谊厚，本不欲离，惟思父心切，汹若沸鼎，不得不归耳。”兽王曰：“既然，亦属孝衷，限汝八日，晚来恐不得见矣。”言毕，即交阿美戒指一枚，曰：“明日即见汝父，但思来时，以掌磨此戒指则即到。”鲁商在家痛其三女之去，朝夕思念，寝食俱废，其长女、次女皆佯作悲状，而实喜其妹之不归。不意一日阿美率仆突入，父女见之，对相酸辛，余则各皆欢喜啜吻，纷集顾问。阿立代述一切，其二姐不信，阿美言其属实，并称赞所见宫室之闳阔、衣饰之丽都，确思得之。言次忽当地突出一箱，各皆惊讶。其二姐嘱阿美往开，阿美从之。中所盛者，皆新衣、珠宝、指环、臂钏，华美异常。二长女潜至箱边，思窃其物，不意伸手取时，内皆红白萝卜。其父曰："是物诚为给阿美者，汝二人奚敢取耶?"数日后鲁商愈，阿美欲去，鲁商不允，阿美再三解说其情，鲁终许之。翼日遂发，掌磨戒指，不时即到。入宫不见兽王，各处寻觅，始见其病卧在地。兽王见阿美至，乃曰："我以汝终不来矣，今既来，则我虽死无怨矣。"阿美曰："切莫死，当彼此同生以乐余年。"言次鲁商至，阿美言将嫁此兽王，鲁商不愿，阿美不言而向兽王鞠躬。兽王急起搂阿美而接吻，搂抱之际兽王辄成一丰颐广额之美少年。既而天仙率众花仙入，谓阿美曰："伊本一兽，因尔恩爱之诚，故使改成人形耳。"于是率众携手入宫，盛陈嘉礼，除众花仙跳舞外，有护卫兵卒举刀执戟，极属闹热。[①]一切景致，山水花木、天云日月，无不毕肖，且与前在他处所见者大同小异，无须再述，惟其楼房多似亚洲者。大戏演毕，另有五女登台歌唱，连歌三曲，三换衣装，曲既清妙，衣亦鲜洁。看毕回寓，时已子正。

十四日戊戌　早雨雪交加，颇凉，午后雨止仍阴。前两日因星使夫人寿辰，具有公启云："正月二十二日为钦宪太太寿辰，凡我同人悉隶宇下，理宜备礼申祝，特此布达，单到希即题知是幸。"公启除陈幼庸尚在百日孝内未列名外，自参随至武弁共二十五人，各书"谨知"，中惟罗梦祖书"另送"二字。今早复由罗小荷传信，言其现有一件，他件赶买不及，请仍列入公中为感云云。

记：所具寿仪为寿幛一端、寿烛双辉、珠边金表成对、英兰寿酒十二瓶。

十五日己亥　稍晴。记：本使馆之电灯随灯既有开闭之关键，而楼中又分股，各有关键，各股总关键归武弁林文彧管理。前楼梯之两盏无事不开，后楼梯及楼下者，虽开而不满开，且每夜十一点钟即息。其他各间除星使与罗叔羹者外，无论有无公事皆限至十二点钟，其不欲睡者须自继烛，日日皆

① 《美女与野兽》。"美女与野兽"是西方著名的童话故事，自1756年法国女作家鲍芒（Jeanne—Marie Le Princede Beaumont）将其写定为今天家喻户晓的散文故事以来，该童话在西方世界被编写成各种戏剧样式，长演长新（最近著名一例为美国迪斯尼公司1991年出品的《美女与野兽》动画片）。张德彝所见的演出，是1898年伦敦阿尔罕布拉剧院上演的《美女与野兽》芭蕾舞剧。

然。而今日为我国元宵佳节，众以为必不至十二点即息。至晚除星使、叔䕫、小荷、伯苏各在本屋，或夫妻子女，或与别人庆赏元宵，其他诸同事有环坐畅叙佳话者，有把酒谈诗者。正欢畅间倏尔灯息，于是大煞风景，暗觅火柴，寻取蜡烛，有上楼者，有下楼者，有进屋即卧者，有笑声咥咥者，有登楼梯以舒啸者，有挥笔书所欲言者，是亦闹热中之不闹热，不闹热中之闹热时也。噫嘻！

十六日庚子　早细雨，未初雨止仍阴。记：英国旧例有永不变革者，如自六百年前当英王埃达倭第一之世，于每年钱局铸毕金银钱后，经金银行中为首之人，由各钱堆中信手拾取十枚，盛一匣中。此匣有二钥匙，皆归金银行人掌管。至年底约定日期，户部官员、金行首领齐至钱局，众目共睹，开匣考验金银成色、份量。如果名实相符，则联衔奏闻，不然则须钱局解明不符之故。前后收匣、开匣以及试验，皆与钱局无涉，亦不得有局人混入，迄今犹遵守定章云。

十七日辛丑　微晴，大风飕飗，甚冷。见伦敦一种碧玉名曰“包那木”，产于英属地新锡兰土人毛狸一种，视为吉祥石，以之塑佛像、作矛刺以及首饰之类。英人贩来，用作烟卷匣、裁纸刀、镯钏、戒指、项圈、耳环等物，以为时式，馈送戚友、嫁娶之上等贺仪云。

十八日壬寅　早晴，午后雨，申初雨止。戌初一刻乘地道火车行四十余里至哈娄村，改坐马车登山，行数里入庆斯陔店赴武官余尔威所请哈娄山舍之晚酌。入者每人三先令半，酒烟在外。同座百四十人，首座即余君，尾座为卜老安。店房木建，宽敞长方，正面一台，上设一琴，对面壁悬中国龙旗及英之国旗各一，以表中、英和睦之义。菜尚可食，乃西红柿汤、白煮鳖鱼及牛羊鸡肉、火腿等。食毕奏乐，或歌曲或演说，极一时之盛。至子初因末次火车，凡来自伦敦者四十余人，遂皆辞归。

十九日癸卯　阴。记：英之尺寸虽有分别，亦由官定。其量各物者乃一十二赖因（分）为一因赤（寸），十二因赤为一夫特（尺），三夫特为一码（英名“牙尔”），两码为一伐色木，五码半为一普欧勒，十普欧勒为一茀路旺，八茀路旺或一千七百六十码为一迈拉里；至量布匹者，虽与量他物之长短同，然不论尺，乃二因赤零四分之一为一内拉，四内拉为一夸特尔，四夸特尔为一码。

二十日甲辰　阴。闻迩在克来墩村之白马路附近每晚人之聚集看鬼者颇多，据云有人曾实见之，乃一日晚间遇一鬼往来园内，踽踽独行，因尾之。察其貌，系二年前已故本房之原主，偶咳作声，鬼急殄灭。由此观之，是其人死后犹恋其财产也。

按：西人不言鬼而乃见鬼，且又何以知其为鬼，殊不可解。

二十一日乙巳　阴。记：洋人作工以坚固为尚，本使馆之电灯去冬工竣，自上月二十一日至今日仅一个月，竟有数间届时电光不现，必有损坏之处。夫外洋物件货真价实，何独华人制办者不能持久？虽云货有上下等，即或所用者下等，亦不至仅用三十日遂有损伤，或因监工者至今工价尚未付讫之故欤？不得而知也。酉初偕众同事着花衣、补褂至寿堂预祝，一切礼节与上年同。入夜微雨。

二十二日丙午　阴。巳正复偕诸同事入寿堂叩祝如昨，午正入大厅吃寿面。酉正晚酌，此次分三大圆桌，酒食较前稍丰，菜尚适口，惟仍无粥、饭、面及馒首耳。

二十三日丁未　阴。记：英之堆积份量如米谷之类，乃十二敖安斯（见前）为一派因；二派因为一夸尔；四夸尔为一戛伦；八戛伦为一布什，系二千二百十八方寸，等于八十斤净水；三布什为一萨克，等于二百四十斤净水；十二萨克为一查勒顿，七万七千四百平方寸，等于二千八百八十斤净水。

二十四日戊申　镇日阴晴不定。记：英之升斗既以之量米谷，又以之量干鲜果品如榛子、胡桃、落花生、苹果、樱桃、地椹等，而更以之量牛奶、苦酒之类。至其份量乃四吉勒（英二两）为一派因，等于一斤四两净水；两派因为一夸尔；四夸尔为一戛伦，等于十斤净水。

又二戛伦为一佩克；四佩克为一布什，等于八十斤净水；八布什为一夸特尔，等于六百四十斤净水；而三十六布什又为一查勒顿（见前）。各种货物不同，因而斤两之名目、用法亦异，然至大之数仍归一律也。

二十五日己酉　微晴。同事任谦斋昼夜咳嗽，胸左疼痛，前数日求林琴荪诊视，谓系感冒，虽立方而无药，盖此次并未携带药料，馆中虽有数种，亦十数年前经各星使所遗留，药性已去。余乃赠渠甘露茶两包、干姜数片，两次饮之无效。今日往探，并送冬菜一包，以佐饘粥。见其面目憔悴，两眼无神，据云咳嗽吐痰色有黑紫，且口味腥臭，诚恐肺叶有损耳。

二十六日庚戌　晴，风，凉。见加非馆中新售一种面包鸡子，名曰“瓻尺得埃各”，华言半熟烹蛋也，乃面包一片，上托熟鸡子半枚，外洒盐末少许，不知如何作法，价系三本士。又有两片面包中夹煮熟咸肉或牛舌一片，名曰

“婆台得哈木安滕三堆之”，华言面包夹熟咸肉或牛舌也，价亦二三本士不等，佐以午茶，亦颇有味焉。入夜阴风怒号，甚冷。

二十七日辛亥　阴，凉。昨午任谦斋因病来署请星使准其暂行移回，以便调养。罗梦祖虽住在外，其于使馆仍留一屋，内虽仅存箱笼，亦不敢请，乃请居楼下前经宋、谢两学生所住之屋。星使恐其所报病势不实，今早巳正特延英医辛印为之诊验是否重症。该医诊毕无言，谓已到门脉之时，遂携谦斋赴其家，以便裸衣用筒管听验病势如何，容再报闻。入夜细雨。

二十八日壬子　阴雨，冷。记：英国卖纸亦分刀、篓，然篓不曰“篓”而曰“捆”，洋名“里木”；张纸曰“什伊他”；乃二十四张为一刀，曰“快尔”；二十刀为一常捆；二十一刀或五百一十六张为一印板捆。

二十九日癸丑　晴。福州亦有熬粥之俗，乃不在十二月初八日而在今日，名曰“拗九”。二字取义不解，惟闻俗传目连僧梦其母在阴司饥苦受罪，故于是日熬粥奉其母，外加芝麻，以免他鬼夺食，因而是日闽省各家熬粥，多有女□瓯以奉母者，亦孝思也。今早星使送各同人一碗，粥□白米加莲子、花生，调以洋糖，较都门之腊八粥迥异。

三十日甲寅　晨骤雨带雹一阵，午后雨止稍晴，继而复阴。前日□初，余同沈、吴、尹三君率荣骅步至坡兰路之地道火车栈，又名“京都火车栈”。买来回票毕，下梯至道旁，少待车至，因车开甚急，沈、尹二君未得抢入。车向西北绕行□十余里至阿的森路，地属西堪兴坦方。下车后，管车人言五分钟后另有一趟车至，在坡兰路已向栈房人留言，俟二趟车至再请二位登车。余等遂在彼立待，少刻车至，并无华人。又经该处栈房人云一点钟后当再有车到，如有华人，必即领入马戏园。余等转过天桥，步入敖伦庇雅马戏园，又名“巴尔那与贝立”，乃二班主之名也。园之地式长方，极宽敞，较他马戏园大加两倍，三面有门，正门在哈墨斯米士路，左门在阿的森路，右门在卜立斯路。初入门虽在楼内，乃仍在园外。三面走路一圈，电灯辉煌，左右节节排设货摊如水晶宫，出售各种什物，如首饰、钟表、衣裳、手帕、玩物、纸笔之类。三面并设加非、酒馆六七，一切桌椅亦颇华美洁净，守摊及各馆堂倌皆二八妙龄也。卖座票者四处，座价由二、三、四先令至七先令半不等。再入内，正面平设三门，为作戏卖艺等人上下场处。再前为一大池，内又分三圆池二方场。再前三面作椭圆形，前面临池小敞箱（凡戏园中小屋间间皆曰箱，详见前）二十七，每中容坐六人；正面中间先分上下圈一十二级，各坐人三百；此上又大敞箱六，每中容坐七八人；再上御座三间，以备君主、宗亲驾临。此外皆步步登高二十六级，横排木椅有光面者，有带垫者，在乎价之贵贱也。统计园中容坐六千六百六十八人，其大可知矣。所演各戏大小不同，大者如赛马、赛车等，皆走大圆池，小者如马戏等，走小圆池。各种卖艺者皆在二方场内，每演必五处同演，观者颇费目力，大有接应不暇之势，有时三处相似者，亦有五处不同者，共演五六十出。除大小马戏外，又有杂耍，无非打秋千、踏软绳等，皆前在他处看过者，毋庸琐述。子正回寓，知沈、尹二君既未得抢入，遂即步回。

## 二月

初一日乙卯　稍晴，冷。昨见沿街三女各着蓝、红、绿三色布氅，胸前、背后各缝白布一方，胸前者书云“某街某铺新制何等饽饽”，背后者书云“君主御用”，义乃曾备上用也。盖英规凡人新创一物，必先呈君主，君主喜而奖之，其人即于门外招牌及门票等件咸书“伺候君主”四字以为荣。

初二日丙辰　早阴雾，午后晴。记：前在德国库平纹银一两领四马克八十芬呢，重合六钱七分二厘，虽通馆所领皆九成，犹时有匮乏之虑。今则库平一两乃仅领二先令半，英之先令与德之马克份量相埒，是一两库平只得三钱五分，凡闽人之领九成十成者莫论，其他之领七成者其苦不待言矣。

初三日丁巳　早晴，午后阴冷，申正细雨一阵。上年七月初间，瑞鼎臣将去时谓在德国留有杂件一箱，到□□请星使为之寄往北京，星使许诺。初九日该件到来，同时星使另寄木箱两只，内系馈之张星宪及顾、瑞两参赞各天球一座、地图一部、百美图一部。以上三木箱抛置至今，前日瑞鼎臣来函问及，余遂往见星使，据云拟俟定造之铁甲告成时带回。余谓：“铁甲何时工竣？”星使曰：“年内。”余谓：“鼎臣来信催问，且以所买之物必系到京即用者。”星使闻之皱眉曰：“可另有便处寄否？”余曰：“若托金登干转寄交赫乐彬，亦为省费之法。”星使笑曰：“诺。”并云即请往访金某，告明其事。

初四日戊午　晴，冷。午后罗梦祖移回，知其腿疾尚未封口，乃改住前罗醒尘所住一间。其本住一间将箱笼、桌椅移出，依然锁闭。未初，乘车至老君主巷第二十六号访金登干。

初五日己未　白昼晴，入夜风雨交加。按：中国庖丁循谱造肴馔，其法不下三十种，如煎、煮、烹、炸、熏、炒、烧、烤、熬、煲、蒸、炮、煻、炖、焙、烩、馏、闷、溜、炝、燔、烙、烘、煨、冲、拌、炙、爊种种，五味调和，品色不一，无非为其馨香甘旨而适口果腹也。英国则不然，凡肉及菜皆不外乎烧、烤、煮、烙，苟有汁料五味，如牛奶、肉汤、椒末、盐、醋等，皆于分盘后多少任意加之，虽非淡而无味，然亦肥而不饛也。

初六日庚申　大晴。今早金登干遣人来写箱面，问余何箱属何人，余不知也。问诸罗叔羹，乃言："我不晓得，不关乎我的事。"幸前当装箱时，洋仆在旁，微知一二。余并以毛笔登明各姓，以便总署分送。

初七日辛酉　镇日阴雨，入夜雨止风起。前日医生辛印来信，具有考病凭单一纸，言谦斋病系痨症，宜多吃牛奶、鸡子，洗浴调养。伦敦天气不宜，当于数礼拜内移去暖地，或早东归为是云云。星使招谦斋至，告知一切，并准其移回，惟其少君仍须外住，谦斋谓余言其少君必同来，方得早晚服侍，属余代恳星使。余乃向星使言："其子一人在外，苟惹是非，亦与使馆无宜，莫若准其子亦移入，有谦斋约束之，不准上楼可也。"星使亦曰："唯。"昨日其住房期满，即当移入，前来请示可否。当时星使公出，迨回时传谕谓已向梦祖、叔羹商议，其父子皆不得移回，如其住房不留病人，可即迁居前梦祖所住之房，该女房东亦颇慈善，并亲笔将其住址开交谦斋，令渠往租赁。

初八日壬戌　晴。记：西人吃面包多抹奶油，取其香味，似与蒙古人同，茶园出售，竟作新式，以取壮观。其式不一，有刀割小方块者，团作圆球者，模作戳花圆饼者，卷片成螺蛳形者。闻昨在伦敦城北有送殡多人，回至某处加非馆中吃茶点，馆中竟将奶油作棺式以献，斯亦西人好奇之一端也。

初九日癸亥　镇日阴晴风雨不定，极冷。早间贝克佛行将三木箱以车载去。午后往探任谦斋，见其面色稍好，眼渐有神。问其何不迁移，据云本房主非不留病人，实因每月除留支外所得无几，两人度日所费颇巨，所以欲移回者，盖可省此房租也。且梦祖住房之租价较此房加倍，苟移住他房，则无力糊口矣。言之貌若甚戚者，余愧不能从而援手，为之怃然。

初十日甲子　镇日阴晴风雨如昨。英规：人家蓄犬不论大小、种类，皆须项套皮圈，嘴罩笼头，皮圈上嵌铜片一横，錾以主人之名姓、住址，笼头制以铜丝，防其伤人嚼物，且不准独出，每出必与主人相随。街市遇有犬之无项圈或笼头者，巡捕当即捉去，以防伤人害物，收存五日，有人往认，自当偿其所费；其戴有项圈、嘴套而无人携带者，巡捕捉得，可由信局寄交本主，而本主亦须偿其所费；其犬过五日如无人往认，则好者存留待售，有病者害死。因此，前于西历一千八百六十年（即咸丰十年）经同人乐善举以报官，奏明君主，在伦敦东北角巴特溪囿旁创立一局，专为收养无主之狗，名曰“多格侯木”，译言狗家也。内中倡首挂号助善者为君主、太子埃达倭、堪卜立址公，其他数十人，妇女居多。至本年局中总理为坡兰公，副总理八人，亦皆世爵，外有司事及支应人等，或男或女，无非助善之人。闻该局上年进款为本局募化、外人捐助、卖犬所得、外人罚款、寄存猫费（凡人外出，其猫亦可寄养于此）、卖骨灰钱等，共计四千九百三十五镑一十六先令五本士二法丁；其出款为用人工费、饲犬各物、面包牛奶、牛肉干草、冷水药材，工人饮食、煤气税务、报单印费、寄信电费、纸笔墨费、衣服皮靴、巡捕工钱以及修理房间等费，共用四千七百余镑。凡按年捐助者君主十镑，其他男女捐助多者四五镑，少者五先令，一年共得五百四十九镑八先令二本士，外有随意资助者由一先令至一二十镑不等。局门除年节日不开，乃每年由十月初一日至次年三月三十一日皆由巳正开，至申正闭，余皆展至酉正始关，随时任人入内，或为寻觅，或为挑买。

按：局规凡客之不投真名片及入内无所欲为者皆不纳，客人在内往来工人指引不得讨赏。觅狗者须言明前于何月日在某处遗失，狗系何色何名，不确者不给。凡犬入门皆细查，苟有疯癫及他传染等症者，皆勉强防收五日，然其病或重或受重伤者，仍须即刻焚烧，以免贻害他犬。凡买狗者须誓以慈善之心，毫无虐视之意，因该局出售原为豢养，故凡人之讲性学、病学、毒学以及施医院中人、贩卖犬人并面貌不善之人皆不卖给。又凡欲寄存或求代蓄或为养病者，皆不收。此该局大略章程也。

余于今日午后偕沈、吴、袁、尹四君率荣骅由维克都里亚火车栈乘火车绕行半点钟，下车出栈门东行两箭地路北一大栅阑门即“狗家”也。入门见英人投刺，其人登簿，给凭帖一纸，请交管第一巷者，其人领看各处。地基不大，分四小巷，巷巷贯通，每巷左右分二十八槅，每槅截以栅阑，内铺干草，前洒干面包并水一盆。各槅犬皆分类，有一槅内仅猎犬一二条者，有小犬十数条者，中惟大狗雄猛者二三，而小犬之如京中哈叭狗者则无一焉，此时通局共犬大小六百余只。另一间存熟牛肉，一人在内以刀切片，按时分饲各犬。又一小院有水池，按时按槅放入，驱使欢跑洗浴。其烧狗房一大间，先一砖砌长方小房，高六尺，长一丈，宽约五尺。前后有门，可上可下，内一长方铁笼，上下分两层，容犬一百。房左置药气管，暗通房内，其法旧系用绳勒死，或以药闭其气，现改用鸦片烟精气薰之使睡而后烧之。铁笼下有铁辙，用时将犬放入，推笼入房，闭门后拨开关键，药气自入。少刻犬睡，复将笼拽出，移傍火炉，抽出各犬，推入炉中。烧毕撮骨于他处，是犬之被焚不啻在梦中也。闻其骨灰系按斤售与农家粪田云。看毕，管局者送出，仍坐火车由原路回使馆。入夜狂风，彻曙大晴。

十一日乙丑　早晴，天气清爽，酉初阴雨，继而大雪崩腾，极冷。记：昨在养犬处见有男女多人在彼按槅细看挑取，迨看毕至车栈待车时，遇男女二人买得一笨犬，身长二尺，高约一尺，腿细长，耳直立，脸既长而嘴亦长，颜色黑白，脸分阴阳，黑白各半，此等骨骼、皮毛殊不可人。问其价，曰十先令六本士，且由此携入伦敦，车价亦与人同。

十二日丙寅　早雪，未初晴，仍冷。酉初，同沈、吴、袁、尹四君率荣骅乘车赴阿奎良一游，其中景物与二十年前无大区别，杂耍演十二场，亦多前在他处看过者。中惟三场尚属新奇，一系在台正中立一洋画，金木架，高约八九尺，宽七尺余，四围金木，边框各宽九寸。画变四十次，乃前挂台幔，每次拽起则架中山水花木、楼台殿宇、男女老幼、犬马飞禽。人身与真人无异，衣装今古式样不同，其神气态度似非鬼斧神工不能如许奇妙，实则人皆真人装扮，或立、或坐、或蹲、或卧。数刻之顷，神不移体不动而目更不转，是又真人作假人之能事也，亦赖电光远射，使观者不易辨耳。一系台中立一白布方罩，高七八尺，四面宽各五尺，罩中立一白油木墩，高二尺余，四面各宽约四尺，有一男一女一孩，皆披白布氅，光头赤脚，周身涂以白粉。三人入罩，少刻布罩掀去，则三人或立或卧或蹲或坐作汉白玉雕成之石像。亦数刻之顷，目不转而体不动，使人观之与真无异。如此变作二十余次，每次皆摹仿故事，盖非任意造作者。一系台前一长方水池，长四丈，宽二丈，水深数尺。一人身前后围布，涂以石油，燃着后由楼顶坠越水中，逮泅至池边上时，油火息而不伤，亦奇技也。

十三日丁卯　镇日阴晴不定。中国食品脍不厌细，先刀匕而后烹调，且切法不一，或块或段，或丝或片，或末或丁，皆取其易熟、易烂、易得佳味而易于咀嚼也。英厨迥异，乃鸡、鸭、鱼、鸽皆全身入锅，牛、羊虽不然而亦大块，皆待作熟而后按盘割分之，菜蔬亦然，肉则大块大片。菜在伦敦无多，且西国无熬炒法，故不切丝，咸以牛奶水煮，白菜成块，菠菜作泥，萝卜、扁豆切条，于列食时随牛羊肉块摆成一盘，是亦华英食品不同处也。

十四日戊辰　稍晴，冷。近日街市各单马坐车皆在马项下系一小铜铃，随行玎玲，互警往来车辆、行人，以防转弯，或于烟雾中两车误撞，抑或伤人，想必奉官谕也。入夜微雪。

十五日己巳　早晴，午后阴，申初雪一阵。西国妇女之服饰不时更变其式，原以自求适体，悦人眼目，然有改之殊不壮观者。先是衣之两肩故意重迭两堆，高大如礬栗，使人服之作耸肩状，已属难看。又见入冬以来妇女之项围鸡翎或他皮毛一条，长约五六尺者少，乃改服一高领，高逾半尺，形类扇面，立于颈后，遥望颇似北京肩挑卖沙锅者之高领，既属不暖，亦不华美，究不知于意云何？

十六日庚午　阴晴不定，冷风飕飗，砭人肌骨。午后步至利贞街取小照，突遇一人，年约二旬，近前摘帽鞠躬言："不知尊寓有用人处否？如欲用人，情愿效力。因现在妙手空空，饥寒不能度日，深望恩施。"余答以寓中现无用人处，因随取一先令与之，其人鞠躬深谢而去。查其人面无菜色，衣不褴褛而所以如此哀求者，谋生不易也。伦敦人浮于事，游惰者固难糊口，而无专长者亦不易谋事耳。

十七日辛未　阴。斯特兰街魏凌屯巷内莱色木戏园之东主兼班头伊武英帖请星使与余今晚观剧，戌初随星使乘车前往。入内登楼，入坐台左官箱中。园不大，容人数百，式与他园同。共演两出，皆八十年前倭特路庄之小事。两出一短一长，其短者先演，系该庄一老兵名卜斯得者，当年八十有六，膝下子媳已故，惟赖其孙女诺喇服侍。一日一兵往拜，坐谈吸烟间老兵倏尔哭泣，诺喇即跪旁请问其故。老兵曰："吾之烟具碎矣。"盖西国有种烟具造以不灰木，细杆大锅，故易折毁。来兵见之，即将其自带之木节所造者赠之。老兵易泣为笑曰："此烟具真至宝也，真结实也。"既而叙及向年英、比之交兵，时值诺喇于桌旁作针黹，老兵立桌后以拐杖、烟具、烟包、手帕等铺陈当年两国之营阵，随说随摆，随将诺喇之针线等物概行乱置营阵之中，趣甚。再看来兵之枪坐于椅上把玩，或作举执法，或作施放法，不意误按关键，后膛立起。老兵惊讶曰："此枪被折毁矣。"来兵笑曰："此乃新式后膛枪，药弹装自后膛也。"老兵诧异曰："由此装药，枪不倒发耶？"来兵去后，老兵移他椅，忽而闭目伸腿，发谵语作临阵交兵状，呼号数声，无疾而终。扮此老兵者班头伊武英也，老人之态种种作出，观之令人击节称赏。

此后演其长者乃倭特路一茅店主人名马斯亚者，于十五年前某月日，大雪缤纷，厚逾四尺，适有波兰犹太教人某甲自乘雪床投宿。其雪床俄式，于两檐头马项之上横有弯木，上系铜铃，行动丁东有声。其人极富，携有皮袋，满盛金钱。马斯亚见而祸心生，入夜刺死，焚其尸，纵其马而毁其车，乡人罕有知者。然当时人皆知因大雪波兰人过此，故以后每遇大雪，咸称曰“波兰人之大雪天”。马斯亚由是骤富，经同乡公举伊为该城邑长。某冬该处大雪，有二老人一名韩四一名吴洛特者并一少年名柯里坚，同于马店中闲坐。二老言及大雪，乃谓：“此即波兰人之大雪天也。”少年闻之不解，二老即将前事详述，并言究不知其人何往？抑或遭害？少年曰：“十五年之久，其事不犯亦奇矣。”正叙谈间，马自外归，满身皆雪，其妻喀氏率女赛藕色即与之脱靴换鞋、扫烤衣服、备办酒食，老幼欢悦。马乃张筵留二老饮，畅谈之际，二老忽谓：“今日大雪乃波兰人之大雪天也。”马闻而不答，乃默默若有所思，继而心神恍惚，饮食于邑不下，二老疑其有疾，怏怏辞去。自是马则不时喃喃作如梦语，且耳边频闻马铃玎珰，询诸妻女，皆曰不闻。其妻不晓底细，为之延医，医亦不知其病由，惟曰：“受寒，急当发汗。”马曰：“尔焉知我心？”立即逐去。如是忽病忽愈，疯狂数月。一日嫁其女与柯里坚为妻，先自柜中取出金钱一皮袋，皆法国拿波仑也，即前波兰人之遗物也。倒于桌上，内有散者，有纸裹成爆竹形者，统计千余，合法银钱二万余方。自以年逾四旬，膝下无儿，仅此一女，金钱倘散他人，恐生祸端，莫若尽给柯里坚，似当无虑。届期列筵告戚党，并请乡官及他男女老幼数十人，马向乡官言明欲给柯里坚金钱一千零若干作为奁妆，众人闻之，咸讶其多。于是该官写就嫁娶给钱之凭书，令马夫妇及其女与婿画押。迨马举笔时，耳闻马铃之声，因而头晕手颤，勉强写成。当斯时也，众皆欢喜歌舞，马则不言不笑，目瞪足软，忽坐忽立，痴呆无神。至晚欲独卧他所，将门锁闭，乃恍惚将寐，忽梦犯案被捉，系于黑暗中三官上坐，左右立执枪护兵四、书吏一。马立当堂，再审不招，中坐者谓书吏曰：“汝能使其昏迷否？”书吏曰：“能。”于是立其背后，两手于其头上往来指画数次。马即垂头似睡，官遂问伊以何年月日何时何处以及何故谋害其人，曾用何法，尸匿何处，马皆一一招承，并立起比作一切。说毕仍坐原处如睡，书吏复立其背后，双手于其头上往来指画多次，马即醒，书吏示以钞录所供，马无法，再辩不得，其罪始定。其家男女戚友欢乐终宵，次早往唤马醒，其门坚扃，久叩不开。经柯里坚踢落闯入，见马痴卧如死，继而直目下床，既不更衣，蹀躞狂奔，口作谵语，不知所言者何。少选裸卧椅上，其妻女跪于左右哭泣，无何举头视之，马已逝矣。[①]通场楼舍景致无须琐述，惟装扮马斯亚者仍系班头伊武英，其所扮之相貌既非善良，行动亦殊可恶，足令观者为之切齿。

按：其人忽作龙钟之老翁，忽扮贪残之凶徒，其登台装演之技，亦可谓精能矣。亥正二刻戏散，步入见伊武英，少叙谢归。

十八日壬申　稍晴。英规：凡人生得子女，皆须于四十二日内报官注册，有忘报者罚四十先令。至例应报官之人，第一为婴儿之父母，亲身口报画押，其次则或收洗婆或奶娘以及房主或当产在旁之人，如本家戚友等皆可，虽代报者亦须画押为凭云。

十九日癸酉　晴。闻昨在马厩巷第十八号房中私设赌场，被巡捕察拿，内有输赢账目一百八十二篇，其为首者名伍尔斯，经官判定，或罚二百九十五镑，或坐监十一个月，其罚锾之轻重亦可知矣。

二十日甲戌　阴晴不定，凉。西人蓄犬以戚友及各国君王、后妃之名名其犬，斯已奇矣。妇女梳发其式屡更，乃犬之修饰亦屡变，其毛长者顶上梳髻，饰以花绦至其唇。边须之长而浓者时而与之编辫，时而以彩绳结作梅花，现竟有以胶水于左右拈成二锥名曰“御制须式”（法皇拿波仑第三首创此式，故有是称），不更奇耶？

二十一日乙亥　早大雾，午后阴晴不定，入夜风。英例：凡人生得子女或有保养之婴孩，皆须于生下三个月后抱往种痘。其不种者被官察出或经旁人告发，罚锾皆二十先令。

二十二日丙子　早雨，未初晴暖，入夜仍阴。伦敦所分之各方或县虽大小不一，而一方内之巷坊街巷，皆不仅有数十处也，即如马力贲一方共有六百余处，官中虽有粪土车，不能同日撮取，因而按地排定一礼拜内六天某日撮取某处，故各铺店人家届期皆须早行凑堆一处，以便其人以筐撮倒车中也。车式系长方木槽，与柏林者同，无须再述。

二十三日丁丑　大晴，暖，亥初骤雨一阵，雨后风凉。西国虽以富强著，然其都会村庄、街衢闾巷亦不能一律，不无陋巷也。至所谓陋者，楼仍二三层，道仍平坦，第屋小不洁，一楼分僦多家，童稚门前坐卧，囚首垢面，衣履不整，窗帘不净，阶浮尘土，路遗秽物而已。究无破屋圮垣，泥坑粪堆，腥臭

① 《马铃之声》。“伊武英”，即“Henry Irving”，现通译为“亨利·欧文”，是英国十九世纪最著名也最有影响力的演员。1871年11月25日，伦敦兰心剧院公演了利奥彼德·刘易斯根据一个法国戏《波兰犹太人》改编的悲剧《马铃之声》（Bells）。

不堪，令人裹足不前也。

二十四日戊寅　镇日阴晴不定，暖。英例：一人病故须报官注册，至其应报之人，第一为故人亲近之人临死在前者，抑或至尾守病者，第二为故人之戚友，第三为房主或邻居，第四为理丧安葬之人。报官皆须于五日内，乃口述一切，同时并将医生之药方、脉案以及医生所言其人身故之由，一并交官备查，口报各节，并须画押作据云。

二十五日己卯　阴晴不定如昨，凉意浸人。西俗虽不奉神而每遵古制，以某神某圣之诞辰为节，迄今英国三岛仍各奉一圣为主神，如英兰奉贤卓志，苏格兰奉贤安得路，爱尔兰奉贤帕特立克。今日为西三月十七日礼拜四，为爱尔兰贤帕特立克之诞辰。凡爱尔兰人皆在胸前襟边插一青棵，似蒿非草，叶作三出梅花形，大如豆，茎细如豆苗，长盈寸，名曰“沙木洛”，盖此棵为该岛春季第一发芽者。间亦运至伦敦出售，本士一棵，毫无香味。或谓买后遇有叶四出者主大吉云。

二十六日庚辰　晴，暖。前志外国衣铺凡男女新式之服皆用藤架支起，架之高宽与真人同，故衣套其上，立之亦与真人无异，惟少头、脚与手耳。近见伦敦各衣庄藤架改式，衣服其上不惟上置蜡人头，且袖添两手而下添皮履立于窗内，望之与蜡人馆中者了无异相矣。其卖假发者亦两肩着衣，上置蜡人头，发皆按时式梳成，貌或仪采轩昂，或姿容艳绝，必期貌发相称。头下一木墩，通有关键，上弦则镇日其头四顾，以便往来观者得睹其发之前后左右也。

二十七日辛巳　阴晴不定，暖，酉初雨。夫公使之必带名医药料也，前数次日记中言之屡矣，且携带药料不仅为治不服水土、感冒、风寒等症也。本使馆之裁缝于半月前患骑马痈，近日改成海底漏，不能坐立，镇日仰卧。馆中既无医官，亦少药料，乃自行买药疗治，或自入院内求医，皆无效。屡求星使致书施医院，并求赏医费，皆未允。

二十八日壬午　阴晴不定如昨。王香圃于本月初间因用工思虑心火感患目疾，两次来信言教习代延英医疗治，业经数次，未见稍愈。今日申初，余乘马车行二十余里至克拉伐木路第三百三十八号洛安学堂中访之，见其教习吴达夫妇。香圃以布遮左目，谓医生每日前来，给以药丸、药水，令服洗各三次，谓其眼珠有病，一时难愈。谈至酉正辞回。

二十九日癸未　晴。记：伦敦鲜果自去冬至今所有者为苹果、葡萄、蕉子、石榴、梨、橘、波罗密等，中惟苹果、丹橘价最廉。青菜为白菜、菠菜、萝卜、扁豆、葱蒜等，外有野菜多种。或我华所不食，或中土所不产者，一为大黄梗，洋名“卢巴尔卜”，乃红梗黄叶，其味酸苦；一为苦土萝卜，洋名“霍尔斯蕾的什”，长尺余，有根有叶，皮色如山药，粗亦如之，去皮食肉，其味辛辣；一为羊蹄菜，洋名“蓑蕾勒”，高不及尺，叶如菠菜而团，其味酸；一为蒲公英，洋名“丹代连”，其叶与花与都门一带者同，惟稍肥壮耳；一种形如北方白菜，大比萸米，极肥嫩而甘，洋名“池阔里”；一种根如山药，叶上生如春笋，白叶红稍，尖头有碎芽如花，叶厚如白菜，其味尚甜，洋名“斯伊开勒”；一种如京城之生菜，棵小，梗叶丛生，叶细长如玉簪，其味稍苦，洋名“麻尔什”；一种细长白叶如盖韭，肥嫩而味亦稍苦，洋名“巴尔卜”。现在黄瓜新出，每条一先令，龙须菜一捆十余根亦一先令，豌豆每磅一先令，料皆暖窖中物也。

## 三月

初一日甲申　早大雾，午后雾散稍晴。闻土耳其定例向来出使人员俸薪不准留支，因恐在外费用不足，俭不中礼，有伤国体也。既因汇价日涨，始准留支二成。现乃奉其公使明谕，勒令各人留支，虽留数过半亦准。总之，不论旅况如何，容或箪食瓢饮，衣服褴褛，当质乞窃，概置不问。留数逾多，公使逾喜，其故因经费不足也。夫土国大国也，公使重寄也，至令利尽锱铢，不顾大局，殊堪齿冷也。

初二日乙酉　阴雨阵阵，冷。数日前，伦敦柏扉楼助善会人马蕾格等折柬请余偕四五同人于今晚往贤专苏路之罗尔滋店中听乐、看杂耍。戌初约沈、吴、尹三君带荣骅乘车同往，至彼多人迎入上座。厅房不大，来者男女二三百，正面设台，共演三十余场。其男女歌舞、假人说话，皆属平平。中惟一变戏法人名李喜乃者，先以三红绸方巾结作一缕，既而团成圆球盛于玻璃杯中。少顷取出，不惟三巾解结，且变成红、蓝、黄三色者。又以二亮铁圈各周二尺余者，迭置一处，中夹蓝纸一页，时时随作随行举起示众。作毕又举而前后示众，无非蓝纸环以亮铁一圈耳。此后平置桌面，取一细竹竿长二尺余者，以之敲破蓝纸，由内挑出五分宽之白纸一条，随抽随挥，蟠绕成堆，长逾百丈。挥毕，其人挽袖，双手团条纸于一处。正团弄间，忽由中取出一兔置桌上。兔左右闻嗅而不跑，其人移去纸条，乃左手攥兔耳，右手摩挲其身。转瞬间两手分开，变成两兔，一白一黄，不知何所由来，诚奇技也。又一人名柯立尔者以刀割纸切布，其法颇奇。刀长似剑，锋刃犀利，乃将大篇纸布搭于刀刃，举而一麾，则飞落两片，两片齐搭一麾则成四页，四页继成八页。又请一人掌托番薯一枚，其人举刀劈之，薯成两半而手不伤。再置一番薯于脑后项上，举刀劈之亦然，咸赖其人之手力，否则险矣。后另请二人立台上，相距七八尺，各横举一刀，其刃向上，每上套一纸圈，圈周一尺，纸宽一寸，二圈之上横一木棍，粗拱把，其人立后以刀斫棍，棍折落而纸不伤。再将纸圈并刀取过，举而一麾则切开矣。拾起再搭刃上一麾，则飞成三节矣，其手力大而准如此。当看时各赠加非一盅。

又堂正面插有中国龙旗与英国国旗，搭成十字，示睦谊也。末场众人立起齐歌《天佑君主》，既而会首柏公立陈，深谢余等赐光，余立起立答，谢其优待之美意。子正回寓，一路凉风飒飒，天尚清朗。

初三日丙戌　早雨，午初晴，既而大雪，雪后复晴，申初又雨带小雹如米粒，入夜雨止仍阴。裁缝医病一事闻前于二十九日往求小荷，仍无使去之意，裁缝忧闷欲死。前早余见星使，备陈其病，星使言早已允其前往。何至今尚未去耶？其病之重，不知何名？由何所得？且此事归小荷管。余谓无论如何使其前往疗治，如不愈请即送其回闽，以免遗骸在外，尚望促之。闻今午方使去，女仆因患他症一并送往云。

初四日丁亥　大雪缤纷，烈风飂戾，冷。西国向不讲天象谶纬、风鉴吉凶之术，乃近有英人杂得祺者著一种历书，按年一本，颇讲星学。按月按日不惟预知本国之天时，更知天下之地利，如西三月（中二月初九至三月初十日）谓火星过日东之水星，离土木二星相映之光主葡萄牙因国债将与邻国有事，又主英人多自戕受害者，官场将又争论教养之法。其他如某日阴晴风雨，或雪或雹，或凉或暖，其言颇验。英廷不信亦不禁，而其书一年亦得出售千万本云。

初五日戊子　阴雨，风，冷。伦敦刷扫烟筒亦有专行，工价由一先令半至三先令半。烟筒灰有多寡，如厨灶与客厅有长烧与不长烧也，按时各处送其门票。兹见门首送来一页白纸，长三寸，宽二寸，印云：帕拉带斯巷第五号杜艾乐扫烟囱局已开设五十二年，历来人工齐备，处处小心，刷扫决不偷工，有欲雇用者祈示知，按次、按年皆可，平日请将此帖粘诸厨壁，以便随时提醒，而免不虞云云。

初六日己丑　细雨阵阵，冷。西国妇女之衣式频改，而堆发之样亦时更。曩皆梳光，或编辫，或拧绳，脑后盘绕成饼，光润整洁，尚属壮观。今则不然，短者故令蓬松，长者叠作高髻，乍看疑初睡起，殊觉难看。不意国人驻此者其发亦随而变，本应剃光梳洗，乃竟有不剃，留长二寸，左右偏分梳开如“非”字形，乍看疑其读礼，其实则不然，自轻自贱，殊令人代怀惭愧耳。

初七日庚寅　阴，稍暖。连日阴冷，屋中虽有气筒，奈窗壁寒气逼人，久坐手木腿酸，入夜抽筋。细查各间气筒之多寡不同，沈、王、吴、杨、袁、尹诸君与余有两面者，有仅一面者，且皆一层，其他诸君者不惟三面四面，且铁筒三四五层不等，故各间凉暖亦不一律。且改用气筒，虽仅楼上两层，屋亦大小不下二十间，所烧之煤渣其色灰暗而体轻，一日仅烧一袋，每袋盛净煤二百斤，此只八十斤，大局出售每袋仅八本士。由此观之，一日所费合银不足三钱，节省经费之心亦良苦矣。

初八日辛卯　稍晴，暖。数日前随星使所看之戏乃五十年前事，一切装饰、礼仪亦皆曩日之规模。祖病而孙女跪旁泣问，近乎孝矣。男由外归，妻女左右跪而进履，华人之妻女罕有如是之卑者也。今西规则不然，孙视祖如邻居，而夫侍妻乃几乎奉若严君矣。仅隔四五十年，一变乃至如是，再过四五十年，其夫妇之礼将伊于胡底耶？

初九日壬辰　晴暖如昨。记：英国妇女之衣式频改，不意其形体亦数十年一变，即如曩者英妇女竞尚轻盈袅娜，柳腰垂肩，书画歌舞，有文姬辨琴、道韫咏絮之致焉。乃自君主维克都里亚即位后，改尚雄壮魁伟，豪略平肩，骑射荡舟，有吴宫教战、木兰从军之风焉。究不知其肩之或垂或平，治以何法？闻迩来复有厌武喜文，变回垂肩一说，未详确否。

初十日癸巳　晴，凉。英例：因天主遇难复苏之节各学塾皆放学，日期多寡不同，有仅一二日者，有至半个月者。昨闻杂艺学堂总管米晒致信诸生之父兄，言历因天主复苏之节放学若干日，以便孩童游息，换吸天气。本年本馆拟领诸生之愿出者赴近南海之海菱岛，地与幼童相宜，房屋、饮食概行妥备，在彼乘舟游玩，呼吸海气，不为无益。定于四月七日（中十七日）礼拜四，经伍斯柏路领由伦敦走哈畹赴海菱，一切使费及火车价合一礼拜一名须备十四先令。其欲住至十六日礼拜六（中廿六日）方回者，外加二先令半；孩之年不及十二岁者，一名少算二先令半，则当备十一先令半或十四先令。因拟带人不多，其欲令其子弟前往者，望早赐回音云云。盖届期大小男女各学堂教习皆带学生出游，惟所往之地不同耳。

十一日甲午　晴。记：英国庖丁工作既精，厨灶亦净，且蔬菜登盘列几，亦无不整洁齐备，惟其气味似少新鲜耳。盖英国地狭人稠，所产不供所需，于是凡猪、牛、羊肉多来自他国及各属地，如京都腊月间之关东贡品，本地虽有，而城内禁止屠宰，鸡鸭亦皆杀自外村。且不开膛而留淤血，翎虽去而冗毛仍在，不加洗伐，鱼皆海鱼，自名曰“死肉”。故一切生肉罕有今日所购即系今早杀宰者，欲其鲜美也不亦难乎？

十二日乙未　晴，午后风。见正月二十七日上海《申报》一则题曰“割辫会”，据云南洋《新嘉坡叻报》屡纪割辫会一事，深堪诧异，兹节其大略云：去腊相传华人暗约党类，议于岁除日各将辫发割去，并登录西报，议论纷然。有谓辫发为不雅观者，有谓辫发久而不洗即觉臭秽难堪者，有谓辫发贻害甚大，如机器房中执役者一时不慎，致辫发为机器所挂，不免有性命之忧者。有谓发辫或被车轮牵扯致受辗伤者，甚有言此物似禽兽之尾者，有谓如铁练之状者，以华人而诋华人，可谓极矣。嗣有向其诘驳者谓吾辈华人数百年相沿如是，今一旦将辫割去，则华不华而西不西，尚复似何景象？于是党中人复会同集议，欲将其发全留不剃，且刊登西报，言效西人之状，留全发而短之，改服西国之服较为美观云云。此议不知倡自何人，服饰既变，不知改隶他籍否？一时从而和之者均少年喜事之辈，大约未经阅历，故不免见异思迁耳。

十三日丙申　早雨雹，午后晴。记：外国凡游历之官民、各口之领事、驻扎之公使参随，皆不负其所往，乃随时考求天文地理、风土人情、地势土产，凡有益于其国与民者，或近在目前，或远在将来，无不详细报知国家。国家收得，并不抛弃，随时考察酌核，其实有益于国或民者无不照行。虽商民有所见闻者，亦准随时禀报，无论如何总以保国为心。闻十年前有土耳其国官十数员奉派游历东西各国，其中无一人能英法语者，迨返国时各以所见报官，其所报者多属泛泛数篇而已，中惟东游美日等国名牵合从者著作数十卷。土廷以为能，擢授显秩，发往海口监造鼓铸银铜钱。其人本属鄙夫，至使铜搀铅而银加铜，人皆不用。按：其所报皆实非其人所知所见，乃咸赖伊侄能英语，各处搜罗钞录者也。十余人游历，枉费国帑，无一有裨于国与民者。不谙西语，不晓西情，欲其实有所得亦难矣。

十四日丁酉　早雨，午初雨止，阴晴不定，入夜冷。近利贞交道口东西敖斯佛街一带绸缎衣庄之大者极多，因而镇日妇女往来，拥挤如蚁，于是沿道边贫民之提筐卖鲜花捆及托盘卖玩物者颇多，极属热闹。其卖花者喊曰“本士一束”；玩物亦多本士一件，有纸作鸡卵，以指按之则雏鸡飞出；小布人左手扶帽，以指按之则摘帽作行礼状；小皮狗连以古米气筒，以手按筒，犬能自行；其他有马口铁花蝴蝶、青蛙、猴爬竿、蛇绕竿、小书地图之类甚多，工尚精巧。

十五日戊戌　阴。习俗之移人甚矣，“近朱者赤，近墨者黑”，有不期然而然者，乃变本加厉。竟有初到外国年余即不喜与华人并坐，谓其身味难闻者；更有因华人吸汉烟即行开窗，谓其味不比烟卷之香者。如此更变，三年差满回华，恐本国之地不愿踏，而家门亦不欲入矣。虚娇之气，令人难堪。

十六日己亥　大晴。记：西国会社极多，种类不一，原皆男子，近来设有男女某会，更有妇女同设某会，无非为人怡情悦性，博学多识。闻昨在俄国喀斯安城（地在欧洲东俄之正西界）新创一会，名曰“不拉手会”，为首者系一本地著名状师，其规模之大概乃会中人相遇不拉手而叩拜，在妇女前尤必恭敬，叩则崩角在地，遇美女有鞠身以手搀扶者，乃叩者即以唇轻啜其手以为礼。彼谓华礼太重者，盍即此观之?

十七日庚子　晴。因明日为其耶稣受难之期（西四月七日），见加非馆粘报售一种热十字善饼，其饼周五寸，厚五六分，以模作成，上有十字，虽现烙极热，食之其味仅甜，似与他饼无异。

十八日辛丑　大晴，热，午后风。今日为其耶稣被钉十字架之期，名曰“好礼拜五日”，铺户关闭，人工休息，与礼拜日同。

闻昨在某皮货店有葛洛诺者入内市物，见女伙索娄古貌美，乃突前问曰：“准我一亲尊吻否?”女不答，葛乃捉女腕推卧椅边，强把其脸而连啜者再。因女不喜，葛遂奉十先令作求恕礼，女不纳而告官，女谓因被强掳，颈痛寝食不安。乃经官定罚葛三十五镑，以偿致女颈痛之愆云。

十九日壬寅　早大风，雷雨交作，午后雨止，阴晴不定。今日礼拜六，大铺依然关闭，小铺仍开。入夜，各礼拜堂开门礼拜唪经，耶稣复苏。

天凉以来，各加非馆售有牛羊肉饼及牛肉面盒，价皆二三本士不等。用时现烙，虽不比中国饺馅，然趁热食之，亦颇适口也。

二十日癸卯　早细雨，申初雨止，阴晴不定，入夜风，颇凉。今日本系礼拜之期，又名曰“耶稣复苏礼拜日”，铺户关闭，人工休息，为一大节。自上月底，已见各点心玩物铺中出售卵形各种糖果、饽饽、玩物等，工极精巧，式与前在德国看者同，惟不知其专作卵形之来由。询诸土人，亦多不知。有云此俗始自法国，因节内持斋（西人斋戒以无血者为素食），戚友馈送鸡卵以为礼，以后因仍改变，以假作真。

按：持斋一节惟老东教有之（详见《四述奇》），不知法国天主教于今尚有此规否？

二十一日甲辰　镇日阴晴风雨不定。铺户依然关闭。

记：各地土语多有反乎本义，外人闻之往往错悟其义，即如前者买橘，问所值，答以三个半本士。不知者必谓其为三本士半，其实则不然，乃一本士半而说成三个半个本士也。

二十二日乙巳　早雨，午后微晴。各铺开。西国建造楼房皆用新木，凡拆毁旧房，并不择其可用者仍之或修补而用之。故住家移去，房未拆时先于门外粘帖云“木料火柴出售”，盖即一切窗门楼板也。

二十三日丙午　晴。按：华人之颈腰皆听自然，至肩之平垂，咸赖乎孩母之裹褓，下拽其臂则肩垂，否则平耸而高，罕有至八九岁尚设法使变者。英国则不然，伦敦各女学中凡女身之不如时式者，皆随时法治之。如女孩之脖软者，乃日日教习以手抚肩，使其挺脖垂头而颈骨得直；欲使肩圆而不垂者，乃自背后横棍，令其两臂上抄，手得摩棍则肩自上耸；其腰不直而胸不挺者，教习亦双手背后推肩，使其自行直挺；腰不细者乃系一绦之一端于铁床，结一端于腰间，使女自行前拽，随拽随紧，久自箍细。如此日日操练，以冀长成及笄则体格修短合度也。

# 卷 六

光绪二十四年三月二十四日丁未　阴，入夜雨。天下产物多有种类同而形状、颜色、大小迥异者，即如昆虫有蜣螂一种英名“比特勒”，昨经虫学家高德曼者由各地搜罗大小三万余，送入南堪兴坦博物院，以供众览。据云其中至大者产于南美洲，长六寸五分，宽四寸，两壳白质黑斑，项下四短腿，肚后两长腿，鼻左右两须，长逾二寸，嘴前两门牙外伸如钳，长约寸五，宽三四分，牙头弯尖，外如刀背，内作锯齿，其牙虽利，不伤人亦不害物。母虫身小牙弱，迨母虫生子于枝梢后，公虫乃量于所生子之一二寸外，牙钳扣于枝上，悬身左右悠扬以锯之，或即锯断，或锯将折，待风吹断，枝梢落地朽烂，乃穿地为穴，覆蛋丛生以居之。另种洋名“邦巴的尔”，义乃炮手蜣螂也，较前者稍小，牙不作钳，乃含有爆枪，遇仇敌即自口中喷出毒气，如云似烟，随作雷声以震之。又有名“亥坡赛发勒斯”者，义未详，式如中国土狗，长约二寸，前后两壳，四腿爪尖作锯形。泰西产无是物，仅得其一，曾偿土人一十二镑云。以上所记固属管见一斑，然即此可知西人之于所学，无不广搜博考，此格物之学所以日精也。

二十五日戊申　阴。戌初，同沈、吴、尹三君带荣骅乘车往游阿奎良，杂剧多与前同，中惟两场可观，一系台中置一木床，四隅支柱，上有布帐，一人携来一大木箱，长四尺，高宽各二尺余。由池中请二客上台，验其箱之四面、内外、上下毕，旁来一男扮鬼形者，执一白布袋，长五尺，亦请客内外搜验。继将鬼形者盛于袋，袋口有绦，以之结其人之项上，亦请客捆缠打结，并封以火漆，印以图章。后置其人于箱内，左右双锁，四面缚以粗绳，两人舁置床上。即时来一女，令登床立木箱前，床帐垂下，一人在旁放一手枪，床帐拽起，则箱前立者非女矣，乃原以布袋装人之鬼形男也。再将木箱抬下，解绳开锁，掀盖拉人出，视之，布袋中乃放床帐时箱前所立之女也。验其绦结以及漆印，皆与前同，毫无损伤更改之迹，不知其如何换穿布袋改入木箱，且能如此之速耳。一为提绳戏稍似我国者，乃台上另作一台，台后悬障眼画，花园景致，幽远可观。所提耍之男女人较真人稍小，然行动歌舞、四肢七孔皆能运动，自然真假难辨。惟二人乘气球起至半空坠落至地，其声轻而不震。又二醉汉被一巡捕捉住，而二人各皆用力外拽，竟将巡捕分作两半，中露木板，盖故作此以示人也。子正回寓。

二十六日己酉　晴。记：英国地窄人稠，土产无多，察英兰所产仅能供用五个半月，苏格兰者供其土人食用尚足十个月，而爱尔兰者亦仅得供其人之一半。

按：三岛土人所食，如不供由他国而咸产自本国，则须地一千九百一十万亩，乃本国之地三岛统计仅有一千零二十万亩耳。兹将其一年由各国及各属地进口各货之大概记之，如咸猪肉来自美丹两国及属地加那他，共五百六十四万一千二百四十百磅（英国百磅有专名曰“痕得蕾委时”）；大麦来由俄、美、土、鲁四国及加那他，共一千七百零五万五千百磅；牛肉来自美利坚、阿真坦两国及坤姒兰、牛西兰二属地，共四百一十二万八千二百百磅；奶油来自俄、瑞、丹、和、奥、法六国，共四百二十九万八千九百三十百磅；奶饼来自美、和两国并加那他，共二百七十万零五千八百八十百磅；喳咕（又名“扣扣”）来自德、法、葡萄牙、巴西、伊奎多五国及属地西印度群岛与锡兰，共五千二百六十四万七千三百二十百磅；生加非来自德、法、中美洲、美利坚、巴西、智利及克伦比亚等国与印度之孟买、麻大拉萨二属地，共七十五万九千零五十百磅；干葡萄仅来自希腊一国，共八十二万四千五百三十百磅；鸡卵来自俄、德、比、法、丹五国，共一千六百八十八万二千零八十百枚；羊肉来自阿真坦、和兰两国以及牛西兰、澳大里亚之牛骚卫斯二属地，共三百三十九万二千八百五十百磅；橘子来自日、土、义三国，共五百零九万零三百九十百磅；番薯来自比、法、德三国及英港各岛，共八百九十一万零九百七十百磅；葡萄子干来自日斯巴尼亚及亚洲土耳其，共六十五万八千三百八十百磅；羊来自阿、美两国及加那他，共三十八万二千八百四十只；糖来自德、法、和、比四国及西印度属地，共三千五百六十七万三千五百六十百磅；茶叶来由中、和两国及香港、锡兰、孟加拉国三属地，共二万万九千八百九十万零二百斤（内由孟加拉国、锡兰二处皆一万万四五千万斤，中国仅一千八百八十七万斤）；菜蔬来自日、法、和三国及斐洲西北与英港各岛，共值二百四十一万一千二百三十镑；麦子来自美、俄、阿三国及澳洲与加那达二属地，共计六千八百六十六万九千四百九十百磅。

二十七日庚戌　镇日阴晴不定。记：去冬星使忽办文札，饬令杨仲卿去新嘉坡当翻译，谓若刘葆森（玉麟）署理领事，则每月俸薪加领一百四十两，否则仍照领每月一百二十两。用印后久未发下，两月前又面谕：若愿去新嘉坡则改每月百两，并不勉强，去否听便。仲卿恐至彼百两不敷用，遂辞不赴。至今早遽尔传谕，谓令仍去新嘉坡，一切概照去冬所定。即日叔羹代买德公司二等船票，仲卿亦即遵谕收理行装。

二十八日辛亥　晴。今日为西四月十八日礼拜一，男妇学堂开馆。数日前，由总提调致信诸生之父母或保养之人，附送章程一页，其词云："诸生凡患传染病症者，于放学后不准进馆，虽愈，亦必有医生之凭单，言其不至传染者方得来学。又学生无病而其家或所住之房内有一人或多人患病者，亦不准入馆，以防传染。苟有医生或房主之信，言明无碍，亦可入馆。其他有违此章者，概行逐去不收。学生之病愈入馆者，皆须另着一种衣服。至勒令不准入学之限期，如热症两个月，出疹子一个月，出水痘半个月，期满入学，仍须照章改穿衣服。此外随有印成答信一页，该生或房内有无病症，即请逐节填写，或临期令该生带来，或次日寄来皆可。"

按：其印成之答信内云"敬启者：当贵馆放假期内，某生所住之房及所游之处，皆［有或无］传染之症，如在本处传有杂症，自当急行奉闻而留该生在家疗治"云。

二十九日壬子　阴，凉。闻三日前在柴苓十字街火车栈有官妇郜乐尔者，手提珠宝匣，当车未开时向车票房买票，置其匣于地，买毕曲身提取，匣已不羽而飞。夫万目共睹之区，竟被剪绺人窃去。据云其匣紫皮，镶嵌银花，内盛珠宝颇多，中有钻石宝星、翡翠蝴蝶针及金练串珠等，共值三千余镑。

三十日癸丑　早阴，酉正骤雨一阵。人事之不齐也，由家而国而天下，其势之永分而不合者多矣。其大者莫论，至小者如本馆诸同人，其随星使先半个月到英者自为一派。于是后同余到者又为一派，前至者无论在馆出门，多将辫藏领内，后至者辫则永垂衣外，如在本国。迄今一年之久，通馆仅二十余人，乃皆仍因旧制，藏者仍藏，露者仍露，永不合为一局。由此可知人心不合，欲其同舟共济也亦难矣。况大事乎？

## 又三月

初一日甲寅　晴。记：西人之好古、好奇竟有不可思议者，如昨在司悌文叫货行中拍卖法皇那波伦第一之遗物为朝衣一件，卖二十镑；笔迹一页，四镑十二先令半；那波伦小影一张，木架系以其棺木所造，价由十镑增至七十五镑；其至奇者乃法皇头发一缕亦卖一镑，究不知此发有何证据而确知其为法皇者。

初二日乙卯　稍晴，凉。罗梦祖自去冬誓言今春必定回华，现值腿疾初愈，闻今日星使发给俸薪至本月初四日止，起程之日听便，星使供其饮食，早晚令与小荷及武弁共桌。

初三日丙辰　微晴如昨。本使馆第五层楼有小屋一间，专设收储书籍、银器。到此后星使谕令杨仲卿接收管理，不知其当时收点与否？至是启程在迩，始行察考，见失去银烛一对、刀叉匙三十余件、大板《圣武记》一部、《隶释》一部、《曾文正公全集》五本。

初四日丁巳　晴。早星使与杨仲卿饯别，陪坐者为吴少序、罗梦祖、魏莲叔、严伯玉及罗伯苏。

按：所失之银器，仲卿言闻某戌云从中某甲有所窃取，请余为之关说，令其交出，余未允。又言回明星使，星使令其具禀，议论纷纷，直至丑刻始息。

初五日戊午　稍晴。巳初，杨仲卿起程，至骚桑屯海口坐德公司赴新嘉坡。至小屋中所失之银器、书籍，星使既无明谕，仲卿亦无所言，究不知如何了结也。近日天稍暖，始脱皮袄换棉衣。

初六日己未　阴，酉初细雨，凉。同人吴旭霄住屋门外横铺自置洋毯一块于楼板，长五尺，宽三尺余，花卉五彩，工颇精细。数日前，伊虽移住学堂，其毯仍留门外，不意前日失去，乃闻不知经何人移入星使签押房内云。

初七日庚申　阴。去冬本使馆所用之老洋仆卜兰里因病回家疗治，至是痊愈。据云共欠伊工价、衣服钱合十镑，朝朝来见叔龚讨索欠款。今午又见其人于门内，问之，来此已六次矣。

初八日辛酉　早雨，午后微止。伦敦各报馆每年设一宴会，聚各国报馆首领并请各国公使。今日系西四月二十八日，为其聚会之期，原请星使，因有事令余代往。戌初乘车至江边萨外店入维克都里亚厅，戌正入座，男女二百，首坐为俄人魏司里斯吉。筵开玳瑁，酒泛葡萄，宾主联欢，殊形款洽。食毕，多人立颂陈词，中一美国老妪名李查尔者亦立陈一段，各颂词大旨无非咸欲天下永庆升平。丑正回寓。

初九日壬戌　早雨，午后雨止仍阴。记：英人之创造汽车者名戴木乐，因遂以伊名而名其车曰“戴木乐谋托尔”。谋托尔者，即英言汽车也。现在式样非仅街市雇用之棚车，更有敞车可坐多人者，亦有车主自行驱使者，其至慢者一点钟行四五洋里，至快者十六洋里半，价值每辆由三百六十镑至三百八十镑，按时价合银三千余两。

初十日癸亥　早微雨，午初止，入夜风，晴。现在地气上腾，各园囿中大有“草色青青柳色新”之象，桃、杏、丁香亦皆放蕊矣。闻近汉柏尔之戈朗布村有妇名梅哲森者，现年四十三岁，自前于西一千八百八十一年（光绪七年）十二月十七日昏迷睡去，每日饮食经人撬牙灌下。至昨日因近邻失火鸣钟，一惊而寤，计共睡一十七年，立起时面色依然，神气爽健，并详记十七年前之事云。询诸英人，据云如此呆睡者亦曾有之，究不知其为何种病症耳。

十一日甲子　阴雨。伦敦各戏园演夜戏皆于午后戌刻开门，凡买贱座者多早到待于门外。人虽男女一二百，既不拥挤，亦不喧哗，皆两人一横，排立于廊下，因有巡捕在旁弹压，无论男女，皆不敢争前一步也。

十二日乙丑　早雨，午后风，晴。迩来男女之骑脚踏车者日见其多，车铺亦多，于是又专做有妇女骑车之衣出售。先见有二人前后骑一车者，昨又见有夫妇并骑一车者，依然两轮，前后一大一小，乃左右当中共四踏轴，二人步履既齐，脚力亦均，行动极快。

十三日丙寅　镇日阴晴不定。记：伦敦大店屋价之大概，如小间一床者一夜三先令半，两床者五先令半，卧房兼梳洗房者每日十先令半，客厅每间每日十五先令，卧室加客厅修饰华美者每日二十一先令，卧室两厅兼客厅、饭厅一律装潢者另议，客之不在店中饮食者屋价稍增。

十四日丁卯　镇日阴晴细雨不定。外国住店之贵，伺候之仆婢，无论住客使令与否，凡睡在店中者每日须一先令半，其所以然者，女仆每日洒扫、铺床、倒秽水、换净水，收拾一切，为所必需也。

十五日戊辰　阴雨阵阵，凉。记：城中澡堂洗浴除电气澡、土耳其澡稍贵外，其他无论凉热价一先令或半先令，乃在店中屋内擦洗下身者半先令，入堂洗浴冷者一先令、热者一先令半。

十六日己巳　早雨，午后晴。按：天凉，屋中煤火平时每屋竟日所用之煤柴共计小者约半先令，大者亦不及一先令。闻在店中烧白昼一天者二先令半，仅于夜晚者一先令。

十七日庚午　晴。记：店中饮食价值，如早餐由辰正至午初有茶或加非或勺勾腊及一二冷热肉，食者三先令半，仅有煮鸡子及蜜果汁与面包片者二先令；中饭由未初至申初有汤鱼、糖果、冰乳者三先令半，仅有冷热肉一块加生菜、奶饼者二先令，惟有汤与面包、奶油者一先令半；晚餐由酉正至戌正三十分，菜四五色，星点而已，外有冰乳、奶油面包、生菜等五先令；晚茶有煮鸡子等者二先令，除茶或加非外加冷热肉或鱼一盘者三先令半。男女孩每日六先令，客之仆婢亦然。

十八日辛未　阴雨阵阵。虽云西国政俗每多改良，而英国古制相沿，不少概见。如前英王翟木斯第二于西历一千六百八十五年（康熙二十四年）即位，王祖籍苏格兰，因奉天主教，国人不悦，遂经瑅良第三逐逃法国。

按：英规兵不论在何处，每饭皆举杯祝国王之福寿，护军之住贤翟木斯宫者向不祝，后奉瑅良王之谕，惟苏格兰兵在彼值班须举杯以祝瑅良王之福，盖因苏军本翟王党，如此乃故使其归心也，苏军无法，不敢违背。乃当祝时，置洗手盂于酒杯前，意使祝词过水至法，则仍归祝翟王之福，是口祝瑅良而心祝翟木斯也。既而瑅良探知，遂又谕令禁用洗手盂。现虽三岛归一，而在贤翟木斯宫之护军仍仅苏格兰者举祝，他军不祝，而他军用洗手盂不禁，苏格兰者仍禁之，历二百余年，至今无人言改者。

十九日壬申　晴。午后同沈藕生散步街衢，途遇二人，以木盘托鲜花几盆，进前求买，余谓现值他往，其人应曰："俟回时请买可也。"余则姑妄应之。待缓步六七里，往返几三点钟之久，回至本街，遥见其二人竟立候于门外，因购高梃玉簪及他花共三盆，价共三先令半。

二十日癸酉　阴。记：英国有种代人看孩处英名"克蕾池"，即可名曰小孩白昼店。凡少妇之在外佣工者生有子女，留家无人看守，则可凌晨送入薄暮领回，使其代养一天，于是妇得专心操作，不至为子女累也。店中备有小床、饭桌、椅凳、玩物等，雇有乳娘、看娘，按时哺乳，或喂饮食，或使睡卧，或令玩耍，一切舒服得当，有时胜在本家，而较亲娘尤觉怜爱处。此店每日辰正开门戌正关闭，是皆妇女上工、息工时也。凡小孩由半个月至几岁者皆可送往，其能自食者亦有汤肉、糕点。惟此店与各铺同，亦于礼拜日关闭不开，因凡是日妇无工作皆喜自行哺养也。每日使费亦视孩之大小，由二本士至六本士不等。

按：少妇佣工者生产奉官定章，产后必四礼拜后方准出门作工，然洗衣、熨衣两种工作，罕有遵守者。

二十一日甲戌　阴，入夜风雨交加，凉。凡天下已化之国，无不尊敬其本教之先圣、先贤，心虽相同而意竟有大相反者，如中国历代孔门弟子之入圣庙者，人即尊敬而避讳其名，既不能呼，亦不敢取其名为己名；西国则不然，历代耶稣门徒之名，人固尊敬之，乃因尊敬而按例男女必取其名为名，是不惟呼之而更用之。查其意，盖欲人既取其名而即欲遵其行也。

二十二日乙亥　早阴晴风雨不定，酉刻晴。今日为西五月十二日礼拜四，伦敦柏费娄善会中人有名贺辰者数日前故去。因其遗产荡然，妻子贫苦而食耗繁多，遂经会中人公拟在伦敦城东北哈斯敦村贤马丽路之宽斯的秋申那堂中公请子弟男女歌舞奏乐，卖票集钱以供赈济。有相识之英人罗彬森者，代会中为首各人请余偕四五同人前往助威。戌初，余同沈、吴、尹三君率荣骅乘火车北行十五六里至彼，多人以马车迎迓。又行数里入堂，坐于台下头横正中，男女约三百余人，由进门至入座各皆击掌欢呼，坐后各奉加非一盅、烟卷一匣。共演二十一场，一切与前在他处所看者大同小异。演毕主人肃立，率众祝余华人之福。余随起立，陈演数语以谢之。因时已子正，无火车，乃以马车送回使馆。

二十三日丙子　阴。记：耶稣门徒固非一处之人，男女名亦颇多，其命名皆有取义。兹将吾人所习闻者译其二三，如阿来三德义士也，查里斯勇也、壮也，卓志佃户也，苇来得立平安也，妥玛孖也、双生也，尠良雄猛也，罕里纪纲也，埃达倭保护也。以上皆男名。至女名如阿丽姒公主也，绿衣姒勇士也，马丽苦也、辛也，维克都里亚得胜也，敖古斯达生也，伊里斯贝姒供奉天神者也。

二十四日丁丑　阴，入夜大雨。记：伦敦各店向禁住客蓄犬，以防污秽房间地毯及吠声惊人，然富者仍可向店中商定，另置一处收养，闻其价系每日二先令。

二十五日戊寅　早阴雾，午后晴，入夜阴而骤雨。记：外洋各邦国、城镇之名，其所自来皆有本义，如英兰义乃钓鱼之地也；苏格兰游人之地也；爱尔兰则西方岛屿也；伦敦船城也；法郎西曩有日耳曼法郎克人一班流寓于彼，故有是名；和兰湿地也；瑞士有小城即此名，迨叛奥自立，遂以该城名为国名；亚细亚日升处也；欧罗巴日落处也；阿美里加于柯伦柏觅得后，日斯巴尼亚复派人名阿美里加者于西历一千四百九十九年（即明弘治十一年）[①]至彼登南岸，遂取此名；华盛顿叛英自立首将之名也；阿斐利加自古罗马人占据其南界，继经希腊人呼以是名；澳大里亚南方也，因在赤道以南也。

二十六日己卯　阴。法国照相人白叶者新创一种电光，以之照相既快而尤清楚。前日到此，在牛赍街第四十七号赁屋，列其所照，请人赏观十日，以便喜其技者照之。前日来帖请余往观，遂约沈、吴、袁、尹诸君同往。乃屋一大间，四壁悬挂，其大有长六尺余者，有着色者，有凸起者，大小千张。虽不明其理，视之精妙可人，亦出类拔萃之技也。

二十七日庚辰　早阴，入夜雨。西国向有纸片画花，可以热水反印熟瓷之上，观之与烧瓷无异。现又出一种纸片，画以锦文、花鸟、人物，亦用热水反印玻璃之上，亦颇华丽，其法名曰“里索格拉斯”，义即石印也。盖西国向有以五彩玻璃攒成之大片锦绣花纹以及人物、鸟兽等，工价极贵。今此法乍看与前法同，而其工价竟贱至千倍，其至贱者宽一尺长半尺价仅四本士，至贵者宽二十九寸长十四寸一先令八本士。有带边框镶嵌金花长十九寸宽二寸者仅六本士，更有长十九寸宽只一寸者价反一先令六本士，亦视乎费工与否耳。

二十八日辛巳　晴，入夜风，凉。马力赍街第二百号住有法国牙医苻拉林夫妇，林和叔原携眷在彼租住，迨伊去后同人沈藕生曾使其补牙，故与之相识。夫妇使一女婢名阿尼，年十八岁，系三个月前雇来者。不意前在他处与人野合，到此时怀孕已五越〔阅〕月矣。半月前产期将近，乃自投医院。据云至彼次日即产一男，院中保养两礼拜，昨早将孩送交伊母代哺，今午复回此佣工。如此情形，主人既不相忌，而本人尤不为耻，盖皆视为人情也。

二十九日壬午　镇日阴雨。英历任议院绅士、外部大臣葛兰斯墩于今早卯初仙逝，距生于西千八百九年十二月二十九日（中嘉庆十四年），享年八十有九。为人学问优长，深明公法律例，公平梗直，性喜升平，屡为国家宣力，保护商民。其住址地名“蔼艾屯”，即时电达各处。先由君主自文恣宫电致葛女，始哀恸葛大臣，既抚慰葛夫人，其他各世爵大臣及议院绅士并各友邦公使皆致函吊唁云。

---

① 应为弘治十二年。

## 四月

初一日癸未　阴雨如昨。今日为西五月二十日，因英君主生辰在迩，按例外部请茶会，外部大臣家列宴请各国公使晚酌。因葛大臣之故，早晨新报云茶会停止。盖以人心惋惜，不愿欢乐，惟请各公使晚餐依然。又因葛大臣溘逝，通城各处多升半旗，以示悼叹之意。

初二日甲申　阴。邻居医生葛洛斯者年逾耳顺，闻伊于昨晚亥刻行至攸斯屯街，倏遇一人自其兜中将表托出，奈用力太猛，表则远飞，不知被何人拾去。葛喊巡捕，其人无所得，驰去不远，被巡捕捉获，带入官厅，判定收监三个礼拜。盖该处四通八达，行人至彼，自当留心防范也。

初三日乙酉　晴。数日前，星使为梦祖行文总署及北洋大臣，谓因不服水土呈请回国，仍归直隶候补。乃定于明早启程，余同沈、吴、任、尹、袁诸君公请，今日申正一刻在敖斯佛街茀拉斯喀悌馆晚酌，与之饯别。届时同往，设桌楼上，电灯千盏，鼓乐钧天，欢饮畅谈之际，殊觉逸兴遄飞。入夜颇热。

初四日丙戌　晴，热。巳初罗梦祖起程，由倭特路车栈坐火车赴骚桑屯海口乘德公司回华，星使及闽省诸君送往。杨仲卿去后，其屋令林武弁移入，是下三层统归星使矣。此次梦祖去，其住室空闲，任谦斋欲移回，不许。入夜风。

初五日丁亥　晴。今日系西历五月二十四日，为英君主之生辰，时年七十有九，白昼各处升旗，入夜悬灯，街市游人甚夥，一切咸与往年同，无须再述。

又闻昨在文慈庄经巡捕见一车夫名库柏尔者，以棍击马首，口咬马耳，即行捉入官廨，判定收监两月，以为虐待生灵者戒。

初六日戊子　晴。二年前，美国人韦明敦者创造一种印字机器，名曰“太朴来特尔”，义乃活字印写也，较他胶板等为尤清楚敏捷，无须先聚排而后刷印，乃随按随即印成也。造以钢铁，基式长方，竖长一尺，横宽尺半，地面列圆饼四十三，每上除二十六字母外为数目、句读等，饼下连有铜丝，自下向后上翻如洋琴，顶通关键点字处，后面上横墨轴，再横转纸轴。用者指按一字，气自通于墨轴印在纸上，其熟者用时势如鼓洋琴，声似发电信，其能印纸之至大者长十四寸，宽十二寸。此具近始盛行，设有专铺，每份值价约二十四五镑。

初七日己丑　微阴。见街市间有单马大车，上有木棚如屋，前后有门，左右有窗，帘幔备具，亦颇整洁。前有床榻，后有炉灶，颇类如意船，虽称英之游民，殊似粤之蛋户。据云此种人名曰“几朴斯伊”，祖籍印度，有流寓于此数代者，人作小生涯，间有为人占卜者。

初八日庚寅　早晴，入夜雨。今日为西五月二十七日，系伦敦西南廿余里艾铺松村赛马之期，极属闹热，前于丙寅春余曾往看。闻此三十年来一切吹豆、激水、掷花各俗，皆已奉官禁止。每次多人以所跑之马胜负为赌，闻此次各人素知马之轻捷善驰者皆未获胜。又有人无意露其囊中有镑，被旁人窥见，竟于空处突被两人推倒抢去，其二人被获与否未闻。

初九日辛卯　微阴。西国向有教幼童稚女跳舞学堂，然所教者仅跳舞会中之四五种。至各戏园场中之跳舞乃另为一班，故另设有学堂，伦敦者名曰“蓝讷尔太太”，盖教者皆妇女老妪也。此中专教幼女由六岁至十四五岁之貌俊而伶俐者，学时各着短白裙，散发露臂，长袜过膝而不着鞋。屋中地不铺毯，屋角有琴，四壁立大玻璃镜，墙边钉有活长棍如梢子棍，高齐女肩，以备初学者一手扶之，以防跌倒。所学不仅侧身偃地，有翩若惊鸿、矫若游龙之妙，乃时而伸一臂曲一臂，时而立一腿翘一腿，时而立以一脚之大拇指，周身擎自一腿，忽而左瞻右顾，忽而前进后退，抑或横行，抑或斜步，忽而垂头，忽而仰首，或莞尔而笑，或嫣然以嬉，种种态状固非聪敏过人而身体柔、气力强者不能学也。学成此种技艺，如果出人头地，一日亦可获十数金云。

初十日壬辰　白昼微阴如昨，入夜风雨大作。前言衣庄、绸缎庄多做蜡人装束，立于窗内，招人照顾。现各绸缎店不仅出售丝棉各料，兼备衣帽、雨伞、磁铁、器皿之类。昨见敖斯佛街一万大绸缎店，将其西南角临衢巨室三椽外立丈余见方之大玻璃窗，内做假水土冈，丰草绿缛，假树垂阴，坐有男女，立有童稚，水面飘一小艇，内坐一男一女，中放食物筐，备列刀叉勺碟，女擎绸伞，孩坐推车，作戚友乡游状。按：此种游玩英名“庇喀呢喀”，义乃怡性饱食也。人既如生，景亦颇佳，其中一切物件整齐新鲜，皆该铺出售者，故镇日往来游人之止步于窗外者颇多。

十一日癸巳　阴雨。见攸斯屯街中间路南一舍食房，地基不大，内仅饭房、厨房各二三间，专于每年十、冬、腊、正四个月冷时施舍热汤、牛肉、面包、加非等。一切人工、物料皆由善人施送，或钱、或肉、或面包、或加非皆可。此房创已五十余年，门外石檐凿字一横云：我曾一饿人，想创此善举者，必一乞丐出身而致富者也。

十二日甲午　阴雨阵阵。午后总署来电，知和硕恭亲王前于初十日薨逝。因即行文外部，本使馆亦自今日始升半旗一十五日，用志哀悼，循西礼也。

又闻本地巡察保身官舒峨者于三日前见在庆斯里德国海梅海糕点铺中牵入病牛一头，次日偕医往察，见二人宰割牛肉，备做肉团、香肠等。因其内有痈腐病肺，虽将废肉扬出，其余切片，擦以盐与硼砂、酸冰，待一二时后病痕皆去。然此肉经人食之，必至生疮伤肺，遂将铺东捉入官堂，讯明后判定收监六礼拜，并罚十镑十四先令半，不愿受罚则加禁囹圄一个月。

十三日乙未　早大雨，午后稍晴，申正又骤雨一阵带雹，雨止仍阴。记英俗：凡遇嫁娶、生辰以及耶稣诞节，亦有馈送礼仪者。然非至契者不送，虽送亦仅一二件，与中礼之品色贵多、为数必双者迥异。至此次英君主即位六十年之大庆，各友邦皆有馈赠，以昭敦睦。然亦只些须聊作纪念，从中亦无使费酬劳，至臣宰所奉，则片纸祝词而已（详见前）。

十四日丙申　阴雨阵阵。伦敦各马、步、炮营每年于西五月间择其技艺娴熟者在稼穑堂（洋名见前）设一假战戏，英名“洛埃亚米立他里土那门”，义即御前武弁比式也，使人观看，卖座集钱，以便赈济兵家之老弱残废、鳏寡孤独。此次定由西五月十九至六月初四日，即上月二十九至后日也。数日前诸同人约定同往一观，余遂致信该堂汇钱定座。堂中每日昼夜分演两场，白昼由未正至申正四十分，夜间自戌初至亥正十五分，座价昼夜一律，皆四先令、五先令、七先令至十先令。今日午后遂偕沈、吴、袁、尹诸君率荣骅乘车前往，其地去岁原为赛牛处，今皆拆去，改如马戏园。当中池作“”形，三面有门，池边正面一层列椅五横，每座十先令，再上一层正中三椽设御座，对面上层正中坐乐工一班，其他四面上下分列各座，皆四、五、七先令者。观者男女满堂数逾三千，所演第一场系一武官乘马举刀跑绕一百码，道作“”形。出门三十码先立一假黑人，再十五码立一棍，高五尺，上系一铜环，周逾半尺，再三十码转至左角又立一假黑人，再十五码蹲一假黑人，再十五码地置一皮球，大于西瓜。其能砍落三黑人之头，挑下铜环，并随跑以刀尖触动皮球者胜。观者既击掌称贺，而官亦有赏。池中先立一人，于各人未跑时唱名，言某某武弁。共跑十五人，而其中刀不触球及砍蹲黑人之头不落者仅三人。内得赏者三，第一得一金盅，价值三十一镑半，一银盅值十镑；第二得一银盅值五镑；第三得一银盅值二镑半。第二场乃池中立棍，高约四尺，棍头以线系一柠檬，武官乘马举刀跑过，能将柠檬以刀削半者胜。演者亦十数人，中获赏者四，第一得五吉呢，第二二吉呢，第三一吉呢，第四马鞭一把。第三场系于池地埋木一块长一尺、宽四寸、厚一寸者，半尺入土，半尺外露，武官乘马举长矛，随跑能将木片扎起者胜。内亦四人得赏，赏物与前场者同。第四场系骑韂马赛跑。第五场乃人着靠身白绒衣，式如裸体，骑韂马越木墙。迨越时人反下马，而随马旁跃之，越过后随跑随抱马背而窜骑之，有时马跑而反骑之旁跨之，或蹲马背，或伏马尾，种种便捷轻利，亦颇可观。第六场赛跑炮车，每车驾以四马，车前后坐四人，马上骑二人，一人骑马前引，池左右各以木凳限出地基，宽仅容车，式作“”形。二车齐在池中按式绕跑，彼此既无牵阻，逮走二凳之间不使凳动者为能。第七场马步兵六队，装饰今古不同，有着铁盔铁甲者，戴毡帽而后垂小辫者，披发垂肩者。衣有红绿者、一色者，咸按时式，列队往来，行动亦颇整齐。第八场演炮队，炮车四辆，随有兵卒，一人领队，立于正中喊走，或快或慢，喊止、喊转、喊声炮、喊换轮，盖轮皆活置，轴有关键，此轮有损可即换他轮也。炮车四轮，前二轮架药箱，后二轮架炮，是车与前檐两分，中连以环，向前向后、旋左退右，卸挂既极轻捷，而号令、行动、收放亦极灵便整齐也。第九场兵着白色靠身衣作假赤身人骑韂马，随跑互相推夺，有将他人扯下者为能。第十场武官对对乘马跃木墙，墙高三尺，争先恐后，驰驱极快。第十一场两队马兵在池中往来疾走盘绕，按式前后左右毫不错乱。末场乃演数十年前英国战取斐洲西南界上芝呢阿之北年城，土人黑色，英人扮之。对面搭有窝棚，立有假树，彼此对敌，或击或伏，步步前进，势与战场同。枪炮齐发，震耳隆隆，有受伤者，无论英人、土人皆以白布床兜作“”形者，舁回疗治，极属闹热。演毕乐奏《天佑君主》，坐客齐立，陆续出门登车，酉正回使馆。

十五日丁酉　微晴。今日葛兰斯墩大臣出殡，先自其邸以黑车载入卫斯民司得教堂停灵唪经。其棺造以铅铁，外包木椁，不甚华美，式与平人者同，仅多铜环镶嵌而已。至午正诵经毕，经大太子及他世爵提环出堂，葬于堂之北角，与他各著名功臣葬式同。

十六日戊戌　阴雨。闻印字机器亦有佣工之人，其价：按时每一点钟二先令六本士，按日一天一镑一先令，按件仅誊清原稿者每页一本士半，钞多篇者每篇则一本士，钞写信件每篇八本士，钞写减笔信每页四本士。盖以减笔改写本体，写者须明字字笔画之变法，价故稍贵耳。

十七日己亥　早大雨倾盆，午后雨止，颇热。申刻，牙医约至其家看留音器，洋名“佛诺格喇夫”，乃一木架高三尺余者，外罩红毡，内藏关键，架上亦有关键，架下横一轴，外出有喷声筒，敞口如喇叭，弯长一尺，口粗亦如之。或曲或乐，各留一蜡空筒内，筒周五寸，长四寸，蜡厚三分，各上标有曲乐之名，欲听某乐或曲，即选其筒套于轴头，架下上弦则轴转，轴转而筒自随转，轴旁有齿，筒触齿则声自喷出，与八音盒同，音调较前在柏林听者尤觉清利洪亮。盖他时创始，今方齐备也。西人制器进而愈精，往往类此。

十八日庚子　晴。同人曾叔吾年四十有五矣，自去冬竭力欲学英文，迄今字母辨清，声音调准，遂立志移住在外，乃于今早搬住上格娄赛斯特尔坊第四十八号，向柏尔乃母女学习，每月六镑，饮食在内。

十九日辛丑　晴，热。昨见新报一段，言在贤那欧子庄有农夫某甲，其表妹嫁而寡，甲与之通。上月甲娶新妇，而其表妹已有孕三越〔阅〕月，甲恐产后须认为己出之子女，至花使费，乃以马钱子将其表妹毒死。案犯被捉，定以悬吊死罪。

按：此药铺中出售与鸦片烟等同，必有医家凭单方得买用，而用亦不多，惟田间往往用以杀虫，故农家购之较易。闻此药若一人服用仅大如半米粒者，则腹痛身仰，必使脑海弯至脚根，良可惨也。

二十日壬寅　阴雨阵阵。闻英规：凡民妇之一胎产双生者固属常有，苟遇一胎生三子者，则必报官而君主有赏，至所赏者二三吉呢而已。我华一产三男视为熙朝人瑞，亦得奏请奖赉云。

二十一日癸卯　镇日阴晴不定，暖，入夜风。见有日本医生高峰让吉者，按西式以日料创一种消食药饼，日名“他喀的阿斯他赛”，色纯白，厚二分，周七八分，乃十数片盛以小玻璃瓶，一切规模视与本地者同。各药铺既出售，人亦购用之而不疑，是殆关乎东主之名望如何耳。我华医虽有灵丹妙药，又安得出售于海外耶？

二十二日甲辰　早阴雨，未初晴凉。记：前自光绪丙子年同事张听帆携其少君乳名阿宝，当年十五岁，到伦敦即送乡居学习英文。按听帆之意，必欲其兼学洋文，得有进步而光宗耀祖也，待其英文有成，兼学医术。十余年间，自娶英女为妻，生有子女，听帆连随数任皆不知也。至光绪二十年薛星使任满，听帆致书令子同归，子未允，听帆不欲独行，遂迁居海边独居二年之久。既知子已有室，乃屡次促其携眷回华，至上年始同回沪，父家居昼锦里，而子媳、孙女皆住洋店。父欲子亦移入华房，子不遵，父怒，乃谓："如不移来，须仍回外国，今而后尔莫视我为父，而我亦不以尔为子。"昨闻阿宝携其妻与子女已到伦敦，将入英籍。由此观之，其携带幼童出洋者可不慎欤?

又按：英例凡外人之欲入英籍者，必在英国曾住五年，且临时必有四英人作保方准改入。闻阿宝曾请马格理作保，马未允。至其改籍，姓字改否未闻。

二十三日乙巳　晴，暖。英规：凡人病笃之怕车声往来震惊者，准在楼下街道铺草，以免车声隆隆。其草数、日期、多寡皆无定限，亦不必报官。用者向草商讲定共用若干吨，铺放起撮皆归本行，每吨价约三四镑。此草久经车马往来，积有尿粪尘土，以之粪田颇宜。逮令撮取时，则草行又卖与农家，使其自行收取，是草行于获利之外当另得少许也。

二十四日丙午　阴冷。记：英国醋以酒造，而以啤酒转酸者多。此等造醋之人，亦须向巡捕厅领有凭单，乃按年纳税一镑云。

二十五日丁未　阴，凉。西人肴馔以牛肉为第一，于是有指人挑选之法，以免食之受病不消。据云公牛肉好则纹松、肉红而油黄，母牛肉纹稍紧，色不甚红而油亦稍白。总之，凡牛之水食不足或太老不堪烹煮者，油必少，肉色黑而瘦，且老牛在排骨中必串有硬白如脆骨者一道，凡肉之经指按而即起者必鲜，按而慢或不起者其肉必非上等。

二十六日戊申　阴，凉。英俗：凡马匹之欲出售者，皆以麦梃或他草结于尾后作髻。外国马尾皆剪短，所余不及一尺。有此草结则迥似右立一髻、左垂短发矣，亦有上立一把如刷而下以草编成辫者。

二十七日己酉　阴凉如昨。西国用炭不仅笼火，凡玻璃、瓷铁器皿之存有油腻恶味而不易刷洗者，乃先洗以沙土与碱，后以炭末擦之，恶味自消。以细炭末刷牙亦然，牙胎去恶味消，牙既白而气亦清。其他鱼肉或因天热或因时久而致腥臭，欲其味清鲜如初，乃待煮时置三四块炭大如鸡卵者于肉下，熟则味鲜而炭质依然，毫无损碍，其法颇妙云。

二十八日庚戌　阴，冷。记：西法之使钢铁不生锈，乃以樟脑五钱搀以猪油一斤，搀后去其腻皮，再搀黑铅，使其色黑如铁，一切钢铁器以此油刷满，一昼夜后再以麻布擦干，可保一年无锈。此法屡经试验，洵属利用。

又凡钢铁利器之贵重者，皆裹以白铅片或铺白铅片于所置匣内，皆免生锈。

二十九日辛亥　晴，暖。闻土人有驱逐苍蝇法，乃用白木苦质十二两、红糖四两、胡椒末二两，搀匀放一浅碟内。另一法系黑椒末半匙、红糖一匙、牛奶汁两匙，搀匀亦置一碟内，放在屋中，不久蝇皆飞去。再一法乃以凉苦茶混红糖，盛于茶船内放在屋中，苍蝇闻，亦当远避，究不知此法从何考验而得也。

三十日壬子　晴，入夜雨。见土人新创一种不药而能治人之患不眠之疾者，其法系每值睡时先平身仰卧于床，后含一木质空烟具于口，缓气吸之，至少亦须吸六十次至百次，俟觉眼倦而有睡魔，即弃烟具于旁，闭目则自睡矣。法颇简易，究不知能否有验耳。

## 五月

初一日癸丑　晴，暖。同事沈荔虎之犹子印颋字嬉男者，年二十三岁，不知于何日来由何处，至此与荔虎同居，学习英文。兹见星使给有札子，谓每月暂给薪水银三十两，俟其学有进益再行加增。想星使栽植人材之意，将来必与许星使如夫人之弟一律每月百金也。

初二日甲寅　晴。今日为西六月二十日礼拜一，亥正随星使乘车入卜静宫听乐。男女入宫者约千余人，太子、王妃等到后，众随列座，规模如前，无须再述。其男女歌曲者中有初学之女名阿苏三者，声调幽雅，转簧敲玉，娓娓移人；有最著名之妇名诺的喀者，歌声雄猛，虎啸龙吟，闻之令人掩耳，而众以为精，亦奇矣。

初三日乙卯　晴，热。本年总署会同户部《续借英德商款合同》内载：中国国家应饬驻英出使大臣遇有会商等事同银行各商董商办。昨由伦敦汇丰银行函称：所有西历一千八百九十八年周年行息四厘半，金债股票五千张，定于本月初五日送来使馆盖印，以后每礼拜均送两次等语。因而星使札派同人监印，分成三班，每班四人，第一班为余偕沈藕生、吴少序、罗小荷，第二班为罗叔羹、林琴荪、魏莲叔、罗伯苏，第三班为陈幼庸、曾叔吾、王少山、严伯玉。

初四日丙辰　晴。明日为端阳节，星使因恐监印股票时刻有碍，遂改公宴于今日。酉正入座，一切与前同，无须再述。

又前所议设之字纸炉复经沈藕生告罗叔羹，以现拟四五人醵钱公设，遂经允许。

初五日丁巳　晴。巳正贺节，彼此团拜。午后由汇丰行送来每张百镑之股票三千，因印工未到，遂点数、察收、封锁。

按：此次股票共计七万二千二百七十五张，内二十五镑者一千五百张，五十镑者一千五百张，百镑者六万六千八百七十五张，五百镑者二千四百张，统计共八百万镑。

初六日戊午　阴雨，凉。巳正来印工二男一女，男系一印一收，女则为之折纸。印器与印书者略同，惟印不平放，乃横置于侧，印上一圆铁饼，周二尺余，刷色其上，饼前一滚轴，印对面一平方架，以备放纸。架后一推柄作“丌”字形，人立柄后，先一推则滚轴由圆饼着色滚下刷印，再一推则印成。当拽回推柄之际，乃圆铁饼转而滚轴上，盖滚轴一过铁饼，则饼面中心色薄，铁饼一转则滚轴再经过处其色厚也，每一点钟可印四百张。女之所以折纸者，因印位中央折纸少半，以便横置方架前也。因刷印安置一切迟延时刻，午正开工，至戌初共印二千五百张，下余五百转交第二班，罗叔羹给以英文收条一纸。

初七日己未　镇日阴晴不定。堪特百里大主教谭布与其夫人于西六月二十五日暨七月初二日午后由四点至七点请茶会，即今日与十四日也。未正，同曾、沈二君乘车东南行十数里，过朗贝桥走者赤巷入朗贝宫，晤其夫妇。旋登楼由后花厅入园，缓步一周，见院中乐工一班，男女宾客来者颇多。因恐落雨，酒果、点心设于楼上。临行各食地椹少许，戌初回使馆。

初八日庚申　忽晴忽雨，冷。荣骅因上月天气时凉时热于二十六日倏患喉症，次日经寇克思荐一英医住房后喂猫街第二十一号名查蒲满者连诊三日，药水或服或漱，白点稍退而肿转甚。因思华药已到，乃以下乡调治等语辞之。今早开来医费一镑十一先令六本士，合每次十一先令六本士，按时价每次合库平银几乎五两。询诸他人，乃言英医马钱多寡不同，其学业精、名望重者自贵，而所请之人若系官宦富家则尤贵，故有时一文不取，亦有一次索四五六七镑者。至本月初一日，连服华药三剂遂愈。

初九日辛酉　早雨，午后稍晴，冷。英国小户住房亦生臭虫，兹闻有消灭之法，系以小刷刷石脑油于床架四面，其虫自除。然于床褥及床架之各曲弯处皆须搜遍，因此虫多喜宿于窝隙之中也。石脑油洋名“那夫榻”，价不甚贵，一本士者足供一床之用。另一法系用精油洋名“普路苐斯庇里”十二两、樟脑二两、松香油四两、五金锈酸洋名“阔娄奚伍色卜立美”一两，共四种混合一处，擦于木器孔隙之外，是虫亦能即除云。至其灵验与否尚未查悉，姑志之以备采用。

初十日壬戌　阴雨阵阵，冷。今日亥正，布来茵斯屯坊第十五号谭特敦夫妇请茶会，届时余偕沈、吴二君至其家，见其夫妇。楼房不一，装潢华美，男女拥挤，上下楼梯不易。在上少立遂下楼，各饮香宾一杯，食地椹数枚而后回使馆。入夜晴。

十一日癸亥　晴。三十余年前，英人开乐悌所辑《列国岁计政要》一书，详叙各国势利权衡，元元本本，殚见洽闻。亚洲各国者虽有错误不备之处，而欧美两洲者则条分缕晰，强弱分明，觇国者颇可采择也。十年前曾经美国人林乐知译成汉文，其规模体例有条而不紊，能令阅者一目了然。迄今虽已历十年之久，天下国势不无变更，政术不无歧异，然欲再译，则即照式更名易数，亦不甚难也。本月初旬总署来电，请星使派员补译是书，遂拟札派余与罗叔羹、陈幼庸、严伯玉口译，曾叔吾、沈藕生、林琴荪、吴少序笔述，魏莲叔、罗伯苏诸君钞录、校对。兹据叔羹、琴荪两君面禀星使，谓情愿一力担承，彼此口译、笔述，每日可翻十页，三个月以内即可告成。因而星使各给一札，札云："案照光绪二十四年五月初四日奉钦命总理各国事务衙门电开，英人所辑《列国岁计政要》闻系每年一编，希查明先将本年刊本派员照翻，以后仍按年译寄，译费准开报汇等因。奉此查《列国岁计政要》一书系英国地舆会书记葛尔德所辑，每年一编，扣至西历本年业经刊行至第三十五次。从前上海制造局虽经译过一次，中间人名、地名随便译写，前后互异，毫无义例，识者病之。且所据英文原书已系十数年前之老本，与列国现在情形尽成枘凿，不足以资考证。近日澳门刊行《知新闻报》[①]，虽有重译之举，而每次只附数叶，成帙无期，拭目难俟。况恐前本译成后本又出，在我方诩为新书，在人已弃为陈迹。且其事极为繁难，融会、揣摩以求吻合，良非易易，当其心目俱劳，手腕欲脱，人人视为畏途。原书计一千一百六十六页（合中国五百八十三篇），译成华文便至十有余册，其中有说、有表、有图，如非分员专责，计日程成，必难概事，兹准前因。查有本署参赞官罗道忠尧，精通英国文字律例，参使东西各洋，于列国情形了如指掌；随员林举人桂芳中学淹贯，文理优长，四国周知，留心时务，堪充总理译务之选。应即责成该道等专司翻译，每日以十页为率，限三个月全书告成；学生魏濂、罗之彦管理誊录、校对；武弁林文彧管理绘

①应为《知新报》，该报创刊于1897年2月22日，由康有为、梁启超亲自筹划，何穗田、康广仁具体运作，是戊戌变法时期维新派在澳门创办的刊物，出版时间较长、影响力较大，是维新派在华南地区重要的宣传阵地。

图。该道等务须一志专心，兼营并进，随译随缴，以便发钞汇寄，书成之日优给译费，以奖其劳。合将新购本年刊本一部札发，除分行外为此札饬札到该道等，务须各专责成，计日程功，勿稍旷延，致负委任”云云。

十二日甲子　阴，凉。英俗：遇新月初升则向之免冠鞠躬，盖谓如此敬礼，月当佑其明日必有所得也，是亦与京中遇流星急索结之义同耳。

十三日乙丑　晴。近因初夏，街市韩逊双轮马车多于棚顶覆布一方，其色或白或蓝，或红或绿，四面垂缕，所以使乘车者观之凉爽。现在虽属夏令，天气较热，仍须着袷袄、袷裤也。

十四日丙寅　晴，风。记：每日来此打印之三工人，二男一女，皆属汇丰银行，其工价无论有无工作，妇女每一礼拜一镑，男工四镑，是一礼拜六天男工合每日五两零，妇女合每日一两四五钱，西国工价之贵可见一斑。

十五日丁卯　晴。时维夏五，暖送薰风，男女多换戴草帽，妇女衣改浅色薄绸，亦有全白者，式样无甚新奇。鞋固皆皮做，其色黑黄，昨见有着绿皮鞋者，迨其行动，令人观之不甚入目。

又现在地椹、樱桃多而价廉，沿街颇有提篮叫售者。

十六日戊辰　晴。记：此次金镑股票纸厚分余，长一尺五寸，宽一尺二寸零，正面四边围以皮球花朵一圈，内中左印德文，右印英文，皆叙明一切章程，后篇印“按时取利之凭票”，每页横长二寸余，竖宽一寸。票之镑数既有多寡，则外印花圈之色亦有别，如百镑者大红，五百镑者紫色，五十镑者金黄色，二十五镑者浅红色，印工亦极精细。

十七日己巳　晴。英规：凡人借贷、买卖所立之契具、合同，皆须报官盖印，国家收有印费，两造即以此为凭据，将来如有欠债不偿以及争执买卖等案，官亦赖此判断。当时苟未报官，遇有口角争讼，官则不理，而谓无据可察。至其印费，乃无论十镑或少于十镑皆一先令，故其由一先令至百先令不一，其式或圆形、或桃形、或石榴形，种种不同。此次国债票经汇丰行报官，每页印有图章于上右角，其大周不及三寸，印色亦红，其五百镑者印五十先令，百镑者印十先令，五十镑者印五先令，二十五镑者印三先令。此次借款共计八百万镑，英官印花费除二十五镑票中多收五百二十五先令不计外共收八十万先令，合四十万镑，又合库平银三百万两。官中处处有税，由此一款即得若干，其他可知矣。

十八日庚午　晴，热。记：英国肉团亦分多种，做法不同，有以地名者，有按肉名者。一、如柏洛那肉丸乃用腌猪肉、牛肉，肥瘦各若干，再加小牛肉与猪肉瘦者又若干，齐行剁碎，调以椒末与盐，杂以甜菜、薄荷各少许，盛入洗净肠内，以针刺孔，煮之一小时后提出，晾于草席上干之，用者或凉吃、或再煮、或熏之皆可。二、敖斯佛肉丸乃用猪肉、小牛肉瘦者各一斤，肥者各半斤，剁碎后加碎面包一斤，蓁菜、薄荷各一两，又葱蒜各少许，概经切碎，杂以椒末、豆蔻与盐，斟酌份量，合每重一斤用一鸡卵，清黄分搅，搅毕齐倒面包瓤中润之，继而肉面混于一处，做法、食法皆与前同；三、乌赛斯特尔肉丸一切做用法与敖斯佛者同，惟多加肉桂少许；四、羊肉丸多用羊腿，加羊油一半，蛎子、鲨鱼各少许，齐行剁碎，做团以油烹之；五、小牛肉丸做法亦与敖斯佛者同，惟除去蓁菜、薄荷，加以火腿油耳。

十九日辛未　晴。亥正，随星使乘车至克尔森巷第三十二号赴美国名士万瓦家茶会。入内登楼见其兄妹后转入客厅，其正面临墙设一小台，台上下左右皆围以鲜花，红紫芬芳，清香触鼻，台上右角横一洋琴，台前横金椅行行。共演杂耍二十五出，其中男女歌者颇多，皆属泛泛，无甚新奇。中惟头场名曰"日本技艺"，系一英人扮作日本古装，耍演球棒等，与中国者同。第二场一幼女名莫克色尔者，年约十岁，连歌三曲，随歌而舞，声调幽雅，身体轻捷；第三场一人名卜托木者，手鼓琴口作哨，如歌似箫，悠扬可听。少坐下楼，步入园中夜餐处，乃一大白布帐，分作间间，罗列桌椅，帐与楼通，虽在园中，似觉仍在楼内。每桌中心立蕉树一棵，叶稍、树梃皆垂电灯，灿烂异常。饮食、汤菜、果品、酒肉俱备，伺候仆役廿余，极属热闹，食毕谢归。

二十日壬申　晴。亥正，同曾叔吾随星使乘车入卜静宫赴跳舞会。子初齐集，男女一千五百余人，楼上乐作，太子、太子妃等由正门鱼贯而入，坐于正面。跳舞四场而后散，齐入饭堂，饮香宾一杯，食糕点少许，下楼登车回使馆。

二十一日癸酉　阴，冷。前日，罗叔羹、林琴荪因恐翻译不能实践前言，遂同具禀星使，内云："职道等遵即试译，计照原书十页译作华文或万余字以及二万余字，而考究地名、人名、表式尤多费时。且译此与译报不同，须于简明详洽之中照我华书体例而又不背于原书。职道等数日以来口不停述，笔不停书，夜以继日，统计所译每日仅有十页之半，断非三个月所能蒇事"云云。因而星使批云："据禀悉译书一事心摹手追，本大臣深悉此中甘苦，且又计日程功，尤为心手交瘁，是以原拟书局宏开，以收群策群力之效。惟前据面禀，

《列国岁计政要》一书由该道等两员每日可翻十叶，三月以内即可告成，实为踊跃从公，力肩难巨，深堪嘉尚，故本大臣特札专办，并允优予译费，以示鼓励。今据禀陈，试译数日只能及半，恐三个月不能蒇事等语，殊与从前面禀之语不符，惟此书务期速成，而该道等所禀情形亦复属实，自应酌添译员，分国分理，庶不迟误。除另行札委外，查该书英国共三百零九叶，法俄两国各六十二叶，合成四百三十二叶。既经该道等开编照译，即应责成该道等将此三国次第译出，每日五叶，计八十七日可竣尽，三个月以内一律告蒇。此次计日程功，应译叶数并告竣限期形诸公牍，自无中变食言之理。倘有余日，续译他国，尤为异常出力，本大臣仍不惜优赏以奖其劳也”云云。

二十二日甲戌　阴，冷。记：昨日星使添派陈、严二君，分给札云：“前次业经札派参赞罗道忠尧、随员林举人桂芳照译在案，据缴按日课程难期迅蒇，合行添派译员分国翻译，冀可速成。查本署二等翻译陈牧恩焘游历英、法、德、美各国，精通中西文字、学术，前阅所译英文《游历东三省记》条理秩然；学生严县丞璩留心时务，中外文字优长，堪充译选，合将新购本年刊本一部札发分译。惟既据陈翻译面称每日能译四页，严学生面称能译三页，该员等务即按日程功，随译随缴，以凭发缮、汇寄，书成之日，一律优给译费以奖其劳。除分行外合亟札饬，札到该员即便遵照，克日译功，勿稍旷误，以重译务而专责成”云云。

二十三日乙亥　阴，凉。尝思火葬一说惟佛教有之，不意外洋近亦渐有此举，盖西国医学诸人曾谓尸骸入土，秽气上升，生人触之，易染疾病，苟焚而后葬，庶免此患。西四月间，闻美国石高沟城一妇姓韦喇者为人博学，诗赋纯萃，即以火焚为是。当其病笃立遗书，嘱以死后火焚，葬其灰烬。逮伊病故，其子即遵所言，焚尸葬灰，意在不使污秽触人。窃恐焚尸之秽气甚于土内升出之秽气，生人嗅之，患病尤易也。且当焚尸之际，有仁人孝子之心者，皆不忍观也，奚足取哉？

二十四日丙子　晴。伦敦正西稍南附近太木斯江地名“布拉倭”有一船厂，曾造重一万二千吨名“阿必安”之兵轮一艘，前于初三日下水，因地窄船大，船入水而水涌起，冲坏横桥以及左右堤岸，当时观望之人极多，因而落水者百六十余人，男女老幼得救者仅十数人。幸因横桥老朽，该厂于左右立有告白禁人站立，否则被淹各人本家皆当该厂赔偿也。

二十五日丁丑　阴，凉。申初，贤妥玛街之盖斯医院因奖赏学生兼请茶会，届时余偕沈、吴二君乘车前往。入内穿过十字大厅入后院花园，园不大，中有乐兵一班奏乐。赴会者男女颇多，既有二生导观各处。先入博物堂，系一大长间，临门罗列各种兽骨，以便考查人兽骨节之别；再则老幼人骨，层层安排，洗白如雪；再后系陈放以蜡及他物作成之各物，人头人脑有高有平、有前凸有后拥，以别人之聪明鲁钝。以上皆置左右墙边窗下。中一长桌，其上跪卧四人，第一由项后掀皮一层则见肉与油，第二掀肉一层自见经络血道，第三再掀一层筋骨出露，末则骨隙割净则见五脏气血之所通。此外又有横卧、仰卧，以辨周身之气血、骨节。左右玻璃槅内列满人之头骨、手脚、五脏，无往而非为辨其经络血脉，如耳眼通于何处、何以视、何以闻、何以思想、泪何以来、手足指何以动、周身痛痒酸楚关乎何处。工极精细，处处与真毕肖。次入验病房，内支木案六七，每上置有尸骸，有干而仅存筋骨者，有初死未验而插皮筒于阴户，以使气通而不至臭者。去此入讲病堂、电匣舒筋等处，咸与他院者同。再登楼看男女养病处，皆二十年前来此看过者，无须琐述。下楼步回十字大厅，内列长桌，左右二方圈，容立千人，桌上所备者茶点而已，乃各饮红茶一盅，辞谢两生而归。闻此医院系百年前经书客盖姓施舍所建云。

二十六日戊寅　阴。闻昨在英兰中界约尔克府之栗子城有人名朱尔志者，控告其父擅娶孙女为妻。供云：伊在外佣工，迨回时知其父已娶其女，其父现年六十有六，其女仅二十二岁。其父云："汝之未与汝女共寝也仅三礼拜耳，余则与之恩爱当在汝前也。"官场无法定罪，遂判将朱尔志收监两月，在内不作苦工云。西国不认父之前妻所生子女为兄姐，不认父之续娶为母，不认随母再醮之夫为父，此等风俗伊于胡底？总之，西人于"伦理"二字不甚讲求，又乌知"夫父为子隐，子为父隐"之道乎？

二十七日己卯　晴，热。西初乘车赴狄本森夫妇家茶会，余二十年前旧相识也。登楼见其夫妇与女，问候毕出后厅门入花园，设有椅凳。中一妇名柯喇兰者耍鸽子戏，系一木笼养黄白鸽六，令之踏软绳、登木梯、骑小脚踏车，皆与人同，且抚弄不远飞，殊驯良可爱也。末则横一木板，上列小碗小碟各六，碗盛水碟盛谷，六鸽齐出横列一排，啄水食谷。宴会一场，藐然一物，乃能通灵教授之方，抑何神妙乃尔。看毕登楼，食地椹少许谢归。

二十八日庚辰　晴热如昨。中国国家取民有制，一视同仁，政至善也。乃体恤民情而知恩者鲜，相沿已久，易辙殊难，故一收铺税而众商罢市，一收房捐而民谤沸腾。外国赋税烦兴，多方搜索而民不以为苦，盖历遵成宪，视为固然。孟子曰："徒善不足以为政，徒法不能以自行。"其信然欤？迩来英国男女之骑脚踏车者日众，于是官定新章，火车本有行人应带之行李，惟此车不得列入，车费当与人同，亦与前所述及之犬无异也。

二十九日辛巳　晴，热。鹦鹉性慧能言自古有之，然皆随便学其主人所常言，未闻有设法教言者。兹闻西国有教言之法，乃晚间置笼悄处，不使闻车马以及孩童喧哗声，笼上覆布，欲其学何语，则向笼缓声清楚言之，不数日自能见人述其所闻者。至其养法，乃喂以水泡面包及饼或压碎之番薯以及芥菜、萝卜子种并核桃等，鸟性喜净爱洗，更须暖养云。

三十日壬午　晴暖，风，入夜阴雨。翻译《列国岁计政要》一书业经续札委定，而誊录之人不足，因而星使面向沈、王、吴、沈四君商问每人每日能缮若干。于是沈藕生允写五百，王少山能写二千，吴少序写一千，沈荔虎亦允写二千。

又所用纸张洋名"奚拉倭里楠"，义乃银竹布，因其白而润也。

## 六月

初一日癸未　稍阴，凉。洋人亦有预占天气之俗，据云：如昨日天晴而今早露厚，示明日当依然清朗，否则无风而必雨；晚有红云预兆晴天，然或早或晚，红云太高则又为风雨之先兆，孰谓西人不晓占验耶？

初二日甲申　阴，冷。记：英人感冒亦有成方，如牙痛乃将毛毡或棉布少许，滴以丁香油两点，塞于疼之空处，其痛自止，此法亦与吾人之滴如意油同也。

初三日乙酉　镇日阴晴不定，凉。记：英国有种米面包，造法系白米斤半，置水六升，用温火煮五点钟之久，随煮以器搅而研之，熟后成浆，再加白面四斤，发面少许，置火旁暖之，待其发起以之烙面包，白与麦面同，可得二十八或三十斤云。

初四日丙戌　阴雨，凉。记：西人吸烟始于日斯巴尼亚人，三百年前流传至英，当君主伊丽斯贝姒之世，先是世爵喇来由美洲携至，人始知有此物。至西历一千六百十年（明万历三十八年），国人虽渐吸用，而官场尚少，时因国王翟木斯第一厌其味，曾云不喜看人以嘴作烟筒。今则自君主以下举国用之，盖相习成风矣。

初五日丁亥　阴，凉。阿真坦国驻英二等公使窦敏桂斯前日病故，今日入礼拜堂诵经出殡，帖请各国公使及他戚友前往吊唁听经。巳正，随星使乘车西南行八九里至者赤巷入喀美赖礼拜堂。堂不甚大，正面有台，中供十字，有三神甫着黑氅旧银边披肩或十字，四沙弥着乌衫白小褂，台下横凳多行，男女百余。入座后，棺由该使馆以车载至，有七人自车舁入，置台前木架上，架细长，高四尺，棺首向门而尾向台，棺上四面满覆花圈或十字。既而琴声作，则神甫唪经，楼上随琴另有多人时而和诵、时而停止，神甫则时而请安、时而跪诵，如此良久。末乃下台环棺而立，时而唪经，时而向棺掸圣水，或举提炉而洒香烟，既似佛教之转咒，又似回教之出堂。礼毕，七人舁棺先行，神甫等及男女客皆随后鱼贯而出，置棺车上，载去下葬，客则陆续登车各回寓所。当堂内诵经时，男女听经者时坐、时立、时跪，而以手扶面作泣状，致敬尽礼，敦西教也。

又今日英外部大臣索侯父女在其别墅请茶会由申正至戌初，地名哈特扉距伦敦六十洋里，备有专火车四趟，去者两趟，一在三点二十八分，一在三点五十分，回者两趟，一在六点三十分，一在七点，来回车票每人先令五枚。此次共请九人，星使令分两班，以免拥挤争车不便，于是叔羹、少序、少山随星使为一班，余偕藕生、琴荪、叔吾、小荷为一班。申初，余同藕生诸君乘车东北行七八里至君王十字街车栈，买票登车即开，申正一刻到。车栈距其家里余，备有车辆迎接，一路草木丰盛，清雅宜人。至彼下车，入正门走中堂，出后门入园，见索侯及其长女。握手问候毕，右行二三箭地，树林阴翳，道路整洁，平坦而宽可行车，遥望其道尚长，左右树木苍苍密列，不知地共几千万亩。转回步至楼后，则名花馥郁，落英缤纷，旁设布帐，备列茶酒、点心，在内各食地椹少许。出此转至楼前，行数武，步石阶六级而下，则景致迥异于前。石阶左右各立布帐，长皆数丈，内各横长桌，罗列点心、酒果，其前则花卉分畦，间有篱笆木架，另一花台上坐乐工一班。于彼盘桓里余，遂转回登楼，内多古玩，楼亦古朴，乃二百年前女君主伊里斯贝姒之行宫也。有粤人雕刻象牙楼二层，高约三尺，周逾七尺，工极精细，有匾额、有对联，楼中有桌椅陈设，楼外罩以玻璃罩，据云系乾隆年间英使马喀呢携来者。此外，玻璃匣中有君主之草帽、丝袜、笔纸等，皆二百年前之古物也。看毕下楼，草地列有铁椅，少坐，细雨一阵，遂步回火车栈，少待车到，闯入即开。戌初回伦敦，下火车觅马车不得，乃有土人周安逊夫妇让与同车载回使馆，因其住近海岱囿也。

初六日戊子　晴，稍暖。昨见火车栈贴有招牌收买旧假牙者，不知何用。

询诸他人，据云间有牙医买此用过之牙，改配他人之牙以省料者，有买去压碎以取其中之白金针者。然其牙床必本系白金或黄金者方有此针，而所值亦无几耳。

初七日己丑　阴，凉。有三十余年前在上海等处贸易之英商喀什呢者，前于同治二年西千八百六十三年回国，现住距伦敦十八洋里之扣巴木村。因其年迈，不利远行，乃于今日函请星使与余至其家午酌。午正二刻由倭特路车栈开车，未初一刻至彼，备有马车迎入其家。一路阡陌交通，二麦成熟，此地村落不大，房屋无甚壮观者。行八九里，下车入内见其夫妇、二子及其岳父母娄那夫妇，少叙登楼净面毕，入座午酌。知其人现在上海有房地买卖，每月仅房租收七千圆，其妻年方三十余，乃续娶也，故其岳丈岳母较伊尚幼。食后出楼入园，老树丛〔葱〕茏，红紫芬芳，四望无际，亦不知有几千百亩。景致无奇，惟其地势宽阔，左右两处，中横大道，深下丈余，其上通以铁桥，乃过桥绕行里余，继入花厅瀹茗进佳果，少坐谢辞。戌初以双马大车送入车栈，登车即开，戌正一刻回伦敦。

初八日庚寅　阴。昨日七万二千二百七十五颗印用毕。

又许竹筼星使请假回华，由俄至德坐德公司走美北上，昨日开船，明日过骚桑屯。酉初，星使率武弁前往，约余明早往会，以便齐行登船送别。

初九日辛卯　阴雨阵阵。巳初乘车至倭特路车栈登车，巳正开，此趟名曰“船趟”，乃专为客之将坐德船而行者也。头等来回票每人一镑二先令，如有德公司之凭票则十五先令。午刻抵骚桑屯，至江堤下车，询悉该船须未正二刻方到口外，遂转回步入西南店见星使，在彼早餐。未正同乘马车至江边登德公司小轮船，同船男女之将往美国纽约者廿余人。在上少坐，船开出口，遥望公司大船已到，船名未详。因逆风小船缓大船一周始泊其旁，搭跳板步入大船，斯时大雨滂沱，海天无际。先见许星使如夫人之弟朱贵申，继而罗星使下舱晤面，叙至申正二刻，大船鸣钟催客，罗星使始来船面，余即入谒，礼毕同登船面叩别，步回小船，即时两船齐开。酉初雨息，小船傍岸，急乘马车至火车栈，少待车到，登车即开，戌初回使馆。

初十日壬辰　阴雨阵阵，冷。中国古礼凡尊长辞世，其子之孝者必将其父母生平所喜之物殉之，意在先人之遗物不敢自取，亦不忍视他人取之，用殓于棺内，犹之先人自用也，且系先人素喜之物，随葬入土，先人有灵，亦必喜也。闻英国亦间有此风，究不知其随殓之本意为何如耳？

十一日癸巳　阴雨，冷。记：在伦敦凡人故后出殡，必其至亲至契且经本家帖请者方往。乡间则不然，必先声明葬后在某处备有酒食，则附近邻居始多往送者。闻昨在牛喀斯地方有男名赖木者，贫苦无聊，故后遗有妻及子女五人，于出殡前经义友会施给十镑，以备其妻子度日，乃竟于葬后几乎告罄。问其所用，该妇呈以收条，系执事办棺殓人六镑三先令，茶寮三镑七先令。盖当日送殡人多，虽衣履整洁，皆工人非戚友也，酒食是议，何风俗浇薄乃尔？

十二日甲午　阴，冷。西国油画、水画之精，其写生传神处往往惟妙惟肖。每见所绘男女聚集等画，必多调情接吻者，不仅画轴，即宫室及饭馆之墙壁亦然。然于街市往来不见有男女嬉笑，放言狎亵，令人观之不雅者。推原其故，乃知西人之于男女以爱悦为宗，而以苟且为耻，其俗使之然也。

十三日乙未　晴，暖。见沿街所售一种香纸本士一条，长尺半，宽四分，其色紫黄，面上印字一行云：法人董叟所制，在巴里唐彦巷第八号发卖，凡人屋有异味或病人房内，皆可点用此纸以薰洁之。臭其味如作黄色冰乳之南美洲草，想必系以此草研入纸料，抑或泡水而混入纸料中耳。

十四日丙申　晴暖如昨。今日为西历八月一日礼拜一，乃一大放工之期，铺仍关闭，人工休息。戌初，余偕吴、沈诸君步游利贞囿。花木景致与上年无异，惟见草地及曲径中多集大小纸张，而张张有油有面渣。盖各富家现皆远游避暑，中等者今日亦咸下乡，惟下等工匠诸人乃于午后携眷，终日游玩于园囿之间，时坐时卧，时而步行，带有面包、奶油、火腿、牛舌之类，饥而食之，以当晚餐。天晴气爽，曛暮月升，倦而始反，亦窭人之乐境也。入夜风，微凉。

十五日丁酉　晴，热。北京有填鸭使肥之法，此地亦有肥鸡之术。据云磨米成面，以牛奶煮熟后加粗糖拌匀，白昼分次喂之，不久即肥。

十六日戊戌　阴晴不定。火车每辆不能仅坐一人，各处人品又多不同，夫既男女混杂，则须设法以防争斗、抢劫、伤人、失火等事，以及行人猝病并各种案情。

按：火车所用之旧法系在车之上下各一气筒，各中藏有暗哨，一通管车人屋，一通管机器处。大气筒又各有小筒通各车，各筒头有弇，内含天气，弇面有柄，遇事拽柄则弇开，弇开则天气入筒而哨鸣。各车顶上亦置有暗号，由管车人屋中望之可见。至近日新创之法，乃筒中含以小练，并通各车亦有练，凡遇事欲停车者，即扯本车之小练，则使管车人及管机人皆闻而车停矣。西人防患未然，其周密有如此者。

十七日己亥　阴，凉。西俗：无论城内乡间一切尘土、污秽、碎物，既无处可存，亦不欲存，恐其腥臭熏蒸，与人有损，故皆逐日以车载去，纳诸沟壑。鸡性本喜掘刨，啄食零碎。西规既因洁净不存此物，鸡则无所可刨，于是蓄鸡之人有喂蛋皮者，有喂墙壁棚顶拆下之旧灰片者，未详何故。

十八日庚子　阴凉如昨。中国不讲格物、化学，而收存衣物亦用烟梗、樟脑防阻虫蛀，不知其理何所求得。西人亦用此法，乃将樟脑块或香草盛布袋中，置于毛布之间，虫自远避。

又毛布、毯毡之已生虫者，乃用烟或樟脑水竭力刷洗，可以避蠹云。

十九日辛丑　阴雨阵阵，凉。西人谓沿海所蓄之羊其肉嫩而洁，盖因海边草咸，羊食之，赖其盐力而肉血得净也。

又兽身亦有精血如雀卵之白，其肉之色淡不甚红者，白多故耳。

二十日壬寅　阴雨如昨。记：西人吃白菜必煮两次，盖谓白菜中含一种油，人食之既无益，而与别种青菜兼食更有损，故必换煮一次，而头次水已将其油煮去大半也。此殆西国不用熬炒而仅清水煮之故耳，抑或西国白菜不与中国者同，故其性亦殊欤？

二十一日癸卯　阴，冷。记西规：晚餐必以汤为第一，凡吃干或鲜豌豆汤者必加胡椒，乃谓胡椒性佐胃而舒筋，如此可防肚内生风而伤食云。

二十二日甲辰　阴。西人谓茶能治头痛，以茶性有助神之力也，脑得之则血筋之动者即止。

又烹茶用水之正滚者，因茶有油，水滚力足以捉其油也。若第一次以极滚之水激之，则茶之精油皆出，第二次再煮则仅苦味，乃其肉中苦质耳。

二十三日乙巳　阴，冷。蛭蝓之为害于田亩花菜为最，据英人云除害之法有二，一、将白菜叶烤软，刷以奶油或他油腻，置于花菜左右之虫多处，数点钟后则叶下虫满矣；二、于夏秋之季置萝卜数片于花或菜下，虫集其上则不能逃，皆善法也。

二十四日丙午　大晴，暖。记：英国拜客赴会有定规十九条，一、凡至契必午前往拜，衣服不必太奢；二、预拜请晚酌、茶会、跳舞会者须在午后，又须距会期不远；三、因故前往安慰劝解者衣服自当朴素；四、平日循理拜会须在午后，坐间有别客至须即告辞，或与来人相识或主人强留则不去亦可；五、拜谢茶会等须在一个月内；六、如本人远出，以信封寄名片亦可；七、如住距会主不远，则亲身往拜或令仆役前往递片皆可，惟须将片折一角；八、拜客入门须在垫上擦鞋底，以免在客厅中露于鞋底有泥为不恭；九、新客来拜，男客则女主坐而向之点头问候，女客则女主始立；十、拜客入座须免冠手执之，主人请置一边方可置于身旁座下；十一、拜客后到者，须坐女主左之空座；十二、女主接男客，既不必立，亦不必陪送至屋门；十三、客将去则拽铃唤仆开门，至可否伴至屋门或街门，皆关乎客之尊贵、情之厚薄与否；十四、铃响客至，即唤仆以听门；十五、引见此客与他客，须清唱其名，更须以可听之言言之，如“此乃我旧识之契友也”“此乃我之旧学伴也”“此乃我家之世交也”；十六、入客厅切莫举目乱视，以免他人疑之；十七、当拜会时莫脱手套；十八、小心待客，凡言语间有不妥、可疑之处，皆设法避去；十九、妇女名片不带住址。《记》曰：“礼者，所以定亲疏、决嫌疑、别同异、明是非也。”又曰：“礼不妄人说，不辞费。”又曰：“礼不逾节，不侵侮，不好狎。”[1]准情酌理，虽蛮貊之邦行矣。

二十五日丁未　晴，热。记英俗：请赴茶会等亦有俗规二十条，一、凡茶会、跳舞会之请帖至迟亦须发于一个礼拜之前；二、赴会者入门先见女主，次觅素识之人近之；三、如欲引见朋友与会中人之位高者，必先达知男女会主；四、赴会必着公服（即燕尾衣）；五、永戴手套；六、手套外不得戴戒指；七、首饰不得过分太奢；八、不得永与一人跳舞；九、向所识者交谈等事须一律看待；十、须恭敬年老者；十一、待奉茶点固当殷勤而不要繁琐；十二、若跳舞之人多，不得场场跳舞；十三、赴人多之会，临去不必向人辞别；十四、凡大茶会、跳舞会临门必设一桌，左右二匣以收名片；十五、会中不设蒲樗、骨牌等赌具；十六、人固不喜玩纸牌，如欲玩之亦可，惟须言定若干，以少为妙，而免争斗；十七、男女主人皆须随时看待各客，而众中之生疏识人最少者尤当注意；十八、会中不议官事、不论教务，己有所好须自隐藏之；十九、男女跳毕一场，须引女入座；二十、女入座后，不便即离，必旁立，待女之别友来请跳时离之，方觉周到。

二十六日戊申　晴，暖。英例：凡人嫁娶皆须自本人素入之教堂或他教堂之叙明其事者，由京城或本省之大主教英名“阿赤比朔”处领给官凭一纸，其事不仅两造商定，官场亦必报妥。向平之愿非草草可完者，官凭领到，使费约

---

① 语出《礼记·曲礼上》。

五十镑。另一法名曰“俗凭”，凡人之成丁与未及笄者，经彼此之父母或保养之人允许，即可在新郎及新娘之曾经入过三个礼拜之教堂内成礼，其事经堂主或代办之人调停，使费二镑十先令，此婚礼从俭之法也。

二十七日己酉　晴热无风。记英规：凡男女商定嫁娶，报明后须在平日各人所入之教堂前粘贴报单三次，叙明一切，以便人知，堂中书手专理其事，费款至少者一先令半。堂中礼毕，新夫妇入别室注册，并经堂内教师及此次嫁娶作证各人画押。间有另给新郎官凭一纸者，此凭费价二先令七本士，官例一本士票税在内。堂中一切事宜统由教师指示，而教师之使费不等，视乎事之大小，故所有各节使用必经新郎之友从中办理为最佳云。

二十八日庚戌　晴，热，微风。巳正，着蟒袍、补褂同众除沈荔虎未到外随星使向北恭拜圣牌，行三跪九叩礼。未初公宴。入夜骤雨一阵，雷。

二十九日辛亥　晴热如昨。西国马种既壮而大，且养法极精，故其色不杂，黑、白、红、黄，无不纯一，其神骏而良壮有价值二三百镑者，驴亦有值一二百镑者。牡马之佳者，他人欲孳其种，赁用一次五镑。

## 七月

初一日壬子　晴，暖，微风。西人谓鸟之四肢较他肉柔嫩，以其曾经用力故也，鸟之翅用之以飞，腿则用之以走，筋肉劳力，故而嫩也。更有谓其左腿嫩于右腿者，因其频右腿立而左腿翘也。

初二日癸丑　晴，暖。闻在瑞士国东北界苏立池地方之帕玛东医中有疗病女名鲍茉娄者，年十八岁，当其病笃弥留床褥时受洗。按：天主教规凡小孩生后若干日行受洗礼，入堂时有孩家诚实戚友三人代孩发誓，若系男孩则二男一妇，女孩则请二妇一男。三人代发信天五誓（其誓词未详），并谓孩之父母如若早亡，自当保其成丁守法，否则长成及岁仍归其父母云云。因该女幼时未经受洗，故当日经大教士蒲喜努同其戚妇及其情人温图悌行受洗礼，并许其嫁温为妻。因当濒危之际，温立床旁，含泪欷歔。既而教士使女受傅油礼，此礼之义谓尸盛棺中，遍体傅油则得易出，想与佛教之超度及华俗之入殓以水开光同义也。礼毕，病女勉强转侧扶枕而起，与其新夫接吻后双眸俱合，鬼仆而僵。是规者西规也，儒、释、道、回四教皆无有也。

初三日甲寅　镇日似阴微晴。按：英国嫁娶官凭一节当英王韪良第四之世曾有定例，乃凡人之欲不入教堂而得嫁娶者，须于三个礼拜前禀知本地管理嫁娶官凭之人，届期新郎、新妇或同去或分去注册，注册声明后于成礼前一日告知管理官凭之人，次日同赴其署领凭。领时礼仪无他，仅官向新夫妇问答数语，并誓以“彼此立意，永为夫妇”，亦白头偕老之意也。此等使费无多，仅数先令而已。按成规必有戒指套于新妇左手之四指，此则不必，既领有官凭，即为循例云。

初四日乙卯　天气如昨，稍暖。记：西国新妇之衣冠色尚白而无定式，因式样频改，且各人所喜者不同。衣皆新制，必新妇亲至著名成衣铺言明所喜，其人必按时式装潢而肥瘦短长合度，新郎仅着礼服，无他更改处。至陪新娘各女傧欲制新衣，必先询明新娘之衣何式而后制买，以免雷同。

初五日丙辰　晴，热。记英规：进堂成婚之礼乃届期所请男女宾客先到，分立经台对面，继而新郎随其母及兄弟姊妹或戚咸至，立于台前待之，再则陪新娘之女傧到，分立堂门内之左右，即时新娘随其父进堂先行，各白衣女傧双双随后，至经台前与新郎并立，女左男右。立毕，陪新娘之第一白衣女即接新娘之手套、手帕、鲜花等代执之，以便新娘接戴戒指及行一切礼仪，此礼皆有守当之妇指点无误。其教师费用之多寡视乎新郎之品位如何，书手每名五先令，其他管座伺候者各人少许，至堂费若干皆有定规，而愿多给者亦可，此西国婚礼之通行者也。

初六日丁巳　晴。星使原奉旨驻英兼比义两国，到此后屡欲前往未得，至是始定今日赴比都呈递国书，随带各员为罗叔羹、罗小荷、武弁林文彧。又因比国操法语，兼调阿摩士［当］船厂监造、候选县丞卢守孟随往，昨日给札，派余代理。今日巳正偕诸同人除沈荔虎外送星使至柴苓十字街火车栈，登车即开。

初七日戊午　晴。再记：新夫妇入堂当在台前，礼毕新郎即以左臂挽新娘之右腕，先入号房画押，然后出堂，新夫妇同车，妇左夫右，回寓早餐，其他男女各客陆续登车，双双不得错乱。其中承约早餐者，即追随新夫妇之车后，其稍疏远而未经约请者，则驱车各归里门。

又当日新夫妇及陪伴新娘各女傧之车御者及跟役皆着高帽礼服，且胸前襟上各插白花一束，以示区别，婚礼之简即此可见。

初八日己未　晴。又记：新夫妇回寓早餐，如客多则新夫妇分坐，长桌中间之左右桌之两首坐新娘之父母，否则坐男女两家客之年长者各一。饮食将毕，则客中一年长者立陈数语，以祝新夫妇，并公饮二人之福。既而新郎立起答谢，因此时无人注意于陈词，故无须修饰繁琐，要言数语足矣。食毕，不待敛器收拾，而新夫妇之行装备妥，即刻登车出游，或远或近，或数日、数月以及一年，咸视乎二人之品位、资财若何。至其所游之地，如在本国则多去英兰西南临海之宽倭代文晒等城，抑或苇得岛，景致幽雅，火车往来亦便；其欲远游者闻多赴德、法、瑞士等国者。又此游洋名“豪呢木恩”，义乃蜜月也，新夫妇情爱亲密之第一月也。

初九日庚申　稍阴，凉。前当星使启节时，谓惟电信须原封寄送比京，盖秘本归星使携带也。余固告洋仆以来信皆送余手，不意凡由大北行来电乃皆仍交伯苏，而伯苏竟闭门半日始行转发，不知何故也。

初十日辛酉　阴，凉。记英俗：凡男女嫁娶有一种分送戚友之喜糕，洋名“卫丁凯克”，义乃新婚糕也。

按：其做法乃干面、奶油各四斤，糖二斤，豆蔻、丁香各三钱，鸡蛋三十二，小干葡萄四斤，甜杏仁一斤，香橼一斤，蜜饯、橘子、柠檬各一斤，卜兰的酒六两。以上各件备齐，先以手挥奶油成汁，继而将糖洒入，俟一刻后将鸡蛋白另盛一碗内，搅使起泡倒入奶油糖中，再半点钟后，则先将鸡蛋黄倒入，再将干面、豆蔻、丁香搀入。待火炉器具备妥，先倒入卜兰的酒，再放入葡萄、香橼等，一切搀毕，桌面置一木圈，圈下垫纸三层，满擦奶油，后将材料倒入圈内，连圈置称上烙之，至少亦须三点钟之久方熟云。中国婚嫁无论南北礼皆有龙凤饼，于纳采、纳币时用之，继则分送戚友，所以敦睦谊、重嘉礼也。今西俗亦有新婚糕之举，何所由来，殆不可考。要之，礼虽不同，用意则一，安得谓东西俗尚之不可互证耶？

# 卷　七

光绪二十四年七月十一日辛酉　阴，凉。伦敦西南隅有地名“厄勒斯阔尔特”者，译言伯爵府也。其地四面铁轨丛集，中间隙地狭隘，耕耘不足，营造不宜，五条铁道形似双勾“八”字。各中隙地中长而左右短，式作“小”字形，前于西历一千八百三十七年（即道光十七年）经同人醵金购其地，用设赛奇会。其当中一畦如“小”字中笔，长二千二百余尺，宽约二百尺，左右两畦如“小”字左右二点，长各千尺，宽五六百尺，左点通中竖以一桥，右点通以三桥，皆在铁道之上，桥宽敞平坦，点缀殊佳。该会场地虽偏小，雅有布置，凡临铁道及街衢处四面环立油画，高约二丈许，山林花木，台榭田庄，真假混淆，工极精妙，使游人步至画前，尚不知目前若干里远也。入门共五处，中畦上下两门，上者在西堪兴坦火车栈，下者临里立路，左畦亦两门，下者傍西邦普屯火车栈，左旁者临倭韦路，右畦只一门，在右旁临北埃恩得路。各进门费每人一先令，如购地道火车来回及入门票价稍廉。场中修饰踵事增华，每年惟自西五月开至十月，因冬令天寒雾重，不便游观也。

又本年内列多印度房间土产，因而名曰“印度会场”。今日午后，余偕沈、吴诸君率荣骅乘车往游。至倭韦路下车，乃左畦之左鄙也。入门步数武左旋为福晋阁，内列新式轮船多种，大小不一，大者长一丈宽尺余，一切机件、形式与真毕肖，精巧绝伦。循途转入公爷阁，内列俄与瑞典之五彩绸缎，平平无奇。出此一敞院曰“君主廷”，左右二酒馆，中一乐亭，内坐乐工廿余人，亭后一小湖，势蜿蜒如卧龙，沿湖铁阑，环置电灯千盏，湖中有气艇，绕游一周每人三本士，入夜灯烛辉煌，尤饶逸趣。湖左右二桥，左名“珠璧立”，右名“维克都里亚”。左桥之左湖心一小岛，岛上悬气球，以十二马力之汽机使之上腾千尺，可载七八人，坐者每人五先令，湖滨三面又曰“珠璧立园”，则红绿分畦，阶砌藩混。右桥之右湖边一铁塔英名“贝勒卫斯得尔”，译言望天塔也，高二十丈，造用钢铁百五十吨，式与巴里赛会场中之塔相似。顶作中国塔形，上一铁盘，容一百五十人，上下既有铁梯，又有升梯二，各中容人六七。上一次须时三十秒，登临眺望，毕见园中景物，上者每人半先令。塔之四面花卉芬芳，与左鄙者同，另名曰“维克都里亚园”。湖后正面铁架玻璃房一区名曰“君主宫”，横约五十丈，深十丈，中凿水池，盛植花木，有芭蕉、棕竹之属。左右首各有小乐台名曰“怡性处”，台上各坐日斯巴尼亚国男女乐工十余人，丝竹叠奏，幽雅可听，盖为游人步入少憩，坐于花木之间以乘凉怡性也。四面有门，左通维园，右通珠园，二门外各一酒馆，前面三门，中对湖前乐台，左右对珠维二桥，后门通一桥曰“长桥”，过桥即“小”字中笔一畦，其桥下乃伦敦西路铁道也。下桥右转有铁架房一环作扁圆形，周约二千尺，总名“御廷”，房分两层，外明内暗。其外更有游廊，便人往来，内外间间分列东西各国及英国奇巧货物，男女商多英人。左右及后面有四大间，一曰“中阁”，四壁上下皆作印度房式，列印度货；又三间皆曰“御阁”，专列义、奥、德、美国货。其外间各有加非、点心铺一所，南北斜向，后间临桥为巡捕屋、水龙屋。环房中之敞院曰“御园”，周约七百尺，中一乐亭，上坐乐工二三十名，缘亭列有铁桌椅，备人点心歇息。外则花卉分畦，或圆或方，左右分十区，各作扇面形。由房左中阁穿出，接有戏园名曰“皇后园”，正面五门，门前一箭道，左右首二酒肆。戏园用地周八百余尺，新演一出曰《表扬水师》，正面悬山水布画如海口、一村、三炮台，海边并有灯楼，形势颇似德之帕诺拉玛障眼画。座位层层，与马戏园同，座与布画之间相距百尺，水汪洋如注，地势虽狭，而真水与假水相连，大有海天相接之概，风云叆叇，岛屿苍茫，望之渺无涯涘。其中村镇楼房人烟稠密，虽以千里镜窥之，亦不辨其真假，几千万落。演海战，大小铁甲兵轮十二艘，咸照英水师巨舰之最强者制造，其名如“阔凌武”“班步武”“堪百挡”“鲁百尔”等。船虽长仅丈余，而一切规模与原舰无异，船面罗列大小炮位，无不备具，又有水雷船、文书船等。昼夜分演两场，共作七节，白昼第一节曰“升平水师”，乃十二船先鱼贯一行，既而对对并行，再则彼此往来穿行，后又连成一串，末则分作两班，极属整齐轻快。第二节船分两队佯作交兵状，各由左右台后驶来，对面声炮，互相冲突，各按兵法，不分胜负。第三节演水雷，水面浮一木靶，二水雷船陆续分击之，其能中者胜，观者鼓掌称贺。第四节曰“永庆升平”，乃各船遍缀花旗，正面一帅船，他船往来列阵，每自帅船前过，皆升旗三次以示敬。入夜满园燃电灯，岸上楼房灯火照耀，船上、舱中亦燃灯，所演与白昼异，势作海面战场。第一节

（即第五节）乃夜间一战船自他处驶回，未及进口被他国巡船追及，向之连发数炮，该船竭力闪避，幸得驶入正面炮台后。第六节一水雷船驶入，相势以击三炮台，竟被岸上由搜察光中窥见，即以炮轰之，未着，该船于击毁口内一敌船后尤能躲避炮台之火，且发暗号唤船来攻。俄顷众船齐来，有升旗者、下旗者，灯有明者、有暗者，往来搜寻，并有随行鸣哨而传令者。第七节作攻击状，炮声隆隆，各船施放小炮，台上亦开大炮，兵船复以开花炮轰城，水面船碎，城中烈焰熊熊，炮台失陷，火光烛天。又因天地昏暗，炮台设有电灯，光射海面，以便照寻敌船。左炮台塌后右炮台即举降旗，于是炮声息而各船灯火齐明，满悬国旗以彰得胜，乐奏《天保君主》，船皆凯旋。此戏所演能令观者如身临战场，目眩神骇。至其船，具体而微，其上无人，而十二船能于池水中四周泳游，不失次序，且能自行燃灯放炮、鸣哨升旗，无他，咸赖电气耳。演时白昼自三点半至四点半，入夜由八点半至九点半，座价由六本士至三先令不等。出此回行，过中阁出御廷穿御园左行入御阁，出左门一长院曰“英兰美景院”，周约一千二百尺，四面矮屋参差，高者两层，皆古式木造，别有景象。院中两大间，第一间曰“侏儒戏馆”，乃美国人所演，矮人男女五六，高皆不及三尺，其为首之老妇名“色木”者尤矮，高仅二尺，往来自备小马小车，御者及仆役皆侏儒也。戏共四场，第一场演男女真假恩情；第二场矮人歌舞，跢跦蹀躞，莺啭鸾咽，亦颇有趣；第三场色木述其游历列国，各王与后如何接待；第四场以幻法作假人，皆曾在他处屡见者，兹不赘叙。第二间稍小，则茶寮也，室左别有三区，一为义国曲馆，一为演留声器处，一为藏南海岛中男女三四人，备人观览，并列有该处土产多件，不外骨壳、海石之类。其他各间有名“沙圃”者，出售香水、脂胰，且使二幼女妆饰翩然立诸门外，以广招徕。又有耍自行人者，有照怪状小影者，如人面可照于狗身，人身可变牛头之类，有出售新式以树枝、树梃编成之桌几椅凳及花园小亭等物者，有揪地毯行设其天气揪机及火轮揪机者，有出售新式炉灶，随有二女庖笼火烹炒者，其他无甚新奇，无须琐述。

又此院中有东洋车五辆，雇黑人身着日本衣拽之，坐驰一周三本士。过此入一长斜院，势邪伸如股与足，周约二千尺，名曰“乐境”。先则正中小树两行，对植廿余棵，左则花园幻景，白石砌路，夹道红花；右则房间一排，第一间曰“电气戏馆”，容数十人，内正面悬瑞士阿拉普斯山旁景致一方，周不及四丈，山林、村市、桥梁、舟车造以铁木、砖石，望之真假不辨，惟水流潺潺有声，则真水耳。所演名曰《一日景》，始则天明日出，午后微阴，继而大雨，雷电隆隆，雨止天晴，入夜月升，景颇可观，其昼夜阴晴咸赖电气，观者一人三本士。第二间曰“日本御前技艺馆”，所演第一场乃一人仰卧，脚上置一铁盆，重三百六十斤，又上下左右连叠数盆，高至一十五尺。一女登盆而上，顶立中央，倏忽盆坠，女头竟落入脚上大盆中。其他二三场如踏软绳等，皆他处看过者。第三间为放枪场，正面距箭地，势作山村景致，有假鹿、山猫等往来驰骋，放枪得中者赢。旁一加非馆，再则一大间曰“黑人营”，演者男女三十余，皆来自北美洲苗蛮之地，一切曲文、声调、乐器、跳舞，皆令人闻之掩耳观之目眩，吃火一技亦前在柏林看过者。另一房内一人以铅笔画小影，头大与真人同，工不及一刻，价则一先令。对面一杂要馆，未及一观。此地中央立一大铁轮，名曰“支干梯辉勒”，义乃至大之轮也，周二百八十四尺，重约九百吨。地立八柱架铁轴，轴粗一丈，每边作“”形，轴两首各小屋一间，轮共四圈，左右各一大一小，扶条铁棍四十余，外出如菊花。小圈之间横连以铁棍，而小圈与大圈亦连以铁棍，二大圈之间周围横系小木房四十，长各二丈三尺，宽丈余。四面玻璃窗内有桌椅，分头二等，每中容人三十，重各四吨半，二小圈上挂有二铁练，由地下通入铁架后屋中机器。机器两架，每架五十马力，机器动铁练行则大轮转，大轮转则小房随之上下。人之欲坐小房随轮眺望一周者头等二先令，二等一先令。右面登台买票入房，左边出房下台，头等者桌凳华美，各间出赁千里眼，皆有一人伺候。转至极上，高三百尺，四望东南见水晶宫，西南见色蕾山，西见文毖行宫，北见哈娄、文卜来二塔，正东见伦敦各官署。入夜轮中满燃电灯，此小房租用一日者半吉呢，茶酒、点心饭馆可送。此下铁柱四面罗列小摊，出售玩物。此园由入门至轮前，入夜电灯层层，颜色红绿不一，辉煌有致，故名曰“乐境”。轮右敞地小树两行，共三十余棵，左右花池及加非馆。直行至西堪兴坦车栈，门则中畦直径之尽处也。回行右转过阆苑桥，桥下为中行铁道，桥平与地接，步行其上更不知下有铁道也。过桥入一园曰“西园”，犬牙相错，周约二千八百尺，则其右一畦也。此园开敞，景致无多，仅丰草绿缛，花木芬芳而已。桥右距数武一区曰“天下一家”，乃屋中置一大笼，内畜牝牡狮、猴、虎、豹、熊、罴等共二十余，人在其中搂抱接吻，互相亲爱，不争斗，无吼声。夫兽莫猛于虎豹，而一驯至此，是将来蛮貊被化，顽梗胥捐，所谓天下一家者其庶几乎？或谓此狮、熊、虎、豹多非原种，童而豢之，长而驯之，以故聚族而居，不生猜忌。然则将来东西各国人民互相往来，久而种类相混，偶居无猜，殆不难一视同仁欤？未可知也。出此山头有往来自行车，占地五百尺，一车可坐六七人，道路凸凹，往来咸仗拥力，亦三十年前在瑞典看过者。对面先一加非馆，继则演留声筒处，过一段花草地有饭馆二区，再则一局中人之会馆。此处对面另有二酒肆，又一处名曰“育婴堂”，次一处曰“麻加帕诺拉玛障眼画”，皆未往观。此地中有乐亭，旁植小树两行，由此右转登大桥，长四百五十尺，名曰“穿廊”，其间左右列屋肆，设各国货物，种种新奇，笔难尽述。过此桥则又入“小”字中笔之御廷矣，乃步入饭馆，晚餐毕乘车回使馆。

十二日壬戌　早阴，戌正大雨一阵。记：伦敦每冬固有茶会，然男女拥挤，酬酢之仪殊无取焉，主人既觉繁累，客亦多勉强周旋，不足以畅达主宾之欢。由是另有几种小茶会，乃邀戚友男女十数人或二三十人，宾主同玩以乐终宵。各会名不同，如书卷茶会、照相茶会、奏乐茶会、猜名茶会、缄口茶会等。凡请奏乐茶会者，须女主善鼓琴，客到后各给纸笔，主人则一弹再鼓，客则各书所奏系何曲，属何乐谱，鼓毕查验各纸，其能多知者得赠。猜名茶会系一女正坐，余人排立于其后，乃陆续以纸书一名女之名，如谢道韫、曹大姑、王昭君、洪良玉、木兰、薛涛等，问曰：我为谁？坐者猜之，是则曰是，非则曰非。若猜中则坐者立而易他人，其能多猜不错者有所赠。至其缄口茶会，乃厅中设桌行行，每桌对坐男女各二，以纸牌为戏，设若十桌，则四十人掣签入座。十桌以首桌为主，各桌坐齐，待首桌摇铃则齐玩牌，彼此缄口不语，约四五分钟久，首桌再摇铃则即停手，后查各桌何人于此五分时内得副最多，乃按副数之多寡前后升降，如由第十桌升第九桌，凡升至首桌者皆得一凭牌。一次查毕，再行入座玩牌，蝉联而下，比至夜半，主人请众夜餐为止。于玩毕时又总查何人曾屡升至首桌及何人曾屡降于末桌，乃分赠三等，则首、二桌与末桌也。

十三日癸亥　早阴晴不定，午后细雨淋漓，风。伦敦鼠极繁盛，于是有专司捕鼠之人，闻迩来五个礼拜内在英都各船澳由往来船中共捕得大小二十万零二千七百八十二头。据南美洲某船船主云：本船载运五谷来英，沿途白昼满船鼠行成群，自经捉鼠人搜捕后，踪迹顿渺矣。窃谓鼠依人而行，故轮舟、帆船皆有之，人坐船必欲其新造轻快，鼠则不然，乃择其船之五谷丰盈者方写船票也。芸窗无事，因信笔书之。

十四日甲子　早晴，午后微阴，既而细雨阵阵。早接星使昨日寄谕，内云："抵比后奉旨饬办编译事宜等因。钦此。尚祈诸公仰体圣意，勉为其难，无任盼祷。此间国书于初九日呈递，初七日傅相豫先致电比主道意，故相见时有加礼，畅谈历半时许，面订本晚宴会"云云。又接来电，谓今日酉初抵伦敦，届时余偕诸同事往接。入夜风。

十五日乙丑　稍晴，凉。记英规：凡新夫妇于成礼后，皆须同送名片与其所识之戚友，各戚友咸以吉词书诸名片及说函以答之。迨夫妇出游旋里，别树门墙，新娘即可备人来拜。然不必专候在家，凡亲朋投刺者皆当即早答拜，以表交谊，而于片中择定所欲结纳之人拜之；其不愿结纳者既不答拜，以示绝交；倘未及答拜而仍有茶会来请，皆可婉言辞之。

十六日丙寅　晴，凉。又新夫妇游回后，于彼此素日所识各男女中择定仍愿夫妇与之相识者，则酌定日期接待，或每礼拜某日，或月中某日。凡初次到者须以喜糕与酒奉之，客又必以吉词祝新夫妇，新娘接客。值新郎公出则不能独会，必有其母或姊妹或他人相陪，并须代申新郎公出、不能敬候等语。盖男子迫于差务，不以失迓为非，而女子既有室家，亦以远嫌为是。观于此则知别嫌明微之礼，中外无二致也。

十七日丁卯　晴。记：英人之非天主、耶稣两教者，遇有婚配而遵例领有凭帖者，则在无论何教堂中皆可成礼。惟礼节经句稍有加减更易之处，各管堂人皆明悉一切，其有不知者，则管堂人指引之。

十八日戊辰　晴，热。西俗：小儿生后皆应入堂受洗礼，不拘日期，多择在年节闹热之时。受洗礼若何？乃神甫诵经洗浴一次也，其规不同，或照本堂之礼，或遵教会中礼。入堂时小孩之名及其生日皆须报明登册，一切规例询诸管堂之人，堂费无定，视乎事之大小。择期既定，届时孩之父母及教中所谓之神父、教母皆到堂，奶娘抱孩，孩衣固当鲜洁白色，各人亦皆着礼服。礼毕，教母必送小孩一物，如银匙、刀叉、小碗之类，以祝长生，并给奶娘微物以为礼。

十九日己巳　大晴，热。记：伦敦有种加非馆行名曰"英国茶桌"者，亦系集股而成，铺设多处，与ABC行同。闻昨在发苓墩街之英国茶桌加非馆中，经女堂倌郭兰窃去柜房数文，案犯经官场议定，今后凡女堂倌于伺候客时，皆须着其应着之衣，不得着行路衣，以免身有暗袋云。

二十日庚午　晴热如昨。午后，偕沈、吴、袁、尹诸君乘车往游万牲园。今日系礼拜二日，男女游者极多，内加非馆四五区，亦颇拥挤。禽兽如前，无所加添，惟一种电鱼来自斐洲，殊新奇。养于铁槽中，粗拱把，长尺余，色黄，形似鳝鱼，据云以指触之即生电焉。

二十一日辛未　早微雾，午后大晴，热。英规：凡人生有子女皆须报官注册，在四十二日限内投报者不索费，逾限者罚七先令半，生过半年则官不准报，销出英籍。故凡一孩生后，或其父母亲报，或房主、邻居以及收生婆等前往代报。各城皆有官署，名曰“注册局”。应报者有数端，如所生或子或女、生于何日、乳名为何、孩之父母何名、孩父以何为生。报信人并须画押，注明籍贯、住址及注册之日，以便官场遇事考查云。

二十二日壬申　晴。凡小孩之生于英国者，业经报官注册于六个月内，其由受洗所得之名，须于受洗后七日内复经前次报官之人再赴注册局报明。当时须自管堂人得有凭单，费款二先令七本士（官税一本士在内），注册局查明凭单，另索书名费一先令。

二十三日癸酉　晴。记：外国男女之名皆取教中神圣之名以为名，中华则不然，吾人所以避神圣之讳者，尊敬之意也，故有圣讳、庙讳、家讳之别。至西人命名无所避讳，意在取其名即以效其行也，故自君王以至庶民，自鼻祖以迄耳孙，皆可同名也。至其名数，男名约二百二十，女名约一百六十，既不能任人自取，则必其父母于名单内向神甫商择之。

二十四日甲戌　晴热，微风。记：伦敦台又名“白塔”，在伦敦城中偏东，南傍太木斯江，前英王韪良第一所建也，系在西历一千零六十六年，当宋英宗治平三年。占地一十三英亩，台高九十二尺，四面围墙宽一丈六尺，皆以石筑，系古作官监，内中古之名人、王族被害者颇多。墙上设有兵房，墙下围有壕沟，宽约二丈，入门有吊桥，随时可以灌水，以防逃窜。墙下另有闸门，罪犯或生或死，有时自此冲出。现在围墙仍用住兵，其内则安置整洁，备人游览。每日自巳正二刻至申正开门，游者入门买票，按处游毕，有人收票，惟每礼拜一六两日无使费。今日午后，余同沈、吴、尹三君率荣骅乘车往游。入内登楼，先观宝物房，房内正中置一三角形大玻璃罩，顶尖座方，满列君主金冕、金杵，嵌以珠宝、金钢石并金盘、金斝等。四鄙临墙，有长方木架玻璃罩，匣内列各等宝星、宝带之类。转入他门则一小礼拜堂，不甚华丽，建以木石，为古诺尔曼之式。再入一楼，石梯狭窄黑暗，上仅石屋一间，即古之囹圄也。四面石壁多有罪犯以刀刻其名于上者，据云古之国王、王后及王子等于此被困受害者不一。其他层楼所储第一为英国古时人马之钢铁盔甲，再则英国及印度各种今古大小刀枪器械，各皆排列整齐，或排壁上作菊花形，或插架上，行行分别，悉皆磨洗，光明闪烁。左右架前隔以绳或棍，人行当中，皆有定路。是由入门至出门，鱼贯而行，人虽众而不挤。再上至台顶，式如京西之五塔寺，闻古时国王亦有自上越下而死者。院中罗列古炮多门，并有古时王后受刑斩决之处，中置铁具，四围阑以铁练，各处皆有兵丁抱枪往来梭巡。至各守门人，皆宫中侍卫之年老有功者，充此散职以终余年。

二十五日乙亥　晴热微风如昨。碧玉鸟之性最灵，闻昨在美国米诗干邦监中有罪犯米尔者，蓄一鸟名之曰“佩的”，朝夕教养四年之久，竟能使唱美国之《秧季兜得曲》。释言“秧季”者，美国人之绰号也，“兜得”者，懒汉也。句句清楚，歌声与幼女同。不仅此也，且能跳篱笆、上小塔及骑小脚踏车等技，或谓该鸟经人以二百五十镑购去云。

二十六日丙子　晴，凉。京中各会如秧歌、五虎棍等技，凡曾经御览者皆用黄龙旗。英国亦有此俗，凡出售饮食、器皿、车船等厂铺之货曾经君主用过者，即于门外招牌及货票、货匣上，皆印刻本国之马狮图；有经太子、王妃等人用过者，亦于招牌、货单上大书以“曾经上用”等语。

二十七日丁丑　晴。记英规：凡英人坐英船在上生有子女者，该船船主须记明一切，俟该船驶到某处，当即以信将其生期及教名报知伦敦注册局，重丁口也。

二十八日戊寅　阴，冷。记英俗：男女固皆戴戒指，然其戴处不仅在第四指也，在他指上者盖皆有义也，如一男意欲得妻则戴戒指于左手二指，如已配定则戴于中指，已娶固戴于四指，苟永不欲娶乃戴于五指；女之未经择配者戴一钻石戒箍于左手二指，如已聘定则戴于中指，已嫁者戴一金戒指于四指，苟终身不愿出嫁则亦戴于小指，所以示别也。

二十九日己卯　晴，暖。闻西国新妇戴戒指之风由来尚矣，据云始自罗马人。按其规于未娶之先有戚友会于女父家，互议嫁娶之凭书，议定后则女之嫁奁财产或即时付给，或临期送交，同日喜乐宴会一场，新郎即赠一戒指与新妇以为质，新妇戴于左手四指，盖义谓四指连心，今而后夫妇同心，永世不忘也。

三十日庚辰　晴，热。闻西俗戴戒指于左手四指之意，乃讹传左手四指脉管通心，故至今名其四指曰“嫁娶指”，而各神甫亦皆因而遵守之。然详考其原，大义总不外守教。按英国古时嫁娶之礼，乃新郎将戒指先套于新妇左手之大指，曰“圣父之名”，移于二指曰“圣子之名”，又移于中指曰“圣魔之名”，末则移于四指之上曰“阿门”，译华言正心所愿也。以上前三句义不甚解，盖皆其教经中言也。余按其经文译之，存以待考。

## 八月

初一日辛巳　晴热如昨。英人游历中华，例由英外部来文咨请护照。兹闻有英人屈浑者，自行函请护照，星使即日发给。推星使之意，或因其人由俄至北京，路皆洋人素经之地，不关紧要。窃以为此端不得擅开，恐此后英人视为可行，即援以为例，于是自请护照者纷纷而至，苟皆与之，幸而无事则已，若有事，询诸英外部，彼必答以不知。无案可稽，如何了结？事虽甚细，不可不慎也。入夜微风。

初二日壬午　晴。英国男女婚配，不用媒妁之言。某男悦某女，某女爱某男，自订交至议婚，彼此情爱皆不明言，惟心心相印而已。即如男悦某女，馈送折扇、首饰、花品等物，必递以左手，以示爱慕之诚。女若接以左手，即为心领其敬爱之意；苟接以右手，则明示推却，该男自不必仍行思慕矣。

初三日癸未　早微雨，午后雨止仍阴。迩来两三月间每有信函札件，星使皆令袁仁圃在中国客厅钞写。昨日又奉星使面谕：凡钞写官件皆须将门锁闭，以免他人偷看云云。由此观之，则某衙门人不知某衙门官事者，不为奇也。

初四日甲申　镇日阴而细雨阵阵，凉。英规：一人病故，其子女或房主或同居之人须于五日内入注册局报官。

又当其人死时，在旁如有外人，亦须同往禀报。至所应报者有七，乃其人身故之日，故人之名姓、籍贯、年纪、何职、何业、故去之由。报信各人画押，书住址及报信之期。不仅此也，更须医生具一凭单，叙其病症并曾经胗脉看至何日，报官者执此转交包办殡葬之人，其人再呈官府察验。苟无医生凭单而擅行葬埋者，一经查出，则官罚十镑，盖防有死于非命者也。

又一切报官、交凭单等事，皆无使费。

按：此凭单亦与我华城门验殃榜之义同耳。

初五日乙酉　微阴，凉。记：凡英人之坐英船于中途病故者，亦与生产者同。待至某处，该船船主即行寄信伦敦注册局，报明一切。

又英俗：一人病故，家人须即以黑边报单报知本家各人之在外者，或因事忙而人多，其居住附近他人者并可求为代报。俟一切事定，择期发引，在某教堂诵经，葬于何处。既登新报，并送讣闻，请戚友听经会葬，或仅至教堂，或送至茔地，盖交谊有亲疏之异也。

初六日丙戌　早稍阴凉，午后晴。记：欧洲古时农家以牛易物，嗣因其法不便，乃割牛皮一块成牛之图样，并印已之姓名，往购所需之物。至交易已成，而当时不须此牛，则收其皮块为质，追后可持此皮以领牛。故古时之钱起于皮块，而钱之古名在腊典文中亦谓之“皮”，千年以来始陆续鼓铸金银铜三品。至英国初以银铜等质造钱，数百年前始铸金钱，至西历一千六百年（明神宗万历二十三年[①]）始造金钱大小五种，银铜钱大小各六种。且于牛渡之时，大书院将所存古银器集铸银钱，其大者每块值二十先令。至一千八百七十年（即同治九年）以后圜法始定：凡以前之钱未经官场收回改铸者，人皆视为玩物而珍藏之。

按：现在所铸各钱之名皆有所本，即如“法丁”（本音“法尔应”）义乃四分之一也，四法丁值一本士也；“本士”（本音“佩呢”）本乎腊典盘讷斯，义乃布也、币也，用以为质也；“先令”（本音“什令”）本乎德言“矢凌格”，义亦钱名也；“茀洛林”乃古金钱名，本乎义国“肥欧里努”，义乃莲花，因钱面錾有莲花，故以名钱也；“克老安”义乃王冕，亦因其上錾有王冕，故以为名也，又其名本法古金钱名；“色五伦”义乃主也、首也，以其位居银铜各钱之上也；“镑”（本音“狍恩得”）者义虽一磅，实则本乎苏格兰之钱名而名之也；“吉呢”亦金钱名，盖取其金来自斐洲西南界近海之吉呢地方也。

初七日丁亥　晴。记：英国各城之讼案有案情重大而非本城地方官所能判断者，每年由伦敦律法大学士英名“骆尔得禅赛勒尔”派员各方代审三次，如我华钦差查办事件大臣。节麾所莅，该城阿得门预备公馆，伺候一切。如有重案，自呈该员审断，苟皆非要件，则该城之美尔即于次日馈进白皮或织绒手套一副，以示本城无案可谳之意，盖古法也。询诸土人，既不知其始自何年，亦不知其何所取义，惟循守旧规云尔。

初八日戊子　晴，凉。月前星使购一钟形布帐，置于本街公花园中，为乘凉坐息之所。星使喜读英史，手不释卷，因恨自读不快，乃雇英人之善读者每日午前在公花园布帐内背诵两点钟，每一点钟工价三先令。盖各执一卷，同坐

① 应为万历二十八年。

帐中，其人诵而星使听之，乃谓听一日胜于自读十日，一月胜于一年云。

初九日己丑 晴，凉至着棉衣。记英规：凡为人送殡者皆戴黑色手套，而丧家仍备大小十二副，以便来人之未戴者。至送殡之车，则本家者随殡车，至近之亲族次之，其他戚友者则尾随之。俟葬毕乃本家者先回，其他仍按来时先后之次序，中惟至近之亲族须仍回本家少坐而后去。

初十日庚寅 晴凉如昨。按：英规凡读礼之家于窀穸后各戚友皆须往拜其家之人，以示关怀致慰之意。凡宗戚皆于半月内第一礼拜亲往，至契之亲友又须于半月内第二礼拜亲往。以上皆须晤面少谈而后去。至交谊疏远者，皆于一月内前往，不必会晤，仅投刺致候而已。

十一日辛卯 晴，冷。记：英之糕点有苹果饼一种，作法用白面一斤，切碎牛油六两，搀均铺平，再用煮熟苹果一斤半，杂以丁香或肉桂末及柠檬汁与鲜奶油各少许，后倾置面上。外用白布包起，置水中煮一点半钟之久，或于苹果中再加橘汁一二匙，食之其味尤甘云。

十二日壬辰 晴凉如昨。记：英国另种苹果饼曰“包斯顿（美国城名）苹果饼”，作法用苹果十八，剥心去皮，切碎加肉桂一片、丁香二枚、柠檬汁一匙，搀匀后以水少许置锅中，以微火煮之。迨煮熟先洒白糖末若干匙，继以马尾筛筛之，筛毕加鸡蛋清一、鸡蛋黄四、牛奶油四两、豆蔻半斤、碎柠檬皮二匙、柠檬汁少许。概行搀妥，包以面饼，置铁称中烙一小时则熟。或谓乘热食之，其味尤美。

十三日癸巳 晴，冷。闻前日一少妇被戕。先是该妇与某甲善，某甲曾厚遗之，所费不赀。妇继又与某乙善，因而厌旧喜新，遂乃嫁乙，而甲仍时访之续旧好。妇因久而无奈，乃于某日约棍徒候于门外，迨某甲叩门，群前询问，甲答以来拜某某，众问该妇为尔之何人？甲对以旧友。门开甲入，群尾随之。甲见妇，妇佯不识，乃言：“我为已嫁之女，何故来访?”众亦因出恶言。甲始而诧异，继明其情，乃先取手枪击妇死。众拥甲鸣官，官传同居老妪对质，老妪言：“所闻者仅尔多人，我未下楼，安知其详?”官谓某甲当时自保性命，迫而用枪，自当无罪云云。按中律杀人者死，而原情减等容或有之，若夫势迫行凶，致伤人命，究不得以无罪论也，中西法例之不同如此。

十四日甲午 镇日阴晴不定。记：英人煮肉皆有一定火候，如煮火腿须六点钟三十分，若二十斤干牛舌须四点钟，腌牛舌须二点半或三点钟，羊脖须一点三十分，鸡须二十分，大公鸡四十五分，阉公鸡则三十五分，鸽子须十五分。且谓凡肉煮熟按时已足，苟仍留汤内，则失其本味云。

十五日乙未　阴。巳正同人团拜贺节，其未来者为沈荔虎、严伯玉，在使馆内而未入场者为曾叔吾、林琴荪、王少山。酉初公宴。入夜晴。

记：英人吃烧炙牛羊肉，多有喜其半生者，名曰“恩得尔得恩”，译言未十分熟也。至小羊肉、小牛肉与猪肉，又须十分熟而又不可过熟方可食，因肉有易消、有不易消者也。

十六日丙申　晴，凉。英规亦有乡绅名曰“竹乐尔”，凡一楼为首之人，苟有学问，曾经考试者，皆列注绅册。每遇同乡或同坊有案，则官派该处十二人入堂会审，有不愿往者则馈送巡捕五先令，使其捏报外出，即免此役。或谓西人事多秉公，无行贿之弊。然耶？否耶？惟其贿赂皆有定数，人所共知而处处明行耳。

十七日丁酉　阴晴不定，金风司令，天气渐凉，即遇晴霁时，亦不能如前之清爽，早晚烟雾迷漫，对面里许即依稀不辨矣。闻英妇哈米屯著《治家三章》，其三句云：“作各事于其时，置各物于妥处，用各物于得宜”，语简意赅，当作格言读。

十八日戊戌　晴，暖。记：英人一种小牛头饼亦有作糕者，乃煮牛头一点半钟，用作晚餐。食毕，将所余之肉割下成片，再以原汤煮骨三点钟，然后提出，使汤凝结。待至次日，括去面上浮油后煮二鸡蛋五分钟。晾凉以刀切片，铺于盘底，再上层层铺以肉片凝汁，加以椒末、柠檬汁等，盖以瓷碟，置火旁烙之一点钟之久，上下自然凝结一处。次日倒出，割而食之，味亦颇佳。

闻今日罗叔羹由比国回。

十九日己亥　阴，暖。记：伦敦又一种牛尾后胯糕，乃买牛臀三斤，切脍，削去皮筋，涤洁，以刀斫碎，加以葱末、椒面与盐。盘面先铺葱料一层，再铺肉一层，层层铺满，末入蘑菇汁及红酒各二两，盖妥后置火边烙两点钟方熟。苟不用蘑菇汁与红酒，则买大蛎蚝四五水煮半熟，切边去皮，层层随肉放入，烙时其汁流入肉中，则糕味尤鲜云。

二十日庚子　阴。记：英人一种鸡蛋火腿饼，作法先切面包一片，厚逾二寸，四面以马口铁圈割圆，周盈尺，再以铁圈小两倍者于中央压下一寸，即以小刀挖出后以荤油炸黄晾干，剁火腿半斤，加酱油二两，置火上少煎，再洒以椒末、柠檬汁各少许，盛入面包中心凹处，再上覆以煮半熟之鸡子一枚，热而食之，此饼洋名“帕的”。

二十一日辛丑　早雾，午后稍晴仍阴，入夜暖。记：英国烧鸭之法，先将一种菜叶洋名“赛之”者，其味辛香如薄荷，叶厚有绒如枇杷，切碎杂以椒面、盐末、半煮葱及牛奶油各少许，填入鸭腹，后则吊于旺火炉前烙之。四面刷油不使焦，待鸭肚鼓起，蒸气转回向火则鸭熟矣。据云大鸭须烧一点钟，小者仅用半点钟。

按：其鸭腹填菜之法，亦与中国烧鸭填荷叶无异，皆取其香味耳。

二十二日壬寅　阴。闻英人烧鹅之法与烧鸭略同，一鹅剔洗洁净，备葱二两切丝，苹果、番薯各若干两切碎，面色渣一碗，牛奶油一块大如核桃，紫苏一两成末，生鸡蛋黄二，椒面、盐末各少许。杂置一处，调均填入鹅肚，切莫填实以防各菜发涨。鹅尾敞处插以银针，一防其转，再防填菜外出。烧烤一点半钟，烤熟盛盘后佐以酱油与熟苹果泥，食时多寡随意调之。

二十三日癸卯　阴晴各半。又英人一种面包糕，用未发面之面包二两，切片后入烧热牛奶半升于其上。待牛奶浸入面包，再加以鸡子一枚，糖末四两，并丁香末少许。搀于一处置锅内，或蒸或烙，咸用一点钟，熟后登盘，割而食之。夫食品甚细也，比而书之，无乃琐甚，然“牛修鹿脯”[①]，《内则》详言烹饪之条，是知五味调和有不容忽视者。以上数品，余皆得食之，爰考其法，笔之于书，以见英人食品之不同。而吾人之愿尝异味者，亦藉以效其烹炙云尔。

二十四日甲辰　阴，细雨阵阵。闻英有妇女十一诫：一、眼珠蓝莫作娇，瞳睛黑莫怒视；二、脚小莫服短裙；三、齿白莫大笑，齿陋莫不笑；四、手腕秀，能弹琵琶方可弹，手腕粗，少伸而已；五、喉音粗慢声说，音虽清秀，亦莫高声；六、善跳少跳，不能莫跳；七、能唱莫故推，不能可直言；八、自以貌美莫多睡；九、欲人敬须自重；十、欲得益须自谦；十一、欲自喜须先使人喜。

二十五日乙巳　细雨如昨，凉。记：伦敦城内地土多不属国家而属民人，且属世爵名宦者多，故各方多以世爵名之，即如本使馆所在之地一方本属坡兰公，故名曰“坡兰坊”。英人有地产者即以空地一方出租九十九年，每年租价若干百镑，任租者建造楼房，或出赁或自居，无论何等房屋，九十九年后统归地主。

二十六日丙午　阴。人有吸鸦片、吃墨粉（鸦片精）、饮洛达木（鸦片

① 语出《礼记·内则》。

酒），或食甜物而致晕迷者，闻西国有疗治偏方，喝浓加非或洗热澡即能醒而行动云。

二十七日丁未　镇日阴雾。记：西人论由海面得见平地之远近高低，如地高五尺在二里九十五分外可见，高十尺在四里十八分外可见，高二十尺在五里九十二分外可见，高百尺在十三里二十三分外得见，高千尺则在三十三里四十一分外得见，是地愈高见愈远也，测量之精不可思议。

二十八日戊申　细雨淋漓。记：西人论脉，谓每一分之久应得若干至皆有定数，不关人之强弱，如在胎内者一分钟应见一百五十至，初生者一百三四十至，第一年内应一百十五或一百三十至，第二年内应一百或一百十五至，第三年内应九十五或百零五至，以后由七岁至十四岁皆九十至，十四岁至二十一岁皆七十五或八十五至，二十一岁至六十岁皆七十或七十五至，凡年老者皆七十五或八十至云。

二十九日己酉　白昼阴雾，入夜大雨。记：西国啤酒之盛，谓一年各国酿成者共计一百七十七万万夸（英二升为一夸），内德酿五十万万，英兰、爱尔兰共酿四十七万万九千万，美酿三十二万万，奥斯马加酿十三万万五千万零，比利时酿十万万五千万，法酿八万万四千万，俄仅酿四万万云。

## 九月

初一日庚戌　阴雨。记：伦敦城于七年前周共四十四万三千四百二十一方洋亩，居人约五百六十三万三千八百零，内英兰人约百万，爱尔兰人二十八万，苏格兰人十四万，德人八万，犹太人五万，亚、斐、美三洲人四万五千，法人三万五千，波兰人二万，和人一万，义人一万，瑞士人七千。伦敦一城之犹太教人多于帕来斯太音（地在亚洲正西，东临扎耳丹河，南近埃及，西傍海，北接喀西米亚江），天主教人多于罗马一城。

初二日辛亥　早微雾，午后雨。闻在贤波罗教堂坊库克家伙栈管事人郝爱斯者，遗有巨产五十万零一千二百三十三镑十一先令二本士，遗言分赠六十九同事、伙伴，内三十八人各五十镑，三十一人各二十五镑。凡仆从之曾经服役五年者各二十五镑，并舍在书手学堂、商贾游历学堂、布商会馆及赡顾工匠会各五百镑。西人坐拥厚资而未有室家者比比然也，乃妻孥既乏，而遗产未闻有赈济族党亲朋者，既失敦宗睦族之义，更无亲疏厚薄之分。故曰婚姻之礼废，则夫妇之道苦，而风俗日漓矣。

初三日壬子　早大晴，暖，午后大雨滂沱。记：西国自天主降生后每百年为一森秋立，义即百年也，每足百年必在十二月三十一日入夜十二点钟。现在已过第十八森秋立，再两年至西一千九百年十二月三十一日子正（即光绪二十六年十一月初十日），则为第十九百年，史所称十九世纪[①]是也。

初四日癸丑　阴。记：欧西古历每年三百六十五天零六点钟，名曰“茹连历”。至西一千五百八十二年（明神宗万历五年[②]），经罗马教皇卓志第十三改定时历，名曰“葛蕾勾廉历”。今则俄国仍用旧历，他国皆遵新历，闻英国改自西历一千七百五十二年（即乾隆十七年）云。

初五日甲寅　阴雨，凉。记：西国现得透肉照相法，据美国石高沟邦某医生云，生人易照，僵尸则难，盖血脉停止而光不易透也。

初六日乙卯　阴雨阵阵，暖。记：欧西昼夜分时据云始自犹太或希腊人，其学本于亚细亚洲土耳其东南界之巴比伦人（地在亚剌伯与希腊之间）。分昼夜各十二点钟始自埃及，系在降生前二百九十三年（即周赧王二十二年），又云系当时在罗马奎里讷斯庙中初立日晷求得者。至降生前一百五十八年（汉文帝后元六年），罗马创造水漏钟。又古时英国量时之法乃用白蜡一支，每一点钟之工燃三寸，合一昼夜燃六尺（英每尺十二寸）。自鸣钟创于降生后一千二百五十年（南宋理宗淳佑十年）。

初七日丙辰　阴雨如昨。记：天下各处论日之始为时不同，欧洲北方各国多以日升为始，希腊东南界阿森人又以日落为始，犹太人亦然，其他各国则皆以夜半为始。入夜雨止，热。

初八日丁巳　阴，暖，西初风，既而细雨阵阵。记：天下各处年月之不同，如阿森正月在西六月，欧罗巴土耳其之玛开兜呢亚种人之正月在西九月，罗马古之正月在西三月（现改时历），波斯正月初一日在西八月十一日，回教正月在西七月，墨西哥古历正月初一日在西二月二十三日。

初九日戊午　晴，暖。西国产番薯之多者惟德国，去岁欧洲共产六千八百九十二万六千吨，内德产三千四百四十八万一千吨，法产二千一百万吨，英产七百零六万五千吨，比产二百九十五万吨。夫德产既多，而用尤广，除作食物外，更以之酿酒，酒名“汗卜鲁”，其力与味皆与舍利同。

初十日己未　晴凉，入夜风。记：英国船只鸣钟时刻之法，昼夜由十二点

① 应为二十世纪，而非十九世纪。

② 应为万历十年。

至十二点同，如十二点三十分一声，一点两声，一点三十分三声，两点四声，两点三十分五声，三点六声，三点三十分七声，四点八声，四点三十分又一声，五点两声，五点三十分三声，六点四声，六点三十分五声，七点六声，七点三十分七声，八点八声，八点三十分仍一声，九点两声，九点三十分三声，十点四声，十点三十分五声，十一点六声，十一点三十分七声，正午或子正十二点皆八声，其在船上之一日系自午正至子正。

十一日庚申　阴，入夜雨。闻俄国丁口虽众，仅有一万八千三百三十四医生，合男女老幼六千人中一医生。德国合三千人中一医生，法国合一千八百人中一医生，英国合一千六百人中一医生。俄之医生虽少而无碍，盖人多康健少病，每得上寿也。俄地在北，而人强壮者则赖乎天时与地气有以致之。各国医生皆经考有凭单，故其数可稽，彼医无专科，官不考验，且多不从师而自学为医者，岂可同年而语耶？

十二日辛酉　白昼阴，入夜晴。记：天下已化之国共计四十有四，其治法分三等，曰专制、曰君民共主、曰民主。专制之国七，为中国、俄罗斯、土耳其、墨洛扣、波斯、暹罗与高丽；君民共主之国十四，为日本、丹麻、英吉利、比利时、奥斯马加、鲁麻呢亚、日斯巴尼亚、萨尔威亚、希腊、和兰、义大里、德义志、葡萄牙、瑞典；民主之国二十三，为巴西、阿真坦、柏里威亚、瓜的麻拉、海卫、欢都勒斯、阔伦比亚、美利坚、法郎西、寇斯达里喀、伊奎多尔、尼喀拉卦、海的、墨西哥、乌鲁怪、萨拉瓦多尔、秘鲁、智利、敖兰芝、巴拉怪、瑞士、三多敏晌、威乃隋拉。此外则斐洲中部及南界尚有数小邦，番族蠢蠢，不齿于列国。

十三日壬戌　阴。西人论天下人寿，绝长补短，合每人三十三年，人内合生六年者四分之一，生十六年者半之，而生六十五年者百人内仅一人。综核宇内，一分钟死六十七人，合一日死九万七千七百九十人，一年死三千五百六十三万九千八百三十五人；生者一分钟生七十人，合一日生十万零八百，一年生三千六百七十九万二千人。

十四日癸亥　晴，入夜大雨。记：西人论日之短长，谓即日之升落推测而知，如于日升之时加倍算之，即知夜之短长，于日落之时加倍算之，即知昼之短长。设若卯正日升则夜长六个时辰，酉正日落则昼长亦六个时辰也。

十五日甲子　白昼阴雨阵阵，入夜大雨倾盆。记：西人谓地球赤道之半圆径长二千零九十二万六千二百零二尺，合西国三百九十六万三千二百九十六里，南北极之半圆径长二千零八十五万四千八百九十五尺，合西国三百九十五万零七百三十八里，南北极纬线一度六万九千四百零七洋里，赤道纬线一度六万八千七百零四洋里，地球份量重六千万万万兆吨。

十六日乙丑　早晴，巳初大雨。早送寿礼为“海屋添筹”寿幛及寿烛、寿酒并蟒袍、补褂等。入夜大晴，皓月当空，天气较暖。

记：英民男女之与人佣工为仆婢者统计二百万，合每人每年工价绝长补短各人三十五镑。

十七日丙寅　晴，风，凉。早起见本使馆高悬龙旗，不知何人所命。巳正，同人着蟒袍、补褂入寿堂叩祝。午正齐入大饭厅吃寿面，面系前于十二日切成蒸熟晾干，今日届时再煮依然挺直不乱，闽省厨工之精能亦可知矣。晚餐仍在饭厅横列三桌，陪坐者为叔羹、小荷、伯苏，星使之四少君乃齐坐正中一桌。并无斟酒揖谢之仪，极属简便，菜与前几次者同，惟多白饭一碗，非八宝饭乃一宝饭，系脂油蒸米，面洒洋糖，其味颇甘。

十八日丁卯　晴。英国生齿日繁，而生女乃日多于男，如前于西一千八百九十年生女一千，男多五十。至近年男较女仅多三十。又其中私生者从前男多于女六十，近仅四十。其嫁娶所生者从前每千男多于女十七，近只十五而已。

十九日戊辰　镇日阴雨。戌初，尹元辅约在沙弗太斯贝街帕来斯馆观剧。园大，容人二千，灯烛辉煌，男女云集，颇热。共演十九出，不外男女歌舞、拉胡笳、骑脚踏车等剧，皆于他处看过者。惟中有三场此次所演尤属精巧可观，一为日本人名阔喀音者卖艺，乃牙上立一细木棍，长盈尺，棍上横玻璃一片，长八九寸，宽三寸，片上中央立一白色高玻璃杯，杯上另横一片如前。上下二玻璃片之八角先系红穗八缕，每片左右首各置一白玻璃杯，继各置四红玻璃杯，此后于棍下垫一白球如鸡卵，球下另竖一棍，长亦盈尺，计高已三尺余。乃或在牙上、或顶上、或腮旁、或手上，往来飞掷腾挪，不稍倾动，技亦奇矣。又一场为土人所演，乃木房一大间，二人烧火铸铁掌作车轮、车箱。先二人各以棰击轮之扶条棍，其声锵锵，音节可听。后则一人击车箱，声类洋琴，一人敲车轮之铁瓦，声音简简似钟，二音和奏，参差宛转，悠扬有致。再则二人各以剪自炉中取马掌置铁砧上以棰击之，不惟火星四出，而且敲声幽雅，有节有韵，丁东未已。而木房忽变，居然厅事矣，陈设华美，颇类富豪。二人同时亦变，则见一男一女，服色鲜明。于是男鼓琴女跳舞，女身之柔又迥非以前之铁匠，欹身作字，偃地为花，细腰柳折，两腿平分，能上能下，式作两人。鼓舞间房又变回，糟朽黑暗，车辆、火炉罗列如前，而二人装饰亦改旧衣如前矣。再一场为射影灯，洋名“比欧格拉夫”，共二十余页，较前所看者高大。潮水涨落，火车往来，人马行动，各皆有声，与真无异。子初回寓。

二十日己巳　晴。记：英都医生马钱多寡不同，视病人之品位及所住之房租以为索费之增减，其定价如房租每年在二十五镑以内者马钱由二先令半至五先令，在五十镑以内者由三先令半至七先令，在百镑以内者由五先令至十先令半。入夜加倍，路逾二里则由一先令半计里递加，留守者每一点钟二先令半，以信问答亦要马钱，与定数同。治仆婢亦按定价与治主人之病同，盖西规仆婢延医，主人付钱也。收生由一吉呢起，专请者加半。倘有因症不易治，本人及来医互无定见，于是另请一医与之商酌，此医称为“商酌医”，其马钱初次二吉呢，以后每次一吉呢。

二十一日庚午　早晴，午后阴，入夜风，凉。记：英国男女年老亦有至近戚友祝贺之俗，至所馈赠戋戋微物而已，即如雨伞、手杖、表链、茶壶、笔架、墨盒、小影架、烟卷匣、裁纸刀、玻璃杯之类是也。本家不设宴，仅备酒点，略与茶会同。另一规乃本家备一大饼或糕，按其人之年纪，上插五彩小蜡若干，其蜡粗如小指，长约三寸。待客到齐燃蜡，各以吉词相祝，少选熄之，刀割寿饼，每客一片。更有因戚友之远出者，乃封函而寄送之。或谓此规多有行之于子女者，亦冀其长生之意也。

二十二日辛未　早晴，申刻阴，暖。今日系西历十一月初五日礼拜六，为曩昔英人盖佛谋焚议院之期（详见《再述奇》），市有窭人子以小车载傀儡人往来作歌者颇多。

闻各国犹太教人除在英义两国按年增数如前外，他如俄、奥、德三国，则增数年盛一年，咸虑其为患，或忌其谋财，将设法驱逐云。

二十三日壬申　早阴雾，午后晴暖。偕沈、吴、袁、尹四君率荣骅乘火车西行两刻，下车步数武入邱园一游。虽花木凋谢而河水清澄，游人甚众，礼拜日也。每日未初开门，现值日短，申正二刻关闭。此园地周共七十五方英亩，内有三玻璃暖房，其大者名“棕房”，建于西一千八百四十五年（即道光二十五年），共费三万三千镑，横长三百六十二尺，宽百尺，高六十六尺。通用铁架玻璃，沿壁四面热气铁筒三排，粗皆盈尺，内植棕竹、椰枸、棉烟、芭蕉、加非、槟榔之类，皆热带种也。四面四门左右有盘旋铁梯二，高五十二级，步上可在房之半中四面游览。其他稍小，除栽植棕竹外，罗列菊花行行，高皆四尺余，色则丹、黄、紫、白、淡青、浅红，紫面黄背，黄梢白尾，花朵颇大，扁者如盘，圆者如球，极属丰盛。虽佳色清香，不如华产，而杜陵《秋兴》① 已不禁枨触矣。其三则又小，中有圆池，满盛活水，石边铁管水自往来，养有金鱼，植金丝荷花及茨菇、浮萍之属。此房作“”形，左右两门，临门植有海棠、玫瑰、茶花、木槿等，朵亦大。出此步游，则丰草绿缛、秋露沾濡而已。各房有人看守，园中亦有人巡察，衣冠式与他园同。旋闻园丁宣言曰：请出园，盖时已逾申正矣。即时出，至火车栈，酉初登车即开，中至铁匠营地方换车两次，酉正回寓。

二十四日癸酉　早阴，午后稍晴。记：西人论万物移动之力，谓每一点钟人走三洋里合一秒走四尺，马走七洋里合一秒走十尺，马跑二十洋里合一秒跑二十九尺，轮船驶十八洋里合一秒驶二十六尺，风篷行十洋里合一秒行十四尺，河水漫流三洋里合一秒流四尺，急流七洋里合一秒流十尺，风一点钟吹七洋里合一秒吹十尺，狂风走三十六洋里合一秒走五十二尺，飓风走八十洋里合一秒走百十七尺，枪子飞一千洋里合一秒飞千四百六十六尺，声一点钟传七百四十三洋里合一秒传一千一百四十二尺，天光每一秒走十九万二千洋里，电每一秒走二十八万八千洋里。

二十五日甲戌　阴雾，暖，云中间或见日，仅露红晕而无光。记：伦敦凡燃煤气灯者，该行或即其家或于铺中煤气总筒头之侧悬一尺量表，随点表针自动。每一礼拜该行查验一次，按表计价，每尺若干，共计若干。表面三盘，每上十数，一明针一暗针，第一盘指由一万至十万，第二盘指由一千至一万，第三盘指由一百至一千。算法以三盘暗针所指之数减明针所指之数所得为正数，譬如三盘明针一指七、二指一、三指七，共合七万一千七百，暗针乃一指六、二指六、三指三，则共计六万六千三百。以此数减上数则得五千四百为正数，即为一礼拜内该楼上下共燃之数，乃五千四百尺也。

二十六日乙亥　镇日晴雾不定。今日系西十一月初九礼拜三日，为伦敦新美尔莫乌尔接任游城之期。午正，由其宴客办公处名“极乐堂”者坐车游老城

① 《秋兴八首》是唐代伟大诗人杜甫寓居四川夔州时写下来的以想望长安为主题的一组七律，它是杜集中七律的代表作。其一为“玉露凋伤枫树林，巫山巫峡气萧森。江间波浪兼天涌，塞上风云接地阴。丛菊两开他日泪，孤舟一系故园心。寒衣处处催刀尺，白帝城高急暮砧。”通过对巫山巫峡的秋色秋声的形象描绘，烘托出阴沉萧森、动荡不安的环境气氛，令人感到秋色秋声扑面惊心，抒发了诗人忧国之情和孤独抑郁之感。

一周，西正回伦敦府，英名“曼慎蒿斯”。其前引为巡捕、商会、水手、树林党、护台兵、水龙会、乐兵步队及仆役等人约六七百名，内多古装。后则古式宫车三辆，先一四马车，后立三仆，中坐美尔夫人；再一双马车，后立二仆，内坐法官四员；三则六马车一辆，内坐美尔及其二协理。车式与君主同，装饰华美，四面玻璃窗，前一御者骑马上，车前另坐一人执缰。又每二马旁立一人，左手执口环，衣以五彩，金碧辉煌。随行鼓乐喧天，极形闹热，沿途左右各有巡捕弹压，士女观者人山人海。戌刻，在“极乐堂”请本国文武大员及各国公使晚酌。

今日又为太子、卫拉斯王埃达倭之生辰，街市悬灯，人民欢乐。

闻此美尔一年俸薪三千镑，然助善宴会等事一年必赔四五六千镑，故膺是选者必其人品行端正，心地公忠，家与王侯埒富，慷慨好施，方能胜任。富商大贾每愿充之，为一时荣耀也。

二十七日丙子　早阴，午后雾，暖。英国一种健脾养胃面名曰“茯苓木脯”，译言健人散也，面似北京之凉炒面。据云久食能长记性，壮筋骨，稳牙养血，补力增神，小儿早晚食之，尤属有益。此面易消，其胃弱食不易化者服之最宜。食法每一二匙加糖，冲以滚水，或以生水煎之皆可。每斤盛以马口铁匣者一先令，四斤一匣者三先令九本士，外有成糕者一瓶重一斤九本士，加扣扣者每匣一斤二先令十本士，加糖成汁可饮者每瓶六升一先令。铺设伦敦西南巴特溪庄朗巴路。

二十八日丁丑　阴，雾。欧美自民主兴立以来，因而人心变易多以贵贱平等为言，以致民权尊而民气伸。立有均财党，欲令国家将贫富进款一概摊分，其党著书立说，以惑时听。无君党又因之而起，前月奥后游历瑞士即被无君党人所刺。顷德皇韪良第二偕其后游埃及、土耳其，无君党侦知其行至阿来三德，乃密遣人埋炸药，幸为驻埃义国领事所发觉，盖无君党行刺者率多义国人也。按：此党始自俄国，乃谓国家政教概宜改变，与之更始，故俄皇数世皆死于其党。

又泰西君主频有外国游历之行，不欲以供亿仪节屡烦东道，辄纡尊弛贵，自称为某爵或某爵夫人，以示微服出行之意。其地主虽明知其为某国君若后，即不必以君后之礼待之，但视同五等而已。故奥后前在瑞士自称为和恒宁蒙子爵夫人，英君主尝称为巴谟洛尔子爵夫人，其凌赓子爵夫人、亚石子爵，则德国皇太后及比国国王所自号也。

二十九日戊寅 阴雾，暖。记：伦敦通城内外四面街市中凡于贫民工役多处设有四轮仰卧车，其形细长，英名“安卜兰斯代慎”，释言医病帐也。遇有因病或跌倒不起者，即时巡捕舁入车中，天凉且覆以毯毡，用二三人挽送附近医院疗治。车设共八处，一在舒特尔斯山、二在布鲁克斯拜司路、三在土亭格娄伍街、四在溪格蕾伍路、五在北码头、六在南码头、七在西码头、八在老堪特路。

三十日己卯 阴雾如昨。伦敦医院大小约一百三十余所，如治痈症者一，名“福立院”，在卜朗普敦坊；治痨症者六，如卜朗普敦院在卜朗普敦坊，伦敦城院在溪堤街，音佛玛立院在麻格蕾街，那慎那院在克拉文街，伦敦北院在莽倭楠街，鲁艾亚拉院在西的街；小儿科者十六，如贝勒格蕾伍院在格娄赛斯特尔街，阿来三德院在奎印坊，柴音院在柴音路，艾苇里那院在骚倭桥路，贺尔玛翟斯的斯院在司台普呢阔斯卫路，伦敦东院在沙达卫坊，养病如家在娄尔赛丹哈木街，医院比家在美达瓦勒街，专治小孩脊腿病院在赛奋欧克斯街，东北方医院在哈格呢路，病孩医院在格蕾敖尔曼巷，另一分支在亥该街，维克都里亚院在奎印路，另一分支在布洛斯太尔街，贤马格蕾自院在阿讷来伊胡同，帕丁屯格林院在哈娄路；治牙科者三，如福立丹他院在赖奚斯特尔坊，国人牙医院在大坡兰街，另一分支在代万晒巷；医杂症带施药者二十二[①]，如巴特尔溪院在哈艾街，布鲁木斯贝里院即在布鲁木斯贝里大街，卜洛木屯院在卜洛木屯街，奶子桥院在奶子桥，伦敦东方院在韦乐荪街，司伊的院在瓦特苓巷，发苓敦院在巴尔蕾达比勒丁街，克蕾尔麻尔开院在司丹侯街，福音斯贝里院在卜路尔街，伊斯苓屯院在额坡尔街，东方院在李曼街，阿代来自君主院在坡拉尔路，京师医院在佛耳街，帕丁屯院在司塔尔街，洛亚开恩特院在格林泥址街，洛亚庇木里沟院在卜静宫路，色蕾院在大都倭尔街，贤潘戛斯院在尤斯顿街，洛亚伦敦南院在贤卓志十字街，桃儿哈木蕾院在司太朴那埃街，西方医院在洛柴斯特尔路，西方总院在马力赉大街，卫斯民司得总院在翟拉街；治瘟疫者十二处，如东方医院在侯墨屯街，布鲁克院在舒特尔斯山，佛恩太音院在娄尔土亭街，伦敦院在立文浦街，高尔发尔木院在达尔他佛木街，帕尔克院在卢伊沙木街，东北院在贤安呢路，东南院在老堪特路，西方院在西格蕾伍路，西北院在哈伍斯多山，北方院在文池墨山，西南院在兰多路；治管疮者二，如贤马尔

① 此处有误，应为二十三所。

克思院在斯伊的胡同，高尔敦院在布立之路；疗治一切者二十，如芙兰池院在沙浮台斯百里街，盖斯院在贤妥玛斯巷，日耳曼院在达拉斯屯街，中大北方院在豪娄卫胡同，义大廉院在大敖尔门街，伦敦院在槐厦贝路，伦敦田坡兰斯院在哈木斯苔路，米得赛克斯院在墨的墨街，西北城院在桃安路，吕阔来芝院在坡究戛街，伦敦侯木帕奚院在奎印斯坊，美特娄朴立田院在青似兰路，西伦敦院在哈墨斯米士路，攸呢倭尔细的阔蕾芝院在高尔街，坡朴拉尔院在东印度船坞路，洛亚福立院在盖斯音路，贤巴所娄伍尤院在司米斯扉胡同，贤马丽斯院在堪卜立址街，贤妥玛斯院在阿拉柏安班门街，细满斯院在格林泥址坊；治心疾疯瘫筋骨等症者五，如专治脑病之卜立堤什院在尤斯顿路，治痒吊疯瘫医院在坡兰巷角，治心疯医院在索侯坊，那慎那院在坤姒坊，西边院在韦勒贝街；专治难症者四，如卜立堤什院在司特蕾达木街，洛亚院在朴他呢奚斯街，贤赛普连院在格娄伍街，贤卓安院在大敖尔门街；治妇女脏症者一，为洛克院在哈洛路；养疯院一十七[1]，如阿赛勒木院在厄拉斯乌街，贝司来木院在朗贝斯路，巴尔明奚斯院在开恩达街，布鲁克乌达院在色蕾街，达兰他院在达尔大佛街，另一所专治小孩者亦在此街，汉卫拉院在米特赛克斯街，立伍斯丹院在青桑蕾街，贤骆克思院在欧勒达巷，司兜恩院在大达佛街，万自倭斯院在米特赛克斯街，其他如班斯代、克兰溪、查特木、特兰特、喀特哈木、克来百里、阔洛呢哈赤等七处，皆名与地同；治目疾者五，如森特拉勒院在格来仙路，伦敦南城院在贤卓志十字街，卫斯民司得院在韪良王街，洛亚院在卜隆福宜街，西方院在马力赍街；专治足疾者三，如那慎那在大坡兰街，洛亚院在敖斯佛街，斯义的院在哈屯园；治天花者五，如阿他拉斯、安的绵喀、斯他里亚，以上三船名，专收治将出天花者，泊于太木斯江中西近大达佛地方（英例：凡出天花者不准留住城内，以免传染），其他二处带种牛痘者，一名“高尔发木院”，在大达佛街，一在亥该山，院名与地同；治皮病者四，如卜立堤什院二，一在尤斯顿路，一在司丹佛街，西城院在大坡兰街，贤卓安斯院在赖奚斯特尔坊；治嗓鼻与耳疾者五，如森特拉勒院二，一在格蕾斯音路，一在勾勒顿坊，伦敦院在大坡兰街，美特娄普里田院在格拉弗屯街，洛亚院在福立斯街；专治妇女各病者六，如洛亚院在倭特路桥路，妇女院在索侯坊，柴勒溪院在蒹勒哈木路，格洛伍诺尔院在文三音坊，牛攸院在尤斯顿路，萨玛里坦院在马力赍路；治分

---

① 此处有误，应为一十八所。

娩者三，如卜立堤什院在安代乐街，伦敦城院在溪堤街，东边产母家（凡妇女之因故不能在家生产者，皆可入此生育之，故设此名）在靠墨沙勒路。医院之盛于斯可见，而布德行惠之意亦足多矣。

## 十月

初一日庚辰　阴，雾。记：伦敦之楼房凡欲出售或出租者，皆于楼头窗外斜悬二牌，搭成“八”字，以便左右行人观看。其牌横长三四尺，竖宽二尺余，黑质白字，书云本房或一层或全楼，或出租或出售，或空屋或陈设器皿俱全，要者请问某街第若干号某局可也。盖房主不出名，专有代管之人名曰“代理租赁局”，英名“蒿斯埃真”。通城此局颇多，其欲买或欲租者至该局，告以欲看某房，该局给以凭单、执单。至彼拽铃延入，守房之人，或男或女，导观上下。看毕，买租与否，告知该局。租买议定，使费由房主付给，彼此商妥，按份抽厘，多寡不同，卖者付一次，租出者付二三四年不等，每次收租若干，付给该局几厘，有百份抽一者，有抽五六者，故该局亦颇获利也。其有房间修妥，陈设床榻，仆婢俱全，除自居一层，余则零碎租赁如店者，亦于街门横楣玻璃上横悬一牌，书云“阿帕特门自”，义盖房间也，租者按礼拜、按月皆可，或令预备三餐，或使己仆自作，抑或随时自便，总之较在客寓稍觉便宜也。

初二日辛巳　阴雾，暖。记：英人耕地用一种海雀粪名曰“瓜那欧”，鸟名未详。粪力极厚，贩自南美洲西界智利国，产于沿海小岛，岛共百余，每岛周不及数亩而涧壑极深，每上所积之粪有至二十丈重约四千万吨者。土人置买为产，竭力保守，每年挖售一二十万吨，所值由五百至一千万银圆之谱，是亦土人一种厚利生涯耳。

初三日壬午　镇日阴雾微雨。闻西国拯救溺水人之法，乃捞至地上，先松其衣，后使俯卧斜坡，胸垫木块或他物，使头下垂以净肺水。并将其身倒抖几次，再用巾帕或线绦缚拽其舌，每一分之久以手往来推按其胁下二十次，使作喘气状，并使其两臂缓行伸屈于腰间、头上，以使肺动。继而用物暖其脚，再拽其舌，塞其鼻，按下结喉，竭力向其口内喷气，乘间并随手扼其胸以出天气。一点钟后待其能喘，则徐卧其身于暖床，并以小匙灌热水或酒少许，使之静养以吸新气云。

初四日癸未　早大雾，屋内燃灯，午后稍霁，申刻复阴。在敖斯佛街东首见一双马货车，因马惊撞坏韩逊坐车两辆，并轧毙一人年近五旬者。询诸土人，御者应定何罪？据云并非故伤，仅收监几年而已，中外刑律之不同也如此。

初五日甲申　微晴，凉。申初，随星使乘车至辔带丝街第十六号拜前任英驻香港总督包安。双袖龙钟，年逾花甲，去岁赴其家茶会，仅伊一人为主，此次会晤竟有老夫人矣。该妇年亦五六旬，不知其前夫为何人？而此时老鳏夫与老寡妇白发苍苍，鸾胶再续，当亦是美满姻缘也。

初六日乙酉　阴。记：西国亦有俗所谓之偏方，如烧或烫伤治法有二，一乃覆以焙碱末，盖以湿布；一乃擦以鸡蛋清与橄榄油，或胡麻子油搀白土，或糖或橄榄油与柠檬水皆可。

又受暑头晕者抬至树荫下，顶浇冰水，使其头立而莫垂，久而自醒。至疗治疯狗、毒蛇啮伤之法，于伤处之上先以绳缕结紧，以免毒气上行，嘬其伤处而后以熨斗烙之或直以利刃割之，并给饮卜兰的或灰斯几酒少许，以壮其气云。

初七日丙戌　阴。记：英国造纸处在英兰共一百八十行，分二百二十一厂，共机器四百一十八架；在苏格兰共五十一行，分六十一厂，机器百十一架。纸料多来自外国，即如木皮等贩自瑞典、义大里并加那他，一年约四十八万七千七百五十吨，合值二百六十一万七千七百九十镑；“埃斯巴尔投”（草名）售自日斯巴尼亚国、突尼斯邦、阿吉利亚邦及特黎波里邦（以上三处皆在斐洲北界，北近地中海，内前二邦属法藩部，后一邦属土耳其），一年进二十万零三百吨，合值八十万零五十镑；碎布来自法、比、德、义、和五国，一年共贩一万六千六百二十吨，合值十六万一千八百七十镑；其他各料由别国运来者一年约二万余吨，共值十一万三千镑。每年两岛各厂所造纸张共计八十万吨（价值未详）。

按：英国造纸如此之多，乃既贩卖与他国，而又趸买他国者，盖彼此所造品色不同，因而互相贸易也。至英国进口各色纸张，系来自日本、瑞典及和、德、美、比、法、俄、奥、丹、义等十一国并属地加那他，一年约共六百三十三万二千四百四十百磅（见前），合值四百四十一万二千四百四十镑。本国纸张之发往各国者，一年约一百零六万三千七百百磅，合值一百六十四万八千七百九十八镑。凡树林、瀑布多者造纸最易，英则工价奇贵，故物之由数万里外运来者，计其船价反较廉于本国千里之运费云。

初八日丁亥　阴雨，凉。记：泰西各国长桥最多，其至长者为英国苏格兰之苔江桥，长九千六百九十六尺；其次为苏格兰之佛斯海口桥，长五千五百五十二尺；再则和兰墨带桥，长四千八百二十尺；俄国倭勒戞桥长四千七百十五尺，德国苇晒桥长四千三百四十六尺，又托木桥长四千一百七十二尺。以上皆其至大者，其他长逾千尺者尚多。

初九日戊子　晴，凉。西人谓人之灵性主乎脑之大小，即如德国首相毕驷马之脑重至一千八百六十七葛林（英份量名，每一葛林重约二厘），其他前代名人，如库威尔者重一千八百三十葛林，皮陆安者一千八百零七葛林，柯安者一千六百五十葛林，石宜乐者一千五百八十葛林，单特者一千四百二葛林。总之，聪明人之脑髓必重在一千三四百葛林上下也。

初十日己丑　阴雨，凉。巳正，除沈荔虎、任谦斋、严伯玉不到外，余众随星使在大厅向北恭拜圣牌，行三跪九叩礼。午正二刻，公宴如前。

记：英人柯安端谓食番薯有益于人者，惟其肉厚，煮之既易，熟后毫无涨缩，肉干而味甘者最能养人，其肉松内含水质者煮熟无味，充饥而已。

十一日庚寅　阴雨，凉。巳正偕众乘车至柴苓十字街火车栈，送星使携叔夔、小荷、卢翻译及武弁林文彧赴义都呈递国书，午初开车。

闻泰西各国之食鸡蛋极多者为英德两国，而两国又以英国为最，即如上年英国共用十二万万零五千万个，共值四百万镑，内多来自法国；德国所用为数不及十万万，而价亦约四百万镑，内多贩由奥俄两国，其价昂贵者，路遥故也。

十二日辛卯　镇日雨雾阴晴不定，亥正骤雨一阵。记：西国有试死人之法，如疑其人未死，可用镜对其口，久则玻璃自潮，以证其人未死；或用针刺肉，死者针孔不闭，亦不见血；抑或将其指向日光照之，人已死者黑暗，未死者鲜红。

十三日壬辰　早大雾，屋内燃灯，巳正雾散，午后细雨淋漓，凉。记英俗：如税务等事遇有新例不合商民之意者，该商专行可定期集众会议于海岱囿中，官不禁止，议毕禀官，设法更改。届期人约千百，列队而行，执有旗帜、行号等。每遇此事，沿途左右男女观者密若堵墙。工匠虽不敢滋事，仍须巡捕随处弹压。如十年前伦敦街市车轮有税，商民不服，于是集众会议，商匠中竟有项套车轮，头顶车头以及手执两扶条者，趣甚。

十四日癸巳　早雾，午后阴，入夜晴。闻昨经医官穆乐尔察得树之招雷或电气易着之树，据云迩来十年间通国橡树被击者五十六，杉木二十，松树四，其他罕有被击者，且椎树高逾十丈，最能避电，故行人遇雨，务须择树而立焉。

十五日甲午　晨气稍爽，既而阴雾，午后细雨。记：东西各国书库所储书之数目不惟国人知之，而各国皆知，且欲人知以示其富，如法京巴里那香那库内共存二百五十万部，英伦敦弥攸奚阿木（即伦敦博物院）内储一百六十万部，德国巴威里亚邦之木泥合城内存一百万部，德京柏林亦存一百万部，美京华盛顿之公书库内储六十八万部，包斯顿城之公书楼存五十六万部，德义志萨克森邦之来百喜城内储五十五万部，其海西邦之达木斯达达城内亦储五十五万部，阿萨斯洛林邦之司特拉斯堡城内存五十二万五千部，丹京哥卑纳给（又名“扣喷亥根”）御书库内储五十万部，奥京维也纳之御书库内储四十五万部，英兰敖斯佛城内亦藏四十五万部，俄京贤比得堡官书库内存四十四万部，德国威屯堡邦之司得达戛城内存四十三万部，萨克森邦固丁根城内存四十二万五千部，义国旧都佛罗棱萨（又名“蔣洛兰”）内存四十二万四千九百部，日斯巴尼亚京马德里地官库中存四十一万部，奥国亨加里邦之卜达佩斯达城书楼内存四十万部，美国石高沟城内存三十八万部，哈瓦城书院中存三十万部，德国巴敦邦之西代堡城内书楼中储三十万部，美国纽约邦之阔斯多官库中藏二十四万部，义都罗马之瓦堤堪库中藏三十二万五千部。

十六日乙未　早微晴，午后仍阴。记：各国君主之禄多寡不同，如英君主每年三十八万五千镑，外有私产、地租等又若干万镑；奥皇每年七十七万五千镑；巴威里亚王每年二十八万二千四百镑；比王每年十三万二千镑，外有私产如地亩、船行、客栈等又若干万镑；丹王每年四万五千五百五十五镑；希腊王每年五万二千镑，内加英、法、俄三国共供四千镑；和王每年五万镑，外有私地租若干镑，并宗戚养廉、宫殿使费又一万二千五百镑；义王每年五十七万一千六百镑；瑞典王每年十一万五千一百零五镑；葡王每年一万二千六百八十八镑；德国开色尔每年七十七万零六百五十四镑，外有私产如卫所、树林、地租等共若干万镑；俄国萨尔每年约二十四万镑，盖私产甚多，除赛比里亚之金银矿外，又有田地、树林不下一百万亩；日斯巴尼亚王每年除族中应得一万二千镑外，另收二十八万四千镑；法国总统每年六十万方，外加零费六十万方；瑞士总统每年五百四十镑[1]；美国总统每年五万圆，副总统八千圆；土耳其色勒坦每年约百余万镑。

十七日丙申　镇日阴晴不定，忽而微雾，亥初大雨倾盆。西人谓各国生齿日繁，自古未有盛于近六十年者。然地狭人稠，在国中不易聊生，于是自西一千八百三十一至九十三年（即道光十一年至光绪十九年）六十年间，英人之侨居于外者八百六十万一千，德人之外居者五百三十六万，义人之远出者四百万，其他各国人之移居异地者共约八百六十九万三千，前后统计二千六百六十七万四千人，其中往美国者百分之六十三，往南斐洲者百分之十三，往英属地者百分之十一，往他国者百分之十三。

又当一千八百三十一年，人之操英语者三千五百万，今乃增至一万万二千万，是六十年之久竟加至八千五百万之多，此为人数加增之实据也。

十八日丁酉　阴，入夜大风。伦敦街道皆中走车马，左右行人，官律严肃，违者议罚。平日固无敢违犯者，虽雨后道途泥泞，其饮马、调马者无论马属何人，或王公或富宦，皆不敢擅走边道，故违定律，是以无倚势欺人之陋习也。

十九日戊戌　镇日阴风细雨，入夜狂风尤烈。记：天下各处时刻之不同系乎经线，每一度差四分，故十五度则差一点钟。英国以其格林泥址村之观象台或天文台为准，格村以东者快，以西者慢，如格村正午则其东之巴里午正九分，柏林未初欠十分，君士丹丁未正欠四分，贤比得堡未正，苏耳士未正十分，孟买酉初欠十分，加尔各答酉正欠七分，香港戌正欠二刻四分，美拉班亥正欠一刻五分，肥鸡群岛（在格村对面东西一百八十度之间）子正；格村之西者如三堆芝岛丑正，皮特开安岛寅初，旧金山寅正欠十分，石高沟卯正十分，纽约辰初五分，牛佛兰辰正二刻，西拉娄安（在斐洲正西界）午初十分，支布洛达午初二刻十分，马德里地午初三刻。

二十日己亥　白昼阴，入夜大风。记：西国之四季皆在中国之二分二至时，如本年西立春日系三月二十日丑正（即中二月二十八日春分，惟时刻稍差），西六月二十一日亥正立夏（即中五月初三日夏至），九月二十三日未初立秋（即中八月初八日秋分），十二月二十一日辰初立冬（为中十一月初九日，惟此节中之冬至系初十日，不知其错为何耳）。

---

① 原文如此。

二十一日庚子　早晴，午后阴雾，入夜风雨交作。记：寰球土宇除五大洲外，岛屿之大者廿余，如牛之呢亚岛（在澳洲东北）周三十二万五千方里，人共六十九万；柏尔呢欧（在安南国南）周二十九万方里，人共百八十四万六千九百；麻达戛斯戛尔（在斐洲东南）周二十二万八千五百七十方里，人共三百万；苏门答腊（在柏尔呢欧之西）周十六万八千方里，人共三百五十七万二千；英苏二兰周共八万三千八百二十六方里，人共二千九百七十一万；赛来卜斯（在柏尔呢欧之东）周六万六千七百五十方里，人约四百万余；扎洼（在苏门答腊之南）周五万零二百六十方里，人共一千七百五十万；萨哈连（又名“唐太”，在日本正北）周四万七千五百方里，人共二万三千五百；新锡兰（又名“牛西兰”，在南太平洋）二岛，南岛周三十六万二千二百三十六方里，北岛周三十四万零六百三十一方里，共人七十万三千四百；古巴（在北美洲之东）周四万五千七百，人约二百万；日本（英名呢分）周四万二千方里，人共二千七百二十五万；牛佛兰（在北美洲之东北）周四万零二百方里，人共十八万；芦森在台湾之南周四万方里，人共四百五十万；艾斯兰（在北冰洋）周四万方里，人共七万二千四百三十八；海的（在二美洲胫地之东）周二万九千八百三十方里，人共三十九万三千二百；塔斯麻呢亚（在澳洲之南）周二万五千六百三十五方里，人共十四万五千；锡兰周二万四千七百零二方里，人共三百万零零八千四百四十六；爱尔兰周三万一千八百七十四方里，人共五百一十七万四千八百三十六。（以上方里皆洋里）

按：以上各岛较之，英仅天下大岛中一中等岛耳，乃富庶甲于各岛，且凌驾五洲，俨然雄国。昔汤武以百里王天下，汉高祖、明太祖以布衣成帝业，是知国之强弱不专在地之广狭也。

二十二日辛丑　阴，暖，入夜风。昨阅新报内一则，言乡民某娶再醮妇者，妇带有先夫之女，年将两岁，后夫不喜，于某日午后杀而埋诸院中。五夜扪心，惶悚不安，更思有犯教规，必干天怒，诘旦乃着衣赴巡捕厅自投。昨日审定，夫妇同收囹圄半年，不作苦工，因该妇知情，同有恶念也。

二十三日壬寅　早阴，午后雨。记：外国虽有尊卑之分而无长幼之序，祖孙、父子、兄弟之友概以友视之，且族人除近支外无堂叔侄、堂兄弟之称，而九族、五服更不论矣。相隔几辈之友通以某先生称之，所别者仅在名字之减笔，如一人名李恒佑，则书“忄亻李”，其子名李垣，乃书“土李”是也。

二十四日癸卯　阴雨，凉。西人既以光阴为贵，而尤以钱财为重，不讲亲朋之虚情，故无暂时之借贷，铺店尤甚。昨在利贞街之墨堤墨巷口之ABC加非馆中有某甲者，日日未申之间前往饮食一次，该铺之识某甲无疑矣，乃昨日其人因有自携甜饼一块，借其刀叉一用，该铺竟索二本士。

二十五日甲辰　早晴，午后阴。记：伦敦巡捕分两班，曰京师者、曰老城者。京师者归家部管辖，一切钱粮半由君主，半由通城房租项下抽税，其抽法：凡一房出租若干镑，则由每镑抽收五本士。各巡捕除于应得各项税务外，又有各项车辆准行票（每辆每年二镑）、车夫准行票（每人每年纳五先令），并扫烟筒等人之凭票及各街道江河应得之款项，统计一年为数颇巨，足供万名之用。通城武弁甚多，其总巡捕厅设正监督一，俸薪一年二千五百镑；副监督三，一年俸薪各一千三百五十镑；正书手一，俸薪八百五十镑；副书手三，各五六百镑不等。老城者归美尔管，一切钱粮先由美尔绅耆等一年筹给三万余镑，其他亦由本城租税等项抽收。欧西巡捕之制以伦敦为最善，其饷项亦最巨云。

二十六日乙巳　白昼微晴，入夜风雨交加，冷气飕飗，砭人肌骨，天气倏变，亦偶然耳。记：西国下等妇女不以私生子女为耻，故街市童稚多系有母而无父，官兵与贫女又多有名而无姓，于是有借姓者，有即以名为姓者。闻前晚亥初在诺桑屯坊经送信人见某号门阶下遗一婴孩，衣间匿一说帖云："此孩至下礼拜六日弥月，望仁人君子怜而拯之。妾尚有三孩，奈无正夫养育，妾不忍加害，惟求拾得者善视之，俾遂其生。"既无名姓，亦无形迹可察，惟襁中缝有AH第三十六号等字，究莫测其谁何也。当经巡捕抱入作工所，使奶婆洗浴、哺乳，即以所由拾来地方之名诺桑屯为姓，并给教名罗柏尔为名。是又一种有名姓而实不知其父母为谁氏者，风俗之淫靡即此可见一斑矣。

二十七日丙午　镇日阴雾。酉初一刻，偕诸同事乘车至维克都里亚火车栈接星使由义国节旋。

英俗：天主诞节重于新年，因是节在迩，各铺皆添置新货，种类增华。窗内屋中鲜明射目，并另粘招帖云"天主生节礼物"，盖戚友互赠至契之子女也。礼物式样极多，如人房花木、禽兽车船、书画壶盅、桌椅床榻，各种玩物或用真毛，或系假羽，或绫或布，或纸或木，或瓷或铜，或锡或铁，油漆彩画，涮金镀银，工皆精细，竟有视之如生者。更有各种糖果、面猪、面鱼，五彩斑斓，笔难尽述。因而街头士女熙熙攘攘，骈肩累迹，营营终日，不惮其劳，于以见伦敦之富庶焉。

# 卷 八

光绪二十四年十月二十八日丁未　镇日阴风，入夜风息仍阴。记：英俄两国重熊，泰西虽产此兽，而贩来自北美洲较多。熊色有二，他处所产皆黑色，惟北冰洋大岛格林兰（地在北美洲之东北）所产者白色，因而名曰“冰熊”。凡产此兽之处，土人亦多猎以为业。俄之南北二京、英之伦敦多用熊皮铺车及铺地板之床下炉前，因其革坚，用作鞴鞊套包、铁匠围裙等物。以肉为食，北方人谓其味鲜于猪肉，并腌作咸肉贩运各国，其掌亦视为珍馐，且云御膳席中当列超等。熊油俄人以之烹菜胜于青果油，英人以之养发，更用以疗治风疾，是其掌与油均属贵品，西人所见者与华人无异。

二十九日戊申　阴，风。记：东西各大国凡边疆临海者皆设有救生善会，以救淹溺之人。英国御前救生会始于西历一千八百二十五年（即道光五年），沿海共计救生船三百只，迄今已救得三万余人；法国救生会创于一千八百六十五年（即同治四年），沿海救生局共八十三处，每立一局则官为建造船坞；德之善会亦创于是年，共有善局一百零四；美国共有二百三十三局，不知始自何年，闻其所费每年不下二十九万镑云。

## 十一月

初一日己酉　阴，雾。记：西国手套之饰始自波斯、罗马，妇女戴之以为美观。其在英国至君主安呢之世西一千七百二年（康熙四十二年[①]），此物始经畅行，背绣彩花，嵌以珠宝，其价极贵，每值新年，互相馈赠以为礼。手套制以羊羔、母鹿及麋鹿之皮，在英之亥克萨木与乌斯多克等处作工最佳，一副手套可团置于一戒指或一核桃壳内，其皮之薄、其制之精可想见矣。

初二日庚戌　阴雨，风。记：驻英肄业同文馆学生丁永焜现年三十一岁，

① 应为康熙四十一年。

髫龄即在粤东同文馆习英文，旋考取翻译生员。光绪十六年由粤东咨送京都同文馆肄业，二十二年五月经总理衙门派赴伦敦择学一艺，抵英后昕夕讲求，致成痨疾，客冬因病请假回籍调理。本年夏间接其胞兄永铨来信，知生于上年十二月到旗，疗治无效，竟于本年三月二十九日病故。丁生赍志以终，身后萧条可悯，因偕诸同事具禀代请恤典，昨早亲递星使，禀词云："为已故学生励志勤学，积劳病故，代恳恩准给予恤典事：前驻英学生、四品衔、兵部候补员外郎丁永焜，系驻防广州正红旗汉军翻译生员，在同文馆肄业十二年，贯通英文，于天文、算学尤能竭虑殚精，研究奥理。光绪二十一年奉总理衙门奏派出洋，自到英后专习铁路工程专门之学，旦夕攻苦，以致咯血，不肯少休，升至头班前座，进境之速英人同学者皆谓为中国士人刻苦精进，非欧西所能企及。其后咯血不止，经学堂教习、同学诸生再三劝导，始暂回使署调理，犹日手一编，时勤温习。医者劝其辍学静养，病可安全，而该生以为授朝廷作育之恩，荷钦宪栽培之雅，今学业既有门径，不肯中止半途，病榻坐卧犹时构思，研求愈深，心神愈耗，病日增剧，海外医药又复不宜，不得已请假回华就医，船上风浪颠簸，屡濒于危。甫抵粤垣，于本年三月二十九日病遂不起，身后萧条，不堪言状，行路悲恻，闻者酸心。查前驻英画图学生、五品衔四川试用县丞杨淦积劳成疾，请假回华就医，舟次病故，经前出使英国大臣曾于光绪五年奏请议恤，奉朱批：'杨淦着照军营病故例议恤，钦此。'钦遵在案，今丁生事同一律，情尤可悯。现当讲求西学、振起人材之时，如该生之劬学陨身者，实不可多得，如蒙恩准援案奏请赐恤，慰幽魂于既往，勉勤学于将来，亦鼓励群才之一道。所有丁学生病故代恳予恤缘由，理合据实具陈"云云。

初三日辛亥　晴。记：伦敦堪兴坦王宫在城之西偏海岱囿旁堪兴坦园之西，地基不广，楼房浑朴，建以砖木，高仅二三层，本居民诺汀哈木别墅，西历一千六百八十九年（康熙二十八年）国王韪良第三以二万镑购之，于是君主安呢、国王卓志第一第二皆经前后居住之。迨今君主维克都里亚之祖卓志第三始移入贤翟木斯及卜静两宫，时在西一千七百六十年（乾隆二十五年），此宫遂赐其四太子、今君主之父、公爵埃达倭居之。

按：卓志第三遗有九子四女，长子卓志生于一千七百六十二年（乾隆二十七年），后即王位，为卓志第四，薨于一千八百三十年六月二十六日（道光十年五月初七日），无子；次子苇来得立生于一千七百六十三年（乾隆二十八年），故于一千八百二十七年正月初五日（道光六年十二月初八日），亦无子；

三子克拉兰斯公赴良罕里生于一千七百六十五年（乾隆三十年），后嗣兄位为赶良第四，在位七年，薨于一千八百三十七年六月二十日（道光十七年五月十八日），亦无子；四子克恩特公埃达倭生于一千七百六十七年（乾隆十二年[1]），娶萨克森阔堡（现为德之一邦）王里欧浦之妹、已故来宁根（现为德之一邦）王之妃维克都里亚为夫人，故于一千八百二十年正月二十三日（嘉庆二十五年），仅遗一女，即今君主维克都里亚，生于一千八百十九年五月二十四日（嘉庆二十四年），至一千八百三十七年六月二十日（见前）时年十八岁，清晨在此宫奉其伯父赶良第四之遗命嗣位，迄今在位六十一年，花甲重周，年已七十有九矣。其宫先经君主往来驻跸，继住各公主，现归三公主绿衣姒云。

初四日壬子　阴。西国铸炮由小而大，既而由大缩小，即如数年前炮之至大者为克鹿柏之蛮斯特尔钢炮，重一百三十吨，炮子重二千六百斤，击远十五洋里有奇；阿摩斯当钢炮重百十一吨，炮子重一千八百斤，用火药九百六十斤，击远十四洋里。以上两种大炮，费用既巨，且不能连声百炮，故二厂因而废之，改铸今式，即如阿摩斯当炮之重二十二吨者，击远十二洋里，且使对阵不闻炮声。

按：击远十二三洋里为今时各炮力之所能，虽使炮口高起四十五度，其致远之力亦不稍减。更有格林各快炮为急救利器，炮机仅一旋耳，仓卒之间弹如雨下，竟有一分钟可放六百出者，且炮体极轻，兵可以皮带背负而行，其制精良，军中不可少也。

按：大炮之费如克鹿柏之蛮斯特尔每尊价合三万九千镑，每声一炮须费九百五十镑云。

初五日癸丑　阴雾而细雨淋漓。闻有美国人专斯屯者，纽约巨商也，贸易兴隆，获息倍蓰，遂致巨富。乃高其闬闳，制拟宫室，帘幕皆锦绮为之，壁上则古瓷名画、玉碗金瓯，光映几案，朝夕脂香酒气盈溢四堵。一旦不戒于火，家产荡然无存，因而困穷烦闷，痴卧成疾，经人舁入医院，药之无效，上月身故，乃即其所自卜之宅兆而安厝之。据云其墨搜勒木占地周三四里，建以汉白玉石，共费四万余镑。按：“墨搜勒木”者，西语寝陵也，向惟君王葬处用之，今名此人之坟亦曰“陵”，因其巍巍阔大耶？抑夸其曾经豪富耶？不得而知也。

---

[1] 应为乾隆三十二年。

初六日甲寅　稍晴。数日前有前驻南海等处英国领事官何尔卫来拜，乃三十年前在北京会过者，约于今日未初在阿伦岱会馆早餐，地在汉诺倭坊，同席有上海总领事翟木森及二十年前在此相识之英人戴欧奚又名榷山（因其人曾至日本，志在东方，故得是名）。主宾欢饮畅谈，酉初一刻始散。

初七日乙卯　微晴，凉。未初，星使约德人汉乃根（即前甲午年之在高升船者）在贤翟木斯会馆午酌，并召余及罗叔羹作陪。食有炒鸡蛋、羊排骨、烧野鸡、拌生菜，皆甚佳妙。饭已另入他室少坐，汉辞去，申初回使馆。

闻昨在霍勒叫货行中拍卖古董，内有前法王鲁伊第十六（西一千七百七十四年中乾隆三十八年即位[①]）之御用鼻烟匣一枚，盖涂碧色瓷油，精润透光，竟叫卖至一千二百五十镑。又一五彩花匣，亦系当年古物，价则陆续增至一千一百五十镑。究不知此两匣为何等至宝而价值万金也。

初八日丙辰　稍晴如昨。记：英地四面临海，土人不时讲求水性，于是有精于泳游者皆历志之，一以张其习水之能，再则激劝于将来也。如海面洗浴，其由岸远泳先仅八十码、百余码已称其能矣，至西一千八百九十年（光绪十六年），有名诺托者于十三分五十二秒钟竟泳行千码。其泅水者至一千八百九十六年（光绪二十三年[②]）有郃尔者于二十六分八秒钟泅行一洋里，其投水至深者亦于是年有一人名阿拉森者于一分钟入水八十尺零八寸五分，其水中久住者于一千八百八十六年（光绪十二年）有费伊呢者能住四分二十九秒零四分之一。《列子》曰："人有滨河而居者，习于水，勇于泅"[③]，其信然欤？

初九日丁巳　早阴，申初大雾。西国自文化大兴以来虽谓男女人人识字，而仍有多寡不同者，即如葡萄牙百人中不识字者六十七，义大里百人中五十二，波兰百人中三十九，俄罗斯百人中三十六，奥斯马加百人中三十二，希腊百人中二十五，比利时、土耳其皆百人中一十四，日斯巴尼亚百人中八，爱尔兰百人中七，芬兰百人中三，法兰西、英兰、和兰亦然，苏格兰、德义志皆百人中二，瑞典、瑞士、丹麻则百中仅一人焉。余尝遍历欧西，知其民之智愚视乎识字之多寡，而因以察其国势之盛衰。夫英以海隅三岛而雄视全球，德以欧陆一方而称强列国，识者谓其无人不学，无艺不兴，故士农工贾之心思技能每日新而月盛，其长驾远驭非偶然也。入夜黑雾漫漫，尤重。

---

① 应为乾隆三十九年。

② 应为光绪二十二年。

③ 语出《列子·说符》。

初十日戊午　早大雾，午后晴。记：西国胰皂种类极多，不仅鹅油香胰也，其香有红玫瑰、白玫瑰、丁香、桂花等百余种；臭其味有清香者、浊香者、有不甚香者，更有异味而西人列为上等者；其色则青、黄、赤、白、黑，五彩鲜明；其质有透光者、有不透光者；其式有扁圆、有腰圆、有四方、有长方、有扁方，亦有圆球块，皆不大，周约六寸，厚不及寸；有仅按块者，有装潢带匣者，亦极华美。其常用者价则每块由一本士至二三先令不等，竟有价至一镑半者，究不知造以何料而珍贵若此，得无另有妙用，能使耄耋者转而为童颜欤？抑或憔悴者易而为舜华欤？未可知也。外有粗胰，用以洗物，其色或黄或白，切作四方长条，周约七寸，长则尺半，每条价系六本士半，论磅则每磅二先令。闻英兰一年所用粗细二种为数不下四万万磅云。

十一日己未　晴。记：外国属地最多者为英国，故英人自夸云：绕地一匝，不离英地，因全球五洲无处不有英地也。试由英兰鼓浪西行，经大西洋至北美洲正东稍北诺瓦司阔的亚地方之哈里法克斯海口，登岸西行，过加那达至北美洲西北界克伦比亚西南之万库倭尔岛，再乘船泛太平洋西行至香港，转南至新嘉坡，再稍北至槟榔屿，自此有两途，一西南行走印度洋至斐洲东南界之墨里堤厄斯岛，仍航海西南行至斐洲正南凯浦涛安海口，再转北稍西走大西洋至斐洲西南之贤海蕾那岛，末则北驶走北大西洋转东则回抵英兰矣；一自槟榔屿走印度洋至锡兰、至孟买、至亚丁后北行至红海口亚斐二洲中间之佩立木小岛，再北行出红海入地中海西行过墨洛塔岛，过支布洛他转北稍东亦抵英兰。

又谓英国日永不落，因地球四面南北皆有英属地，此地日落则他处日升，抑或正午也。

十二日庚申　阴，雾。记：西国亦有象棋，名曰“柴斯”，棋枰四方，纵横各分八方，共六十四方，对面两营，各占十六方，棋子皆立方内。临边一横，中两方中左立王右立后，王左三方后右三方内立教师、义士、炮台各一，此前每方各立一兵，对营亦然。棋子木作象形，高皆寸余，王与后皆仅一冠冕，教师一帽，义士则一马头，炮台一座如塔，兵则一小帽而已。其走法：王仅四面步步而行，后则远近任便，教师斜行远近如意，义士乃斜跳一方，炮台则横竖直行，可远可近，兵直走。第一步可越一方，后则按步，对面有人，既不能行，亦不准吃，左右斜向有人，虽可走吃，若无人则又不能斜走，此其大致也。考其法与中棋略似，或谓学自中国而未得确实法效耳。闻土人有各在所居不觌面而着棋者，乃互以电信或得律风通知何子行何步，亦奇矣。

十三日辛酉　晴，凉。今日系西十二月二十五日，又值礼拜之期，为耶稣降生之辰，铺户关闭，人工休息。申正，旧邻居罗柏滋约饭，其人现移住绿林村，距伦敦东北三十余里。未初乘马车至庆斯十字街火车栈，即时买票登车，未初十一分开，过四车栈行约二十分至彼。下车步行里许至其家，一路楼房新整，连亘渠渠，细草铺茵，乔木成林。见其夫妇、子女，谈至申正入座，食有火鸡、牛肉等，殊佳。食毕引看各屋，房舍高大，修饰华美。酉正瀹茗，虽不味芳如兰而色黄清淡，迥非平日英人所饮者。坐谈移晷，握手兴辞，柏滋父子伴送至车栈。

十四日壬戌　早阴雾，申刻细雨阵阵，入夜大风，冷见冰凌。镇日铺户关闭如昨。

记英俗：凡借贷之券可以卖与银行，假如甲欠乙千镑，言定三个月或半年后归还，甲不用钱则收券以待之。苟遇急需，可售其券于银行，该行买价高低有二，一按行规利息几厘，二按月限之多寡，并视欠钱者为何如人，子金或四厘或五厘，扣去外又甄别欠钱人，或著名、或有事业、或名姓可考而事业无多，则买有按五六厘至十厘者，一千镑按六厘乃仅得九百四十镑。英人谓售券行息虽亏六十镑，然于此三六个月内以九百四十镑营运所获之利必逾百镑也。此券既售诸银行，至还钱之期，甲乙当同去画押清账云。

十五日癸亥　早阴雾风雨，午后大雨滂沱，入夜阴风怒号，冷甚。记：英都会馆极多，洋名“克乐卜”，二百年来所立者共一百三十余处。各中人数有无定者，有限定者，由一二百至五六千不等；有男子专会、妇女专会，亦有男女同会者；有初入会须捐费者，由一先令至四十吉呢不等，亦有入会不捐者，惟各人按年皆有例捐以供馆费，为数由五先令至十余吉呢；更有初入会及常年皆无所捐，而仅挂号称属某会馆者，此等会馆略如饭店，必会中人方得在内早晚餐，以宴乐嘉宾也。各馆名目不同，党朋各异，然罕有累及国家者，无滋事之虞，无非常之举，其宗旨在增益学问、兴地利、阜民财，以保其国家。否则亦不外同人雅集，怡性骋怀，联袂掎裳，温恭和睦，未闻有口角争斗之事。各馆之名及入会之人虽不能枚举，兹特择其尤者笔之于书，以广见闻。如阿贝玛为男女闲谈处，阿来三德为上等妇女聚会处，阿勒牌为赴瑞士等国赛爬山者聚会处，阿米乃威为水陆大员之人品端方者聚会处，阿尔兹为精文艺及勤学问者会谈处，阿色尔为男子闲叙处，阿伦岱为文学、工艺兼优者会叙处，阿赛年为显宦及人之能文学、格致者清谈处，敖投谋拜为坐汽车人闲聚处，敖色尔为人之著书撰报者雅叙处，巴尺洛尔为人之不欲娶妻者聚会闲谈处，巴得威音为会中人宴乐叙谈处，巴得民屯为打猎、乘马等人聚会处，巴斯为体操、泅水等人聚会处，布得勒斯为众宴乐叙谈处，布鲁克斯为不守新旧两党之人聚会处，柏苓屯番阿尔他为喜精工、奇物、图画之人聚会处，卜立的什柴斯为棋友雅集所，喀美腊为绘画照相等人聚会处，喀来斗年为苏格兰上等人聚会处，喀尔勒屯为真守旧党人聚会处，喀瓦里为马队官员聚会处，赛西为守旧党人之善书官政者聚会处，柴勒溪阿尔兹为凡有职事之人聚会处，扣扣特立为会众雅话处，宽斯的究深那为官场讲国法之人聚会处，西的喀尔勒屯为守旧党人聚会处，西的里卜拉为更新党人聚会处，西的敖伦敦为商贾银行人聚会处，西戞尔为会众谈宴处，西的敖伦敦柴斯为棋友聚会处，阔卜敦为贩无税货人聚会处，考娄呢亚勒为各属地人聚会处，赛克里自土苓为骑脚踏车人聚会处，宽色瓦的伍为守旧党人聚会处，宽司木普里坦为互相聚会交谈处，伊斯印的亚攸乃代色尔威司为印度水陆文武聚会处，埃克三特里克为会众怡性骋怀处，克立池屯为喜音乐之人聚会处，代万晒为更新党人宴乐聚会处，埃悌为真更新党人聚会处，发尔墨尔斯为讲艺植耕种人聚会处，弗赖肥射尔斯为渔友聚会处，埃勒丹为文学人聚会处，佛克斯为猎狐人聚会处，戞尔立克为讲戏文人聚会处，勾勒佛尔斯为打小球人聚会处，格林路木为男女讲戏曲、乐器、画工者聚会处，格林帕尔克为讲乐器之男女聚会处，格蕾沙木为商贾银行聚会处，格娄乌诺为闲叙不论国事者聚会处，格娄乌诺克来森为妇女清谈聚会处，戞尔自为新旧护卫官聚会处，格恩为善射假鸽者聚会处，合令屯为乘马于二百码外弋禽者聚会处，伊勒柴斯特尔为人无事消闲所，海岱囿为文人雅聚处，伊斯绵为公私水陆学堂人聚会处，朱呢尔阿米乃威为水陆兵官聚集处，朱呢尔阿赛年为不谈国政人聚会处，敖尔连斯为乐山水人雅叙处，朱呢尔宽色瓦的伍为守旧党人聚会处，朱呢尔宽斯的秋深那为真守旧党人聚会处，朱呢尔喀勒屯为真守旧党官人聚会处，麻喀巴彦斯及马力赍克力该皆为讲击球人聚会处，麻拉玻娄为会人闲聚处，内申那拉里柏拉勒为真更新党人聚会处，朱呢尔乃威安米里他里及朱呢尔攸乃太色威斯皆为水陆官员聚会处，洛搜赛伊的为讲律例者聚会处，伦敦娄英为讲弄桨人聚会处，内申那拉斯柏丁为击球、体操等人聚会处，内申那拉为耶稣教士聚会处，乃威安米里他里为水陆兵官聚会处，欧得卫勒克木为会人畅聚处，牛敖斯佛安堪卜立址、牛攸呢倭希的、敖斯佛安堪卜立址及攸乃太攸呢倭希的四馆皆为敖斯佛与堪卜立址二大学堂人聚会处，牛瓦戞班为文人聚集公宴处，牛维克都里亚为妇女闲会处，呢攸为会人聚集闲谈处，呢木洛为打猎抛球等人聚会处，欧麻喀亚木为会人宴饮处，欧庇为喜观剧人聚会处，敖斯佛安堪卜立址缪吉喀为喜音乐人会集处，开乃为讲孳生犬种之人聚会处，帕来斯、帕玛及庇喀的里三馆皆为文人闲聚处，普蕾勾尔斯为喜戏曲之人聚会处，普蕾斯为新报主笔者聚会处，普立木娄斯为守旧党人聚会处，普林赛斯拉馈斯自安太呢斯为喜击球、溜冰等人聚会处，奎印斯为打球、踢球、溜冰、各练体操等人聚会处，拉莱伊为善使舟之人聚会处，兰拉为乘马、抛球等人聚会处，立佛耳目为真更新党人聚会处，洛亚伦敦牙特、洛亚太木斯牙特二馆皆为赛使快艇人聚会处，洛亚搜赛伊的为文学、格致、图画等人聚会处，乐斯回斯特为牌友聚会处，洛亚倭特克勒尔为善博弈者聚会处，贤翟木斯及赛克斯的皆为博古人聚会处，贤卓志斯为万邦名人聚会处，贤卓志斯柴斯为棋友聚会处，贤司悌芬斯为守旧党人聚会处，坡兰为不关公事闲散之人聚会处，三得苓哈木为打球、抛球人聚会处，萨威志为文学、音乐、曲文等人会集雅谈处，萨威勒为会人闲聚宴乐处，奚赛木同上什音蒿斯为踢球、骑车人聚会处，司坡自为放枪练技人聚会处，司米斯扉为讲孳生畜类人聚会处，塔赤得蒿斯为闲人不讲国事者聚会处，特拉卫勒尔斯为游历人聚集处，特尔弗为赛马人聚会处，攸呢倭希的敖蕾的为文学及医学妇女聚会处，攸乃太色威斯为水陆千总以上各武员聚会处，维克都里亚为会人聚集闲谈宴乐处，魏苓屯为武弁聚会处，槐特芙立亚斯为文学记事人聚会处，槐特霍、槐子文大木二馆皆会人闲聚交谈处，恩普蕾斯、来的斯靠安堤、庇欧呢尔三馆皆为妇女闲会处，来特尔斯为写新报人聚会处，阿勒勾诺兹为男女宴会处，攸里克为讲才学人聚会处，攸年为名人闲会处，攸乃太为真守旧人聚会处。考以上各会馆，规例不一，大抵公余暇日藉以宴游，凡在会中人随时皆可入馆，或一二人晤谈，或独坐看新报、披阅书籍，抑或自备早晚餐及请客宴会，悉听其便。至各馆人入会之法详见后。

十六日甲子　稍晴。记：英岛四面临海，土人多讲泅水使船诸学，设有会馆四十余处，总名“牙特克乐卜”，义乃快艇会馆也。各馆又另各有名，沿海岸边设船坞，会馆亦设于附近，凡人之初入会及常年各有捐费，亦各有首领。闻其第一会馆名曰“御前快艇帮船会”，设于西一千八百十二年（即嘉庆十七年）。会馆船坞皆在考埃斯村（地在骚桑屯口外正南威特小岛正北界），初入会者捐百镑，每年捐十一镑，会首为大太子、卫拉斯王埃达倭。其他陆续立于八百二十年后（即道光初），初入会及常年捐款二三镑至六七镑不等，会首皆世爵或武官云。

十七日乙丑　阵阵细雨，凉。伦敦官民商贾之富者无论男女每喜自御车，立有会馆名曰“佛音汉”（四缰在手也），又名“扣池英”（御车也）。每年春秋赛驰两次，皆自会馆齐入海岱囿，再由此出城至鹤龄屯及荷泗囿等处，车辙马迹，范我驰驱，日暮而后归。然此会凡单双马者皆不入，必驷马高车，棚上箱中容坐男女十数人者，车棚顶前坐车主夫妇或父女或兄妹或戚友，自御而行。届时男女观者如云，相为评骘车马之优劣与夫磬控之技能以为乐云。

十八日丙寅　阴，凉。英国之公书局及官书楼自西一千八百五十年（即道光三十年）始经议院议定兴立，以便人民观读。当年通国初立者三百五十余处，其后按年陆续加增，至今伦敦城内共计六十余处，各有管理之人，男女不拘，每日开门，自晨至晚皆六七个时辰，中多礼拜日不开者，而亦有于礼拜日午后开四五点钟者。各局楼储书万卷，玉轴连云，牙签压架，悉以公诸同好，盖欲人究学术、增智慧、广见闻也。

十九日丁卯　阴雨如昨。申初，乘车至庇喀的里街东首路北敕建大学堂中观油画。此堂英名“洛亚阿开代米”，专讲各种学问，高楼悬有油画之类。每年于五、六、七三个月开门，人之往观者白昼一先令，申酉时则六本士，至欲入内听讲、学艺、观书，皆须致书与管堂人。现在堂中无事，乃将古人名画由王宫及各官商富家借集二百余幅，悬挂楼中，招人观赏。今日先帖请相识之人往观，备有茶点，自明日至西三月十一日（即明年正月三十日）每日巳初开门，酉正关闭，入门者一先令，买整票五先令。

按：此次所悬各画皆和兰人名蓝莆兰者大手笔也，其人生于西一千六百六年（即明神宗万历三十四年），伊父则磨棺也，伊母则烙面包者之女也，其在昆仲行则第五也，生不喜读书而好绘事，年十四入学无成，遂改在莱顿学画三年，再入和京访诸名家，专心致志以求其精。至六百二十七年（即明光宗泰昌七年[①]）初画第一幅，则贤波罗在囹圄中之故事也，名由是大噪，远迩传扬，卒年六十有三。所画男女肖像大小不一，虽皆古装，而写真传神，工妙罕比，迄今人犹宝而藏之云。

二十日戊辰　阴雨，入夜大风。今日为西历一千八百九十九年正月元旦，又值礼拜之期，铺户关闭，人工休息。

① 应为明熹宗天启七年。

记：东西各国民主之制自古有之，非自美国始也，即如希腊国阿堤喀省之阿三思都会曾于二千六百年前当周桓王之世即自立民主，罗马于二千四百年前当周敬王之世亦自立民主，日斯巴尼亚之安都喇城之民主始于一千二百年前(即唐德宗贞元年间)。大国之曾改民主二十年者为英吉利，系由一千六百四十至六十年（即由崇德五年至顺治十七年）；其改而又改者为法兰西，初次由一千七百九十二至八百零四年（即乾隆五十七年至嘉庆九年），二次由八百四十八年至八百五十二年（即道光二十八年至咸丰二年），第三次始自八百七十年(即同治九年)；其永改至今者为瑞士，始自一千二百九十一年（即元世祖至元十二年[1]）；开国自立民主者为美国，始自一千七百七十六年（即乾隆四十一年）；其他南北美洲各小国之改为民主者多在西一千八百年以后，其详备载欧西史乘中。

二十一日己巳　早阴雾细雨，午后稍晴，酉初狂风骤雨，入夜尤甚。现在春冬之际，伦敦鳞介之属所售多种。蛎蚝有本地产者，有来自义大里者，英产净皮黑色，义产粗壳层层灰黄色，价皆本士一枚。蛤蚌有长有扁，皆净壳而薄。昨日食有蚶子，价则二三本士一升，虽不似北京者鲜而肥，亦在外洋仅见之一种美味也。

二十二日庚午　阴。记：在德贸易华人田阿喜之子田合通娶西女为妇，生子女五人，盖居室已九年矣。前岁田合通回华游历，返德后见其妻有私书，合通问之，其妻答以汝去外国，我在家中所为与汝无干涉。合通不悦，彼此口角，因而分离，子女五人皆被该妇携去，余闻而奇之。兹见西例有云：男女于未嫁娶之先生有子女，无论及岁与否，皆为本国之民；若女嫁外国人，即销本籍；苟于未嫁之先生有子女，当嫁时如已及岁仍属本国，尚未及岁则销本籍。

又私生之子女无论生于何处，其母为本国人则属本国。按此例则是婚媾而生之子女随父籍，私奔而生之子女随母籍，其母若因嫁改籍而不知其父为何人者，则子女不改籍。

二十三日辛未　阴。闻自本月初间欧林皮亚马戏园复开，每日白昼开台自未正，晚自戌正。后台除马匹外又罗列奇人异兽多种，于是旁门早开一点钟，欲观者入门多加六本士。今日酉初偕沈、吴二君坐火车前往，下车即园门。买票入内，转进旁门，其后台地极宽阔，正中四面铁阑，分列大小象及独峰、双

① 应为至元二十八年。

峰驼各十四，牦牛、水牛、无毛马各一，三角小牛三头，花驴五，南美洲绵羊四，印度牛二，各皆有人看守照料。此外四面分作两层，第一层设台高四尺，节节分槅，罗列各种怪人，便人观览。一俄人名茹肉，现年二十四岁，满头生毛，紫黄色如狗，长皆三四寸，洋人以“狗面人”呼之；一美国倭海阿邦人名阔肥，现年四十六岁，二十七年前因病不饮不食，致四肢有皮无肉，病愈虽能饮食而四肢依然枯瘠，西人因呼以绰号曰“全体活骨”，谓其无肉也；一本奥斯马加人随父母改入美籍之贺尔满，现年二十二岁，上身力极大，胸能展宽至尺半，以铁练缠腰，且能使之崩裂，肚能展宽至一尺八寸，又能凹下如洞；一印度芦克诺欧城双体人名拉卢，年二十三岁，一头两身，本身长成；另一女身小而胸下相连，两手抚肩，两腿下垂，长不及膝，气通神通，惟不同长耳；美国一女名专安腻，年约二十六岁，粉面黑发，皓齿朱唇，细腰纤手，莺啭鸾咽，俨然闺秀也，乃乌须长逾半尺，观之无不捧腹者，该氏虽自称某女，实则再醮妇也；美国人特里铺年二十一岁，生而有肩无臂，以足代手，写画俱佳，此与余二十年前在比国安土耳所见者无异；英女伊梧义年十五岁，发冗而重，长虽尺余而团成一球，周逾二尺，厚约半尺，其色紫黄，形类倭瓜，又似前在柏林所见之胡卢沽岛（详见《五述奇》）中人者；美国纽约人莫里斯年四十岁，通身皮如印度古米，能伸能缩，虽面上之皮，拽之可长四寸；美国吞剑人苻立兹年二十五岁，能吞剑及枪刺之长尺半者；英爱尔兰人千总莫尔费现年三十三岁，自十九岁骤长，高至七尺九寸；法女马步年十七岁，高仅二尺，重十八磅，能数国语言；美国女郝安呢年十九岁，视其肤有红、蓝、紫、白四色，共计五百九十花纹，其兄郝富兰亦然，殆所谓被发文身者耶？北印度敖立萨城之孪生女，一名拉的喀、一名都的喀，现年八岁，其形两头四手四脚，惟腰胁相连，气虽通而分口饮食，各能语言，每行动须互相商定，奇甚。俄国小人皮特尔年十八岁，高仅一尺八寸五分，重约六磅，行动与常人同；南洋婆罗洲大岛之野人一名威那欧、一名蒲卢他那欧，年皆逾八旬，披发长须，身高不及四尺而力极大，曾住美国三十年，语言依然不解，貌似俄近黑海之柏尔呢欧人；美国人包安年五十八岁，生而无腿，两脚之前半露于臀前胯边，手拄木块匍匐而行，颇速，曾入学读书，竟娶妻生四子云；美国幼童寇池兰年五岁，万言应对，无所不知，似年逾耄耋，曾经沧海，周知世事者，真神童也。计布未详何许人，亦不悉其年纪，语言不闻，身体高大，尖头巨口，大耳高鼻，面色黑而稍黄，乃三十年前经水手巴讷木者由新嘉坡拾得携至纽约，因不知其来历，遂呼曰“伊为谁”；斐洲人阿勒番搜年约二旬，每日以铁器、玻璃之类为食，西人呼曰“人驼鸟”；美国纽约人马克希年约三旬，能成包成捆吞针，间或带线；美国妇骆蕾塔年二旬余，能玩花蛇及黑毒蛇长八九尺者四；俄人萨母森孔武有力，能举三千五百斤，并能以拳断铁碎石；美国纽约女濮赖斯年约二旬，三男六百余斤叠卧椅上，女能以一掌举起。其他有头能顶石者，有黑人高八九尺者，更有日本女三名、埃及女一名，皆不知作何技艺者，各人台前横有小匾，书其人名、籍贯并各所能及、有何新奇之处。此后四鄙临墙横列四轮红车，极大，上有铁笼，内盛各兽如狮、猴、虎、豹、豺狼、貂鹿、黑熊、白熊、羚羊、海马、袋鼠、鸵鸟、花驴、猪、羊之属。

出后台前门即系正台门外，环作椭圆，左右排列杂货玩物摊及加非酒摊共数十处，如香水、胰皂、手帕、钏环、木盒、小瓶、锁练、戒指、糖果、点心之类，不一而足。正台前亦作椭圆形，三面分五门，按座位之等第门外横牌，书以第等、若干价之门，入门有看座人照应，裁去半票，按号入座。至所演者分两大段，前一段共分十三节，每节又分四五出不等，统演不足六十出，不外男女踏软绳、乘马跳圈、耍象、骑猪、玩貂獭、耍熊羊等技，虽甚可观，余则以为数见不鲜矣。惟其中新奇者有二，一系地立一铁柱，粗拱把，高三丈，外环铁道八圈，式作盘香形，道宽二尺，地置一球形铁盒，圆径周七尺，造以薄铁，四面小孔如漏勺，一人团卧盒内，旁一人将两盖锁讫，球则自行滚绕八圈而上至顶，再由顶上滚下至地，他人开锁启盖则人出矣；一系地立木台三层，每层高二尺、宽约五尺作“凸”形，乃一人领三色马七十四，曰红曰黑曰黄，自乘白马立诸台顶中央，他马按色环列三层，正中白马作何式，他马咸随乐声效之，或跳或舞，抬单腿举双腿，进退横斜，或卧或立，无不整齐一律。后一段分十六小节两大节，其十六小节无非赛马、赛车、越墙、跳沟、玩狗、耍猴等技，兹不琐述。至两大节内，第一节乃美国纽约景致，真假混杂，障眼法也，正面布画大海、山岸、码头，有轮船、有杉板，有钓鱼者、有泅水者，岸上楼房镇市，男女老幼，贫富不一。画前一湾真水，浮有真船，接以真岸，搭有跳板，真人泅水，真人往来，天水一色，服饰一律，观者望之真假混一，不知者当不辨其若干里远也。第二节演美与日斯巴尼亚于本年西七月三日（即前五月十五日）在古巴之三的阿沟海口交兵，美船获胜之戏。戏分两出，一在中夜，一在早晨，景致作法与前在印度会场看者略同。先是黑夜，山影渺茫，有灯楼守口，旁有炮台，美兵轮来闯封堵，炮台放炮击之，美船退，日之水雷乃出，隐于口内。继见岸上楼房猝然火起，烈焰飞腾，美之船队突由海湾驶出，至中途声暗号，经封堵巡船察知被获。少刻，美船“米里麻”开，炮台窥其来意，知将沉塞海口，遂即放炮。于是美船与炮台互相攻击，美之“麦因”船先轰，“米里麻”船后沉，副将霍布荪率多人驾轻舸逃去。斯时天将昧爽，满山青草绿树，极属开敞。既而美巡船“威肃威”驶近海口，放无声炮，见日船队将逃去海面，放炮击之，日船既沉，美各船遂猛力齐进，日船或沉或轰。末则山顶高悬美旗而罢，观之诚一场海战也。

二十四日壬申　阴。数日前，孙荔轩（多鑫）、颜仲山（梓庆）二君由美国游历到此，住大坡兰街之坡兰店，来拜。今日戌初同沈藕生约在协里那欧饭馆晚酌，欢饮畅叙。亥正回寓。

闻去岁西国游士石瓦喀者曾行至北冰洋第七十一度，地近柏尔克大鱼河，此等至冷之地为温带中人从未到过者，西人探幽致远多类此。

二十五日癸酉　阴雨阵阵，凉。记：英吉利书籍旧者价廉、新者价贵，土耳其书籍则反是。或谓英国新法实学日增，板字清楚无讹，装潢华美坚固；土耳其不讲各种学业，新书虽出，购阅者少，且纸多粗薄，印工不精，字既错落，间或模糊，装潢亦颇简陋，故新书不如旧书，而价不得不廉耳。

二十六日甲戌　微雨。午后约孙、颜二君同游万生园。入园南转，高厦一区，四面铁架玻璃箱中各盘一蛇，长皆丈余，粗盈尺，花纹颜色不一，共二十余种。其他各种禽兽、水族，现因天寒，皆闭置屋内，其骑驼、驾象之处亦皆停止。看毕入加非馆少坐，见其壁上悬有小牌，书云：申初后方准吸烟。询之，则以三点钟前多有妇女在此小酌也。

二十七日乙亥　稍晴。记：西国所用一种胶曰“中国胶”，洋名“斋那赛门”，制法即用小玻璃瓶满盛鱼胶，慢将烧酒斟入充满空处，后置瓶于微火中，待鱼胶化尽，胶酒混一即可用云。

二十八日丙子　大晴，入夜风。记：西国君主之在位最久者为法君路义第十四，在位七十二年，太子路义第十五在位五十九年。英国历朝君王在位均约二十四五年，惟当代君主维克都里亚十八岁即位，现年八十，在位已六十一年矣。

二十九日丁丑　阴雨阵阵。酉正约孙、颜二君游阿奎良，一切如前，游人不多。所演杂耍数十出，中有新奇者二，一系一女年约三旬，能肩荷手提大小铁炮弹六，共重八百斤，又能倒悬梁上，手提口衔人与铁弹，共重亦八百斤；

一系于台左右立二螺蛳铁道，高三丈，绕五圈，道宽二尺，圈周四丈，二道相距约三丈，顶上互连一木板，宽仅尺余。一人先在台上骑脚踏车，极轻捷快利之妙，忽大轮忽小轮，忽单轮忽双轮，或正骑或反骑，或倒退或横行，更有时骑一圆方各半之轮。末乃骑一小轮，自台前步上右铁道绕五圈至顶，转左骑过空悬之三丈木板至左铁道顶，继而绕下五圈回至台左，亦奇技也。

又星使夫人魏氏现年四十四岁，自前七月患病，久经林琴荪诊治，至是病笃，琴荪束手，因面请星使电达驻德吕镜宇星使处，求派医官来诊。前日发电云："病急求借医官，望赐回示。"旋接覆电，谓即晚启程，明晚到伦。今晚亥初，经罗叔羹由维克都里亚火车栈迎入本街路南躲鏮店，知来者医官为徐星阶(际平)，并同文馆英文学生德桂声（林）。入夜晴。

三十日戊寅　早晴，午后雨。徐、德二君来拜，星阶诊脉，会同林琴荪斟酌立方，彼此凉热意见不合，用药两歧，恐难奏效也。

记：西国铁钟之至大者在俄故都墨斯科，铸于西一千七百三十六年（乾隆元年），重二百五十吨；其次亦在墨斯科，重百十吨；第三在俄之诺伍郭洛城，重三十一吨；第四在奥国木拉乌亚省之欧拉米自城，重十八吨；第五为伦敦贤波罗礼拜堂内者，重十七吨半；第六为奥京维也纳者，重亦十七吨云。

## 十二月

初一日己卯　镇日风雨交加，凉。记：伦敦各会馆有专请本国君主及太子、王公，各国公使、名人列名入会以为荣者，然本国人之入会颇属不易，因馆规慎重，必择其品行、学问兼长者也。按其入会之法，设若一人拟入某会，必经会中二人作保，因会友千百，不能同日到齐，亦不便因此特招，遂先书其名姓于门牌，令朝夕会友来者咸识其名，可否准其入会。馆中备有黑白牙球各若干，旁置一空匣，俟三个月后开匣查验其中所得之球，如每十球中有二黑球或四黑球，则其人不得入。此馆不入，他馆亦难入。至用黑白球之义，凡会友之羡仰其人者掷一白球于匣中，知其人品行不端或学问不优者掷一黑球，开匣后其人得入与否，仅视黑白球之多寡。初不知各球系何人所掷，盖免将来议论喜怒也。又因会中人有定数，缺出方得续补，竟至一二十年尚无空额。更有世代入会者，因某会著名，挂号者每多拥挤，乃有小儿初生即往挂号，冀至廿余岁庶可补入云。

午初，送孙、颜二君启程前赴巴里。

初二日庚辰　镇日风雨如昨。记：西国铸钟不用铁，乃铜一分、铅三分，敲以铁棰而其声宏。

又闻俄旧都墨斯科城克来木林礼拜堂内另一大钟周六十七尺四寸，重四十四万三千七百七十二斤，不知铸于何年，久陷深坑。至西一千八百三十七年（道光十七年）俄皇尼扣拉斯第一之世始经掘出，垒墙悬之，为一时之奇物。

又伦敦城贤波罗礼拜堂之大钟惟皇族有非常之变始鸣之，因其地高声烈，通城可闻。

午初约徐、德二君来馆便酌，具华餐，聊以敦乡谊云尔。

初三日辛巳　稍晴。英国用橡木造船建屋，以其坚固宽长、性能耐水也。此树英产固多，而在格娄赛斯特尔府之笛音地方（地在英兰正南界）为尤盛，巨树成林，国人视为富产。

迄今树之古而高大者在英兰西南界门茅斯府之牛坡庄，生已四百年，本粗二十八尺六寸，迨翦伐后树皮共值二百镑，木本值六百七十镑。另有至古者系在英兰中界偏东诺廷哈木府之克里布斯屯囿中，地属坡兰公，树生已千五百年。其至高者在该府之卫勒贝教堂前，亦属某公爵，故号曰“公爷杖”，高十一丈一尺，其粗有周七百码者，亦在该处树下剪枝作门，开有车道。其他又有名“七姊妹”者，高九丈，上分七干，因有是名。树生若干年于木纹验之，盖树本一年一生中心，故一年外环一圈，木心共若干圈，计知其已生若干年也。

初四日壬午　阴雨阵阵。按：星使夫人病状口燥舌黄，气喘不接，胸次内外发热，睡卧不安，大便不通，饮食不进，骨瘦如柴，不能坐立，微睡即作谵语。林琴荪谓系内火，半年来多进凉剂，无效。迨徐星阶诊脉，谓系上焦虚火，中有痰而下寒，宜先治寒去痰，气通则火消，当用热药疗治。立方时互相商酌，药用半凉半热，星使商诸琴荪，终畏其味热而不用。

初五日癸未　镇日阴晴风雨不定。前日与诸同事具帖公请徐、德二君于今日酉正晚酌，二君谢辞。

又英之橡木必生已七十五年至百五十年者方成料，据云用以造七十四门炮之兵船须择其生逾七十五年之木二千棵，一切工竣共值千镑，今之铁舰工料价值尤巨可知矣。

初六日甲申　阴晴不定，入夜雨。武弁林文彧接家信知其母陈氏于前十月一日病故，现年五十六岁，因而同事诸人多有至其室吊慰者。

闻英人谓橡树之实或不实与五谷之丰歉同。又四五百年前当萨克森人踞守英兰时，因尚不明耕种，而人以橡子为粮云。“上古穴居野处，食草木之实，后稷始教民稼穑，树艺五谷，五谷熟而民人育。”[①]考之历史，知华夏文明之化已在四千余年前。当其时欧洲一隅尚未开辟，今则兵强国富，虎视殊方，拓地开疆，权力日盛，吁！亦可以观世运矣。

初七日乙酉　早雨，午后雨止仍阴。星使之大少君仪重、二少君仪元咸在近水晶宫之上诺尔坞地方踢开路代万晒尔学馆内读书，仪重仅学英文，仪元学英、法兼拉典文。数日前因母病笃接来省视，现以病势稍减，遂拟令伯苏送回学舍。而伯苏不识路径，复约余同往。申正由维克都里亚火车栈登车即开，酉刻抵水晶宫，下车转至宫旁，步行二里至彼，见其教习三森夫妇，少坐，各饮茶一盅辞回。

初八日丙戌　阴雨。记：英国橡树之用甚多，不仅用其木以造船与盖建楼房也，其皮可以作药，或暖生松柏染房及淹皮局亦取其皮并锯末，待用无遗，烧其枝作炭，用灰渣以淋酒以刷地，树根用作刀棰柄，橡子则用以饲鹿豕，或舂碎以喂鸡鸭云。

初九日丁亥　阴而风雨。记：外国千里镜系和国滋溪兰城作眼镜人约翰逊所创，由千里镜而得显微镜。自此二器兴后，则天际之遥，秋毫之末，目力所不能及者皆得见之，其功亦大矣。然当其因物造物，殚精竭虑，竟有因而失明者。千里镜兴自西一千五百九十年（明神宗万历十八年），三百年来精益求精，今日所用各式较诸创始者固屡变更矣，西人之好学深思远胜于土耳其之因仍忨愒也。

初十日戊子　镇日阴雨狂风，暖，入夜雨止。万花筒洋名“喀里多斯扣扑”，经英人世爵卜鲁斯特尔兴造于西一千八百十五年（即嘉庆二十年），玻璃五彩，花样极多，固玩物也。迄今毡毯之锦纹，玻璃、瓷、铁之花样，多仿而制之。

十一日己丑　大风，晴。记：英国砖块之兴始自一千八百年前英王阿苐来之世（即汉成哀之间），造法系将黄泥以木模成块，晾干后按块垫以木灰或草垡作方堆，然后烧着，半个月后火熄而砖成，亦有于堆下作炉而烧者。砌法：水混沙灰，加以牛马之毛，砌成极其巩固，墙虽薄而拆之亦不易也。

十二日庚寅　微晴，凉。记：西国“得律风”之名本于希腊二字，“得

---

①语出《孟子·滕文公上》。

律”者远也，“风”者声也，谓其能由电气远传声音也，其音不仅传于咫尺间，虽数百里外亦能传之。前者英君主住芜艾特岛之敖斯本宫，地在英兰正南，距伦敦一百洋里，能听骚桑屯之机器声及伦敦之歌曲声。又前于西一千八百七十九年（即光绪五年）有诺尔威池地（在英兰正东界）人与伦敦人交谈良久，相隔百余洋里，声调清晰，无殊面谈，虽美国人之口音亦竟辨得。

十三日辛卯　晴。五洲至广也，所造之物至不同也，往往有迁乎其地而弗能为良，异乎其器则不相为用者，如东西各国之纸笔与墨是也。以中国毛笔用洋墨及以外洋铁笔用华墨皆滞，毛笔写洋纸尚可，而铁笔写华纸则破，华墨落洋纸则浮，洋墨入华纸则沁，无他，用非所宜耳。由此观之，则东西之服饰东西人着之，各有所宜也可知矣。

十四日壬辰　晴。昨日吕星使来电召德桂馨即回柏林。原拟昨晚起程，经星使强留一日，谓与之饯行。今日午正约在苐拉斯喀堤馆早餐，命余同罗叔羹、沈耦生坐陪。食毕，步入沙苐太斯百里街入沙苐太斯百里园观剧。园不大，容座千余，所演名曰《纽约美景》，男女优伶皆美国人。戏分两节，头节中有中国新年，扮有中国四男三女，衣装似是而非，沿街满悬五彩花灯，铺店有中国酒肆，二男女歌舞尚称闹热，其他无非男女调情，嫌贫爱富。通场幼女数十，妖美者二三而已，景致一切与他园者大同小异，无须琐述。看毕回使馆。戌正送德桂馨至维克都里亚火车栈，登车即开赴坤柏娄岛口（地在英兰正东太木斯江口外）。昨日徐星阶亦亟欲旅德，经星使强留三两日，故今日未约。

十五日甲午　晴。记：天下国都之大以伦敦为第一，居民四百二十三万一千四百零；法京巴里次之，居民二百五十三万六千九百；德京柏林第三，居民一百六十七万七千四百；奥京维也纳第四，居民一百三十六万四千六百；日本东京第五，居民一百二十一万四千二百；俄京贤比得堡第六，居民百零三万五千五百；中国北京第七，居民百万；土京君士丹丁第八，居民八十七万三千六百；美京华盛顿第九，居民二十三万零四百。

又天下海口之大以美国纽约为第一，居民一百八十万一千八百；羊城第二，居民一百六十万。

十六日乙未　晴。午后，英国上海总领事扎美森来拜，坐谈良久。

当早徐星阶拟方毕，星使属琴荪斟酌，琴荪谓服之无损亦无益，可试煎之。

记：伦敦楼房约共七百一十万所，以人数计之，每所内应住五人零百分之四，其房共值六万万七千三百万镑；巴里者共值二万万八千六百万镑；纽约者共值二万万七千一百万镑。

十七日丙申　晴，凉。早徐星阶立方后，星使示诸琴荪，琴荪谓：此方则不敢言其可否？于是置之未用。又因四五日大便不通，琴荪请用番泄叶。入夜不睡，口渴发烧，气截发谵语，因而星使及琴荪、小荷、莲叔等皆坐守通宵。夫秦缓良医也，扁鹊亦良医也，使秦缓与扁鹊遇，调阴调阳，各执一见，窃恐病入膏肓，未易言愈也。

察英人之学医者为数不下三万五千，互相讲求，精益求精，然其治内科之法究难深信。星使夫人之病曾请三洋医诊视，内有英君主之御医世爵包威勒者，颇擅巧良之目，亦未能讲明实症云。

十八日丁酉　阴雨。今早徐星阶所拟方中加苦杏仁泥二钱、陈皮钱半、防风一钱、六神曲一钱、全紫苏三钱、甘草五份、薄荷八份。入夜星使夫人始得稍眠，而内热口燥依旧。

记：西国由君主以下多以木林为产，如英、德、俄三国之君皆有此产，为数不一。闻英通国地之种树者共有二百万亩（英一亩周四千八百四十方码），统值二百万镑云。

十九日戊戌　阴雨阵阵，暖。今早徐星阶诊脉验痰，谓积痰稍开。立方后经星使与琴荪再三斟酌，去药位减份量始定。

记：伦敦通城有地道火车、铁道公车、空辙汽车、趟子双马大车、单马双轮四轮站街车，昼夜车声辚轞，往来驰骋，络绎不绝，其都市殷赈，士女遨嬉，已可概见，其官宦富家乘坚而策肥，又多自养单双马车者。据土人云：通国每一千人内当有养车者一十五，是不惟国家辟土地、充府库，而人民亦多拥厚赀、号素封者。《论语》曰："百姓足，君孰与不足？"[1]不其然乎？

二十日己亥　阴。早星使延前在天津之英医费自尔来诊视，乃言症系外感伤寒，奈前经治错，故致如是，然当竭力疗之。询以现因体弱不敢用药，又当如何？对以须饮牛汁汤以调养之，是所见者似与徐星阶无异，故拟改用专方。至申刻星使夫人气绝者两次，初次醒后发谵语，二次醒后发笑狂言，不知何故？

记：英国施舍赈济如施医院、养老院、育婴堂、教读学堂、作工房等，为

① 语出《论语·颜渊》。

数不下数千百处，或谓通国一年须用一千万镑，咸赖善男信女之乐善好施云。

二十一日庚子　阴，凉。昔人谓言为心声，其或善或恶，而相传竟成谚语者多矣，如三百年前日斯巴尼亚侵扰太平洋之喀娄来因群岛，攻占蒲那佩岛后，土人惊惧，复恐战登库萨里岛。当时土人不知日斯巴尼亚在何处、为何国也，幼童之在学堂者经教习示以地图，既知其名曰“西班牙”。于是诸生每遇身患疮疾，皆以“西班牙”名之，他人不解，咸以为异。其后始知其名之由来，乃本怨恨之心而发也，而是名竟于一二年内传遍马尔沙（现属德国）、吉勒柏尔（现属英国）及喀娄来因一带东西二千洋里之群岛，故至今各地皆以“西班牙”为疮名云。

又星使夫人镇日酣眠，气衰痰盛故也。徐星阶方中有车前子、川荜薢、半夏、陈皮、大枣、亭力子、蜜炙桑白皮等，琴荪见而畏之。

二十二日辛丑　镇日阴晴不定。伦敦设有日本社，数日前该社折柬来请，今日由亥初至子正在庇喀的里街之敕建丹青大学堂内设茶会，主席者日本公使喀投夫妇等。亥正乘车前往，雀构闳阔，男女千余，中间大堂作客厅，左间设酒食，右间乐兵十名奏乐。照射影灯二三十页，皆日本楼房、园囿、山水、名胜，旁立英人榷山逐篇为之演说。看毕，饮加非一杯回寓。闻星使夫人今日之痰清，小便通而色仍红，星阶于正方外又加亭力子、炙桑白皮各若干。

二十三日壬寅　稍晴。今早星使夫人唇生白点，琴荪见之大惊，曰：“此乃口糜，疾不可为矣。”再请星阶观之，曰：“非也，乃腹中寒气上升耳，口虽干而润，且舌苔变红，津液足而痰随水出点点，水道通则大有转机矣。”于是畅然立方，并告用蒸气水煎服。

二十四日癸卯　早晴，午后阴。今早星阶诊脉，见口燥舌干，内热气截依然如昨，殊诧异之。饭后始知昨晚未服药，故终夜仅眠一二刻也。徐仍立方，暗加桂枝、白术二位。

记：英国古用牛角镶金作酒杯，角尖有螺蛳，掐下则于打猎时吹以呼犬。又因古无玻璃，乃用油纸及牛角片于窗棂以透光而御寒，今则仅用作灯笼罩矣。刀叉柄又间有用牛羊角者，至其镕化之法，闻亦用火烙或置滚水中云。

二十五日甲辰　阴，凉。星使夫人昨夜安睡，并欲吃粥。昨日星阶并请以热物暖肚，因麸子不易得，故用番薯蒸熟置布袋中，以其气可透入，不比汤壶之类也。今早立方，明加桂枝、白术两位。询诸琴荪，乃皱眉曰：“此药可畏耳。”

记：英国官银钞之暗记，以极细之显微镜窥之，其细心者始可辨识，然而造假票者仍能窃仿之，今则此等暗号国家银行随时更易，以防伪冒。

二十六日乙巳　早起阴云叆叇，午初细雨。同事曾叔吾寄居上格娄赛斯得街第四十八号，居停贝尔乃老夫妇膝下一子二女，子名虚素，以油画为生，次女名玛緕，现年二十三岁。叔吾现年四十二岁，原配系郭远堂中丞（柏荫）之女，已故五年，遗有一子名宗鉴，年十九岁，现在天津武备学堂。伊自移居数月以来，从玛緕习英语，朝夕相处，两情颇惬，因拟聘以为继室。今早来馆面禀星使，星使允之，其鸾胶重合之期约在明春三月间也。

未刻星阶诊脉，胸仍满而口尚燥，因知昨晚未服药，入夜未得安眠，星阶遂即以公私多事禀辞回德。星使初未之允，星阶力辞再三，星使谓："果尔，可令陈翻译偕往，俟在德一二日事毕，再同转来伦敦。"星阶即曰："唯唯。"因而陈谢叩别。少刻，又据小荷言星使令陈幼庸发电再留三两日。星阶闻之五中焦灼，复强恳小荷善为之辞。当时星阶闷甚，询诸幼庸，则答曰不知。至酉正一刻始奉谕准行，即时收理行装。戌正，余乘车至维克都里亚车栈送星阶登车，戌正二刻开。

二十七日丙午　早阴，午后晴。数日前，英国前驻天津、羊城等处领事官瓦特尔来拜，未遇。既又来信言：敝友现充爱尔兰都会德布林之特里尼的大学堂中教习某甲，喜闻贵国京音语言，久知阁下在此，奈弗克亲来拜晤，可否以留音筒传去，如蒙俞允，自当定期前来，不胜感谢之至云云。余答以片言小节，愿效微劳。前日复函，定于今午。待至午正，瓦君携利贞街之科拉墨乐器铺中人抱器前来，遂在客厅中口向音筒敬谨朗诵《圣谕广训》第五章一节。诵毕再转关键，则原声转出，分毫不差。据云此筒当行七百里，今晚即抵德布林，是人未到而音先达矣。

闻前日星使夫人之未能安眠者，因星阶方所加桂枝、白术仍未敢服也，今晚依然心热不睡。又因四日大便不通，复向余乞番泄叶。入夜阴雨雯霫，寒风凛冽。

二十八日丁未　镇日阴雨冷。昨日为西二月七日，英国开议院，君主宣词云："我国与诸友邦和好无间，我兵远征得尔威什党，赖世爵齐池诺尔及所带各员之武略战胜敖木都勒蛮（地在埃及、苏丹之南，乃勒江西岸），并将喀里法所属概行征服，英埃两国兵将如此骁勇精强，不胜为之欣悦。我国各员现同埃及开代伍办理各处善后事宜，凡占据克蕾特岛（在希腊国之东南）各国拟定公立希腊王次子王爵卓志为王，其所颁行安谧该处各诏为两教人民所欢迎。俄皇所拟弭兵一节诚为各国之要务，我亦当斟酌从之。奥民咸叹其后前遭意外之厄，宣召各国会于罗马，阻遏无君党之谋，我曾派使前往，虽不能尽从会中所议，然按此案例中宜有应行商改者，尚望斟酌办理。迩来西印度之属民骤遭飓风，所伤人命及失去房产甚多，其中被灾最烈者早经该管地方官与本国国家及他各属地施钱赈济矣。喜闻好望角之会堂议定按年公捐，以助我国之水师。我印度国有时症传染之处，心甚忧之，初起之地疫气虽减，而南北印度依然盛行，必当设法医救，并防流行他处，所幸该处五谷丰穰，商务、税务兴旺，此始愿所不及也。所拟本年应用各项，皆经竭力计算撙节，不日当即颁发。至现在所拟《整顿伦敦内政章程》《另设学部考察英兰及卫拉斯各处上中下三等学堂章程》《再行整顿英苏律例之异同使地方官设法协助租寓之贫民买房章程》《使爱尔兰人精于耕种得法谋生以及停止教堂纳费章程》《伦敦自来水减价章程》《整顿限制股份公司章程》《禁止饮食中搀杂他物章程》《酌定放债章程》《整顿人工章程》以及《整顿地主章程》等，不日当即颁发。愿尔诸爵绅士各抒所见，殚心襄赞，以迓上天鸿庥。"《孟子》曰："民事不可缓也。"[1]《传》曰："仁人之言，其利溥哉？"[2]英君主之谕，可谓得临民之道矣。

二十九日戊申　阴雨如昨。昨早幼庸来电，谓星阶不来，请示如何？星使回电，言仍候同来。今午又来电，言星阶随后来，勉焘启程矣。星使接电，恐星阶终不来，遂急约余明早前往催请。明早八点三十分开车，乃先买票，以免迟误。酉正公宴，鲜果、肉菜，一切草草而已。戌刻陈幼庸回。入夜收拾行李。

## 光绪二十五年岁次己亥正月

初一日己酉　大晴，暖。卯正即起，点心毕，辰正同众随星使向北恭拜圣牌，行三跪九叩礼毕，星使面属数语，登楼更衣即乘车驰至维克都里亚车栈。下马车知火车于十分前已开矣，遂转回使馆回明星使，改今晚八点五十分再往。

戌初，星使夫人卒，享年四十有五，其四子二女哀声震耳，次女悲号至十二点钟，令人惨不忍闻。即时偕诸同事慰唁星使，未见。少刻星使遣人来问明早可升半旗否？余对以公使私丧，无下半旗之例，恳之恐英人诧异，乃止，盖

①语出《孟子·滕文公上》。

②语出《左传·昭公三年》。

各使馆非因国事不得升旗也。

初二日庚戌　镇日阴雨，入夜大风。星使夫人虽经久病，而一切衣衾自便衣至凤冠霞帔、龙袍龙裙、朝珠补服及凤靴等皆未预备。先由英铺中觅来红缎龙袍两件，皆不如意，且谓“平金”，金能克木，不宜于用。于是自利贞街李柏笛东西各国货物铺中雇来女成衣八名，铁裁缝两架，经中国成衣指示，共做单夹棉衫，袄裙，裤上二十三件、下二十一件。至朝珠一事、凤靴一双，皆以彩纸仿糊之，其凤冠系林琴荪画做，补服、霞帔、龙袍、龙裙以及靴上之凤，皆约曾叔吾内弟贝虚素彩画之。

又棺木定做不能即成，尸迁于铁床，床下镇以冰块，因明晚方得入殓也。

晚见新报内一则云：“今早来电，巴里中国使馆之参赞官联涌于昨晚申刻被同文馆之法文学生伊里布以手枪贯耳击毙，后又二枪，一击壁上，一击门边，继乃自向头上连施两枪而倒。庆星使及馆中各人闻声下楼至联卧房外，见联已气绝，伊亦仰卧，手执洋枪，气息仅存，即招巡捕代延洋医，医未至而伊已死，至彼此因何仇怨未详”云云。览阅之余，殊深诧异，继思联文泉之为人公正温和，学问优长，则又不胜为之悲惨而惋惜之。

初三日辛亥　镇日风雨交加。按：西例每礼拜日禁男女工作以便休息，违者有罚。所做衣衾各件仍须一日方能蒇事，因系中国使馆，乃得强留四女工，平日每人工价一先令一点钟，今日加至三先令一点钟，紧急缝做至戌刻始毕。馆中同人无善青鸟者，不能涓吉入殓，今早电达驻法随员吴焕其（德章）为之选择。戌初回电，言亥正大吉。昨早定做棺椁，今日午后将棺送来，以二小木凳高约一尺者停于中国客厅之西首签押房门外，头向正东。棺系定做，较英式宽大而直，如京内之行材，长五尺八寸，宽二尺，脚下稍窄，高二尺半，木厚不及寸，工颇精细。棺内四围皆置黑漆布，防水漏也。七星板上又覆盖两层，即时先铺木渣厚二三寸，再于四周饰以红洋绉，底上又铺锦褥一。棺前二尺许置二长桌，上铺一大红绫褥，褥下横白色七星带二，红褥近棺两头横白绫长枕各一，临窗桌上置白绫棉枕二三十、鸡鸣枕一、锦被一。戌刻楼上装裹，又闻哭泣声。亥初楼梯上下满燃白烛。亥初二刻，由楼上舁下，星使之四、三、二三少君先行，大少君捧头，小荷、叔夔左右扶肩，星使与魏莲叔左右托腰，伯苏抱脚，后则二三女公子及叔夔夫人随泣哀而下。入客厅置红褥上，头垫鸡鸣枕，舒直四肢毕，包以红褥，捆以白带，入殓棺中。四面凡空处皆填以棉枕，盖以锦被，后覆以七星等盖，一切安置妥协，即有铺中人来钉盖、漆缝。再则棺前设灵桌、供灵牌、燃红烛、上祭席，星使率其子女、侄男、侄媳等先后祭奠毕，星使立于前，其四少君跪于右，二女与侄媳坐立于左，余偕诸同事分两班入内叩奠。礼毕登楼，时已子初矣。

初四日壬子　阴雨阵阵。伦敦铺店其开设非一家股本者门横长匾，皆书某号公司，而多有加“限制”字样者，即所谓“有限公司”也，译英语曰“立米台达”，盖东主分股而有限制。然此中频有拖累，钱入一人之私囊，故英政府现订新章以整顿商务。入夜风。

初五日癸丑　阴。闻英国殓法：于人故后洗浴毕，赤身着白布大衫一件，两手抚胸以殓。至各国犹太教人则赤身入殓，一丝不着，意在赤身来而赤身往也。入夜细雨，颇冷。

初六日甲寅　阴，凉。今早余特具青缎金字祭幛一悬，诔词曰：“云軿西驾，官吊四色。”又偕诸同事十九人公具四轴为青缎、淡青亮花摹本、金质蓝花锦、绿质金花绉，白绫写字为“礼经妇式”“家法女宗”“帷轩景改”“翟茀恩崇”。

又在牛喀斯尔地方阿摩斯当厂监造快船委员陈镇培、谭学衡、黎弼良、杨联甲、林国祥、程璧光、卢守孟等公具祭幛二轴，文系“钟郝遗徽”“瑶岛骖鸾”，绸系米湖二色摹本。

又自前日经裁缝及女仆昼夜赶做男女孝服多件及灵前红缎围桌等，至今日亥正工竣，因择定明日开吊也。入夜大雨。

初七日乙卯　晴。申正，余与诸同事公具祭席一桌，分三班拈香祭奠，星使陪礼。

又灵前横白帐，悬挽联三副，星使挽云：调护悔乖方纵令元相多情清俸只营斋奠，泉台逢稚子始识童乌早慧仙身已证蓬壶；小荷、叔羹兄弟挽云：慷慨登舟为叔父分忧于内政，凄凉陟屺听诸昆失恃之哀音；魏莲叔挽云：看夫婿高咏皇华三万里外相从勤操内政乃春盘初献遽病返真忍抛却稚子娇儿倍益香山悲逝感，念女婴关情常棣十余年来托芘爱等同根讵瀛岛遥依竟成永诀怅此后回帆登岸那堪正则秭归思。

又今早由船厂来者为林、程、卢三君，奠毕即去。

初八日丙辰　早阴，午后晴。由伦敦至柏林往来头等车船票系五镑十八先令十一本士，上月廿九日买得，本月一日星使夫人仙逝，未经用着。前日致书东西铁路公司及查塘都法海口铁路公司之副总办佛布斯，言明其故，可否退回。昨接覆函言："昨奉手书，深悉一切，请将原票送交维克都里亚车栈原买票处，自将所值奉缴，并望将此信一并示知，以为凭证"云云。今日申刻，余乘车前往收取，竟得如数缴还，是诚英人之公允处也。入夜复阴。

初九日丁巳　镇日阴雾迷漫，箭地不见人。英规：凡有故人，不论贫富，灵柩在家皆不得逾一礼拜。倘因骨肉亲族之人在外，必待以亲视含殓者，亦不得逾十日。伦敦城西北隅有耶稣教堂名"堪萨格林"者，堂分左右，左为本教人礼拜处，右为他人停灵处。欲停三、五、七者另有小间，停一二年者地下有窨，置之如厝。惟住户不准停留多日，盖恐气味传染致生瘟疫，既与本房无益，更为左右邻居所不喜也。星使夫人之柩本拟送回榕城，故无须出殡而暂停馆中。或谓欲留日久，须向地方官请执照。然若往请，则有失公使自主之权；欲不请，又恐邻居强迫使移。正筹维间，恰值棺木铺谓棺虽已成，椁则一时不能急就，遂令其据实禀请地方官限日若干。昨日来信，言已请准停七七四十九天。叔羹往问德公司，云由骚桑屯运柩至沪须七十镑。今日往询日本公司，谓送至闽城须九十镑。德公司开在本月十八日，似觉稍促，日本公司系在二月八日展轮，日期从容，一切可得周妥，且其船价商之亦可稍减也。

初十日戊午　自早阴晴不定，申正大雾，屋内燃灯，街市车马顿停，酉正稍霁。记英例：洗尸之礼，盖谓人死则通身气管皆松，谷道自泄，故必涤洗而后殓。《丧大记》有"抗衾而浴"之礼："浴水用盆，沃水用枓，浴用絺巾，梠用浴衣"[①]，是古有洗尸之礼也。又因地窄人稠，尸埋土内，多则恶味上升，恐生瘟疫，不宜于人。于是议院新定章程，乃铸铁箱，大与屋同，置尸于箱中，四面烧火，以火气烙之，不及一刻则尸化成灰，凉后取出，集瓷罐中葬之。伦敦通城现设两铁箱，虽有定例，其不愿者仍听之。窃谓此等举动固为卫生起见，殊失仁人孝子之本心矣。

十一日己未　阴，风，凉。记：西国之珍珠多来自东印度之孟买、锡兰一带及波斯海湾，在英国则产于卫拉斯府之宽卫河并苏格兰正东临海之泰埃等处。此等蛤蚌皆伏于海底石上，其壳光平者无珠，粗且生须者多珠，因其愈老而珠愈多也。其采取之法：每七年一次，取时人则鼻通皮筒以吸天气，脚下坠石，胸挂皮兜，由小舟以绳系下，水中睁眼寻觅，凡有所得皆收入兜中，每日入水四五十次，每次约得十数枚，因在水中停留至多五十秒也。取毕，堆积岸

① 语出《礼记·丧大记》。

上，覆之以沙，十日后蛤力衰而自开，沙土涤去则珠宝现，取下濯以盐水，去垢见光而后钻孔。

按：蛤之富者可得大小珠逾百，然其珠或光不足或通腹空空者十中之八九，珠之为宝必视其体之大小圆长、色润光足与否。英国卖珠有时按两而不按粒，闻百年前每两值价由半镑至镑半云。

十二日庚申　稍晴，风凉如昨。昨见星使夫人灵前立一木棍，长约六尺，粗二寸余，外裹白纸，距顶上尺余围红纸一圈，宽约一寸，未详何用。询之，据云闽俗凡人年逾五旬而妻故，则故者为有福，于是其夫祭奠时横其棍于前，起时横行执起而竖拄之，名曰“齐眉棍”。星使夫人虽年仅四十有五，而星使本年正值五旬也。

十三日辛酉　微晴，凉。法国伯理玺天德佛尔前于西二月十日薨逝，该国驻英公使择于今日（西二月二十二日）午初在来西斯特尔坊法国诺特达木天主教礼拜堂中唪经，恭请英国国家及驻英各国公使、参随往听，法国官商之在英者亦皆公服敬临。星使无暇，令余偕罗伯苏前往。乘车至彼，入坐正中左排，既而英大太子埃达倭率他公爵等至，坐于右排首座。先是鼓琴，楼上男女合声朗诵。又二神甫一跪一立，在正面台上桌前面向十字而默祷，数刻后立者息而跪者坐，换袈裟，戴“⌂”形白冠，沙弥烧提炉，香烟缭绕，神甫捧经坐读数句，楼上复鼓琴高诵一阵毕，沙弥举十字架下台前行，神甫免冠换白氅后行，转出旁门。众客自英大太子陆续离座，鱼贯而出，将行，咸与法公使握手而别，时将未初。回使馆知有赫承先来拜。

十四日壬戌　晴。伦敦鲜果现有苹果、葡萄、香蕉、波罗密、梨、橘等。惟一种小春橘周逾三寸，厚不及寸，其色金红，来自义、法等国。裹以薄纸，外加金银箔，盛以木匣，饰用金花五彩。匣厚寸余，周约四尺，内平放五行，共二十五枚，法名“蛮达兰敖朗日”，译华言官橘也，其味颇甘而香，价则每匣二先令或一先令十本士。

十五日癸亥　早大雾，午后晴暖。记：英王宫殿之名不取富丽堂皇之义，而多以人名名之，如卜静宫本系公爵卜静故宅，前王卓志第三（西一千七百六十年后，即乾隆二十五年后）购而宏敞之，即以“卜静”为名。

又现在太子所居之处不曰“宫”而曰“房”，乃公爵马尔钵娄前于西一千七百十年（康熙四十九年）所建，至一千八百十七年（嘉庆二十二年）乃为国家购去，而仍以原主之名名之曰“马尔钵娄蒿斯”，“蒿斯”者释言房也。

按：英文宫曰“帕蕾斯”，其字虽有华楼美厦之义，然国主所居既以为名，则平人之居似不宜用，英则不然，大主教之第亦皆曰“宫”，如阿丁屯宫、卜洛木蕾宫、朗贝宫是也。又有本系王宫，后赐柯蕾伍兰公夫人居住，而仍名曰“宫”者，如嫩色赤宫是也。学堂而名曰“宫”者亦有之，如庇卜勒斯宫是也。游玩之所亦名曰“宫”者，如水晶宫及阿来三德宫是也。

十六日甲子　晴，凉。伦敦官署有名非本义，呼之令人不解者，如伦敦美尔府曰“蛮慎蒿斯”，“蛮慎”者住所也，“蒿斯”（见前）统称一人之住所也。又专管民间生死、嫁娶、租借之凭单印税者曰“色墨赛特蒿斯”，乃三百年前摄政大臣色墨赛特欲建未成，百年前官虽完成之而不名署中所司，竟名曰“色墨赛特房”。兵丁习乐之所名曰“乃勒尔霍勒”，译言“乃勒尔”者人名也，“霍勒”者堂也，盖其地本系世爵乃勒尔之别墅，国家购买，即名曰“乃勒尔堂”。律例学堂二所，一名“弥得坦布”，译言“弥得”者中也，“坦布”者庙也；一名“陵昆斯音”，“陵昆斯”者英地名或人名，“音”者茅店也，其取义皆未详。尤奇者则巡捕衙门（内暂存行人遗失物件，详见《四述奇》）名曰“司阔特兰牙尔得”，义乃苏格兰院，亦不知何所取义。

十七日乙丑　微晴，冷。伦敦糕点每多任意呼名，虽知其名而未尝食者究不识其为何物，如一种糟糕，又似油糕，内有橘皮、小葡萄者名曰“色勒他那”。考其本义，土国称其皇曰“色勒坦”，后曰“色勒他那”，或其糕始自土耳其，抑或土后所嗜，因而锡以嘉名，未可知也。又一糕如糟糕，下含葡萄，上抹白冰糖一层，厚约二分，扁形如馒首，名曰“艾斯达玛代喇”。按其义，“艾斯达”者冰冻也，“玛代喇”者南美洲巴西国之河名也，意者糕面之糖如冰，因取远方之河以为名也。又有面球如蓼花而名“发面核桃”者，他如“皇后饼”“御用糕”“猎户饼”“沐浴糕”等，名色极多，笔难尽述。

十八日丙寅　镇日阴晴不定，凉，早见楼顶霜极厚。记：西国无避讳君上之名一说，如英君主名“维克都里亚”，因而国中妇女既以维克都里亚为名，更有维克都里亚火车栈、维克都里亚街、维克都里亚堤等名。

昨见新创一种绣工机器，铜质钢针，形如此“”式而下垂，针孔在下，穿以绒绳，其理似与铁裁缝同，亦以木架绷纱，描妥花纹式样，绣时坐而置架于胸前，左手按绳，右手执针如持笔，以大中二指执其中，以食指步步按上顶，每按一下即绣一针，极属快利，见有绣成之瓜果花鸟，颇佳，但不敢必其刺绣精工如中华女红否耳。此器每件七先令半，而亦名曰“维克都里亚”，不知因何取义，斯亦奇矣。

十九日丁卯　阴晴不定如昨，气候尤冷。自去冬敖斯佛街路北新设酒饭店名曰“司台乐尔”，门面宽敞华丽，处处玻璃，内设小桌行行，铺陈精洁，器具鲜明，门外立司阍一人，服色异众，堂倌、掌柜皆二八妙龄也。加非与茶之价同ABC，点心稍贵而精美，肉菜价不甚昂，惟须按单指索，如北京应时小卖之法。闻此铺之同名者通城现共十二处，东主皆一家云。

二十日戊辰　微晴。同人任谦斋因病禀请销差，禀词云：“窃卑职于光绪二十二年十月蒙奏调札饬出洋，遵于二十三年四月初四日驰抵伦敦差次，派充驻英随员，听候随办事宜，体质尚健。嗣于二十四年正月间患感冒颇重，月余始痊，是年秋又患喘疾，时发时愈。计自驻英至今已届两年，步履虽未甚艰而精神频虞不逮，现交春令木旺，肝痰有时陡作，每至夜不成眠。伏思在洋要差，卑职以病躯从公，深恐贻误，为此恳恩俯体下情，准其销差回华调治，以冀痊可。查职子凤藻曾随差次，自备资斧，充当学生。惟重洋内渡，舟次需人，须带同行，藉资服侍。现在一面部署行李，一面仰请宪台照章发给二等船价一名，三等船价一名，共库平足银计六百三十两，俾觅搭公司轮船回华，实为德便，肃禀具由，祇候批示”云云。

二十一日己巳　白昼晴暖如昨，入夜微风，凉。按：英律贫民男女禁在街市乞钱，其无能或惰于工作而愿手持贱货沿街喊卖者英名“货客耳”，义亦叫货人也。此等人须在巡捕厅领有凭单，无论所售何物，皆按年纳税两镑云。

二十二日庚午　晴暖，入夜复凉。记：西人每创一物，又必因而扩充另造别物。伦敦现在脚踏车胜兴，男女赛骑。昨见敖斯佛街某车铺中一半扇活棚独座车，乃一双脚踏车也，其式前一小轮后二大轮，二人骑上各以脚踏关键，车自前行，是不烦马驾、不须御者，诚致远奇物耳。车前悬柬，大书云：敬为阿富汗国王制造。晋桓元性好畋游，以体大不堪乘马，又作徘徊舆，施转关令回动无滞，惜其制已不可考矣。

二十三日辛未　晴。记英邮政局定例：凡在本国各地不论远近，每函重不逾四两者邮费皆一本士，此外每多二两加半本士；凡信之未贴信票者送到时罚资加倍，如一本士者罚二本。又信之已贴票而不足数者则按所亏而罚亦加倍，如本应一本士半而仅贴一本士，迨送到时乃罚一本士。信之大小亦有定制，一封长不得逾二尺，宽厚各不得逾一尺，除送公文或投送官府者不计。

二十四日壬申　晴。今日星使夫人外椁告成，送置楼下客厅中，长六尺，宽高各二尺二寸，式如中国躺箱，惟正面稍高大，造以红木，英名“麻活戛呢”，厚约三寸，膛内加铅一层，厚分余，外涂以油，色如檀木，光泽可鉴，外面四周起线立柱套边，其前后作“回”形，左右作“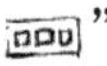”形，盖上亦然。边柱皆凸起七八分，四角上下各包一假银三角花叶，前后左右八空方中各一假银环，环下亦垫花叶片，周约二尺，盖上四边共十四假银螺丝钉，前后各二，左右各五，长约二寸，直立作“”形，盖面上下二空方中各钉一斜方花片，周二尺余，亦假银制者，当中空方内钉一“”形假银牌，周逾三尺，中镌汉字一行，系“皇清诰封夫人覃恩一品夫人罗府魏夫人灵柩”。

按：此牌洋名“什伊勒”，系古英武将所用铁盾之式，继而凡名将立功而得勇号及钦赐姓氏者，皆镌于牌面。迄今世家之前辈得有赏赐者，世代皆铭此物于车门、戒指、信纸等各处以为荣，且专有官衙管理此铭，他人不得妄用。窃以星使之用此式也，必因英君主曾赠以“维克都里亚小男爵”之勇号也，至此号之洋名系“乃特考蛮得尔敖维克都里亚敖尔得尔”。

二十五日癸酉　晴。记：星使夫人之棺椁做于卫勒贝克街第五号戛尔斯逵音铺中，该铺屡为曾袭侯之妹与妹丈陈松生（远济）及龚星使（照瑗）制造棺材者。闻此次棺椁所值，论木料棺十七镑，椁四十二镑，铅里一镑半，银环镶嵌共七镑，匠役往来工价六镑六先令，其他漆里、七星板、子盖、木凳等共二十余镑，统计已将百镑。

二十六日甲戌　晴，暖。记：英国房租税如用作粮房、铺店、加非、酒肆等，一年租价自二十至四十镑者每镑纳二本士，逾四十镑至六十镑者每镑纳四本士，逾六十镑则每镑纳六本士；住户则由二十镑至四十镑者每镑纳三本士，逾四十至六十镑者每镑纳六本士，逾六十镑则每镑纳九本士。

二十七日乙亥　晴，暖。记英例：凡出售烟卷、鼻烟之人，亦须由巡捕厅领凭单，按年纳税五先令三本士。

二十八日丙子　晴。记：英有犬税，凡人家所蓄，无论何色、何种，每年纳税七先令半；犬生不及半年及在田地用守牛羊，并牧童所用或瞽者用以引路者皆无税。然牧童、农夫畜犬必领有豁免之文凭，其税乃免。是虽无纳税之实，而所领文凭仍需小费，其税敛之烦如此。

二十九日丁丑　晴。英例：凡人携带枪铳亦按年有税。因猎在秋冬之季，遂自本年七月三十一日至次年七月三十日为一年，无论何等大小火铳，或打猎、或防身、或习武，每杆须由巡捕厅买凭单，纳税十先令。

前者任谦斋禀请销差，经星使批准。因法公司于二月初一日由马赛展轮，今日戌正率其少君起身，余同沈、吴、尹、于四君送至柴苓十字街车栈，亥初登车即开。

三十日戊寅　晴。英例：猎户须领凭单，其领在本年七月三十一日以后十一月初一日以前至明年七月三十一日者费三镑；由当年七月三十一日以后至十月三十一日者费二镑；满期再加十四天者另领凭单，费一镑；收存飞禽野兽人之凭单亦至七月三十一日止者费二镑；发售异味人之凭单按年二镑。闲尝考之于史，自秦创丁口之钱，汉行算缗之法，三代取民古制已荡然无存，其后隋青有司以增户口，唐括土户以代逃亡，唐及五季、宋初有食盐钱，中唐、北宋有青苗钱，宋有手实法，金有推排民户物力之制，明万历行一条鞭法。至国朝始定丁银并入钱粮之制，赋出于田，田定于额，凡品官、士吏、百工、闲民，甚至里宅货肆、钱业银行，苟非家有田产、运货行商者，终身不纳一钱于官，于是历代苛征一朝豁免。以视欧美各国之赋税烦重者，奚啻天渊？吾愿食茅践土之人深长思之也。

# 卷 九

## 光绪二十五年二月

初一日己卯　早大雾，午后晴。记英例：凡酿啤酒出售，每次所售数逾四戛伦（见前）半者亦领凭单，按年纳三镑六先令一本士；铺中零卖啤酒带卖苹果与梨酒者，按年凭单三镑半；其准开六日及早行关闭之凭单，分请各三镑，同时请则各二镑半。又零卖而不准在铺中饮用之凭单，按年一镑五先令。此单内载：凡零卖日用各铺，卖给一人一次不得多至四戛伦半。盖酒本犯禁，虽准出售而官乃设法逐节勒捐于税课之中，寓防范之意焉。所谓“准开六日”者，乃一礼拜内准开六日也；“早行关闭”者乃限定每晚开至十一点钟也，如欲于礼拜日亦开及每晚欲开至十二点者，则又须另请凭单，另纳使费矣。

初二日庚辰　早雾，午后晴。按：昨日所记乃专售啤酒者，至零卖他酒，每售为数不及二戛伦并准买者在铺随时饮用，则一年凭单费三镑半；如仅于礼拜日不开或仅每晚早关门，则官场按二戛伦酒价在凭单费中减去七分之一；若礼拜日既不卖，每晚亦早关闭，则减去七分之二；至零卖他酒不拘数目而不准买者在铺饮用，每年凭单费十镑半；不准买者在铺饮用，且每售不及二戛伦者，按年凭单费二镑半。此等铺中所市各酒，皆酿以花果，不易醉人，火燃不烧者，英统名曰“歪茵”。

初三日辛巳　镇日黄雾迷漫，凉。星使夫人灵柩定于后日巳刻出堂，同事诸君咸拟往送。昨早星使谓余于初五日代守使馆，照料一切，诸君往送。特备马车十辆，每辆坐四人，车外粘有名单，已向小荷商定。今早小荷以名单呈星使，旋因车价太昂改用五辆。于是星使以墨笔圈出四人为姻亲陈幼庸、同乡林琴荪、随员沈藕生、学生陈安生，其他皆令小荷前往辞谢。

初四日壬午　晴，不甚凉。午后，星使率子女、侄媳等设席祭奠毕，有六英人将棺由楼上客厅舁至楼下客厅，盛入椁中，上螺丝钉，焊盖口，停于中间近窗，头西脚东，上置假白公鸡一只，四面遮以围屏。此鸡经陈幼庸觅得，鸡冠造以红毯，翎毛剪以白布，眼系造以玻璃，其状与真毕肖，价则九先令。

初五日癸未　阴，冷。此次星使夫人灵柩回籍，星使派魏莲叔、罗伯苏作为买办药料，顺护灵柩，带领其四少君及二三小姐率女仆同回。巳初，星使着孝服，执齐眉杖，率子女下楼入客厅。同时来十英人带铁架长桌一具，四足有小轮，移柩于其上，继由客厅推至门内。巳正车齐，十英人将柩抬起，撤桌开门，肩扛置入四马敞车中，脚前头后，假鸡置于柩左车侧。同时星使率众登车，外仍请马清臣、曾叔吾、卢梅亭、严伯玉送往，共乘一车，余及他同事皆着行装送至门外。殡车缓行三十余里至阿拉柏船坞，地在伦敦之东南贤喀色莱因、来木蒿斯、东西印度、米勒倭勒、维克都里亚各坞之外，外通大海，内连太木斯江。棺铺在彼另备一铅里大木箱，十二点半至彼，将柩自车上移入木箱装妥，以天称系入日本公司“赞岐丸”之大舱，此船日人呼曰“萨奴几麻路”。船上备有午酌，食毕，星使率应回各人回使馆。罗叔羹昨日感冒，因而夫妇与女皆闭门，未经目送。

初六日甲申　阴，凉。巳正，星使起节赴义都，偕马清臣、林琴荪、卢梅亭同往。余同沈藕生、曾叔吾、罗小荷、严伯玉送至柴苓十字街火车栈，午初开车。

记：伦敦邮政局送信人之定例系由十八岁考入，陆续补缺，佣工至六十岁止，其工价乃每一礼拜十八先令，以后按次递增至二镑，合每月英金八镑，其工薪良不薄矣。

初七日乙酉　阴晴不定，微风，凉。记：英国人工、物料之贵，如近日星使刷印讣闻，白纸两开半，长七寸，宽三寸半，外有封筒并谢帖一页，共三百份，价则五镑，合库平银几至四十两。以上为备送华人者。外有送洋人各帖，白纸横宽六寸五分，竖长四寸三分，两折如册页，四面黑边宽二分。文系汉洋合璧，左汉右洋，汉文与给华人者同，惟“扶柩回籍”改“回国”二字。洋文用法文，书云“哀启者：元配皇清诰封夫人福州本籍罗太太于一千八百九十九年二月初十日礼拜五疾终伦敦使馆，享年四十有四岁（所以少计一岁者，大半给洋人，照洋规也），大清钦差驻英大臣、维克都里亚小男爵色尔缉臣罗丰禄抆泪顿首讣闻。”以上亦三百份，工价系七镑。

初八日丙戌　微晴，冷。记：伦敦大市有五，第一为鱼市，名“碧苓斯该特”，设在伦敦桥东太木斯江边米得赛克斯堤上，石楼四层，占地四万方尺，此市始自二百年前，每早开市自卯初至辰正，每一礼拜由陆路来鱼数百吨，通年合共值二百万镑，每晨有官名“美特尔”者察验，凡鱼之臭坏或因他故不堪人食者，人则议罚，货须抛弃；第二名“寇文戛尔敦”，为花蔬鲜果之大市，始自三百年前，至一千八百三十一年（即道光十一年）复加扩充，修葺整齐，占地长约二十丈，横三十余丈，四面石柱平台，当中玻璃罩棚甚高，左右石屋两行，间间为存货处，棚下中心又有小玻璃屋两行，为平时出售花蔬果品处，棚下地皆石墁，四面石阶，此外左右仍有铁架玻璃房三四，皆白昼货到收存处，于每礼拜二四六日自丑正开市至巳正止，通城各铺多备大车驰往趸货，此市在伦敦城中近斯特兰街之贝斯佛巷，其地四面通达，故车可四道并进也；第三名“美特娄普立田大肉市”，设在城中近蒿勒赍街之司米斯扉得街，建于西一千八百六十八年（即同治七年），铁架玻璃棚横六百三十尺，长二百四十尺，高三十尺，费用四十万镑，每日亦卯初开市；第四市名“牛喀特”，在伦敦城内偏北伊苓屯方之扣喷哈根街，专售牲畜如猪、牛、羊之类，设自一千八百五十四年（咸丰四年），占地三十二英亩，罩棚一切共费四十余万镑；第五名“立敦活”，地在伦敦桥北近老城之立敦活街，设立未久，专卖肉品如鸡、鸭、鹅、鸽、鹌鹑之类。古者日中为市，致天下之民，聚天下之货，交易而退，各得其所。伦敦孤悬绝岛，在西海之堧，户口最称繁盛，凡日用必需之物多仰给于外来，故举国趋重商学，以致万国之民聚五洲之货，其都市殷赈非偶然也。

初九日丁亥　镇日阴晴风雪不定，冷。英例：凡出售糖果、饽饽每次数逾二戛伦者，按年凭单费五镑五先令；其零卖不及二戛伦者，按年凭单费一镑五先令。

初十日戊子　早阴，午后大雪阵阵，冷。英例：凡未经粘用之信票，如有霉烂、毁坏及误手破裂者，皆准兑换新票。其持往换票之处有三，一在邮政总局，每礼拜二四两日由午正至未正，礼拜六日由巳正至午正；一在城中东北大温柴斯得街管理房租地契局，此局英名“音兰蕾韦牛敖扉斯”；一在管理房租地契各分局，除礼拜日每日开门，由午正至未正，换时皆无使费。

又船只保险票英名“麻林普里希斯当普”，久存霉烂者亦可往改新票，亦在管理房租地契局中，于每礼拜一三五三日由午初开至未正。换时先由司官处请一凭单，后于即日或六礼拜内凭单取票，逾限作为废纸，至用否使费未闻。入夜微风，晴。

十一日己丑　稍晴，极冷，冰结寸余。英例：凡有生涯即有税，于是按日谋生者有日税，如零卖各种酒者一日二先令半，仅卖果酒者一先令，卖啤酒者亦一先令，卖烟者四本士，烟酒兼卖者分算。又在渡船上出售烟酒者按年五镑，一日者一镑。

十二日庚寅　早飞雪带冰珠，午后雪止，仍未爽晴，气候颇冷。又闻开设典当者凭单按年七镑半；沿街负包卖布线、麻带者英名“佩得拉尔”，系由巡捕厅领凭单，按年五先令；制造樗蒱出售者按年凭单费一镑。

酉初一刻，星使率马清臣、林琴荪、卢梅亭由义国旋署。

十三日辛卯　晴，冷。英人工于谋利，设有保命公司，国家亦从而税之，如为数不逾十镑者一本士；不逾二十五镑者三本士；其逾二十五镑而不过五百镑者则每五十镑抽九本士，若有零余，不论若干，皆按五十镑计；数逾五百镑而不过千镑者则每一百抽一先令，有零余亦按百计；数逾一千镑则每一千及零余皆抽十先令；其仅保遇险或因险丧命及遗失或毁坏家产者，纳税皆按一本士。

十四日壬辰　阴冷，微风，间而细雨淋漓。伦敦城西南隅卜朗普屯方有博物院四，总名“骚斯堪兴坦”。今日未正，余偕沈耦生、吴少序带荣骅乘车行十数里至格洛卫路。下车入栅阑门先一敞院，植有花木，步石路数武，再入门楼二层，建以铁、石，玻璃窗棚，无露木处，盖防火也。地亦石墁，横竖藏有铁汽筒，粗拱把，上覆凿花镂空铁片以通暖气，盖御寒也。隔箭地列有椅凳，为观者休息也。第一节罗列各种不灰木仿制之今古台榭、塔柱、石级以及人像、禽兽、器皿，盖千百年前罗马等处多于白玉石上雕刻人物也。第二节四壁悬今古以线织成之花毯，山水人物，五彩精巧，中有值五千镑者。壁间悉罩布幔以避灰尘，其前四面廊下列细长玻璃罩高五六尺、长亦如之、宽约二尺者，内置今古金银器、珠宝、象牙及军械等。正中堂内设高桌玻璃罩四行，每行八张，桌大如床而高于床，长方玻璃罩如床帐。先两行各中层置中国瓷器、瓶罐居多，更有一扁罩内分十二木盘，每盘内置烟壶三十，玛瑙、翡翠、瓷玉、炭胆及玻璃套花，形式、大小种种不一。各壶下有绫托，托与盘似阶华制，且烟壶及他瓷瓶、樽罐等旁皆置一纸签，书以“萨乐亭公处赁来者”，惜不知此萨姓为何许人也；其他两行则皆本地之瓷与玻璃等器。第三节列雕刻铜木器并缸瓦器如盘、碟、壶、罐等，颜色黄绿，颇似燕京之缸、瓦、盆、壶，彩画无甚奇异。第四节列今古细绒织花器具。第五节列古时雕工，有古棺木两具，一值百五十镑，一值三十二镑，因工有精与不精也。第六节所设为今古木工车辆。第七节为各种今古乐器。第八节为着色玻璃器。第九十两节一为茶酒、点心房，一为格物书房。四面楼如燕京戏园，罗列今古油画居多，他有西国绣货、铁器、瓦器、水画、古表及讲书房、藏书处。游人男女逐队随行，指画而不喧哗，每节立有巡捕弹压、照料、监察。是处占地东西七百五十尺，南北七百尺，楼占地东西五百一十尺，南北四百五十尺。此楼为四院中之一，地基不甚广阔，其本名曰"美因比勒丁"，译华言第一处也，每礼拜一、二、六日皆由巳正开门亥正关闭，入门无费；礼拜三四五日为学生学艺之期，每日由巳正至申初入门，每人半先令；男女欲在内摹画物件，当时尚在学堂者无入门费，余则按日亦与游览者同。入夜暴风骤雨，尤冷。

十五日癸巳　微晴，较昨稍暖。城西南隅茀勒哈木路第十九号油画师安德森请于昨今两日由未初至酉正观赏油画。又附近者赤巷第一百四十九号之油画师司特来敦夫妇亦同请于昨今两日由申初至酉正茶会兼看油画。今日未初，偕沈、吴二君带荣骅乘车先至安家，其屋不大，列大小油画廿余，而所画男女老幼无甚奇妙处，少立辞出。复乘车转至司家，外有铁栅阑，车可驱入，下车步石阶六级叩门，司夫妇延入。先小屋两区，一客厅一饭厅，虽不华美而清雅整洁。酌加非毕，引登旁所，屋仍不大，列油画大小十五幅。该画师善绘山水、走兽，其中最可取者有三，一系冬季雪景，犬在门外，以爪抚门作蹢躅踟蹰之状，趣甚；一系一猎犬卧主墓旁，题有句云：豢养多年恩泽厚，卧旁尚冀唤名来；一系浅水一湾，有大树有芦苇，其侧三牛饮水，牛角不同，行式亦不同，牛动有小浪、有水纹，抬头唇下滴有水珠，远观精妙，兽物如生，真传神笔也。

十六日甲午　镇日阴晴风雨不定。记：伦敦车辆凭单乃街市单马双轮或四轮者每驾每年十五先令，其他车之四轮或多轮而仅用一马一骡或一驴驾者皆按年一镑一先令，用多马驾者一年二镑二先令；汽车加重不逾两吨者须于按年凭单外另加两镑，重逾两吨者加三镑三先令，其有仅用在十、冬、腊三个月者则所加之数减半。

十七日乙未　昼阴风，入夜雨。按：英例凡出售金银器者按年亦有凭单，如所售之件金重不及二两、银重不及三十两者凭费二镑六先令，逾其数则五镑十五先令；当铺之收典金银器者另有凭单，一年五镑十五先令；修理金银器者亦有凭单，费数与典当铺者同。

十八日丙申　晴，大风。记：英国学校分四种，曰大学堂、曰学馆、曰学塾、曰义学。设有大学堂者十数处，如敖斯佛、堪卜立址、伦敦、德布林、都尔哈木、维克都里亚、卫拉斯、埃的因堡、贤安得路、阿柏的音、格拉斯沟及爱尔兰者是也，其中以敖斯佛与堪卜立址二处为最古，皆五百年前创设者。学馆共九百，最古者如文柴斯得尔立于五百年前，宜屯立于四百年前，乐格拜立于三百年前。闻本年英兰一岛幼童初学者共计一百九十二万八千四百九十三名，及岁者共三百四十九万四千四百九十六名。学塾共有一万六千七百一十二。至义学则不索学费，且供衣食，其本家愿有所助亦可，多寡任便，虽一年奉交一二镑或一二先令，亦属公心慈念，此学共立有四千三百四十七所，入内学习者二十九万八千七百二十四名。其中更有加晚学者，意谓每晚铺户关闭，人工休息，男女得暇，则不论年纪、种族，皆可入内学习，男则讲商务、格物、正心、修身之类，女则更习庖厨、成衣、洗衣诸技。除大学堂外，各学诸生所读者为文法、史记等书，并讲算学、地理、针黹、女红，兼授德、法等国语言文字及度日节俭之道。现在通岛教习共计九万二千八百五十名，学校之兴、庠序之盛，乃知其文明进步良有以也。

十九日丁酉　晴，凉。记：英人所食一种无花果饼，其作法系牛奶汁一盅，红糖两盅，搅匀后加鸡蛋四枚，肉桂、丁香末各一小匙，水一盅，白面四盅，切碎无花果半斤，碎干葡萄两盅，混匀倾入擦满奶油镬内，置于微火闷炉中炮烙两点钟即熟，食之亦颇有味云。

二十日戊戌　晴。伦敦铸钱局设在陶尔奚勒地方，附近伦敦台建于西历一千八百十一年（即嘉庆十六年），地极阔大，所用工匠七千余名，一年共铸大小六千六百万圆金、银、铜钱，共值六百六十五万四千四百一十镑。

二十一日己亥　阴。记：曩有英国庆斯屯公之本府马夫塔特尔萨者，前于西一千七百七十三年（即乾隆三十八年）在格娄伍诺坊创立马市，市即以塔名名之，按期拍卖而赛胜负之赌亦多于此中聚集，出售票据。至一千八百六十五年（即同治四年）乃迁至卜仑朴屯路，四面石楼两层，当中空院，罩以铁架玻璃棚。此院横宽约八丈，直长十丈，石地铁阑，巩固整洁，临地四周皆马厩，楼上除议事处罗列各式车辆出售。

按：伦敦马匹价值，凡良马之高由十三掌半至十四掌半者（英惟量马论掌，每掌四寸），价则由二十至二十五镑，稍壮者三四十镑，耕地者三十五至四十镑，载重者五六十镑，打猎者八十至百五六十镑，最良者价加倍，至用以赌赛者值竟至数千镑云。

二十二日庚子　镇日阴晴不定，入夜微雨，暖。记：伦敦铁道公车始自西一千八百八十六年（即光绪十二年），迄今共有一千零九英里，上年往来行客共计七万万五千九百四十六万六千零四十七人。

按：西人每创一事，察其有益，必日见加增。至今伦敦公车铁道已历十数年而仅有千余里者，盖此行虽有公司，而置买地亩房产不比火车公司之易，因国家未曾给有专权也。闻火车行买地奉官，如拟买某处房地，则两造互雇估价之人，彼此所估相差无几，自然易定，苟所差太多，则改归官定。公车则不然，欲买房地，主人或不欲卖或索重价，无官作主，势不能勉强也。

二十三日辛丑　阴晴不定。记：英国妇女帽上装饰现以鸵鸟毛为第一，皆来自斐洲。此地太木斯江口之伦敦与贤喀萨莱因二船坞公司同在江边克他勒尔街设立栈房，此房占地四英亩，层楼四壁，计共六十三万尺，行行木架分槅，木厚盈寸，每槅宽四尺，长六尺，高约三尺，正中悬有黑牌白字号码由一至三百数十。翎毛颜色不同，有净白、有正黑、有灰色、有黑尖、有白点，种类殊多，有粗有细、有短有长，价亦因之不一。此翎论份量，以至轻者为贵，通栈可储二万余吨，共值三四百万镑云。入夜雨。

二十四日壬寅　镇日风雨阵阵，稍冷。现在东西各国所用金银各币乃铸无孔之圆质，悉名曰“钱”，且彼此体质相似，份量相同，故互相兑换使用所差无几，不致大有亏折。今将各国银钱与英钱合定之价比而书之，惟中国之银两按英镑合成无论兑换何国，罕有份量相埒而仅伤汇费者。此外如阿真坦之多勒尔值英十本士，奥斯马加之克老安值英十一本士四分之三，巴西之米立值二先令二本士八分之七，美国之多勒尔值二先令，智利之佩搜值三先令七本士零四分之三，丹麻、瑞典之克老安皆值一先令一本士三分之一，埃及之皮阿斯特尔值二本士半，法国及比利时之方（又名“茀郎”）皆值九本士半，德国之马克值十一本士四分之三，希腊之得拉勒马值八本士半，和兰之茀洛林值一先令八本士，印度之卢必值一先令五本士，义大里之利拉值九本士半，日本之圆值二先令，墨西哥之多勒尔亦值二先令，波斯之土蛮值十先令六本士，秘鲁之搜勒值三先令十一本士二法丁，葡萄牙之米立值四先令五本士四分之一，俄国之银卢布（非纸钞）值二先令一本士，日斯巴尼亚之佩斯他值八本士零九分之一，土耳其国之皮阿斯特尔值二本士零八分之一，巴里威亚之巴里威亚诺值一先令九本士，色尔威亚之的那尔及鲁麻呢亚之来伊皆值九本士二法丁。

二十五日癸卯　稍晴，入夜大雨。欧西各国曾因彼此钱币成色不同，不便流通，于是法、比、义、希腊、瑞士五国会合，议以彼此之钱式、份量、银色必期一律，仅钱之命名不同而已，至俄罗斯、色尔威亚、卜鲁戛里亚、鲁麻呢亚、日斯巴尼亚，五国虽亦约合而未入会。

又各国银铜钱虽未约合而多有大致一律者，如法、比、瑞士三国之方与桑的木皆与义大里国之利拉及森堤细米、希腊国之得拉勒马及来普他、色尔威亚国之的那尔及帕拉、日斯巴尼亚国之佩斯他及桑堤谋、鲁麻呢亚之来伊及巴呢、卜鲁戛里亚之蕾牙及司托堤因其斯等无异。且瑞典、丹麻两国之钱不惟份量、银色一律，而名亦相同，南美洲各国多为日斯巴尼亚之分种，故其用钱亦多相类云。

二十六日甲辰　阴雨阵阵，入夜风。记：英人鞋式今古不同，闻有至奇者如千年前当诺尔曼人为英王时，所用之鞋或绸或皮，色则黄、蓝、红、绿。西历一千一百年前王韪良第一之世，鞋长二尺，前半填物，上卷如羊角。一千五百八十余年君主伊丽斯贝姒之世，英人凡品高位尊者鞋长皆三尺，脚前二尺作尖上弯，以金锁束于膝前，且有小铃系之。当法君路义第十四时，西人鞋后底高至六寸，至一千六百三十三年（明崇祯六年），英鞋始改今式。皮靴之用于降生前九百七年（即周孝王三年[①]）创自希腊，英人自来以布裹脚，至一千七百年（即康熙九年）始用袜云。

二十七日乙巳　镇日风雨，凉。记英俗：凡少女未及岁者或披发于背后，或垂一二辫于左右，其已及笄及已嫁者发皆束于顶上作髻。闻当英王罕里第七之世，凡女之未嫁者皆披发于后，已嫁之妇皆编两辫于左右，其发不长者乃用羊毛或马尾续之以为美观。尤奇者古有世爵夫人司九阿、伊里斯贝姒等，皆落发而戴假发，以省倩人梳发之费。盖自古仕宦家妇女之发皆有雇工梳挽之人，发髻之式一年更改多次，届今为数不下一万八千七百六十余种，且工价极贵，致有一月仅雇梳两次者。现在上等妇女依然雇人梳挽，且因赴朝会、跳舞会等，尤须雇人梳挽，以彰美富而壮观瞻也。

二十八日丙午　早阴雨雪雹两阵，午后大雨，未刻晴，凉。英人饲马亦有定规，乃干草、大麦为定食，别种粮草可加添而不可代用。定喂之草麦两种，草料之多寡视乎马之大小、费力之轻重，如田家所用生成之马一日须喂四十

① 应为周孝王四年。

斤，内草二十八或三十斤，大麦十或十二斤，抑或压成碎豆三斤，萸米八斤，外草三十斤亦可；凡欲马之轻捷飞驰者，须喂以草麦加豆；其费重力者须加萸米，冗草喂之无力；马之老羸而使用过度蹄腿兼劳者，则当夏秋两季放游草地一两个月，气自复元，无须加添豆料而专心调养矣；田地之马由五月初至九月底白昼作工，仅于午刻稍喂谷料，入夜则放吃青草足矣；至驾车及乘坐之马，除因故照前法于夏秋之间放吃青草一两个月外，切不可令食野蔓而必按时喂之，一日分喂三次，谷必压碎，食之易消，瑞典大白萝卜切碎杂入草料中喂之最宜，而红萝卜喂之则无益，饮马水须鲜净而不宜太凉。

二十九日丁未　镇日风雨交加，入夜尤甚，凉。记：英人谓建马厩地须干而洁，房须高而顶上透风通气，至少宽须八尺，长十尺，马得空地，以便在内往来，地当墁以小砖或圆石块，上铺麦梃。无论如何，务使地干而马洁，且其中须多得天光，防生虫蝇之属，每晨洒扫刷洗一次，因马喜洁，背负净被，无不安乐自如也。

## 三月

初一日戊申　晴，风，稍暖，申刻阴雨阵阵。西国以天下人之面色分五大种，曰白、黄、红、紫、黑。白者名“阔喀西安”（字本俄南界喀斯边与黑海中之阔喀色斯山），为欧罗巴及亚细亚偏西一带者，共约五万万四千五百五十万人。黄者名“蒙勾瑞安”（字本蒙古），为亚细亚洲之中、东、南、北者，共约六万万三千万人；另种黄面人名“哈米堤克”（字本亚当夏娃之次子哈木名），在阿斐利加洲北界，共约六千五百万人。红者名“阿美里加印的安”（字本克伦柏之初得美洲西印度），在南北阿美里加洲，仅有一千五百万人。紫者名“普欧里内斯伊安”（字本普欧里内奚亚）或“马来安”（字本马蕾二，皆南洋群岛总名），在南太平洋一带群岛，共约三千五百万人。黑者名“呢格娄”（字本呢格尔），或“柏斯翟斯蛮斯”，或“卜什蛮”，或“班图”，或“霍坦土特”（以上皆斐洲人种类名），在南阿斐里加一带，共有一千一百十五万人。统计天下人共十四万万四千零六十五万。

初二日己酉　早微雨，午后晴冷。伦敦自攒印机器盛兴后，不惟用印报单、钞录信件，虽往来公文亦用之，仅签名用亲笔耳。此行人工皆幼女送入行中攒印，每篇不及七十二话者工价三本士，令携器出行作工者按日十先令半或二吉呢一礼拜。

初三日庚戌　晴，凉。日本自两年前创立轮船公司名曰“日本邮船会”，共船十三艘，各重六千吨，其名曰“备后丸”“博德丸”“常陆丸”“因幡丸”“镰仓丸”“河内丸”“佐渡丸”“赞岐丸”“丹彼丸”“若狭丸”“土佐丸”“信浓丸”“神奈川丸”，按班半月一次，专往来由横滨及兵库过香港、新嘉坡、槟榔屿、锡兰、苏耳士、波赛、马赛、伦敦、安土耳，此行不走上海。

按：其由香港至伦敦阿拉柏坞之船价，头等四十镑，二等二十七镑半，三等十五镑；行李头等者一人准带四十方尺，二等者三十方尺。由伦敦至骚桑屯之火车头等准带二百四十磅，二等二百磅，必于开船之两日前送往，箱只留用舱内者长不得逾四尺，宽二尺六寸，高一尺二寸。伦敦日本公司在芬者赤街第九号。

又小孩船价，不及四岁者一名无费，多则每名四分之一，逾四岁不及十二岁者折半。凡公使、领事、教士等往来船价皆减百分之十五，买来回票者限用一年，价则每百减二十，中途添买者减一十，限改半年。行李保险由香港至英京每百镑十五先令，人命保险每百镑一镑。其往来日本、香港，另有船走上海、福州、烟台、天津、牛庄、海参崴、仁川、基隆、琉球等，或按月、按礼拜或三个礼拜一次。此外又有赴美国及赴新金山者，皆按月一次。

初四日辛亥　早雨，午后雨止仍阴，入夜复雨而暖。尝思电报传书速于置邮何啻千百倍，夫人而知之矣，惟是植杆引线所费不赀，风雨雷雹皆足阻隔，且平时则巡视修理之费，偶有兵事复虞敌人斫断，是至便之中犹有不便者存。近日，义大里电学名家马格尼本葛尔文、席尔士、何尔孟、翟格荪成法（葛尔文谓电气行于空中，如光之有浪；席尔士以银屑、镍屑盛于玻璃筒，可验电浪之远近；何尔孟、翟格荪因创无线电报，惜传递不能及远），创为不用线之电报，只于两端竖立直杆（杆愈高则所传之报愈远，杆高平方与传电之远成正比例，如杆高二十尺传一英里，高四十尺传四英里，高八十尺传十六英里，余可类推，法人将于巴里铁塔上试之），藉真空传递电浪之力便可寄报。数日前在英法海峡试演，两端相距百里（竖杆一百五十尺），传电之速（每分钟十五字）与有线者无异，而且风雨无阻，字画清晰，可谓神乎技矣。其器两副，闻只值英金百镑，较之设线传报所省殊多。

初五日壬子　早阴雨，午后雨止仍阴。西国水画、油画之着色业已活泼如生，乃犹嫌其不润，二年前经美国人创得一种气笔名曰“埃娄格拉茀”。笔以铁造，形如毛笔而内空，大者长五寸，粗周寸半，小者长四寸，粗周一寸。用者座旁置一抽气机器，圆形铜质如炮，长约二尺，前通一柄，下有四小轮，后一木板，板下亦有关键，以脚踏之，铜器自然往来抽气，或云可得四十斤压力。铜器中另连古米筒，上通笔管，笔头上有孔作椭圆形，周盈寸，用盛水或油颜色于其中，孔上手指捏执处亦藏有关键，画时以指按之，气自通而颜色亦即自笔头喷出，盖笔头形虽尖而无尖，绘画用笔而笔不落纸，所喷之色轻重自如，色既精润而工亦敏捷，其描画须两日者以此喷画，则仅用两点钟。其笔头作“”形，其价：大者笔七镑半，铜器一镑十七先令；小者笔五镑半，铜器一镑十四先令半；外玻璃吸气表一，为置铜器旁察气之有无轻重者，其价二先令半。

初六日癸丑　阴。午后乘车至格洛卫路入大博物院一观。此院自西历一千八百六十二年（同治元年）经下议院议定择地另建一处，题名“乃秋尔拉奚斯托立”，译华言聚集天地间所生之物俾人增长见识也，地在前月中旬所观博物院之西，中隔埃克西比慎路。前于六十四年兴工，八十八年（光绪六年[①]）告竣，共费三十五万二千镑，次年四月十八日开门，便人游观。除耶稣各节外日日开门，在正冬腊月由巳正至申正，二月至申正二刻，三九两月至酉初二刻，十月至酉初，四五六七八月皆至酉正。内礼拜日虽开，仅由未正或申初至申正、酉初、酉正及戌初，皆视乎日之短长也。此院共占地十二英亩，楼占四亩，余八亩在楼之东南西三面作花园，丰草绿缛，花石点缀，任人步游。楼之地式长方，横六百三十五尺，长二百七十尺，正面看作“”形，中间二塔高八层，二塔中间为正门，东西两角二塔各六层，其他皆四层，旁看作“”形，乃头二层皆长方，第三层作“山”字形，第四层仅前面一横。四塔高者百九十二尺，他约百八十尺，楼高约百十尺，楼由格洛卫路退入百尺，而又由地面凹下十余尺。自街路至正门接以“八”字形石桥，左右各长百二三十尺，宽由十数尺至二十尺，中墁粗石，便车往来，左右墁细石，便人步履。楼上下建造非石即铁，八面窗皆大扇玻璃，桥下横洞，以通园之东西。游者登桥入门为一大堂，长百七十尺，宽九十七尺，高七十二尺，即地面上第二层也。花石墁地，正面一三尖桥，石阶作“”形以达楼上，宽共五十七尺，左右各宽二十尺，高约四十尺。由正门内至石桥前列玻璃方罩八，分两行，各高八尺，宽四尺见方，每中置有假石、青草、花木，以列药料薰制之家鸡、野鸡、野鸽、竹

① 应为光绪十四年。

鸡、乌鸦、碧玉鸟、雪鸥鹗以及兔、鼠、鳄鱼并其胎卵，因所产南北度数不同，气候亦异，故其种类、大小、颜色不一，中有日本雄鸡一，尾长九尺。堂左右临壁各小敞屋十间，各第一间中皆有玻璃罩之长匣立柜，内置全体人骨，大猴、木狗、河豚、蝙蝠与马骨，以辨各骨长短之殊，行动用力之别。又有各种兽牙，以别其咀嚼草、肉、鱼、虫之不同。各第二间内列各种鸟兽角爪，以别凫水、飞腾掌爪之异，穿山甲指如人指，其他各兽之足蹄爪掌有大小、软硬之分，其毛亦粗细短长不同，兽角如牛、羊、羚羊者空，犀角则内有筋细如毛，鹿角则又按年生枝。各第三间内列各种禽鸟，有身大翅小不飞者，有翎毛软如绵者，有翅小而用作分水者，有身小翅大亦不飞者。又各鸟之骨色既异，而其卵之大小、皮色亦不同，一年所生之多寡、地方亦不一，有在地面者、土内者、水中者。各第四五间内咸列江河中各种鱼类。各第六间内列趸尾昆虫、鳌蟹多种，盖之方圆软硬、有毛无毛、大小厚薄、颜色黑绿灰黄不同。第七间内列壳虫千种。第八间内列花草之虽花而不实、不花而生、不种而长生寄生、有叶无色、无叶而青、独梃无花、花生叶上，即如青苔、石耳、海带、蘑菇、木耳、仙人掌、霸王棰等。此间正中横立巨木一片，据云原树产于英兰中界之茀来斯诺地方，其高二百七十六尺，粗九十尺，数年前树倒锯留此片，横经十五尺，周亦九十余尺，自中心至皮共一千三百三十五围圈，则知此树之古亦千余年矣。各第九间内列花木之有子不实而赖根生者如棕莲之类。各第十间内列草木之有刺、生丝或毛者。以上十间列物万种，每上皆有纸签，志其何名、产于何处或生自何地，考证精详，笔难备述。正面三尖桥左右有门，入内左右先有男女中厕各一。再内一方堂，宽九十七尺，深七十七尺，名曰“本国土产”，四壁正中罗列通国所产之水旱鱼虫鸟兽，以别英国与他国经纬度数不同而所产者或同或异。堂四角立四柜，每柜八抽屉，内二中满置各色大小蝴蝶，二中密列各色大小鸟卵。此堂左右另二大间，各前横分一槅，后竖分六槅，总宽各二百尺，深一百八十尺。右者前横槅列玻璃桌柜，内置天下各海所产珊瑚、海沫、海绒以及各种海底生物而立于石面、泥中不动者，其色红、白、黄、黑、紫、青不一，可见度数凉热之不同。后竖槅内第一中列大小玻璃罐以药水泡鱼百种，奇形异状，颜色蓝红；第二槅中列各种昆虫之有节无脊骨者如蜘蛛、蟹蚌等；第三槅四壁分列各种鳞介如鳄鱼、蛇、龟之类，正中长桌玻璃罩列各种雀巢；第四槅列各种鱼之有硬壳或硬尾，不比虾蟹而能凫水者；第五六槅皆列壳虫之腹动者，如蜗牛、田螺、蚶子、蚝蛎种类并各蟹蛋、以表鱼虫之别。以上各物大者以物楦之，小者以药水泡之，不能收存者以笔摹画之。左者前横槅，中列鳞介骨，后六槅第一中列各种小鱼骨，第二三中列蟹蚌等壳，第四中列禽兽鱼虫各图谱、书籍，第五六中皆置珊瑚、海沫等。

又初入正门左右先二间，一为管院人，一为管会人坐处。进数武又两处，一为出售书籍处，一为巡捕坐处。再后又两处为收存游人衣冠、伞杖处。此中左右两大门曰左右翼，各长二百七十八尺六寸，宽五十尺，各有桌柜、玻璃罩。左翼专列天下各处飞禽，大小不一，名难备录。此内西首北面一门，下通地面一层，专存天下各处之鱼，大者以铁支骨，半作假皮，以使人知其内外如何生长、行动；小者以药楦成，罩以玻璃，大小亦数千种。右翼专置天下各处觅得古有今无之人与禽兽、鳞介、鱼虫、花木，或骨或皮、或枝或叶，形状新奇，皆所罕见，虽象、鹿、猴、猪，亦各六七种，或耳大、或鼻长、或角直、或蹄大，咸与现在各地者不同。再自大堂正面“㇏”形桥前，或左或右步登石阶十数级，至中央再登二十级，正面坐一石像，乃振兴生物一学之英人达尔文，其人生于西一千八百九年（嘉庆十四年），故于八百八十二年（光绪八年），故置此以铭之。由此左或右转又各十数级至第二层，此上正面有加非、点心铺，再后有公所饭厅及楼上传风筒。点心铺前左右二窄巷，各皆玻璃窗棚，长百三十尺，宽二十尺，地铺花毡。右巷列阿斐利加之羚羊野兽多种，左巷列桌一行，各上置一长方玻璃罩，如中国之盆景，内有假花、小树，每上落十数锦翠小鸟，颜色、形象不同，皆善鸣者。由此直行近墙复分左右两翼，右翼列天下万兽，走者、飞者、胎生者、卵生者，名目极繁；左翼满设玻璃罩长桌行行排作“非”字形，各中罗列天下各地之金石玉类，有整块者、割开者、琢磨者、切片者、带铁者、含金者、变煤者、成铅者、木变者、鱼变者、内含兽骨者、虾蟹者，种种千万，五彩眩目。两翼中间另有石阶如桥以达第三层，中央空处又一石像为世爵班克者，其人生于西一千七百四十三年（乾隆八年），故于八百二十年（嘉庆末年），著作化学、格物甚多。步石阶而上，仅左右又分两翼，右翼中列玻璃桌柜，陈设天下五大洲及各岛之老幼男女骷髅。并临墙立槅，层层排列人头及脑髓，有真有假，并有彩画者，面色、骨骼，装饰不同，发有短长冗硬、黑黄灰紫之分，脑亦有大小、厚薄以别哲愚之异，下皆注明何地、何种，俾易于考核。左翼列天下万种草木、瓜果、蔬菜，亦有真有假，有绘画者、有以蜡作者，各皆注明产于何地、水土凉热、其色如何、性味如何。此上第四层乃小屋间间，为储杂物者，楼上塔内先有风扇，以吹楼中所存各物之气而换清气，顶上存水，以备不虞。以上所述该院之大略如此。

初七日甲寅　阴。记：西人墨蕾考天下海洋之至深者，如大西洋深二万七千三百六十六尺，太平洋深三万尺，印度洋深一万八千五百八十二尺，南冰洋[1]深二万五千二百尺，北冰洋深九千尺。

又大西洋周二千四百五十三万六千方洋里，太平洋周五千零三十万九千方洋里，印度洋周一千七百零八万四千方洋里，南冰洋周三千零五十九万二千方洋里，北冰洋周一百七十八万一千方洋里。

初八日乙卯　阴。据英人云：天下人之能英语者前于西历一千八百一年（嘉庆六年）共有一千零五十二万人，至一千八百九十年（光绪十六年）增至一万一千一百一十一万人。不及百年已加九千零五十八万之多，由是八年后至一千八百九十八年（即本年[2]）竟增至一万一千七百万，是仅七八年之久又加至六百万之多。然则英语传习之速，恐将来必成天下之官话。

按：英人称此种语言曰“瓻来藤”，译华言礼舌也，言传此话者礼让之舌人也。

初九日丙辰　晴。午初，同沈、曾诸君送星使率罗叔羹、卢梅亭至柴苓十字街车栈登车赴比都呈递国书。

闻英人云：我国占据地方虽属不合，恐他国之罪更有甚于我国者。全球海宇咸以地多为大国，如法国十三年以来竟加增至二百七十万方洋亩，我国仅添二百六十万方洋亩，而德国之地较十五年前亦加五倍，今天下仍有二千万方洋亩之金地待人摘拾，惟尚未及其时耳。

初十日丁巳　晴。英国三岛四面临海，网鱼之处亦多，而以格里木斯碧（地在英兰东界稍北，属凌昆府）为第一，据云每年通国所用之鱼值价约八百万镑。昔青齐官山府海擅鱼盐之利而国以富强，援古证今可以知海国之利所在矣。入夜微风，暖。

十一日戊午　晴，暖。记：英国铁道至一千八百九十六年（光绪二十二年）共计二万一千二百七十七洋里，股本共计十一万万二千七百六十万零五千镑。当年十二个月内，行客合按季买票者共九万万八千零三十三万九千人，共收车费三千九百十二万一千镑，收运货脚费四千六百一十七万五千镑，收各项

① 旧分环球之水为五大洋：太平洋、大西洋、印度洋、北冰洋、南冰洋，范围包括今太平洋、大西洋和印度洋之一部分。

② 应为上年。

零款共四百八十二万三千镑，前后统收九千零十一万九千镑。往来人数条分计之，其按时按月者共一百二十六万三千八百六十三人，此外日日乘坐头等共三千一百三十六万二千四百九十八人，二等共六千零三十七万二千七百八十二人，三等共八万万八千八百六十万四千一百五十三人。所收车票费头等者三百十三万三千镑，二等者二百零五万八千镑，三等者二千四百七十八万镑，按时按月者二百九十一万五千镑。外收行李、包捆、车辆、马狗等行车费五百二十二万五千镑，邮政费百万九千七百镑，商货运费二千五百九十四万零一千镑，牲畜运脚一百三十四万三千镑，煤石铜铁等运脚一千八百九十三万一千镑。其用款如工费五千零十九万三千镑，饮食三千九百九十二万六千镑，车脚、物料一千五百六十六万镑，火轮机器一千三百万镑，保守铁道八百一十六万七千镑，修理用四百二十六万四千镑，租项三百一十四万九千镑，官税二十七万一千八百镑，赔项二十七万一千镑，救治伤人用十一万八千五百镑，公会等费二十八万八千镑。至按各次所行之路共计一万万九千三百六十六万一千洋里，货物车各趟共计一万万五千七百七十四万洋里。夫英兰地狭，而其火车公司一年出入及余利各款尚如此之巨，彼夙称为广土众民、地大物博者，将来苟得铁路盛兴，其官民所获之利可知矣。

十二日己未　阴雨，凉。西国玻璃之净以英制为第一，其用亦至广，不仅作镜、杯、瓶、壶、盘、碗、玩物及海灯之类而已也。闻在立文浦海口某玻璃局造有玻璃箱柜、玻璃楼板楼棚，更有玻璃烟筒高百零五尺，通用玻璃块，每块一尺见方。

十三日庚申　阴，凉。记：天下电线之在海底而属英国者五分之四，计其长不下十五万海里，共值三千万镑。由欧罗巴走地中海至阿美里加者共十四条，内属英者四条，往来信件之走英线者十分之九。天下海电线统计一千三百余处，共长约十六万二千海里，各处长短不一，其短者不及一海里，长者逾二千六百海里，其中属英者不能枚举，姑略志之。如长不及五海里者英有七百六十一处，逾五里而不及五十海里英有二百二十三处，逾五十而不及一百海里者英有六十五处，逾一百而不及五百海里者英有百五十五处，逾五百而不及一千海里者英有六十四处，逾一千而不及二千海里者英有二十九处，逾二千海里者英有八处。

十四日辛酉　白昼阴晴不定，入夜雨。天下各国惩治死罪之犯其法不同，然留全尸者有五，如奥斯马加、和兰皆明缢，巴威里亚、汉诺尔、萨克森皆暗以机斩，法兰西、丹麻、比利时皆明以机斩，义奎多尔、欧敦堡皆明以枪轰，英吉利、美利坚皆暗缢，布鲁斯暗以剑刺，俄罗斯或明缢、或剑刺、或枪轰不等，日斯巴尼亚明以铁领勒之，瑞士或明以剑刺或明以机斩或暗以机斩，各府不同，纽约暗以电气击之，卜伦隋邦暗以斧割头。以上所谓“明”者，乃在市曹庶众之中，“暗”者系在监内也（详见《四述奇》）。

十五日壬戌　雨。西俗男女皆自行择配，意在夫妇之间情投意合，可冀百年偕老也。然而中途不睦，彼此分争，或因他故经官断离，其自控休离者尤多。闻英国法堂每万件案内休妻者五六十，法国百三十，德国百六十，丹国四百，美国四百五十，瑞士亦然。

十六日癸亥　早微雨，申初晴。曾叔吾续弦一事定于明日完姻，数日前帖请届期贺喜。玛䌌父母亦同具请帖云：“小女玛贝许字曾兆锟为妻，择于四月二十六日（即明日）未正在卫勒斯巷贤安得路礼拜堂中成礼，恳请屈驾相陪，礼毕舍下候光，敬候回示。”于是星使首以英文“RSVP”四字答之，义乃弗克亲临、先此贺喜也，其他诸同事有答者、有未答者。至所馈送之礼仪，乃星使送官纱一匹、折扇一柄、扇套一个，罗叔羹及小荷、伯苏、林琴荪、魏莲叔、卢梅亭、林武弁公送酒十瓶、幛一轴，四字为“旃帐青庐”，陈幼庸送八音钟一座、玻璃镜一柄、看戏千里眼一个、绣花团扇一把，沈荔虎、严伯玉同送金领扣一枚，余偕沈藕生、吴少序、王少山、陈安生、朱乙尊、王皖南、于心泉、王香圃、尹元辅、袁仁圃、吴旭霄公送喜烛双辉、喜幛一端，四字为“百年偕老”，余复外送绣帕一方、荷包成对，王皖南另送绣花团扇一柄。

又定于今日在其住所先行华礼，曾经面请余同沈、陈、严三君前往。申初至彼，客厅正面设香案、烧红烛、铺红毡，左鄙另设一堂，上悬三代牌位。新娘披红氅，头罩红纱。先拜天地，后彼此交拜，转拜祖先，再拜父母、翁姑，后叔吾为之掀去盖头。一切礼毕，叔吾换着行装，同乘车至柴苓十字街车栈迎候星使由比国回，同时来接者为马清臣、沈藕生、沈荔虎、吴少序、王少山、罗小荷诸君。酉初星使到，叔羹下车即向少序、少山言：“大人吩咐你俩同车，余登火车。”见毕，即同藕生觅车先行驰回使馆。

十七日甲子　早阴，午后晴。未初，余偕曾叔吾着公服乘车先至礼拜堂，继而吴少序、陈幼庸、王香圃、尹元辅、于心泉、袁仁圃、严伯玉、吴旭霄及沈荔虎夫妇携其子侄陆续亦到，坐于堂内台前左首横凳前三行，本国男客皆坐后几行，妇女坐右首横凳，曾叔吾立于台前阶右。未正，新娘之父母、姐弟及二陪傧入门，琴声作，则由台上十二沙弥着白褂双双前导，一教士着黑氅后行，将至门，乃教士转身前行，沙弥转身随后，以引柏尔乃携其女玛贝入堂，陪傧一对随之，新妇之姐在次，其母与弟又其次。新娘着白色花冠、白色裳，手执白花一束，二陪傧与其母姐皆着印花白衣，手执鲜花杂色。至台前，沙弥登台分立左右，教士立正中，新妇立阶左，其父立其旁，其弟立其父之旁，其母坐右首横凳第一行。教士向新夫妇对立，群立诵经一阵毕，教士向新夫妇言：既彼此情愿结婚，自当一生恩爱无悔云云。新夫妇少跪，立后教士使互携手，向之各按经念数句，二人皆一一效诵之。既问是否实心？各答曰是。遂将正金戒指由新郎手中戴于新妇左手无名指。此后齐声唪经，教士转跪十字架前，新夫妇登台跪其后。经唪毕齐立起，教士复向之宣言曰：彼此既诚心愿作夫妇，则彼此朝夕所思、所言、所欲皆要同心，莫存私愿等语，共又数十言。言罢又群相唪经一阵而礼毕，后乃同入旁舍，新夫妇及其父母、陪傧画押登册。当新夫妇立台前时，其花捆交伊姐代执。又凡诵经时，土人男女皆忽跪忽立，想必循教规也。此后新夫妇下台，一对出堂，共车先行，继而陪傧及男女各客又对对登车至其寓所，互向新夫妇握手道贺。彼此饮酒、点心间，罗叔羹、沈藕生、林琴荪、王少山、罗小荷同至贺喜，少坐即去。至酉初新夫妇更衣，同登车赴维克都里亚火车栈前往临海卜莱屯地方少住，以度“霍呢木恩”（义见前）也。

又当新夫妇由礼拜堂与此登车时，或戚友或邻居多有向之抛米者，亦土俗也。

十八日乙丑　早阴，午后晴。记：西国之纪年、月、日、时，固不用天干、地支，亦不分黑道、黄道，然按土俗亦有分成日、破日者。如每年五月创办事件为不祥，数逢十三亦不祥；日则每礼拜中各日皆成日，船行尤以礼拜日为吉期，启碇鼓浪最称顺利；中惟礼拜五日为破日，作事诸多不宜。凡人睡起，床被固皆掸扫，另为铺盖，乃闻有因忌是日之不吉，不另收拾，仅扫去尘垢，铺平被褥而已。由此观之，华人所忌者西人不忌，西人所忌者华人亦不忌，究不知东西各国何所忌讳者为是。窃以凡事率真，百无禁忌，自无所谓吉与不吉矣。

十九日丙寅　稍晴，暖。酒之害人自古以为戒，而欧洲嗜酒之流弊尤深，其沈湎败德更有甚于鸦片者。英兰一岛按年因酒癫狂者十分之一，因而自戕者亦十分之一，因酒醉死者千余，因酒而失业者不知凡几，苏格兰、爱尔兰二岛之醉死者各二千余。

又英兰人之因他故自尽者四十年前一年约一千二三百人，至八年前为数竟增至二千四百五六十人，内男子三分之二，妇女三分之一。

二十日丁卯　早晴，午后雨，申刻复晴，入夜风。西人谓割玻璃不必定用金钢石，无论何等钢具泡以松香油、化潮脑，皆可用之，如玻璃片上小孔可以圆锉锉大，粗棱可用平锉锉齐，大扇玻璃可以表内钢条锯之。

二十一日戊辰　大晴。记：英于西一千八百九十四年八月一日（光绪二十年七月初一日）新定遗产税，乃一人故后，其遗产或在本国或在别国，除其业经分许他人者外，所余不逾五百镑则税之，收法系不逾百镑者无税，逾百镑不及三百镑者纳一镑十先令，逾三百不及五百者二镑十先令，除典当外其他欠款及葬费等皆不准扣算。至一人之遗产数及五百镑则收法乃按实有之数百中抽一，逾五百至一千百中抽二，逾一千至一万百中抽三，逾一万至二万五千百中抽四，逾二万五千至五万百中抽四分半，逾五万至七万五千百中抽五，逾七万五千至十万百中抽五分半，逾十万至十五万百中抽六，逾十五万至二十五万百中抽六分半，逾二十五万至五十万百中抽七，逾五十万至百万百中抽七分半，逾百万则每百抽八。

二十二日己巳　微阴。西国著名画工杜倭来者物故已数年矣，现将其真迹萃于牛贲街第三十五号楼中，聘人往观。数日前费士本寄来门票三页，今日申初偕沈、吴二君前往，见油画二十一轴，大小不一，中有可观者三大张。一名“耶稣离堂”，乃在堂中审定后将钉十字架上也，画高二十尺、宽三十尺，四面金边，宽各一尺，前于西一千八百六十七年（同治六年）开笔，至八百七十二年（同治十一年）完工。画乃正面远望高楼大厦，耶稣着白氅，头戴荆棘圈，缓步行于正中，自楼上下至耶稣之前后左右站立坐卧男女老幼，或兵或行人，肩荷十字架者、举刀者、执枪者、哭者、笑者、惊讶者、怒目直视者，远近不下数百人，神气形容无相类者。一名“耶稣入耶路撒冷城”，乃耶稣在埃及长成修道后，转回犹太骑驴入城也。土人男女手举花枝，欢呼迎迓，人亦数百，此画大与前幅同。一名“谷中泪”，高十四尺，宽二十一尺，画之本义未详，惟见谷壑之中男女千万，遥见耶稣着白氅，肩荷十字架，一手前伸作招呼状，行动如在海面云雾中。其他无暇详载，看毕回寓。

二十三日庚午　微阴如昨。记：英国又有收受遗产税，如房地、财物、器皿、珠宝等，值价逾二十镑者皆须纳税。收时有当时之税，收后又有收后之税，惟系夫妻、父母、子女收受者皆无此税，其他纳税之数不等，如兄弟姊妹以及侄或甥皆纳百分之三，伯叔婶母并堂兄弟皆纳百分之五，伯叔祖母及其子嗣皆纳百分之六，至故人之他戚友则须纳十分之一。

二十四日辛未　早阴，午后晴。英规：白纸名片男子年幼者片不大，横二寸，竖一寸，仅印名姓，不用“先生”字样；已娶者片稍长，横二寸，竖寸半，于名姓前加印“先生”二字；妇人片尤大，乃横二寸五分，竖一寸八分，印夫姓及夫名之减笔字，且于名姓前印“夫人”或“太太”等字；幼女不自印片，乃印于母名下，不印名，仅印姓，前加“小姐”二字；凡承袭世爵者，男仅印何爵，女印何爵夫人；大员文职只印官衔，武职乃名姓前加官衔，如将军某某、提督某某是也。

二十五日壬申　晴。英俗：住家接见戚友，来拜者多妇女而男见者少，其故盖男子白昼无暇，或供差，或贸易，或作工，或他事，故拜客者亦多妇女。然接待亦有定期，非其日往拜而不见，不为失礼。凡所定接见之期及时候皆印妇女名片之尾，如每礼拜二日或每月第二礼拜四日由三点至五点或在三四点之间，且逾时不候。

按：其写法先印在家，再则第二礼拜四日在月二至四，其义即每月内第二礼拜四日由二点至四点在家拱候也。

二十六日癸酉　晴，凉。记英俗：来客亦有赏主家仆婢一说，然须暗赏而不在主人面前，抑或使之闻之为妙，既莫忘赏，亦莫多赏，总以合宜得当为是。至所应赏者，女客赏女仆之服侍者，男客赏进酒仆及他小价之伺候更衣者是也。

二十七日甲戌　晴，凉。同人任谦斋率其少君丹崖当修理使馆时即自住本街东距使馆两三箭地另一南北胡同名“查尔洛特”者内路东第十七号，房主一老妪率三女姓葛拉对，不惟狡诈勒索，且赖三女另有生涯也。林和叔前曾住彼，被其勒索赔偿移去。先是老妪教丹崖英语，继一同居少年英人名司腾侯者乃为之荐入利贞街第三百九号剖里台克尼学堂，其人不属该学堂而属隔壁之欧坤堤年会馆，后又引入该会馆闲玩，自是丹崖不自称姓任而称姓扎克森名卓志，此节料谦斋必不知也。去冬谦斋见房主母女行止不端，遂自行租定肥自洛艾坊第二十七号房一间，宽敞而价廉，届期告知老妪，老妪谓晚告一刻，须加给一礼拜房租。盖其定规须告在十二点钟以前也，谦斋忍而付之。迨搬时，母女又谓屋中物多灰尘，费工刷洗，须赔十先令，谦斋无法亦与之。老妪母女以其可欺而移居他处，遂怀嫉恨之心。至本年正月十六日，不知如何丹崖自该会馆中窃得一小马口铁匣，内盛不及二十镑，当晚即有人领丹崖宿于葛家，与葛女名浦洛澜者同床。次早（即十七日），该女索去十二镑，并将铁匣乞去，后即以铁匣为凭报入巡捕厅，同时司腾侯偕会馆帮办倭勒克尔亦入官厅报盗。即时巡捕将丹崖由十三号捉去，倭虽称帮办，亦年不及二旬之一少年耳。午前，巡捕厅来信言："有华童名扎克森者，自谓属贵使馆，望来一认。"星使令余同马清臣至马力赉巷内巡捕厅，见丹崖及本国二男二女在彼，二男者司与倭也，供以所失约二十镑，曾记匣中有十余金镑，余皆银钱，女者葛氏姊妹也，供以匣自扎手所得。马云：所失二十镑自使其父照赔。余谓：此童当领回使馆自行惩治。巡捕曰：可。然须俟未正由马力赉街巡捕厅中领之。未刻，罗叔羹偕谦斋前往，先照赔二十镑后将丹崖领回，锁入楼下小房中。星使问余："似此当如何办理？"余答以理应咨送回华，星使以为然。十八日早，忽传星使谕，谦斋一并回国。余闻而诧异，即登楼见星使言："任某来此已及二年，并无过失，下余不足一年，可否仍留以全其万里随使之差？"星使谓："不然，我定要他回去，他为张樵野所荐，我并不认识他"云云。余再三求之不得，曰："既然，可否使其自行具呈告退销差，以全其体面。"星使谓："既经代求，可以许之。"并令余为代买车船票。先欲其即坐二十三日之德公司，为日太促，遂与之改买二月一日之法公司。谦斋父子应于二十九日晚启程，二十八日早始奉谕将丹崖放出，余因令仆许立为之理发，并代检行李。当丹崖锁留使馆时，蒙星使日赏面包一块，谦斋又挽庖丁每日给菜少许。至二十八日早共收十日，厨工索一镑，合一日二先令，并索水烛费十先令，谦斋皆如数付之。又自认赔二十镑后，该会馆来信，附帐一篇，内开所失之物多种，共值亦不下二十镑，星使亦令照数赔之。此次谦斋之去，原请星使多放一月俸薪，未允，乃蒙外赠百两合十三镑零，计连船价共得七百三十两。幸谦斋自行节俭，并买三等票，连赔款及沿途经法国、上海各旅费，约计到家仅剩不足一镑合银五六两，亦良苦矣。按例坐二等舱，其中尚欠百数十两，不知又当如何？谦斋以此行着急，不知如何走法，苟有迟误为害不浅，问策于余。遂将自伦敦登车过巴里至马赛何时上下船、何时换车、何处少待、一路如何、有何使费，至马赛入何店，详写一篇与之。以上为两月前事，于今访明，姑志之，为将来携带幼童出洋者鉴。

二十八日乙亥　晴。西人考究昆虫学者谓苍蝇在夏季三个月共生卵四次，每次八十。是一母蝇一季之久当有子孙二百零八万零二百二十个，盖苍蝇一日即长成，两日即能生育也。又以显微镜窥之，有小虫寄生于蝇背而蝇被所害，然小虫背上另负有种小小寄生之虫，是小虫又为小小虫所累，天之生物亦何奇耶。

二十九日丙子　晴。伦敦老城内克英巷正面有老城巡捕现审公所，名曰“极乐藿”，译言金堂也，建于四百年前，自西一千七百八十九年（乾隆五十四年）以后屡加修葺、雕刻、琢磨，工颇精细，然烟雾薰蒸，至今已百年前之古楼矣。堂之地基作“冋”字形，正中大堂为伦敦美尔办公、宴客处，每年一次，男女千人。左翼楼梯曲折，为油画楼、博物楼。此后于一千八百七十一年（同治十年）又增建藏书处，现储七万部。又有观书屋、看新报处，皆每日巳正开门亥初关闭，任人观览。现在画楼早开，悬挂名人新画，不日将闭。今日午后，余偕沈、吴、尹、袁诸君乘车前往，男女观者甚众。所悬大小油画共百余幅，除山水、楼房、人物、鸟兽而外，其烟雾迷漫妙处令人不解者亦有数幅。惟见画中有一人着红绒袄者，其绒不惟远看与真毕肖，临近视之，亦真假难辨，一女披发正坐，膝置乐谱，左设乐器，双手抚书，仰首望天，若有所思。又三小孩二大者并坐，一小者曲身阶下，怀抱一狗，各皆神气如生。再丹青中一幅横宽四尺，竖高二尺半，绘成河水一湾，点缀杉板、货船、渡舟、小艇甚多，岸上正面红砖高楼一所，望之棱角毕现，疑是雕刻者然，笔墨之痕已臻化境，乃葡都里斯本城中景也。去此转入博物楼，地不甚大，所存皆罗马、埃及三四百年前之古物，无甚新奇者。有自罗马地下掘出之瓷瓶、铁碗并石棺、瓦器等，埃及则石碑、石柱之类，本国者为古书、小刀、耳环、马镫、瓷盘、鼻烟盒、刺马锥并小帽、皮靴等，皆数百年前物，各与时式迥异。女鞋后底有高至四寸，不用皮乃立一铁架作“丫”形者，亦有底上前横皮带如木屐者。其新报屋四壁罗列百种新闻纸，任人披阅，男女坐立颇多，无喧哗之陋习。其右翼为现审公堂，惜时已戌初，未及步入一观。亥初阴雨一阵。

三十日丁丑　微阴。亥初，使馆旁喂猫巷第二十四号英人司蒯尔请茶会，届时余偕沈、吴、袁、尹四君步往。男女鼓琴歌曲，各臻其妙，惟屋小人多，热甚，少立下楼，各饮香宾一杯回寓。

## 四月

初一日戊寅　早阴，午后晴。申初，偕沈、吴、尹三君乘车至埃克西比慎路阅视骚森戛勒立博物院，“骚森戛勒立”者，译言南楼也，因在乃秋尔拉奚斯托立之南也，相距箭地。此楼长方，上下三层，正门向东，门内罗列各种机器，以木摹仿制，无毫厘差，如开山、凿洞、抽气、泄水、挖煤、取铁等器，并作出地势山形。四壁玻璃柜中收各种矿窑工人所用之器具、灯笼等，此后为挖金银矿、镕化五金、炼钢铁各机器，再则纺线、抽丝、净棉、织布、造纸、印纸、写字、钞字、切车票、叠信封、刹谷、耕种、灌水、造砖、掘土、锯木、割木各种机器，并有庖厨刷洗及造煤气、电气各具。又有以铁造物各器如铸枪、大轮车辙等，不一而足。过此则广厦一区，内存今古各种火车形式（内至早者始于西一千七百二十年，为康熙五十九年），其他各种机器器具亦皆自创始至今，用法、形式之别或用天气或用水火之力。此后为今古各种大小轮船机器，单轮双轮各式（内至早者始于西一千七百八十八年，为嘉庆五十三年[①]），为数不一，笔难尽述。去此登楼，分三大间，第一间先列各种电线机器，再则各色船式，风篷、火轮、铁甲、兵船、信船、货船、渡艇、炮船，大小不一，用木仿造，罩以玻璃，每前横有木牌，书以船名、年份、尺寸、份量、马力多寡。其炮船有建于一千六百七十及七十五年者（康熙九年至十四年），上下列炮两层，共五十门或六十四门，重至一千九百五十三吨，以后有列炮至百二十门者，然皆篷船而非火轮。屋之正中桌上置一英国至大之铁甲名曰“诺僧布兰”，一千八百六十六年（同治五年）建于弥勒佛地方，重一万零七百八十吨，长四百尺，马力四千，一分钟走十二结（洋名“诺特”，即一洋海里）。其他有重一万四千一百五十吨，长三百八十尺，马力一万三千，一分钟走十七结半者。又有英代德义志、日本、墨西哥、土耳其等国在牛喀色所造各兵船，再则英及天下各国之运货船。入第二间，内列各种航海轮船式样，如“大东方”长六百八十尺，重二万三千吨（详见《航海述奇》）。又一铁轮船名“大英”者建于一千八百四十年（道光二十年），长二百八十九尺，重三千六百吨，马力一千，一分钟行十结。其他大小百余，工极精细，虽属摹仿，而全体备具无遗。旁另一小间内列各式快艇。第三间存各式飞浪船五十九。又有一千八百八十年造于格拉斯沟之俄皇快船名“里瓦的亚”者，重一万一千八百二吨，马力一万零五百。此外有中国、日本、印度各本地之舟艇船只，式样不一。后列各式趸船，有长三百尺、宽百尺、深四十二尺五寸者。再后列大小各

① 应为乾隆五十三年。

式灯楼，至末则各式渔船及古年之小渡船。另一长间中立玻璃罩长桌，四壁立玻璃门大柜，内列英产大小鱼类，无暇细载。戌刻回寓。

初二日己卯　阴。闻月前于心泉所从英文教习罗丰利之幼子年十六岁，忽谓左胁下肉中作痛，经伊舅某医验之，谓腹中有病，须割开诊视，送入攸呢倭西的大学堂医院中，以刀剖开。乃内肾旁肉中含有沙石一块，周盈寸而有尖，遂致刺痛，即以刀剪挖出，刀口缝妥，居然无恙。据院中各医咸谓左内肾宜割去，否则将来仍恐生病，疾者未允，故置之。

初三日庚辰　晴，暖。伦敦下议院外人亦可入听其议事，欲往者须先致书或面请于院中议绅某，言定于某日欲坐何处以获入门之凭票。院中备有客座六十五，言事座中另备有四十二。凡有入客座之票者平日皆在两点三十分，惟礼拜三日在十一点三十分钟。先步入贤司悌芬堂内齐集，其有言事座中者，皆在两点三十分入森特拉喇前堂之西首会齐。另有妇女座，设在妇女楼层，亦须写信或面请门票。入院之门系在俗名宫庭中，英名“阔尔特牙尔得”。

初四日辛巳　晴。以国名物，中外皆然，因其产自某国也，即如西国名瓷曰“中国”，名火鸡曰“土耳其”，亦犹中国之名炮曰“佛狼机”是也。考其名之所自来，乃前明正德间有航海大船直至羊城，称佛狼机国人，即今之法郎西也，所进之炮因以其国名名之。

初五日壬午　早阴，午后细雨一阵。西国墨水虽有黑、红、蓝三色，然不因典礼而有区别，其书札、表判无论何事皆用黑色。我国墨分三色，乃大有分别，蓝墨惟国服与乡会场中用之，他皆不敢用也。乃近日见星使批改信稿、发传谕条咸用蓝墨，或谓因在期服期内。然在京都无论何人何等孝服，皆未有用者，闽省或有此规，未可知也。

初六日癸未　阴。西历耶稣降生前五十六年（汉宣帝五凤二年），罗马将军朱力奚色尔第一占据英兰，始铸其头于钱面，以后世代铸否不定。至降生后一千五百三年（明孝宗弘治十七年[①]），英王里察尔第三之世始铸王头于银钱先令面上，至今仍之。

初七日甲申　阴雨阵阵。闻英钱之用至西一千二百十六年（南宋宁宗嘉定九年）始成国宝源流，以前凡人工使费多以米谷代之。

酉初，赫乐彬之少君赫承先夫妻在寓请茶会。乘车至彼，见其母妹妻子，

① 应为弘治十六年。

少叙即归。入夜风。

初八日乙酉　阴雨，凉。我国自前年在牛喀色厄盘太因地方阿摩士当厂定造“海圻”“海天”二快船，本应去岁告成，乃因故迟延。“海天”上秋下水，现始完竣，该厂虽管包送，星使复札派陈幼庸、黎弼良押赴北洋。该船备妥，于前日驶至坡兹墨斯海口，乃函请星使于今日未初船上午酌，并约余及叔羹，昨日余曾专函辞谢，星使率叔羹、幼庸往。该船本定今日宴会毕即展轮东渡，迨星使回，闻昨日该船遭风，机器有损，须待修理完竣方能开碇。此船新造，行不及百洋里，微遇风波机器即折，不知一旦于海洋临敌，缓急驰驱之际又当如何也？至陈幼庸此行，不惟公干于天津、北京，更得暂回榕城料理家务及补行丧礼也。

初九日丙戌　阴晴不定，凉。今晚十点三十分，英君主在卜静宫中设跳舞会，礼官帖请余与曾、林二君，星使因在期服期内预辞，届时余偕曾、林两君乘车入宫。待至十一点一刻，太子与妃率皇族男女二十余鱼贯而至，乐奏《天佑君主》，太子与妃等登台，立待乐奏毕少坐，后皇族男女同他国王侯并头等公使夫妇先跳一场，继而他国及本国官员妇女跳舞，前后共跳六场，至丑初二刻始毕。于是太子等先行，后则各国头、二等公使夫妇、母女随之而行，转入大饭厅，人多拥挤，乃少立，各饮香宾一杯即回。

初十日丁亥　早晴，申初雨。英人古时食肉面用手，故至今凡炸羊排骨后仍裹白纸一条，剪作菊花形，乃古以手持而免着油也。且现在通行之礼：凡将食必先洗手，食毕又必洗指，皆犹古俗也。至西一千六百四十年（明庄烈帝崇祯十三年），有寇斯埃者始用刀叉以代手云。

十一日戊子　早大雨滂沱，未初晴。戌初，曾叔吾邀诸同人晚酌，即时辞谢者为陈安生、于心泉、朱乙尊，今早辞者为罗叔羹，临时辞者为林琴荪、罗小荷。共设两桌，一桌首座为叔吾夫妇，一桌首座为其岳父母，酒食丰美，肉菜颇佳。酬酢间陈幼庸突至，讯之，盖该船原定初九日修妥即开，乃至今尚未告竣，大半须于十三四日方得展轮。食毕幼庸先去，余等少坐亦即谢归。

十二日己丑　镇日阴雨不定而冷。伦敦城中正南偏东太木斯江南岸之骚斯倭卜立芝路有救火总局，英名“夫艾尔卜里该特”，义乃救火兵也。前设一台，方式高数丈，层层四面有窗，顶上小屋有人轮班守望。局属伦敦府，分局六十，报乌筹筒六百余，周管一百十八方洋里，共用兵官七百五十员名，每年费用十三万镑云。

十三日庚寅　早雾，午后阴雨阵阵，凉。伦敦街市闾巷多于道边立一报乌筹筒，筒系铁质作“”形，红色，高三尺余，周约尺半，顶上正面玻璃一小方，内有关键，直通附近之救火分局，有不戒于火者，无论何人，皆可以拳急触玻璃，玻璃破则分局知，该局即派救火车载水龙兵官等驰往。闻救火车既到，无论用否，其遭火之本家皆须付使费五镑，以后他局陆续有到者，又分时刻之前后而付四三二镑不等。

又其报乌筹筒之玻璃有无故击破者官罚五镑，其因贫不能受罚者则收监一礼拜，乃频有因贫无食而故为击破，以便暂饱七日者。

十四日辛卯　镇日阴晴风雨不定，凉。闻英都钱局之纸钞凡发出者皆新票，一经转回即行按号钉本入库，不再外发，故凡因事究查者悉有存票可考，大抵由局发出之钞票罕有不于七十日内转回银号者。

十五日壬辰　阴晴细雨阵阵。今日为西五月二十四日，系英君主之诞辰。未正三十分，有印度医生穆里克者因此令节偕他印度多人之寄居伦敦者同在利贞街贤翟木斯堂中奏乐歌曲，请各所识之人往听，以志庆贺。届时乘车前往，堂虽高大，而来者男女老幼不下二千人，竟至立无隙地。先一印度人名巴拉启者立歌一曲，音调新奇，继而英国哈尔的姊妹各歌一曲，又二义国人一名司阔麻一名卜拉特鼓琴吹管，声调亦颇幽雅。周旋少许即去，出门转过庇喀的里街加非馆中少坐，始觉清爽，盖堂中人众，热气薰蒸也。

十六日癸巳　早阴，午后晴冷。赫乐彬夫人借牛贲街内格拉茀屯巷之格拉茀屯画阁中于今夜自亥正三刻至明晨丑正请跳舞会，星使率叔羹先往，余独乘车继至。入门步入大堂，见赫夫人母女。其中男女拥挤，阵阵跳舞，音乐喧天，地极宽敞，灯烛辉煌，装潢华美，有大花篮攒以红、白、黄、紫四色鲜玫瑰。堂中正面左右二门，入左门一直径，内列桌椅，五彩鲜明，再前则临窗设长桌，陈酒果、点心，其跳舞燥热者可来此撰名点要。入右门曲径下楼，转入一门则豁然开朗，乃大饭厅也，共列椭圆桌廿余，每桌可坐十人。见星使与叔羹各携一英妇坐食，余亦独步入座，饮酒吃炸铁雀、白煮鸡等。食毕先回使馆，时已丑初。

又此楼所以名画阁者，因其四壁悬挂名画，大小千轴，白昼准人入内观赏也。

十七日甲午　阴晴不定，颇凉。伦敦骚斯堪兴坦博物院之第四处系在南楼博物院，后中横音庇亚音斯的秋路，东临埃克西比慎路，西傍奎印斯门街，北近普林斯宽色路，院名“克洛斯楼”，地基颇大，南北占地五百七十尺，东西七百尺，楼两层极高。虽名博物院，而罗列古物处仅左右两行及中央一排，故名“克洛斯楼”，释“克洛斯”者，横也、过也、由此至彼也。其式作“H”字形，前面楼房为格物学堂，故正中一高阶大门，后面楼房为音乐学堂，博物院在左右，故左右楼角另二高门。左一行又名曰“印度院”，因所存皆印度物。入门即木雕楼塔窗棚，工极细，皆来自南印度特拉万扣尔等处。再入门则有以木仿造之瓦楼、石房、宫廷、铺店之类，系皆来自西印度之木勒坦及北印度之宽普尔等处。此后为自西北印度之班扎布等处运来木雕庙窗，玲珑异常，并西印度之沽则喇地方二百年前之木房及以木摹刻之石陵、王宫等。再则上下楼共分二十三间，各分段落，下楼第一间列北印度阿格蜡之古王坟及二百年前之王宫并瓦坟、铜柱、白玉石柱等，皆数百年前物也；第二间列玻璃罩高桌，内置以草木仿作之印度米谷、菜市、车辆、舟艇以及棉毯、布匹等；第三间列印度织棉器具以及绣花平金之物；第四间列印度男女衣装并以蜻蜓翅饰绣之物；第五间列印花布及花毯织以印度古战场。过此上楼第一间为第六间，列印度今古铜器、画轴；第七间列印度珠宝、金银器皿及印度监犯所织之花毯；第八间列印度古今军械；第九间列印度玻璃、瓦器；第十间列印度雕刻之象牙、肉桂、器皿、玩物以及画轴、地毡等。转入横楼，第十一间先立一香木雕窗，再一讲经台，高丈余，旁看作“ㅂ”形，香木雕刻，饰以乌木、象牙，乃自埃京开路运来者，此外存有斐洲北界各地之木质器皿，皆甚粗陋；第十二间列土耳其之绣品；第十三间内列亚喇伯之铜器，中有铜镫式如瓶，饰以金银，又土耳其古讲经台之象牙门一扇，并彩石镶嵌之物如瓶罐杯盘等，皆六百年前古式也；第十四间内存四百年前之波斯地毡；第十五间列波斯之织货、绣货并其书籍等；第十六间内列波斯五金器，中有三百年前之铜罐，六百年前之刀剑；第十七间内列波斯六百年前之古瓦并玻璃、缸瓦、瓷器；第十八间内玻璃罩大桌七，各中专列中国瓷器，大小数百，内多白质蓝花者；第十九间列中国漆、铜器并绣品；第二十间列中国雕刻、玉石、象牙及玻璃、红木器、册页、画谱、折本、书卷甚多，壁上悬有十殿阎罗及男女蟒袍、袄褂、朝裙、披肩等，再则日本盔甲、兵革、马鞍、漆器等；第二十一间存日本木塔、木桥，另一中国灯极大，旁书云：中国皇帝赠送周赛芬皇后者，旁一日本灶王龛，工作颇细；第二十二间内光玻璃橱六，咸置日本雕刻之物，再则玻璃罩桌十，内列日本瓷瓦器，四壁悬挂日本绣货；第二十三间内列日本织货及木或象牙之今古梳篦，再则日本铜器，正面有一铜铸菩萨坐像，高丈余。过此入右行又名“西行”，分四大段，皆讲格物、化学等，如生活理、炼物理、金石地产、算学性理、奇气之理、天文电气之理，器具物件极多，笔难备述。至下楼将出右门一带，所列仍皆亚洲物，末有中国算盘、天平、元宝、锞子并制钱、当十钱各两串。未正到此，看毕回使馆，时已戌正矣。

十八日乙未　阴晴不定。闻西国造玻璃之料多用沙与碱，英名“喀立”。

按：碱生于草木之灰，其创造之法得之偶然，据云数百年前有商船遭险于赛里里（地在亚洲土耳其之西南界，临海），登岸见有草灰，欲在地上烧火，不意灰烧沙化，混成琉璃，颜色五彩，惟不透光。至三百年后，其制次第求精而光明乃透，惜未详其始作俑者果何许人耳。入夜大风，晴。

十九日丙申　晴，稍暖。伦敦骚斯堪兴坦博物院另一分局在伦敦东北角贝斯那格林方之堪卜立址路，院因地名，立于西历一千八百七十二年（同治十一年）。铁架长方，楼高三层，基地宽一百三十尺，长二百尺，其厦中空，四面环以楼，上罩玻璃棚顶。今日未正偕沈藕生、吴少序、尹元辅、袁仁圃乘车至彼。进门见左右及正面俱有石阶可下，皆入临地第一层，步至中间左右二梯以上末层，盖入门即中层也。中层中堂宽五十尺，长百八十尺，左右列玻璃罩桌两行，分四十槅，罗列本国新式玻璃缸、瓦器及本国与东方各国之今古靴鞋，或皮、或缎、或木、或绸，形式不一，据云本国各件皆三四百年前物，由地中掘出者。中堂左右高五级，各宽四十尺，长二百尺，为中层。左鄙者罗列饮食各品，设玻璃罩桌二十三行，杂然前陈，不能枚举，大抵水类之可饮、不可饮与夫各种盐糖、酱汁、油醋等，再则麦面、米谷、豆菜、番薯、干鲜、果品、水鸟、飞禽、牲畜、野兽、鱼虫、鸟卵、牛羊奶、奶油、奶饼、奶汁、牛舌等，或真或假，出产各国，食之何者有损、何者有益。更有各国各种酒茶及烟叶、加非、扣扣、勺勾腊等，五色盈眸。右鄙者列兽身应用之物，共二十六行，统分五种，如各种羊毛毛线、毡呢绒毯，厚薄不一而有如绸似缎者，再则人发皮革、蚕丝绸缎、鸟之翎毛及以翎毛织成之布，并蚌壳、珍珠、鱼油、黄蜡、海绒、象牙暨他鱼兽角、蹄筋骨造成之物，如香水、胰皂、皮壶、蜡花、胶水等，造自本国，来由他国，种种不一。再登楼至顶，左鄙罗列各国今古陈设，更有桌椅床榻等，再则本国及东西各国之瓷器、五金器、玻璃器、漆器、珠宝器、象牙或木雕刻之玩物器具，前后壁上悬有大小油画、水画二百余幅，无甚新奇者。转回下层，临地屋似稍暗。左鄙中设点心加非铺，对面罗列多日本物，有小木房一间，中坐一假日本人，旁有木佛像、木轿、画轴、小影等。右鄙列本国及东西各国之瓷瓦器，惟壁上立一瓷画，高八九尺，宽约四尺，花朵、水纹鲜明可观，类中国水画，其他零星小物，无甚壮观。盖其地虽不出城，而居民上等者少，故此院所储亚于他院者多矣。戌刻回寓。

二十日丁酉　晴。午初，金登干夫妇来拜，坐谈许久始去。未初，同王少山、罗小荷随星使乘车赴贤翟木斯宫朝会。未正开殿，今日御座前侍立者首为大太子，次则太子额驸、法艾福公班福，三为二太子、埃典柏公阿苇来，四为三太子、宽诺公阿色尔，再后则太子之子与王弟等。除各国公使、参随外，本国文武官员觐见者约二千人，遂由未初立至申正始毕。白昼朝会，幸皆士大夫，步履轻捷，无甚延属。苟皆命妇，则不惟步履徐缓，且其氅后长尾，于未面君王前有人铺平之，见时拽走之，见后礼官抽起之，而本人又接提之。如此繁缛，恐旁观侍立者当不仅三四句钟之久也。

# 卷　十

光绪二十五年四月二十一日戊戌　早雾，午初晴。伦敦新立一会馆名“阿尔迭克勒”，释言勤人工重商务也，会首为伯爵色弗义，协理一名考安，犹太教人也。定于今午开门，并在水晶宫陈设勤工赛会，特请三太子、宽诺公及其福晋前往午酌，并看各种工艺及射影灯又名“活画灯”。该会首等又专帖请星使及余往陪，巳正乘车至水晶宫，见凡太子应到各处皆拦阻闲人往来，且步行之路悉以罽毯贴地，一切预备极属整洁严肃。午正太子与妃到，门外有兵一队鹄立以待。下车后，考安之妻趋前先奉福晋鲜花一束，尊敬上贵之礼也。余随星使及会馆首领、协理与美国公使寇特夫妇左右分立。入门彼此握手问候毕，步至风琴乐台前。正面设一木台，式如桥，蒙以红毡，上设二椅，太子与妃及色弗义登台对立，色伯袖出一篇，高声敬陈立会之由，申谢太子与妃驾临云云。言毕太子立答数语，谓是会之立殊有益与国民，今日辱蒙相招，敬抒谢悃。去此先看新创一种印字机器，乃一铁架高宽各五尺余，形如蒲扇，上下关键，藏有割刀，含有电气，正面列有电印之二十六字母并句读之类，左置一盘，右存铅条，各长三寸余，宽半寸，厚分余。一人坐架前运动机器，自将铅片割齐移至中央，再以手按字母，随按随即电铸于铅片边上，铸成一横，自行流入架左盘中，随时有人取去。横排印书机边顷刻一篇铸毕，约两刻钟百篇印成，敏捷之至。太子与色弗义顷间台上宣词，至此已大篇印就，分赠各人矣。由此步入一屋少坐，后转登数级，出门豁然开朗，乃一横厅，横设长桌，罗列鲜花银器、玉碗金瓯，华美馨香，光映几案。正面玻璃窗门，外有廊榭，地在宫之正中楼上，前对放烟火处，景致清幽，一望无际。未初二刻入座，共二十人，正面中坐色弗义，左右为太子与妃、罗星使、美公使夫妇及他世爵男女，对面中坐水晶宫总管、游击毕格思，左右为余及考安并他世爵夫妇，左右两首为副将伊哲坦夫妇，佳肴旨酒，备极丰腆。食毕，色弗义、宽诺公、考安陆续立起，举杯先祝君主、太子、福晋之福，太子谢召午酌，考安言：“是会初立，蒙太子与妃光临，荣耀无极。”此后离座，妇女出前敞厅，余立屋内谈叙吸烟。申初下楼入活画阁，坐后息烛，所看各画多与前在他处者同，惟末张乃今午太子与妃在宫外下车时景物也，其作画之巧亦诚速矣。出此送太子与妃登车，余随星使亦谢别回伦敦。

二十二日己亥　暖，晴。闻伦敦新闻纸创于西历一千六百二十二年（明熹宗天启二年），其人名“博特尔”，每礼拜一次，名曰《礼拜新报》。因报中频论国政，主笔者往往被诛，故数年后停止。至一千七百二年（即康熙四十一年）后当君主安尼之世，新报乃大兴，主笔者名士极多，因文学蒸蒸日上，遂名其时曰“金世”，英言“勾勒顿埃支”，其《泰晤士时报》自是创始，至今几二百年。报中议论公允，叙事确凿，因之万国传观。现在每日出报，一分钟印一百六十张，每日售六万张。其价：每张三本士，按季十六先令，按年三镑。又其旧者钉本出售，一礼拜者二本士，一年者七先令半。二百年来世代相沿，永垂不朽，洵浩大生涯也。

二十三日庚子　晴，热。庄子有云：龙生马而马生人，此寓言耳。西人面孔似猴，由来德人喇麻克[①]谓人为猴种，二十年来英人杜尔文亦谓人近猴类，盖猿猴通身骨节与人无异，性且极灵。现在斐洲南界用猴种甘蔗，昼夜用猴看守，虽不能言而恰有不言之益云。

二十四日辛丑　晴热如昨。新嘉坡署领事刘葆森（玉麟）丁内艰，半月前电禀星使，请假回籍守制。今日始知早经星使派定叔羹前往代理，委札由琴荪主稿，小荷闭门缮就，面交叔羹，且定于明早起程。今日巳刻，余偕沈、吴、袁、尹四君同邀叔羹在弗拉斯喀悌馆中午酌。

又前在阿摩士当厂定造之“海圻”快船告成，今日午正三十分该厂请在伦敦东太木斯江口外什耳乃斯村边之卜拉克斯台克湾午酌，发电谢辞。该船系于明日鼓浪北行，押送者为林国祥、杨联甲，其他各员亦皆差竣，陈镇培已乘英船回华，谭学衡、程璧光、卢守孟皆拟乘坐日本公司轮船云。

按：罗叔羹所领委札云：“四月十一日代理领事刘电称丁艰，因关系紧要，亟应选员。查有罗道才具敏练，人品端方，精通英文、律例、交涉事宜，堪以代理。”

---

① 此处记载有误，喇麻克现通常译为“拉马克”，为法国人。

二十五日壬寅　晴，暖。巳初一刻，罗叔羹起程坐法公司赴新嘉坡。

又前早见新报内一则，言在柏林养病之华人于前日以手枪自毙，乃赤身仰卧床上，头垂枕旁，右手执枪，反向心口，旁有致其住房东主法文一函云："病恐难愈，以死为是，有扰尊寓，迫不得已，留此以明感谢之忱。"按：其人乃同窗世益三（增）之弟世巽亭（敏）也，前者闻伊在巴里染疴，后去柏林调养，至是突发此念，究不知其病由为何？然其父母在堂，妻子在室，不因大故而肯在数万里外自舍其命者，必无其人也。年正富强，为此惨烈之举，殊可悯也。

二十六日癸卯　晴。英国有种火车，乃一辆通间，有分列椅凳者，有从中另分小间如船舱者，并有带售酒食者，修饰华美，座亦宽阔，名曰"蒲拉蛮车"。"蒲拉蛮"者，创造此车之人之名也。每于专趟多用此车，欲坐者须早买票，且临时至车栈，又必照对一次，外加一先令。因车辆不多，座有限数，虽业经买票，必照过并付一先令者方有定座，否则虽有票而不准登车。

二十七日甲辰　晴，热。英规：脚踏自行车与马车无异，其骑行者皆须驰驱于中道之上，其不骑而扶行者须将车置中道边，而人走边旁以两手扶行之。昨见利贞街一人手扶车而行于中道旁之行人路上，为巡捕捉住，议罚五先令，足见其法律之严而巡捕之勤也。

二十八日乙巳　晴，热。西国戏园座价昂贵，较中国北京者每座加四十余倍。其故不仅因楼房璀璨，灯烛辉煌也，盖园中执事各人之工价按礼拜所得，较中国戏园中人按月所得者恐加由数十倍至一二百倍耳。即如作戏之班头每礼拜得由二百至八百镑，理事人由十镑至二十镑，正管台人由八镑至十八镑，副管台人由三镑至六镑，乐工领首者由八镑至十四镑，各乐工由一镑十六先令至两镑半，卖票人由二镑至四镑，跑信人由一镑五先令至两镑，管列景致一切之头目由一镑至一镑十五先令，他皆由十四先令至一镑，卖戏文者由十先令至十五先令，收拾、刷洗者亦十先令至十五先令，虽立门外代人唤车之幼童每礼拜尚得由七八先令至一镑，合纹银由三四两至七八两，其处处奢费也可知矣。

二十九日丙午　晴，热。亥初，伦敦地理会在格洛木卫街之乃秋尔勒奚斯托立博物院中请茶会。入门缴还请帖后见众会首夫妇，楼之上下男女数千，人多拥挤，不便游览，在内往来盘桓一周，入后厅饮加非一盅乃出门登车回使馆。

## 五月

初一日丁未　晴，冷。亥初，大卓志路之文艺学堂请茶会，接见者为总管蒲理思并其女蒲丽姒。亥正随星使乘车至彼，乃高楼三层，男女云集，内容人走入者十一大间，缘楼梯及各间四壁悬挂油画大小百余，逐队随行，不得止步，惜未得细观。有五间内罗列各种摹造机器之器具等大小百件，另一间列电气传音筒二具，名曰“伊来克特娄芬音宽内慎韦色堤阿特尔”，义乃通戏园之电气传音筒也。据云置此一具于几案边，欲听何戏，即将小筒拽举耳旁，自闻所唱，与在园内同，惟不得面觌歌者之面目耳。楼中奏乐，人气薰蒸，另两间设茶酒、点心，遂入内吃冰乳一碟，少立即回。

初二日戊申　阴，冷。今日未初在下议院讲中国事，余偕陈安生乘车至宫庭中铜人旁下车，入内转至中堂挂号，后步登数级，出门为堂中对面楼上名“的普娄麻的楼”，译言公使座或客座也，共列座四行，余坐第一行正中，旁坐前英国驻俄头等公使司阔特，其他皆不识。正面楼之前两层坐新报馆使二十余人，各执铅笔，随听随录，两刻一换班。背后玻璃窗一排，内坐妇女，左右四行，容人百余。楼下堂中正面一座如龛，内坐首绅，其前又横坐三人，各皆黑氅阔袖，头罩假白发帽，左右垂肩，长短不同视乎品位也。再前设长桌，列书籍、案件，桌头横一金杵，长约四尺，头似九连环，左右列座十二行，坐人二百余。今日报问答事件者二十余人，先是首绅一一点名问答，中亦有未到者。此后首绅退入，有人将金杵移置桌下。于是更新党中世爵狄勒克立陈万言，大旨谓与中国办事须有定法。再则前游中国之英商、世爵贝来佛立陈数千言，大旨要英、德、美与日本协力使中国变法。三为现任外部侍郎、世爵卜得立立陈一段，谓中华自保须无伤于英之商务为要。四则前英外部侍郎、世爵葛蕾亦陈万余言，大旨谓须待中国自请方可协助。言毕，他人改论麻大戛斯戛岛之事（地在印度洋，西临斐洲东南界），闻之无甚关系，遂回。

初三日己酉　晴，稍暖。午刻，外部大臣沙侯在哈特扉别墅请茶会，一切如前，无须再述。惟今日天朗气清，惠风和畅，故赴会者除各大臣、命妇外，太子、卫拉斯王亦到。闻昨晚阿摩士当厂不戒于火，房间、货物、器具、工料等所失不下二十余万镑云。

初四日庚戌　晴。闻比利时国王立欧普第二之第三女柯莱门太音昨日抵苏格兰东界巴勒木拉城拜谒英君主，该女现年二十六岁，或谓其天资聪敏，学问优长，应分巨产，屡次经人请婚不允，自愿落发为尼云。

初五日辛亥　晴。至午正，饬洋仆觅武弁始悬龙旗。酉正公宴，同星使共桌者为余与藕生、少序、少山、伯玉，各座前一红帖，皆书“某姓老爷”，惟星使前者写“主人”二字，不解何所取义。今日酒食颇佳，鲜果有柠檬果片一碟，糖果有勺勾腊一碟，皆甚适口。

初六日壬子　晴，凉。西人亦好古玩，闻前日在克拉斯的地方拍卖英将军乃勒森及法皇那波伦第一之遗物，如乃将军之金边鞋扣一对卖二十六吉呢，左手套一只卖二十八吉呢；法皇象牙小影一页卖二十吉呢，手杖一杆镶嵌银花錾有笔迹花押卖八吉呢。

初七日癸丑　早阴，午后稍晴而凉。英有世爵班克洛甫者，现年五十八岁，能法文，自幼喜歌唱，二十岁时初在柏明汉城登台演戏，继回伦敦在卫拉斯王及柴市两戏园中排演，因而名噪一时。八年前停演，所存极富而乐善好施，前年英君主赐以KB小男爵之称，以彰其善。当伊二十六岁时娶韦洛屯之女玛丽为妻，其中情节新奇，有令人闻之诧异者，媒妁乃该女之子也，盖该女未嫁养子，子学有成而劝母出嫁耳。

初八日甲寅　晴。伦敦凡大小园囿门外咸有告白，晓示园规，俾众遵守，如花园门悬告白有云“禁止游人带狗入内，以防骚扰、不洁”等语。海岱囿中有车道，惟准各色官车在内往来，凡街车及各种买卖货车皆不得入，临门告示中曾有二句云：“除王室宗亲外，他凡四马、六马者概皆禁止”。据云数年前有某律师故以六马驾车入囿，甫入门即被巡捕捉获，对质时谳员谓：“既系律师，尤不当作此，故违定章。”其人答以并不犯例，官言：“汝不知六马车不准驰入乎？”曰：“知之。惟示中所禁者六公马，而我所用乃母马耳，是故无罪。”盖英语统呼马曰“霍尔斯”，其实分有公母，公马曰“霍尔斯”，母马曰“梅尔”。故自是以来，告示中此句乃改云“凡四马或六马及用他各种牲口者概不准入”云云。

初九日乙卯　晴。英俗有十三人同桌筵宴之忌，每谓十三人共桌食毕，其先起座者不久必死，盖当日耶稣共桌十三人，耶稣先起而被钉十字架也。迩来凡英人之不信此等俗规者公立一会，即名曰“十三会馆”，一切人所忌讳、不喜者皆故行之，以示其非为不祥，故该馆宴客每皆一十三人云。

初十日丙辰　晴。英国妇女之贫苦者每糊口于四方，或远适异国，或近赴他省，往往被人引诱陷入别途，因而伦敦善士公立一会名曰“协助游人会”，总局在贝克尔街第三号。凡欲外出而无人伴送，或至彼处并无相知者，皆可至会挂号，自当指明应行之路以及至彼往觅何人，自保无失而得其所欲云。

十一日丁巳　微阴。未初有二十年前相识之英人韩阔夫妇约午酌，现住坤姒门第百二十五号。乘车至彼，见其夫妇，少叙入座，同座男女十六人，中有前在萨乌艾店晚酌共桌之新报会首俄人魏赛里兹儿，酒食丰美，食毕谢归。

又出使美、日、秘国大臣伍秩庸星使率参赞官周芝仪（自齐）、翻译官钟紫垣（文耀）、供事徐少怀（超）前于三月初十日由纽约乘轮赴日斯巴尼亚都城呈递国书，至五月初二日由玛德里地至巴里，昨日启节来英。今日酉正抵伦敦，届时乘车赴柴苓十字街火车栈迎迓，同时前往者为藕生、少序、小荷、元辅、心泉。在彼少候，星使率武弁亦到。少顷火车莅止，主宾相见毕，两星使同车驰去，余等亦均回使署。伍星使原拟住萨乌艾店，无如伦敦夏令恰值客商会萃之际，凡著名大店无不宾旅盈庭者。入夜始知伍星使在赛西店勉僦三椽，暂驻行旌云。

十二日戊午　晴。早赴赛西店拜伍星使及周、钟、徐三君，时伍星使及随从诸君亦来答拜。戌初，罗星使约伍星使并周、钟、徐三君在庇喀的里街普林赛斯馆中晚酌，余同林琴荪、陈安生陪坐，楼房华美，酒食丰渥。伍罗二星使皆善英文，于是罗星使口操英语，畅所欲言，伍星使则用华英一二字搀答之。迨斟酒举杯时，罗星使向伍公高声祝曰：“艾侯普攸韦宽堤牛音色费倭尔敖伍敖尔色伍伦”，释言望君长受朝廷恩遇也。伍星使答曰：“赛木秃攸”，乃言愿君亦然也。左右洋仆闻之，咸啧啧称羡不已。罗星使又云：“伦敦著名饭店四十有一，弟将一一饮尝之，此馆闳阔而丽都，当居第一，今同阁下初宴于此，亦乐事也”云云。宴罢入旁舍茗谈移晷，一揖兴辞。入夜阴而欲雨。

十三日己未　微阴。酉刻同沈藕生、林琴荪、吴少序、王少山、尹元辅公请周、钟、徐三君在蒴拉斯喀悌馆晚酌，宾主联欢，殊形款洽。食毕，罗星使请伍星使及三君观剧。

记：在外洋往来各处拟住大店，若当闹热之际，须先以电信租定何等房屋若干间，该店租无论将来往住与否，皆自接电之日起算。

十四日庚申　阴晴不定。数日前，有伦敦城东七十余洋里卫尔庄住之英人卜克森夫妇帖请在家茶会，并寄奉往来火车票两张。未初，先由坡兰路火车栈坐地道火车至比朔普斯该车栈下车，步至对面立文浦车栈，待至未正二刻登车即开，申初二刻至彼。备有马车数十辆，每中坐五六人，男女共二百余，内有德、美、日本三国廿余人，乘马车行十数里至山顶，下车入内见其夫妇，皆皓然白首，年逾六旬。木楼一区极宏敞，在上少游，楼中陈设朴素，备有茶酒、点心，先饮加非一盅。下楼入园，地颇广阔，花木葱茏，林中有女傧三十余人，横坐三排，弹琵琶、鼓月琴各十五六人，宫商合奏，音调可闻。另一大白布帐设有长桌，备陈鲜果、冰汤，爰索蟠桃一枚，冰乳少许。食毕，时已戌正，遂即谢归。

十五日辛酉　阴雨。昨见英国历代兵图，其三百年前之军装衣裤松肥，胸挂火药七筒，左肩荷枪，左手执火绳，右手举枪架，架上铁叉作"丫"形，下一铁锥以便插地，此一千六百年（明万历末）之旧式也。一千七百年（即康熙三十年[①]）间枪改火机，至一千八百七十年（即同治九年）以来始改时式，一切衣服、靴帽利便多矣。纵观欧西近百年间，其制造以屡变而益精，其兵以历久而愈强，进步之速有足多者。未刻周芝仪来拜，坐谈许久。

十六日壬戌　阴。伦敦城东北隅怀纱被路有通国至大之医院名曰"伦敦医院"，建于西一千七百四十年（乾隆五年），地基正面五百五十尺，后面五百二十尺，左四百七十尺，右亦五百五十尺。内正中及后面皆有花园，列有椅凳，为病人闲玩之所。此外三面高楼四层，东南一角另有医药学室，周围占地六百五十尺。每层大屋毗连，有藏书及看书房、诸生听讲堂、剖尸处以碎尸骨肉五脏考病处、收储骷髅及各种骨肉皮经之染病处，或真或假，存备考验。有存病处，因病症不同，每自骨肉中挖出，有能动如虫者，有须热气养生者，于是件件盛置玻璃罐中，或泡以药水，或置于热气柜中。又有炼病处，乃以电气将挖出之病炼而成片，以查其形。至疗病处，大致与他院同，但较他院丰富，尤为整洁齐备，厨灶、中厕、推车、升梯、饭厅、卧房皆极便当。病人卧床共大小七百八十六架，床有帘帐、小桌等，服侍善女百余，每人卧房一小间，并另备有客厅、饭房、休息处、看书处以及养病房，凡有所需无不周备。此院四面临街，前为怀纱被路，后为敖斯佛街，左为特尔讷巷，右则伊斯曼巷。今日午后，由邻居葛洛斯医生邀往一观。未初同坐坡兰路地道火车至彼，改乘马车复行里许入特尔讷巷，款关而入。经总管某甲导观一切，先看学堂，继看各处，上下环绕一周，酉正回署。闻该院上年共收内科病人男女老幼四千九百十六，外科病人六千七百零六，其中故去者一千零四十八，痊愈者九千九百四十三人。

---

① 应为康熙三十九年。

十七日癸亥　阴。巳初，同沈、吴、尹、于诸君随星使便衣至倭特路车栈送伍星使率周参赞等启程赴骚桑屯海口乘德公司船旋美。

记：伦敦各街衢经地方官雇人按段撮马粪，各着号衣，黑白不等，帽上列有号目，手执长柄大铁锨，遇有粪则以锨左右推至中道边行人路旁石阶下，随有粪车沿途撮去，此等人之工价每礼拜英金十六先令。

十八日甲子　阴。昨见新报中一则云：车主告车夫与母马交媾，据云窥见车夫伏卧马臀后往来拱耸，恐系妄为。迨传至法堂审问时，先供以小便，既而实招，遂判定收监七个月。是诚天下事之至奇者矣。

十九日乙丑　镇日阴晴不定。前于西历一千八百八十八年三月（光绪十四年二月）美京华盛顿创立万国妇女会，至九十七八两年七月间（即光绪二十三四两年之六七两月），英京伦敦复立会两次。兹又续立第三次，邀请东西各国妇女之学问优长者集会于此，互相讨论。会中人分十一班，为教法班、学业班、勤工班、计算班、交结班、理财班、待人班、正心班、文学班、合和班、女规班，每中领班者一、二、三、四人至十人不等，附班者又各二三四五人或十人。议事处有三，为卫斯民司得城官会堂、宽倭开慎召会公所及贤马勤思城官会堂，每中执事人数第一中七十五，第二中二十五，第三中一十七。会中首座言事者共四百八十人，其他前后入会者老少妇女共千五百余人。会中为首可发言、办理一切者五人，一总统为伯爵夫人阿柏的音（苏格兰人），帮办四为美利坚席梧娥、芬兰子爵夫人嵇蟠柏、英兰韦丽逊、法兰西马蒂茵。

又各国之向有公会其著名之妇女被请者，如美国五、加那他三、德国三、英国三、丹国三、和国三、牛锡兰三、瑞典三，其他各国、各属地之向无公会而被请者，如法国二、瑞士一、比国一、义国二、俄国二、奥国二、诺尔卫一、维克都里亚一、南澳大里亚二、西澳大里亚一、坤姒兰二、他斯麻呢亚岛（在澳洲东南）一、波斯一、阿真坦一、帕来斯台音一、中国一。其各国人名无须枚举，惟中国者系经星使札派沈荔虎之夫人刘氏。按：札文有“胶庠早列，门荫袭官，夙闻《礼经》，闺阃深娴《女训》，堪以派充”等语。自昨日起，荔虎在使馆附近另租房屋以及每日车费皆作正开销。今日为西六月二十六日礼拜一，在卫斯民司得官会堂中开会。早晨由十点半至一点钟先集会各妇女，再由两点至四点半会聚被请各妇女，届时沈荔虎夫妇偕严伯玉乘车前往，因荔虎夫妇不晓英语故也。其会堂楼阁崇闳，逐层罗列金椅，衬以红玫瑰，装潢极属华美，而老幼妇女千余，罗绮芬芳，纷纷籍籍，备极一时之盛。其总统阿柏的音夫人首先立陈一段云："吾甚感同气者有今日之会，抑吾又感其不弃非微，使主是席者今五年矣。五年前未与会之国亦自今陆续戾止，是又予之所窃喜者，然予益愿已立会之各国能先拓此会，未立会之各国将从此创行，使教化愈推愈广，匡予所不逮，予于斯会亦惟力是视焉。夫会者云何？曰：使天下妇女得以时聚，联彼此之情形，化裁变通，尽善尽利以育才也。育才之基基于童稚，童稚之贤愚视乎女学之兴废，始则以养，终则以教，亲切迫近，人各推行，将使天下国家继继绳绳，人才辈出，历千百纪而不绝者，惟于斯会赖之。"言毕引各人见礼，众亦各将立会宗旨以及办法曲尽己意，依次发明。沈夫人遂循序起立言曰："自我来英二年，于兹谂知西人之视我中国妇女一若无所建白也者。夫未深知我中国也，我亦不暇以全国之事论，即就我家事言之，使西人略知我中国及中国之妇女与其所建白于国与家者。我先太夫人林文忠之次女也，佐我先太夫文肃任广信、抚士卒，守危城沥血作书，乞援兵杀贼数十万，江西全省赖以存。类是者我国史亦不绝书，我不必藉此述祖德也，欲以其所建白者藉证于西土之妇女也。至于家政内外，我国家经典煌煌，古有明训，中馈之任操自妇人，其教之成非由父母，则自家塾、学会之设，中国固未之前闻也。我欣蒙我国家派与是会，幸领齿牙余论，将以大略情形申报我国家，以供采择，即以答伯理玺天德及会中人之厚意焉。"亥初，骚色兰侯夫人偕阿柏的音夫人在贤翟木赛斯坊司他佛尔府请茶会，楼阁重重，点缀芳丽，男女纷至沓来，拥挤闹热，丑初始散。自明日始，每日各处朝夕段段会论，或三四题或五六题，如教养小孩、小儿所当学、改化幼犯、女所当学、妇女才艺、女子医道、妇女所当为、女明自主、理家救贫、待人以诚、天下合和等所拟各题。直至西七月初五日（即本月二十八日），因事概行完毕，客将散归，乃于午刻由总统约众会友在我托佛方喀修百里囿中午酌，彼此话别，是亦伦敦十日间之一盛会也。

二十日丙寅　阴晴如昨，微凉。申正，韩阔夫妇请在白堂坊之那慎那里柏拉会馆中茶会，来皆妇女会中诸客，各国男数百。楼本高大，外并支有布帐，备有酒食，亦颇芳美，内立小孩一班，摇铃作乐，清音阵阵，藉佐欢饮畅谈。西俗凡大宴会必设音乐，所以娱宾也。

二十一日丁卯　阴。戌初一刻，在贤翟木赛斯街第六十三号洛亚搜赛伊的会馆请晚酌。届时随星使乘车前往，共桌六十八人，首座为世爵马尔康，再则约尔克大主教哈斯百里伯、世爵卜隆肥，星使坐第五，马清臣第七，余第九，酒食颇好。食毕，首座及星使与二三人各立陈一段，无非颂扬君主长春，推美会馆久立等词。余座旁为曾在福州充当英文教习、前任英国水师副提督德勒色，年逾六旬，言语温和，因星使前经其人教读，称赞星使聪敏能学不已。去此至高尔街入攸呢倭奚的大学堂赴茶会，楼房宽敞，内外灯明如昼，男女千余，拥挤无隙地，少立即归，时已丑正。又当亥刻雷雨一阵，旋晴霁如初。

二十二日戊辰　晴，暖。未初，同陈安生步入艺植园一游。园之义与德国同，惟会外人不得擅入，其入会者一年助资五镑，随时任便往游，间可携同一二戚友，苟不经会中人亲带，则须执有凭票一纸，一票准二人同入，而入门时又必注册，自书姓名。园中玻璃暖房虽大而欠修饰，且所植无瓜果蔬菜，仅有各种花木，多与邱园者同，惟水池中莲花一丛，结有莲房四枚，此在他处未经见过者。

二十三日己巳　白昼阴，亥正大雨，雷。星使因夫人服期未满，凡宫中跳舞、听乐等会概行预辞。今日亥正三十分，卜静宫中听乐，礼官发帖请余一人，届时着公服乘车前往，一切奏乐、歌曲与前同，兹不赘叙。

二十四日庚午　早阴，午后雨。记：俄境西北临海与瑞典毗连之辣坡兰地方地寒而人贫，土俗亦与他处较异。据云其婚礼尤属简略，乃当婚娶之期，新郎随其父母偕数戚友齐至女家，中一友故作引线人，入草舍先向女父进酒，女父纳之，乃即时成礼，同饮一杯以祝新夫妇之福，而新郎又必赠新娘以不腆之仪，仅一二银器玩物而已。当晚合卺，张筵贺喜，粗粝而外饮以水酒，互相欢然。后则夫妇同住岳家，略似我国招赘者。一年后夫妇如欲另居，则岳家给材料自建茅庐。又该处接见之礼有别，至亲者以唇啜唇，稍疏者啜腮，其他则皆啜鼻，是亦欧洲之殊方异俗也。入夜风。

二十五日辛未　风雨阵阵，凉。伦敦通城各街巷啤酒店极多，英名曰“巴尔”，每晚饮者男女满座，大抵皆下等人，如车夫、仆婢、工役等是也。酒店门外多有置一推车，上列煮熟螺蛳、蛤蜊等肉，每碟五六七八枚不等，旁有酱油、盐面、胡椒末、蓁椒水等多瓶，任便取用，价则每碟一本士。

二十六日壬申　阴，凉。中国幼女无街市步游之风，即偶有之，亦罕与少年男子任便玩耍、交谈肆无忌惮者。至伦敦则不然，每日戌正以后，铺户关闭，人工休息，则街市之间幼男少女对对成群，交谈嬉戏，于礼拜六礼拜两日尤多，或彼此谈心叙事，或谐笑舞蹈，竟有将女子推倒而随卧其上者，有牵拽接吻者，纵无亵语恶言，手不乱舞，目不传情，而恩爱之意恐早默会于中心矣。虽云幼童稚女两小无猜，而实皆十七八九至二十岁者也。夫男已冠、女及笄，翱翔于市，习为故常，吾恐濮上桑中有甚于芍药相赠者。

二十七日癸酉　镇日阴晴不定，凉。现值西六七月间，天气清爽，正值城内人多，除茶会、跳舞会外，又多下乡游玩。伦敦有种大车名曰"扣池"，古作邮政车，四轮，驾以四马，车箱坐四人，顶上四围阑杆，中横座凳，亦可坐四五人，车后立二人，红衣白裤，车旁挂一布袋，内有长喇叭，每到收信之地则吹以唤人。现则改用游乡车，一切格式不变，驰驱极速，行至人多拥阻处依然吹喇叭警人闪避。车价颇廉，如去汉浦屯老王宫者一人往来仅七先令半，每日午初开车，酉刻回伦。

二十八日甲戌　晴，暖。未初，韩阔约在那慎那里柏拉会馆午酌，共桌二十二人，内多他国来此赴妇女会者。闻昨午英君主招会中各国男妇之将启程回国者咸在文恣行宫午酌，与之饯别，故韩有今日之约。酉初回使馆。入夜微风。

二十九日乙亥　晴暖如昨。英例小孩五六岁皆须入塾读书，不送者父母受罚。其法诚美善，律以政教，不可谓无文化矣。然其国下等妇女之不习闺训而荡检窬闲者颇多，街市间竟有突然而前曰："汝非我之情人耶？"亦有抚肩而问曰："汝不欲娶我为妻乎？"更有言："此人年貌颇称我心，何不同往结缡耶？"虽然如此云云，其人确非娼妓，亦实无欲嫁之心，无非藉以笑谑而已耳。

三十日丙子　晴，暖。英国地近寒带，原不产波罗密，前于西一千六百九十年（即康熙二十九年）初由南阿美里加运到，先在斐洲西北临海之奚拉娄安属地栽植，地在赤道北八度，取其热也。今则欧洲各国咸用暖房种之，故其价不甚贵，每年由西八月初至九月底果市盛行，为富家晚餐之佳品。据云以瓷盘盛置桌上，迨用时将其梃叶割下，另行栽培，仍可生果，度必不能如本生之鲜美也。

## 六月

初一日丁丑　晴，热。外国一种果馐饵名曰"翟立"，系以果汁加糖熬成，倒入模中，晾凉取出如肉汤凝成者，色有红白黄紫，因汁有橘、桃、地椹、樱桃、波罗密者也，其味颇佳。初皆用果，按法自造，继则创一种果汁，小瓶出售，用时仅加糖熬之而已，此法固已省切果、挤汁等事。近又造成一种果馐料，乃以果汁与糖作成切块，厚一寸，宽二寸五分，长约二寸，外有纸匣，每匣三本士半，用者指造脯之果名买之。作时只以滚水泡开，倒入模中足矣，是尤便捷也。

初二日戊寅　晴，热。闻英规因天下各国律例不同，凡他国人之侨居英地病故者，其所遗财产皆须察照该本国之例办理云。

初三日己卯　晴，稍凉。申刻，韩阔夫妇请茶会，届时乘车至彼，见其夫妇，厅中坐立男女数十，先奉各人冰乳一碟、糕点少许，后二女客各歌一曲，听毕少立谢归。

初四日庚辰　晴，热。闻数日前城西有中等人某甲家，雇一幼女年十八岁者照料其一子一女，子八岁女六岁。一日，当某甲夫妇外出，女领两孩出游近河，男孩落水。回家后，女孩问女仆以汝因何推我兄溺水？女仆不答，次日出门，则女孩亦落水死。迨某甲夫妇回，探明其情，遂鸣官。官谓查其情，两孩为伊所害无疑，然无确据，是为隐罪，遂判定收监十五年，是乃西国断案之法也。至夫妇出门数日不归，遗交子女与一幼年女仆照料，盖亦西俗耳。

初五日辛巳　晴，热。酉初，狄本逊家请茶会，一切与前次同，无须再述。惟园中改雇三布海米亚（地在奥国西北界，北接德界）女作乐，二长者弹月琴，年幼者玩一具未详何名。乃新创造者，其制系一木板长约三尺、宽八九寸，上立木棍粗如笔管者三十余，长短不同，至长而粗者约三尺，至短而细者五六寸。女戴毡手套，按棍以两指上下抹之，自成音调而与月琴和，阳阿新谱，惟识曲者详之。戌初稍凉，即辞谢回使馆。

初六日壬午　晴，凉。酉刻，林琴荪忽奉札委代理参赞，札由琴荪主稿，罗小荷闭门缮写用印，与上次罗叔羹者同。十日后得见札稿，内称："查有举人林桂芳品正学优，才长识卓，留心时务，办事精勤，堪以代理"云云。

初七日癸未　晴，凉。中国小孩腹中存有积痞，每炒煳米、烧煳面与之食以便克消，英人亦循此理。药铺出售一种烧面包名曰"卜蕾查耳扣"，译言面包炭也，买者按匣，每匣三本士。

初八日甲申　晴而凉。见本地一种木柴名曰"克勒什得伐艾尔乌达"，译言劈碎火柴也，乃劈碎半朽老木，稍加以油，意取易着而火旺。长约半尺，粗盈寸，每束数十根，一束足供一火之用，价则半先令十二束或十四束，或谓此中由拆修木道而劈卖者多。

初九日乙酉　早阴冷，申初稍晴。西国亦造假发，以备戏场及人之秃头、发短或少者用之，长短粗细、黑白红黄俱全，男子者形如瓢，乃用一种麻布按行织发于其上，左右分梳，式与真发无异，价值颇昂。星使大少君买得一顶，色不甚黑，价则四镑四先令，合库平银三十三两零。

初十日丙戌　早微雾，午后阴晴不定，暖。记英例：国人渔猎皆有定时以便蕃滋，如山鸡由十二月十一日至次年八月十九日，山鹊由三月初二日至八月三十一日，公鹿由正月初一日至七月初九日，花鹿由九月二十九日至十二月三十一日，狐狸由四月中至十月底，雉鸠由十二月十一日至次年八月十一日，山猫由四月二十一日至次年八月十一日，水鸡由十二月十一日至次年八月十一日，谷鸟由三月初至七月底，鹌鹑及他各野鸟皆然，松鸡由十二月十一日至次年八月中，鹧鸪由二月初二日至八月三十一日，野鸡由二月初二日至九月三十日，水獭由九月初至次年四月中，狗吐鱼由九月初一日至次年二月初一日为下网期，十一月初二日至次年二月初一日为垂钓期，白点鱼自十月初至次年正月底，各种淡水鱼皆由三月中至六月中，蛎子由六月中至八月中，因英、苏、爱三岛度数不同，故各渔猎日期稍差。

又每值礼拜及其各节，虽在准行渔猎期内依然禁止，本意非本教规，乃因逢此节期，人工休息，恐人多渔猎害生尤重也。《王制》曰："獭祭鱼，然后虞人入泽梁。豺祭兽，然后入山林。鸠化为鹰，然后设罻罗。"①是知渔猎以时，古有明训，而英例适相符合，斯亦奇矣。

十一日丁亥　晴，热。记：天下各教纪年之不同，更有自立国而纪年者，如上年为天主、耶稣两教之一千八百九十八年，为毕三太音（地在土国南界，为古之西罗马教，类俄之老东教）教之七千四百六七年，为犹太教之五千六百五十八九年，为罗马开国之第二千六百五十一年，为敖林庇亚（属希腊，类佛教）教之二千六百七十四年，或称第六百六十八敖林庇亚之第五年，为墨哈美丹或亥支拉（回教）之一千三百十五六年，为日本之二千五百五十八年，为美国背英自立之第一百二十二年。窃以中国若按儒教纪之，当为孔子降生后二千四百四十九年也。

十二日戊子　晴，微风，颇热。数日前，星使率二少君约林琴荪观剧。今日酉初，复携二少君约林琴荪、吴少序及林武弁在艺植园内晚酌。夏日观景本属相宜，园中仅细草如茵，而阶砌之间殊乏名花点缀，既非桃李之芳园，亦非宴游之胜地。况肴馔皆星点无味，酒亦淡薄，价更翔贵也。

---

① 《礼记·王制》原文为"獭祭鱼，然后虞人入泽梁。豺祭兽，然后田猎。鸠化为鹰，然后设罻罗。草木零落，然后入山林。"

十三日己丑　晴，热，入夜阴雨一阵，雷。记：英人丧服之制于今不比往年之重矣，男子尤甚。男子孝服无他，惟帽顶与臂上肩肘之间围以乌纱一缕，纱之宽窄关乎孝之重轻而已。男女日期相类，姑记其妇女者，如妻为夫服头罩乌纱长三四尺，身自乳下亦满乌纱，如此一年零一日或加服半年，然后去纱，通身黑衣而已；女为父母在制一年，前三个月周身镶以乌纱，再三个月乌纱稍减，第三三个月通身着黑，第四三个月则通身半黑；姊妹服期半年，前三个月着乌纱，后两月通身着黑，末一月则改半黑；母为子女着反服一年，前三个月着乌纱，后六个月稍减，末三个月着黑；侄女孝服三个月，前两月着黑，后一月改半黑；孙女孝服九个月，前三个月着乌纱，中三个月着黑，后三个月半黑；堂表姑舅兄弟孝服皆三个月，乌衣而已。

十四日庚寅　晴，热，夜雨一阵。馆中敬惜字纸炉前经同事沈藕生力求罗小荷代禀星使，屡次敦促，延至年余始得设立。于是我华人有诚心敬惜者，有不在意中依然抛弃者。不意近见扫地洋仆反由污秽桶中拾捡，代收炉内，亦奇矣。想其人未必深悉惜字之本意，惟见华人有如此作者，亦仿行之耳。

十五日辛卯　晴，热。英商立德夫妻久住重庆，其妻善华言，著作甚富，去岁回英，住贤翟木赛斯街之帕尔克巷内第七号小客寓中。今日申正请茶会，乘车至彼，登楼见其夫妇，小屋一间，客亦无多，男女六七而已。据云定于十七日起程回中国。

十六日壬辰　卯初迅雷骤雨一阵，雨止仍阴，凉。曩尝诧异西国男女腿不畏寒，察其故乃知孩提之童不拘冬夏，自膝盖至脚上皆不着衣而露于外，盖男孩着短衫、短裤、短袜。至十岁虽着长裤，隆冬亦仅两层，而裤腿敞垂，女孩着短裙、短裤、短袜。至十四五岁始着长裙、高袜，隆冬亦无所加。且各作工男女天虽至冷，亦仅着汗衫、背心，两臂外露。中国男女自幼冬季皆着棉裤棉鞋，外露者惟头与手而已。所谓“童而习之”，率以为常，非必西人之独健也。凡人之性情、才智要皆习惯自然，其后乃一成不易，况起居服御之微者乎？

十七日癸巳　阴，凉。英国拌生菜有时加以龙虾肉与煮鸡子片者，乃拌以一种酸汁名曰“拌生菜汁”，系以牛奶汁、菜油、芥末与醋四味调和。作时必各色点点加添，用力搅搦，方得调匀，且须多寡得当，其味方鲜，故必精其技者始能尝其美。因有人创造一种调成者出售，玻璃小瓶作胡卢形，按节分作记号，一节足供一席之用，大瓶六本士，小瓶三本士，一小瓶尚可分用三次，较自行调和者利用多矣。

十八日甲午　晴。英人谭贵理者在巴里设一照相馆于贤比得堡街第九号，专晃大张，设有巧法，凡人无论识否，微闻其名，辄致书云：本馆晃相之法极佳，大与本身同，谨愿奉照一张，望代传扬并附录他人夸赞之信件一篇，愿赐顾者可将小影送去，迨晃成时乃先函达，谓相已晃成。不知镜架喜何边框，随有价单一纸，言何等金边若干镑，如不愿配框架，务请先汇八先令前来以充寄费云云。则是不索照费而暗得照费矣，西商工于谋利多类此。

十九日乙未　晴，热。俄皇尼扣拉斯第二之弟、储位卓志公爵生于西一千八百七十一年四月二十七日，现年二十八岁，十数日前薨于俄京。今日俄国驻英署公使在卫勒贝街第三十二号本使馆教堂中唪经，帖请各国公使、参随前往听经。午初，余随星使带支应、武弁（各着素褂，惟星使佩挂忠孝带）乘车驰往。至彼有神甫引入，房间不大，正面一台，台上三小门，壁上绘画男女神像。正门开，内一方桌，上供十字架，燃蜡烛，设经卷，左右二门关闭，内储神器。堂中不设座位，客皆对台而立，为数无多，共男客三十余，女客四，不陈音乐。左小门旁立四沙弥，皆着乌衣，台下正中一小方桌，上立十字架。神甫立桌前，戴紫绒斗形高帽，身着香色阔袖袍，外披黑毡氅，横嵌银绦，宽约半尺，上下二银花，一圆一长，胸前左右垂二银边带，各宽半尺、长四尺余。左右立二门徒，皆光头，披小黑氅，各上一银花，右边者左肩垂一银边带长约二尺，左边者服无带。至午正，二门徒捧银盘奉各客白蜡一支，粗如大指长约一尺者，点着执之。先是沙弥和声朗诵一阵，继而神甫、门徒先后接诵，后则右门徒手执提炉，随神甫至各神像前焚香烟而默祷，再登台入中门，至十字架前跪诵。当诵经时，俄人之奉东教者随跪两次，如是诵毕，门徒向各客取回蜡烛，熄灭后复和声唱诵一阵而后散。

二十日丙申　镇日阴晴不定，稍凉。记：伦敦通城ABC行加非馆现共开设一百一十四家，每中各用女工十数人，各人衣服自备。馆中每日给有两餐一茶，工价按礼拜，掌柜、管事者每礼拜一镑，泡茶、煮加非、熬勺勾腊者十六先令，收钱者亦十六先令，堂倌各十先令，厨工作肉饼、煮鸡蛋、炸奶饼、熬肉汤等类者各十二三先令不等。

二十一日丁酉　晴。西国不信鬼，于是伦敦立有无鬼会，会首为英人墨蕾。据云凡人见鬼者皆因目中有病，故致所见者奇异。然闻楼阁中往往竟有奇形作祟者，人皆畏之，故此等房舍租价颇廉。据云附近使馆某氏楼客厅悬有黄衣女油画一幅甚古，乃频见屋角门外一黄衣女往来蹀躞作怅惘状，乃貌与画上者同，于是罕有敢问津者。某甲素胆壮，豪爽无馁隙，一日谓："去楼厅一眠，见怪当以手枪击之。"戚友谏阻不听，固欲前往。其友某乙谓："既乘兴欲去，我当陪之，然我胆怯，须卧他房以待。"当夜二人分卧，甲则不睡而假寐睨之。至夜半无所见，遂出厅扣乙门，乙乃蓦然惊觉而问曰："见鬼乎？畏惧乎？"甲曰："非也，实因久待，不胜烦闷，特来谈天耳。"二人坐叙许久，乙倦逐甲去，甲秉烛出门，遥见黄衣女立厅门外。甲曰："何物鬼魅敢尔？"即放手枪，鬼则随声而没，欲就捉之，搜觅不得。然甲终不敢再入厅门，乃与其友连床卧至天明，启关偕去。

二十二日戊戌　晴，热，入夜微风。记：天主、耶稣两教皆诚奉一神曰上帝、曰耶稣，凡教中他各门徒之传教有方者，亦皆敬之称曰"贤"（本音"赛恩特"，义亦圣贤也），于是英兰于众贤中供其一曰"护国贤卓志"，苏格兰者曰"贤安得路"，爱尔兰者曰"贤帕特里克"。

二十三日己亥　晴。英国国旗之色前者未详，闻至西一千一百九十年（南宋光宗绍熙元年），英王里察第一因会众攻取耶路撒冷（耶稣陵寝处），始定白质红十字名曰"贤卓志十字"。至一千六百六年（明神宗万历三十四年），国王翟木斯于四月十二日因苏格兰会盟一国，乃谕将苏之贤安得路十字加于旗上，苏旗系蓝质白斜十字，于是英旗改蓝质，中一红十字，上覆一白斜十字，共作八出菊花形，式如下"⁕"。继于一千八百一年正月初一日（嘉庆六年），国王卓志第三因爱尔兰亦与英合一国。按：爱旗系白质红斜十字，名曰"贤帕特里克十字"，遂将爱旗附诸英旗，乃统作蓝质，中一红十字，上覆红白斜十字各一，仍作八出菊花形，式如下"⁕"，是即现用之英旗，名曰"攸年扎克"，释言水手协和也。因英国三岛四面临海，以使船为首务也，此为国旗，凡本地及各属地之英人皆属此旗，且可随地随时负之竖之。

二十四日庚子　晴。英廷又专有御旗，英名"洛亚司丹大"，式乃长方，分四小长方，临杆上一方及外边下一方皆红质横三金狮作走状，前右足上抬，他三足踏地，头回转外向，尾则上扬至背。是本英兰队中旗，含有军官保国之义；临杆下一方为蓝质金琴银弦，乃爱尔兰；队中本旗外边上一方金质立一红狮作上爬状，后左足立地，他三足上举，头前向尾后卷，乃苏格兰之军旗。现在三邦合一，故旗连一处如此。

二十五日辛丑　晴。按：英之御旗多为君王临阵之用，伊古以来先后改式四次。当西历一千零六十六年（宋英宗治平三年）英王踸良第一之时，式仅长方，红质横二金狮；至一千一百八十九年（南宋孝宗淳熙十六年），里察第一改横三金狮；一千三百二十七年（元泰定帝泰定四年），埃达倭第三因胜法而改称英法国王，遂改旗作四长方，临杆第一及临边第二皆蓝质，列五朵法白花作“⚜”形，名曰“茀略得立斯”，其他临杆第二及临边第一皆红质横三金狮；迨一千六百三年（明神宗万历三十一年）翟木斯第一即位，因苏爱两邦联合，乃将埃达倭第三之旗分列于临杆上长方及临边下长方，临杆下长方列爱之金琴，临边上长方列苏之红狮（颜色、形式见前）；至一千八百三十七年（道光十七年），今君主维克都里亚即位始改今旗（详见前）。

二十六日壬寅　晴，热。巳正偕众随星使着蟒袍、补褂向北恭拜圣牌，行三跪九叩礼，当时未到者为沈荔虎、严伯玉。未初公宴，星使前红签仍写“主人”二字。酒食无多，各人卤面一碗，面极细，卤颇浓，彼此恪恭欢洽，畅谈时许，各饮香茗一杯而罢。

二十七日癸卯　晴。记：外洋之黑旗义乃无矜怜、不饶命，故海贼多用之；绿旗主安；黄旗主病；白旗名曰“免战旗”，英言“茀拉高伍特路斯”，两军频用之，敌兵有执白旗者互不伤害，义在有所交谈通信，悬插白旗乃义请免攻以救人命、房地之类；红旗为“叫战旗”，又为险字旗，故火车道中遇执红旗者，则来车须即停止，或非行车之时，或系对面开车时也。

二十八日甲辰　晴。英国御旗本为君王之用，而铺店亦有高悬于楼顶者，盖铺店之曾经君王御临，或饮食器皿、衣冠车辆等之曾经御用者，皆可请内部衙门之名“柏尔多伍格林克洛斯”（译言绿桌布衙门，不知何所取义）者转奏君王，如蒙允准，则即悬挂以为荣。

二十九日乙巳　晴，暖。午后同沈藕生游万生园。今日系礼拜六日，又值天色温和，男女老幼之前往游瞩者骈肩累迹，络绎不绝。鸟兽之来由四海五洲者加增多种，彨彨其毛，翙翙其羽，格磔鸟吟，嗥鸣兽吼，名称既耳所罕闻，形状亦笔难曲绘。园内亭中有红衣乐兵二十余名，青凤绿么，八音迭奏。前后缓步观毕，遂在乐亭旁之加非馆外布伞下酌茗品茶听乐而观往来之游人。是日也，天朗气清，惠风和畅，久坐能令人心旷神怡。入夜阴雨，微凉。

## 七月

初一日丙午　早细雨空蒙，午后雨止，仍阴凉。记：英国由人工之进款名曰“音得斯特立”，释言百工也、百艺也，统计全年共入不下十九万万八千四百万镑，按时价合库平银约一百五十八万万七千二百万两，其中造作进款共八万万二千万镑，商务进款七万万四千万镑，种植进款二万万五千一百万镑，转运进款（指火轮车船）一万万二千三百万镑，矿务进款六千万镑。英国地窄人稠而日益富强者，民勤故也。

初二日丁未　早细雨阵阵，未初稍晴，凉。英人贝斯佛游历中华，著有日记，前于三月中印成，曾送星使一本。遂自四月中由星使口译、林琴荪笔述，至上月译毕，派沈藕生、吴少序、王少山缮写，供事以蜡板刷印。今日又约琴荪帮译他书（闻系《泰西百贤传》），琴荪辞却，请改派曾叔吾。入夜风，大晴。

初三日戊申　晴，暖。午后，偕沈、吴二君乘火车赴邱园一游。树林阴翳，细草如茵，天气清和，游人云集。步入小湖正面之艺植楼，楼三层，四壁左右罗列玻璃柜排作“(|)”字形，各中收存四方寒热温带之花木、果品、菜蔬，真假不一，有以绫纸木蜡仿造者，有在玻璃瓶罐中泡以药水者，种类新奇，笔难罄述。在内绕行颇热，汗流浃背而出。酉正回寓。

初四日己酉　晴。今日为西一千八百九十九年八月初九日，乃英议院散值之期。午正，律例大臣入院，代君主宣言曰：“谕上下议院诸世爵议绅知悉，我英与各国邦交敦睦如故，俄主所设弭兵会现已会议毕，虽未能逐节悉如初愿，其所议成之事亦不为无补，中有设判断局一节，凡各国有龃龉之事，先归此局判断，我谓如此各国可少用兵。又热诺瓦公共条约推广办理，即不得已而至用兵，其交战时杀害人命亦必减少。我与法国总统立一条约，分清斐洲北边两国画界，去岁秋间我英与埃及兵在乃勒江边平埃内乱，法人忌我成功，大有占地之意，故此约必不可少。我又与俄主立一条约，订明两国百姓在中国承造铁路章程。我收到南斐洲侨寓英民奏折，所陈皆求我保护之词，因该国待之甚苛，擅减英国居民权利。南阿斐利加立国之初，约明英国百姓在其境内一视同仁，我故准其立国，今该国显食前言，英民在彼不能相安，必至滋事。若一滋事，则与我南阿斐利加属地兴旺之机大有窒碍，我特令政府与阿斐利加民主国商办是事，正在商议尚未完结。我又接印度属地奏报云：去岁饥馑之后，农事、商务渐次复元，惟前数礼拜至今，西中两印度苦旱不雨，恐与秋收有碍。我已派地方官到彼留心察看，果有荒象，须于未成灾时先谋补救，该处自去冬以来瘟疫未息，我心甚为歉然。谕下议院诸绅士知悉，英国海军、陆军所需经费，诸绅士竟能一一如数筹备，我不胜感激。再谕上下议院诸世爵绅士知悉，现在尼格尔公司所占地方均归英国国家管理，实于政府治理之权、边界防守之略两有裨益。伦敦地方归工程局管理，我甚欣然批准，我望伦敦居民从此能得工程局实益，与本国各处有工程局之城镇无异。《苏格兰定例局章程》《爱尔兰劝农劝工章程》《伦敦自来水公司章程》《更改抽租章程勘验食物药物章程》，我均批准。《续修学堂章程》并《推拓学堂权利章程》，尔上下议院所议准者，我望于学业大有益。《协助工匠置买住屋章程》，尔上下议院所议准者，我望于工匠大有益。我更祷祝上天佑尔等所议政事无不有益于百姓也。”律例大臣宣毕，立而言曰：“我宣毕君主之词，请诸君散值，俟本年十月二十七日（即本年九月二十三日）再行会议。”

初五日庚戌　晴。英例：凡有子女年及五六岁者，皆须入学读书。其立法之意固美矣、善矣，然西人不以财产留遗子孙为尚，故长成后各须自谋生计。第思人人不皆勤奋，生计亦岂易谋？于是伦敦无业游民所在多有，虽不至赤身乞丐，而翱翔街市饥寒交迫者甚多，闻英兰一岛共有流氓不下二万云。

初六日辛亥　晴，热。闻西国博学之士现在评论各教，多有以孔门儒教为至大至正，生人所当遵奉者。窃查天主、耶稣、回、佛四大教之祖悉皆出自雅洲，天主、耶稣两教既得西传，今复转而东传，而儒教又将西行，是两大洲各国将同守此三教矣，将来必有大同之举，第不知当在何年耳。

初七日壬子　晴。上月星使拟约林琴荪带林武弁同赴比国西北临海之敖斯当地方消夏，闻前于初二日奉到总理衙门来文，经奏准比都分设使馆。去岁星使原拟奏派四人，一代理、一随员、一翻译、一供事，传云代理为罗叔羹，翻译为卢梅臣。至是叔羹已去新嘉坡，梅臣业经回国，乃经改派林琴荪为代理，升林武弁为随员，带陈安生为翻译，定于初四日偕同支应齐往，以便租房安置一切，于是三君皆收检行装。不意驻英比使闻而不允，以其品位仅称举人也，因而停止。前日星使先令武弁去敖斯当租店，今日巳正一刻率陈安生前往，拟在彼畅游数日，再赴比都向其外部商办。

又原拟约沈藕生移住楼下，为之照料两少君，今改林琴荪早晚教读。

初八日癸丑　晴，暖。伦敦因人烟稠密楼宇崔巍，数街之间必有小园一区，以畅达清爽之气。通城更有大囿十余处，是不独令城中养气生，更得炭气散也。其至大者，一、如巴特溪囿周百八十五亩（下皆洋亩，详见前），值三十一万三千镑；二、卜洛馈囿周七十八亩，值十一万九千五百镑；三、克里搜囿周五十三亩，值九万五千镑；四、康柏卫囿周仅十四亩半，是地为四邻公赠，价未详；五、陔柏立茀伊拉囿周二十七亩半，值六万镑；六、辣文斯阔尔特囿周三十二亩，值五万八千镑；七、哈木浦斯代溪泗囿周二百四十亩，值四万五千镑。八、海岱囿周三百八十八亩；九、堪兴坦园周二百零一亩；十、利贞囿周四百七十亩；十一、维克都里亚囿周二百四十四亩；十二、邱园周七十五亩；十三、格林囿周五十六亩；十四、倭特路囿周二十六亩；十五、文卜列囿，亩数未详；十六、倭木坞囿周百九十三亩；十七、贤翟木斯囿周九十一亩零；十八、骚斯倭克囿周六十三亩。以上各地所值未详。

初九日甲寅　晴。伦敦园囿广辟，其最著名而游人众者为利贞、海岱两囿。利贞囿在城西北，前曾述及。囿中更有万生、艺植两园，艺植园四面有道，车人往来无多，现为出赁练习脚踏车处。囿中南北直道分两节，其南长二洋里，满栽花木，曲径通幽，沿途设有椅凳，其北丰草绿缛，树木成林，有水法亭、加非馆，更有小河，泛舟最宜，水滨有小艇可赁，或雇人或自弄桨皆可。海岱囿在城中正西，每日卯初开门，夜半关闭，南、北、东三面共十门，西与堪兴坦园连，中隔色品坦湖，专有走自备单马小车及脚踏车之路，系南自贝斯倭特路之维克都里亚门北至南堪兴坦之阿来三德门。其他另有乘马游行之路，铺以沙土，沿途共列绿油木椅数千，赁坐一日一本士，按季买票五先令。设有乐台，夏季每晚官兵奏乐，每礼拜日奏乐则由午后起，台四围有座，赁者每人二本士。东边由司丹侯门至白玉牌楼有花径一条，长约数里，分畦栽植，五彩芬芳。其旁为车道，凡单双马车必自备者方准入，每当夏季六七月间，每日由申初至酉正三十分，妇女乘车娱游暇日，往来四轨，络绎不绝，左右男女步游者亦然。至准车辆出入之门为阿普斯立门、维克都里亚门、阿拉柏门、阿来三德门、康柏尔兰门、大太子门、太子妃门、格娄乌诺门、司丹侯门、白玉牌楼。色品坦湖长形，可行舟，小艇出赁，价系每点钟一先令，冬可溜冰，白玉牌楼左右设有男女存衣处。以上两囿之游人亦与利贞、敖斯佛两街同。利贞囿中上等人少，而海岱囿中罕有衣履不甚鲜明壮观者滥竽其中，实则并无定规，第以富贵逼人，贫贱者自不禁裹足不前耳。

初十日乙卯　晴，热。伦敦城内街道甬路左右临行人道旁石阶下每隔箭地设一铁闸如篦，十齿，一寸见方，横宽约二尺，竖长九寸，下通地沟，以便雨后泄水。夏季天热，恐地沟秽气上蒸，卫生有碍，地方官随时派人按闸抛撒药水、药面，水色清澄，面色浅红，其药料不外碱沙与格鲁林石灰及堪的斯流质也。

十一日丙辰　晴，热。按：西规各家房院各有自主之权，理与中国无异。然在此邻居不得互相有碍，如墙壁高则与邻房遮光，或烟筒矮恐烟入邻屋，凡此等不宜之处，受碍者皆可告官。

十二日丁巳　晴。按：英例夫妇之财产原可互相使用，七八年前因夫用太耗而妻告官者层见迭出，遂自西历一千八百八十二年（即光绪八年）经官改定分用之例，与合伙生涯者同。夫妇有先故者，己产有遗命给何人，则何人领取，无则入官。

十三日戊午　晴。伦敦工作铺店每日收工最早，夏日尤甚。各方附近皆有园囿，于是男女往游。戌亥之间，则草上树下、林中凳边，双双厕并，大都野合鸳鸯，令人不堪触目。当斯时也，园囿中固无上等人往来，而氓之蚩蚩邂逅相遇者，竟无野田草露之嫌，男女欲壑无厌，莫此为甚。

十四日己未　早阴，未初骤雨一阵。酉初，偕林琴荪、曾叔吾、沈藕生、吴少序诸君至柴苓十字街火车栈迎迓星使。酉正一刻，星使率林武弁到，知留陈安生在比京租赁房屋安置一切，并闻调有福建水师学堂学生卢学孟字幼恭，以其能法文也。

十五日庚申　晴。外国船面昼夜皆有二副前后守望，以防遇船等事，共分七班，第一由午正至申正，二由申正至酉正，三由酉正至戌正，四由戌正至子正，五由子正寅正，六由寅正至辰正，七由辰正至午正。二人轮班，其今日午前者明日必在午后，今夜休息四点钟者次夜必歇八点钟，所以每日申、酉、戌三时皆分作两班者，不令某人永在某时以便更番休息也。

又连日虽云晴热，而天气仅似我国之夏初，无须着纱罗、夏布，惟袷袄、单衫而已。

十六日辛酉　晴。英俗：男女结婚皆无媒妁之言而自作执柯，似乎夫夫妇妇宜无反目之虞矣。乃往往婚媾以后，或因夫有外务及奢费家财等事，经妻告官而断离异者，此等控案经官断离，按定例六个月后方准男再娶、女再嫁，故亦屡有离后不久思恋綦切，不追前郄，依然自成夫妇，而告官销案者。

十七日壬戌　晴。记：数日前，本使馆旁喂猫街有一双马货车，正行间一马跌倒不起，车夫驰回本局，带来草梃一车，垫于马之身下。继而兽医至，先以手抚肚揪腿，后取药水一瓶灌之。少刻以皮带拴马腿拽之，马终不起，遂以敞车将马载去。以上一节，自马倒至载去皆有二巡捕将件件情形并各人名姓、住址及货局字号一一以铅笔书诸记事本，将来如有告官案件，此巡捕之所记即证据也。

十八日癸亥　晴，凉。记：泰西各国人之好饮烧酒者第一属俄人，其次则德人，再次则法人，第四属奥人，第五方属英人，其他比、和、义、丹皆不足论，故朝夕沈湎于酒者亦以俄国为第一也（详见《四述奇》）。

十九日甲子　晴，大热。未初，罗伯苏由闽坐德公司船回伦敦，见其携带箱支多件，虽未采办药料，而与星使及罗小荷、林武弁之鞋帽、食物等，皆足供四年之需。今日诚热，始早晚亦着单衫。

二十日乙丑　晴热如昨。记：外国各种果酒味甘而不烈，畅饮无宜，且不足以解酒癖，沽价既贵，非奢侈之家不欲饮，故欧洲各国用是酒之多以法国为第一，义大里次之，而奥斯马加则又次之，德、俄两国不足论（详见《四五述奇》）。至英国饮是酒者为至少，盖英人素崇俭朴，每多以商务谋生为心耳。

二十一日丙寅　晴，热。记：英人一种简易天气表，又名“天气瓶”，系一玻璃瓶割去细处之半，盛以净水或颜色水四分之三，后以指堵其口而倒悬之。移去手指时，天气清朗水则平而不滴，天气潮而欲雨乃由瓶口出泡，渐垂渐大，重则坠，且不仅一泡，乃一泡坠而他泡出，陆续不绝，其故因天气阴湿，则无力撑持点水之重也。

二十二日丁卯　晴，暖。今日始知罗伯苏于昨早起身赴比都，盖代理木质关防虽经林琴荪竭力仿摹、雇人刻妥，而彼处楼房尚未租定，故派渠往换安生，而同卢学生料理一切云。

闻英人探病有三戒，谓戚友患病往探，第一体倦时莫往，第二出汗时莫往，第三腹空时亦莫往，盖当此气弱、皮松、胃开之际，皆易传染病气也。

二十三日戊辰　阴雨阵阵，凉。记：英国国旗凡英人皆可执用，故凡铺店多有按期悬挂者。且有一种公车于车前竖一小旗为号，其旗横长尺半，竖宽一尺，其色前曾叙及。然有将十字上下仍用白质，左右用蓝质，以示英、苏、爱三邦合一之义。又有大旗四分之一临杆处作三“十”字之国旗，其他三分统用红色，官亦不禁也。又有大铺店楼顶多立旗杆，平日悬本行旗者，旗式不一，或长方，或细长，或头作尖形，横书该行字号，字多黑白两色，而质则红蓝黄绿不等，更有店属何国人开设，即挂何国国旗者。

二十四日己巳　阴，凉，午后微雨。记：泰西各国平日饮啤酒之最多者以德为第一，而英次之，比利时则又次之。然按各国所用之酒与各国之人数比较，则多者较少而少者反多矣，即如德国一年用十二万万二千零一十四万二千戛伦，以通国人数分之，一人仅得二十三分；比国一年用二万万五千六百零八万戛伦，为数较德极少，然以该国人数分之，一人用至四十分。是比人酒量之大较德人加倍，故按酒量观之，比人又当首列矣。

二十五日庚午　镇日阴晴不定。现在天下各产茶处为中国、日本、印度、锡兰、扎洼、帕拉怪国（在南美洲东南界）。据西人云前于西历一千八百八十八年①（即上年）茶叶之出口者中国二万万九千万斤，印度九千万斤，锡兰一千九百万斤，日本四千万斤，帕拉怪一千万斤，扎洼七百万斤。东西各国茶叶之进口者英国一万万八千四百五十万磅，美国八千万磅，俄国三千七百万磅，加那达二千二百万磅，澳大里亚二千万磅，其他各国共计一万万零六百五十万磅。

二十六日辛未　早阴，午后大雨。星使因翻《贝斯佛游华日记》告竣，派沈藕生为校对，吴少序、王少山为誊录。星使又将口译《西国百贤传》一书，派曾叔吾、沈荔虎、严伯玉每日轮流笔述，乃于今日未刻携小荷及二少君请琴荪、荔虎、叔吾、藕生、少序、少山及林武弁在艺植园中午酌。闻亦在各座前桌面放一红帖，各皆书以“某翁”，如林琴翁、沈荔翁、曾叔翁、吴少翁，而星使之少君亦称以“罗仪翁”云。

二十七日壬申　晴。此次星使携带之武弁林文彧，本系天津水师学堂学生，考升三管轮，现得蓝翎五品衔尽先把总。其人身体细小柔弱，晕船，气力不足管轮，羡慕文职，今日星使札派为三等翻译，伊遂急汇银款，先捐监生，再捐县丞，以备保升知县。

又林琴荪自得参赞及闻有派比都代理之信，亦即汇银八百两到京，请人代捐直隶州州同分发试用。

二十八日癸酉　阴雨。昨晚驻德英文学生乐中禄（达仁）到此，今早来拜，午后前往答拜，未遇。

又自本年二月星使夫人灵柩回闽后，其留此之二少君皆归林武弁照料，每

① 应为一千八百九十八年。

日自睡起至睡后时刻不离。今日午后，武弁带罗二少君街游，买有洋喇叭，楼上下吹弄，声音宏亮。闻之有感，因而口占一绝云："四十年前听此声，中秋夜半梦频惊，而今棖触离人感，回首沧桑局又更。"

二十九日甲戌　阴。记：加非产于热带，闻数年前天下共产十二万万四千九百万磅，产于巴西者八万万一千二百万，产于美洲各处者共二万万五千三百万，斐洲及东印度者共一万万八千四百万；至东西各国所用，乃美国二十一万五千磅，德国十万五千，巴西等国共七万八千，法国六万五千，和国四万一千，奥国三万六千，比国二万五千，瑞典亦二万五千，义国一万四千，英国一万五千，俄国仅八千零，日斯巴尼亚、葡萄牙两国共五千云。

三十日乙亥　晴。西人好大喜功，遇有所能，必设法创造，使之新颖出众，冀得扬名于四方，不仅国家赖以增光，而创造之人亦享其荣耀。西国以建造楼台塔铭至大至高而巩固壮丽者为能，即如法京艾扉铁塔高九百八十四尺，美国华盛顿铭高六百二十尺，英国朗克晒府之卜拉克铺勒台高五百一十八尺，法国克伦城之克伦教堂高五百十二尺，法之娄恩教堂高四百九十二尺，德之司特拉斯堡教堂高四百六十六尺，埃及之石王陵高亦四百六十六尺，罗马之贤皮特尔教堂高四百三十三尺，伦敦之贤波罗教堂高四百零四尺，法之养济废人院高三百四十四尺，伦敦之大铁轮周三百尺。

## 八月

初一日丙子　晴，热甚。外国商船水手不专在一船佣工者颇多，彼此订立合同，有往来一次者，有仅去某海口者，其专去某处者，到则另觅他船招雇。然不能一时即有，于是贫苦流离，寄居不易，英国善士因在太木斯江口设立楼房一所，名曰"斯特兰者尔搜木"，译言"外人家"也。一切与小客寓同，四方贫民流落于此者皆收留暂住，供其饮食，代觅船事。居此者每日虽亦付费，而价则极廉，楼中他项用款皆由善人施舍，东西各国使馆亦各有所助。闻泰西各国按年捐助至少者十二镑，日本曾助百镑，暹罗、印度等国亦有之。然其中收项不能专养一国之人，其住逾两月尚无船只招雇，则又须请该本国之公使或领事协助，盖各国公使、领事皆有保护该国人民之责也。去岁有二百余华人皆经该处收养，然为日无多，皆得被招他往。上月十四日酉刻，来一英人带三华人请见星使，因星使初到无暇，令余传见。据云："现有华人十八名，皆来自比、瑞等国，因此时出口船只无多，伊等留住卑处已逾两月，现因无力收养，恳请大人裁夺。”禀知星使，当属余询其每人每日应用若干，下楼问之，答曰：“一日二先令。”回明星使，乃言：“自明日始施恩赒济五天，共合九镑，以后则不能多舍，因本大臣并无施舍之分”云云。余向伊等述明所言，伊谓：“卑处帮办现赴他处消夏，既蒙恩赏五天，即请代书一纸转寄帮办为凭。”余以既经星使首肯，即照所言书之似乎无碍，录交其人执去。登楼再回星使，星使答曰：“唯唯。”叙及各国所助，星使亦曰：“唯唯。”自是十余日不来取钱，欲为寄去，又不知其住址。上月二十六日往见星使，乃言：“小荷早经登簿（其实尚未发下），知已送给矣。又该处两次来信要我见，莫非前次未说明我只施助五天，其余多一文不花耶？又当日何必写那字帖，他若不信，我则一文不给矣。因我捐助乃额外之事，我能永远养此贫民乎？”余谓：“该处来信请见，恐非为此节，既有信，谓赐一观，知其所在，即可送往。”星使谓：“凡信到我手，一览后则抛去，不知所之。”夫星使不明示我，而事经我手，总须即早了结。无法，先致书水手家英名“赛洛尔搜木”询问。回信言请转问雅洲人家英名“埃什亚的扣木”，再来信始知在商务街。“外人家”又发信问前来三华人是否属该处？今午来电言未正来使馆晤面，余以莫若亲去交清，以免啰唆。遂向小荷领来九镑，乘车东行二十余里至彼，见其帮办，继领见其总办。先言各国捐助如何养赡法，余谓：“罗大人之意曾经一再言明，二君必早闻知矣，今特来奉上九镑，祈给收条。”二人齐言：“本处并不以此九镑为重，因久仰贵大人之名望，故欲一见，两次奉书不答，亦无法也。”言毕，先交一白纸收条，谓盖印收条明日寄奉。少坐话别，申正回使馆。

初二日丁丑　镇日大雨，雷。巳刻，陈安生由比都回。

记：西人谓赠友以刀主割断交谊，故虽子女向父母要小刀，亦必还奉一铜钱以为解疑。赠人以白鞋亦属反目，妇女吃饭菜刀落地主有男子来拜，两人同照一镜主不祥，床上并置雨伞主忧。

午后，“外人家”盖印收条寄到，即交支应。

初三日戊寅　早阴，午正大雨滂沱，申刻雨止仍阴，凉。记：英人局骗时或遇之，其机诈更甚于中华。闻前者有人登新报谓能使人身体长高二寸，愿者祈于十日前赐信，并随汇使费五先令，届期自将妙法奉闻。于是男子思长者少，而妇女愿高者多，自新报登后其人竟收得数十镑。至是日乃按人送桦木两块，各厚二寸，信内言：此木轻软，请垫于脚跟鞋内，则尊体自高起二寸矣。趣甚。

初四日己卯　晴，凉。记：在缪细亚木街第四十一号（地在伦敦博物院前）卜娄第铺中出售之乌须药水甚佳，名曰“御用染发药”，因西人不仅染须，并喜发改当时所尚之色也。此药与现在中国屈臣氏所售者不同，极属简易，而且奈久，仅一色水，而水色白清如烧酒，不知用何药料。虽云共备五种，能染五色为深黑、深紫、浅紫、金紫、金黄，而水皆一律白色，瓶有大小，价分二先令半、三先令半至五先令或十先令半。据云药水于不用时不得多见天光，多见则药力减，用时仅倒少许于碟中，适用足矣，盖用多恐染肉皮，然亦无碍，洗以胰水，一日必退。用法系以小刷涂抹，初用者须连刷三次，其色必现，每次须隔一点钟以俟其干，且每刷必至须根，以免一须两色。染黑紫二色，刷后必着天气为尤快，或出门或坐屋内开窗皆可，每七日一次。以染新生者更有妙法，染后先洗以脂胰热水，再洗以净热水，则无论须发皆能油光。余曾买试之，刷一次乃先红而后紫，继而变黑，至今半月其色依然，诚妙药也，较在中国洋人所售之乌须药，价廉而易用，不可同年而语矣。

初五日庚辰　晴而微风，颇凉。西国以作乐、歌舞、绘画皆为专门学业，然欲学一艺，所费良多，如在大学堂英名“攸呢倭奚的考蕾芝”内之描画雕刻馆学画摹仿，由造成之物至生动之物皆有定章，学成之迟速关乎学者天性之顽钝慧敏。馆门每日由早九点三十分开至午后五点，惟于礼拜六日开至三点。学画造成之物男女同室，学画生物则分间，学画生物各间备有模式，赤身者每日，着衣者每礼拜三日，馆中预备桌座、画架，其他皆自备。束脩按月则每礼拜学三日者一镑十一先令半，学六日者三镑三先令。一年或分三节英名“特尔木”，四个月为一节，按节学者每礼拜六天者七镑七先令，三天者四镑四先令，仅学半节者每礼拜六天则四镑四先令，三天者减半。又有专讲半年者名曰“赛甚”，或春夏或秋冬不定，半年之工定日有工课讲求考究，来者束脩十八镑十八先令，其长久学者每月教习出题作论。讲着色、布置、调和、光影之类，每年第二三节中有教习于每礼拜一四两日之申正讲论剖尸法，以使学业最精者学之。内有二十次专讲骨节筋络，并随时以刻成之模式解说一切，至尾考论一次，名列超等者有奖赏。其入馆专听讲者一人一镑十一先令半。

又按：其三节第一由十月至十二月，第二由正月至三月，第三由四月至六月，因七八九三个月为伦敦消夏茶会放工时也。

初六日辛巳　阴。西人谓红黄二色多铅而有毒，人或舌舐或服之，近肉皆无益，即如偶有割破之处，则粘纸止血，其纸总以白色为第一，苟用红或黄色者，铅毒若随血运入经络，则将来生疮或生他病皆属可虑。迩闻英人某甲夫妻不睦，夫欲害妻而无法，因其妻不喜出门，遂竭力修饰，客厅、书房糊以黄纸，并请问医家何药使人久闻即死，其人并买而暗刷之，其妻不知也。两月后竟毒气归心身故，继而事发，其夫经官科以缢罪。入夜阴风怒号，冷。

初七日壬午　早阴凉，申刻稍晴。记：天下各国里之短长不同，总按英之码数合之，英一码合京尺二尺八寸，英国一里一千七百六十码，美洲亦然，奥斯马加者八千二百九十七码，丹麻者八千二百三十八码，德义志者八千一百零一码，和兰者一千零九十四码，义大里者二千零二十五码，诺尔卫者一万二千一百八十二码，葡萄牙者二千二百五十码，瑞典者一万一千六百九十码，瑞士者八千五百四十八码，日斯巴尼亚者一千五百二十二码，俄罗斯者一千一百六十七码，印度者二千码，法兰西及比利时两国之吉娄迈当（一吉娄迈当合一千法迈当，又一迈当合英三十九寸）合英一千零九十四码，其他南美洲及二洲中间各国，如墨西哥、阿真坦、伊奎多尔、巴拉怪、乌鲁怪、尼格拉卦、克伦比亚、瓜的麻拉、巴西、秘鲁、智利、海地、卜里威亚、韦年苏辣者皆未详。

又西人考察水之份量、性质，软硬既殊，轻重亦异。以软硬论，常水性硬，雨水性软，水性硬者每硬一分以之洗涤，则四十戛伦水加费胰皂一两，水性软者用以洗涤、煮煎，蒸气最宜，马日饮七戛伦，牛五戛伦，羊与豕皆一戛伦。以轻重论，冰一尺见方轻于净水，一尺见方冰冻则每百分中必涨八九分，冰厚一寸能撑一人，厚四寸可撑炮兵及小炮，厚五寸可撑八十四磅之炮，厚十寸能撑群人，厚至十八寸则坚凝之质，载火车而不重矣。雪之初落者一尺见方重约五磅半，落地一小时后则重十一磅，黄道以北之雪其体重，初落者一尺见方即重约十四磅至二十二磅，迨一二日后则重至二十八磅云。

# 卷十一

光绪二十五年八月初八日癸未　晴，凉。记：英国国教曰“耶稣教”，然通国崇奉者又另分十数门，兹特逐日详志于后。第一曰“魏斯廉门”，乃有教士魏斯廉者深明教理，细察教规，以一切教法不洽，遂于西历一千七百三十九年（乾隆四年）另设教堂，更改礼法，别立一党，即以伊名为党名。现在通国该党教堂共有八千三百九十一，入党者男女二百一十八万一千四百二十三名口，教士共二千四百一十，各城宣讲者一万七千五百六十八人。又每年各教士在伦敦或他处会议一次，以便整顿教规云。

初九日甲申　晴凉如昨。记：耶稣教第二门曰“美索的斯牛宽内克慎”，义乃正教新会也。当魏斯廉故后六年，有人以教礼虚繁，且受圣餐不得专自一等人，于一千七百九十六年（嘉庆元年）另立此门。至今人尚无多，仅在英兰中界稍北之朗克晒、曜克晒二省及英兰北界一带，共有教堂五百七十五，教徒三万九千六百七十四，教士二百零六，各城宣讲者一千二百零三。

初十日乙酉　晴而冷。记：耶稣教第三门曰“普立米的伍美索的斯兹”，义乃遵古也，无论贫富凡换戴白领带者皆可宣讲，因按教规，教士皆服白领带也。此门始自百年前，当时尚未明称一派，至一千八百二十年（嘉庆二十五年）始经聚众创议，而同门者已有七千八百四十二人，教士四十八，随处宣讲者二百七十八。至今七十余年之久，人数已增至十九万七千一百八十二，教士一千零八十八，随地宣讲者一万六千六百一十七，每礼拜日学堂教士共六万一千一百，学生共四十六万五千零八十九名。

十一日丙戌　早晴，申刻阴，亥正大雨。记：耶稣第四门曰“攸乃台美索的斯特茀立哲尔池”，义乃合众自由也，各自分群，自行管理，教士经各群按年轮流请行教礼。现共有教士三百九十七，随处宣讲者三千四百零九，倡首助教者三千六百九十，入门者共八万二千三百零七人，每礼拜日受教之学生共二十万一千四百六十七名。

十二日丁亥　阴雨阵阵，凉。星使谓：在此久居，恐其两少君受病，须赴乡村近海处吸受清气，遂于今日午初携其两少君坐火车赴坦卜里址卫勒斯地方小住。地在英兰正南稍东临海，距伦敦三十四洋里半。

记：耶稣教中第五门曰“拜布克里斯坚”，义乃特守经言也，自西历一千八百十五年（嘉庆二十年）有教士名欧卜廉者率多人创立此门。现在英兰西界人之称是名者极多，共有三万四千二百六十一人，随处宣讲者一千九百，周游宣传者二百八十二，礼拜日学堂中教士共九千一百三十二，学生共五万六千九百一十七名。

十三日戊子　白昼稍晴，入夜阴。记：耶稣教中第六门曰“卫勒什喀勒威呢斯堤克美索的斯特”，前于西历一千五百六十年（明穆宗隆庆三十九年[①]）有喀勒威音者创立此门，故以为名。然当时未得盛兴，至一千七百四十三年（乾隆八年），虽经怀得斐者续立，仍未得畅行。延至一千八百十一年（嘉庆十六年），始得大传于卫拉斯省，教之大旨乃谓人一生之福分于未生之先已由天定。现共有礼拜堂一千三百三十七，传教者十五万一千八百八十二，入门者三十一万二千一百八十九人，学生共二十万一千三百一十二名。

十四日己丑　早阴，午初大雨，甚冷，未刻雨止，入夜狂风，晴。记：耶稣教中第七门曰“康格来戛琛那里斯兹”，又名“音的盘顿兹”，义乃合众为一也，系各人皆有理事之权，各处视同一家，主教、教士等每年经人举选两次，选时各人投名片于铁匭，法与荐民主同。此门始自西历一千八百三十二年（道光十二年），现在通国共有礼拜堂及讲经处共四千九百一十九，上下等传教者共三千三百三十七人，入门者共一百六十三万六千一百三十二人。

十五日庚寅　镇日阴晴风雨不定。星使原拟午正公宴，以便戌刻携两少君观剧，因庖丁辞以不能齐备，遂改酉初。午正星使自乡回伦，未刻贺节团拜。酉刻公宴，一切粥菜与前同，无须再述。

记：英都艺植园与柏林之每日任人游玩不索入费者迥异，盖此园中有会，入会者付二十吉呢，永可往来其中，随时亦可，同人前往，或游玩或筵宴。凡会中人又另有入门票若干，以之分送戚友自行持往，自填日期，惟每礼拜二六两日准会外人往游，各纳入门费一先令。平日开门皆在巳初，礼拜日则自未正。

① 应为明世宗嘉靖三十九年。

十六日辛卯　阴晴风雨不定如昨。记：耶稣教中第八门曰“巴普提斯他”，义乃真洗也。耶稣教之圣洗礼仅经教士以水点顶而已，此门乃改凡人不拘年纪，必诚心奉教时方赤身浸水以成礼。又凡教经以外各举皆不奉行，其他一切礼仪咸与第七门同。至西历一千八百九十七年（光绪二十三年），通国共有教堂二千九百四十七处，教士二千一百零六人，入门者三十六万四千七百七十九人。

十七日壬辰　白昼晴，入夜骤雨一阵。记：外国街衢洁净，非必国人皆好洁也，实因法严而迫之使然耳。即如有人在暗地大小便，苟被巡捕捉得，则有钱者罚以四十先令，否则收监一二礼拜不等云。

十八日癸巳　晴，风。兹又闻有设法诓骗男子者，乃先登新闻纸谓将创印一种教门新报，惜未得定名，如有人能赏拟嘉名者，愿酬赠百镑。未及一月，凡教士、神甫及他诚心奉教各男女多拟一名寄往，任伊选择。其人乃将各人来函一律答云：“阁下所拟之名诚善，奈与雷同者有五，如能先付五镑，自当录用，尊处既有此使费，则他四处亦不得相强，其余百镑自当如数奉上。”各人皆以获利为心，虽先失五镑之本，将来可得九十五镑之利也。于是先送五镑者男女多人，其人竟于五十余日内骗来四五百镑。各送钱者久不得回音，亲往探询，则黄鹤一去不知所之矣。

十九日甲午　白昼阴晴不定，入夜骤雨一阵。伦敦富庶比户可封，殷实者不少概见，更有车马、衣服佯作富豪，出入富宦家为谋利计者，或设法局骗，或借势妄为，机诈之图往往然也。英人郭克思云：伊友某甲家号素封，广交游，友朋颇众。一日看破人情，究不知所交各友确否皆诚信之人，于是邀其至契者十数人晚酌。食毕，起立向众言曰：“今日请诸君驾临之意无他，现在因故手乏二千镑，知诸君皆为至契，亲比同胞，尚望一助。”言毕，各人皆成木偶，相视无一言，继而狼奔鼠窜，有竟去者，有暗逃者，座中仅余二人，乃齐立答言：“既蒙不弃，引为同心，自当各助千镑。”某甲闻之深谢不已，后则大笑而言曰：“此次请诸君非为借贷，实欲查验交结之心也，今而后知之矣，惟我三人为至契耳。”已去各人有闻知其情而复来追随探访者，某甲皆谢绝之。

二十日乙未　镇日阴晴细雨不定。记：耶稣教中第九门曰“箦克尔”，义乃悚然振兴之人也，又名“搜赛伊的敖伍茀蕾恩自”，义乃朋友会也，始自西历一千六百四十九年（顺治三年[1]）。当英民主时之教规，凡宣讲教言者不能自行任所欲言，必群坐一圈，闭目静待，悄然良久。倏尔一人立起，高声宣讲，则所言者称为“神命”。凡教师亦不由人派立，亦必由此法呼名派升，则称其人必善，上帝派充为师。现在英苏二岛人之入会者共一万六千三百五十四，学生共三万九千名；爱尔兰者另为一班，名道虽同而不与英、苏者联属，其中人数未详。

二十一日丙申　早晴，午后阴。《贝拉佛游历中华日记》前经星使竭力译成，再经琴荪竭力修饰，复催吴、王二君竭力钞写，藕生竭力校对，袁、尹二供事竭力以蜡板刷印，急令跟役杨仁聪装钉，且令琴荪拟信稿以便寄呈总署，其书今日告成。当译时未经逐句详译，今日视之，仍有词不尽意者，且篇纸不齐，字多模糊，遂拟另行删印，想琴荪诸君又多一番忙碌矣。

二十二日丁酉　白昼阴晴不定，入夜风雨交加。记：耶稣教中第十门曰“木拉威安哲尔池”，义乃木拉威亚地方之教堂也。按：“木拉威亚”乃省名，在奥斯马加国正北界，与布鲁斯毗连，大抵因此教始自该处，故以为名。又名曰“攸乃太达卜蕾仄莱安”，义乃同盟兄弟也，创自何年未详，其主教各人亦无定缺，皆随时神派。通国共有会堂四十二处，入会者三千三百二十一人，礼拜日讲经者五百七十人，学生四千四百三十五名。

二十三日戊戌　早细雨，午后稍晴，既而复阴，亥初大雨滂沱，雷，旋晴。记：耶稣教中第十一门曰“攸呢他立安斯”，义乃协合也，不知创自何人，亦不知始自何年，惟教规不信三人一体，仅奉耶稣。现共有讲经堂三百五十九，教师三百五十二，会长一十二，会中人数未详。

二十四日己亥　阴晴不定，凉。记：英丧服之期虽有定章，亦可任便自行加减。按其制男为妻服、妻为男服皆二年，女着乌衣加绉纱边一年零九个月，余则满黑，其帽罩、乌纱仅一年；子女为父母服一年，女衣加纱边一年半，后则正黑四个月，半黑两个月；父母为子女反服亦一年，服与子女者同；父母为婴孩着素服三个月或半年；兄弟姊妹服亦半年，内纱边三个月，正黑两个月，半黑一个月；祖父母及孙男女彼此皆半年，亦纱边三个月，正黑两个月，半黑一个月；叔伯婶母与侄男女彼此皆三个月，乃正黑两个月，半黑一个月；结亲之叔伯公丈皆正黑三个月，叔祖一个月，嫡堂姑表兄弟亦皆一个月或四十二日

①应为顺治六年。

及二十一日皆可。至婿之于岳父母、媳之于翁姑应否着服，未闻其制。观于此则知中外丧服之义大相径庭矣。

二十五日庚子　早阴，入夜大雨滂沱，雷。伦敦耗子之多未见有如使馆之甚者，虽昼夜驰驱于地面、桌边而不害物，厨灶边尤多。闻前日仆役许立买有蓁椒数枚，竟被鼠啮碎三四，其故未详，或因天时、地土之不同欤？何此蕞尔微物竟能吃此质坚性烈之食耶？

二十六日辛丑　镇日阴晴风雨不定。未刻，星使率二少君乘马车赴梨池门村司达店中少住，因其地山水清幽、花木丛隆也，并将脚踏车两辆带往，以便两少君在彼操习游玩。

记：伦敦亦售有扑鼠架，有与京中所卖略同者，有欲其生而不欲其死者。亦造以木，板式如匣，木厚三四分，长约八寸，四面二寸见方，左右两门。未开时其式如此“”，已开则如此“”。内含铁钩挂肉皮，两门有柄，钩连木柄，鼠入内曳肉皮，钩动则门闭，而鼠不能出矣。余数月以来捉得数十头，皆盛以纸袋，释放于他街巷之无人处。

按：如此捉放其故有三，一、鼠亦生物，不忍见其死；二、前日伦敦妇女会有保护禽兽之命一条；三、按公法邻邦罪犯不得收留，本馆为中国，鼠为英犯，故须赦回本地而使其国惩治之。小窗无事，因戏书之。

二十七日壬寅　阴雨阵阵。西国医家谓人之消化饮食咸赖血力，人若洗浴则周身之血因热而外向，其内行入胃者少，故于洗浴前切勿多食，食多恐不易化。其体弱恐力不足而欲先食少许以助力者，亦必择其易化者为佳。

二十八日癸卯　阴晴不定。巳刻，星使约林琴荪与小荷至梨池门村司达店中早餐。酉刻，法人虚素约余及林琴荪、沈藕生、吴少序、王宛南在茀拉斯喀悌馆中晚酌，余与少序皆辞谢未往。迨林、沈诸君回时，知其首座为和兰人卜拉木，虽经虚姓帖请而卜姓付钱，西国未见有如是者。

记：伦敦土俗当六七月间天气清爽，花木繁盛，于是请茶会等乐事颇多，名之曰“伦敦季”，至七月杪则各富家商官皆赴他处闲游矣。同事马清臣夫妇亦锁门赴法，不意昨日该街巡捕报来，谓前夜有人锯锁撬门，幸未得开。遂即派人于门外往来巡守。今日午后马清臣旋寓，知一物未失，特赏巡捕一镑。英固富国，而穿窬之盗亦所时有，甚矣饥寒之迫人也。

二十九日甲辰　天气如昨，颇凉。午后，星使率二少君自梨池门回馆。

记：星使此次带来之男仆、跟役为陈炎、杨仁聪，成衣为郭加城，剃发匠为吴荣升，庖丁为郑其十。五人中惟吴荣升最勤谨老实，而终年素食，仅具菜蔬而已，闽人咸以“蔡福”呼之。余初不解其改名之由，意必因其吃菜不吃肉，而有菜蔬之福，故以“蔡福”呼之也。继知闽省有种匪徒，聚众誓、不茹荤、不吸烟、不吃酒，与哥老会略同，官中捉捕以“菜匪”呼之，吴荣升即其党中人也。虽不明呼以“菜匪”而呼以“蔡福”，字固不同，音实无异耳。察其为人，柔弱无能，乃愚钝无知误入“菜匪”。及问其食素之故，则谓死后无罪，可以升天。苟此等人被获，杀之亦诚冤矣。

三十日乙巳　阴雨阵阵。记：英国耶稣教中第十二门曰“普赖毛斯卜蕾仄来安”，义乃同心兄弟也。又“普赖毛斯”为英兰西南之海口名，或此门之兴始自该处，未可知也。教中之人届期会在各家，事体多与友会同。中又有与“合众为一”及“真洗”二门相似处，至其始自何时及其教徒与教堂之数皆未详。

## 九月

初一日丙午　阴雨如昨。记：伦敦火车栈房大小一百五十余所，分东西南北各路以及城内、城外之地道，今姑按名录之，如阿的森路、阿得该街、阿得斯该街、贝克尔街、比朔该街、比朔普斯路、卜拉克茀立阿尔、布洛木屯、格娄赛斯特尔路、卜仑斯百里、额尔斯阔尔特、芬池蕾路、柴苓十字街、高尔街、法苓屯街、肯宁屯街、蛮琛蒿斯、哈艾街、庆斯十字街、马尔克巷、玛尔柏娄路、木耳该街、贤卓安斯林、木牛门、诺丁山、诺丁山门、坡兰路、坤姒路、帕尔森斯格林、普蕾得街、贤翟木斯囿、洛亚欧克、坦布、贤马丽姒、南堪兴坦、司韦斯学堂、维克都里亚、喀南街、瓦勒哈木林、西布朗普屯、西哈木斯台、槐沙贝、苇斯斑囿、司娄恩坊、西堪兴坦、吉乐赍、埃之卫尔路，以上四十七处皆系地道绕行城内及驶赴乡间者；比朔普斯该街、白鸥路、柏尔代路、堪卜立址、溪泗、代得佛路、伦敦扉、大都法街、立文浦街、哈克呢道安斯、芬者池街、莱满街、老炮台、沙兑、朔尔的池、瓦平、阿得该街、巴色那、庆斯十字街、格娄布路，以上二十处皆系去城东及大东方者；班斯百里、白鸥路、布洛得街、卜鸾代斯百里、喀木丹塘、喀南百里、涿克伐木、大都法街、达司屯、争克琛、哈喀呢、哈格斯屯、亥百里、伊凌屯、哈墨屯、米得美囿、朔尔的池、欧得佛、庆斯十字街，以上十九处皆去城北及大北方者；巴特溪囿、希的、骚斯伦敦、埃来芬、安喀色、大都法街、格娄伍诺尔路、牛克洛斯、开宁屯、老堪得路、洛色希斯坤姒佩喀木、南柏满赛、司铎克卫、维克都里亚、巴丁屯，以上十五处皆去城南、城中及都法、大西方者；柏楼路、巴特溪囿、卜拉克弗立尔桥、康伯卫、牛欧路、司那欧山、埃来芬安喀色、霍勒赉、外阿得、维克都里亚、瓦勒倭斯乐该山、贤博洛斯，以上十二处皆东南去茶塘与都法二海口者；卜拉克倭系专走太木斯江畔者；牛克洛斯、喀南街、代特佛、伦敦桥、司帕路、倭特路、庆斯十字街，以上七处皆去东南方者；喀木屯路、芬池蕾路、堪的什塘、贤潘克拉斯、米大篮、卫斯民司得桥、维斯得安达，以上七处皆走英兰界内者；柴勒细、大都法街、西卜郎步屯、开宁屯、阿的森路、帕丁屯、维克都里亚，以上七处皆走城西及大西方者；攸斯屯、吉乐赉、堪的什塘、奎印斯囿、伦敦路，以上五处皆专通西北方者；倭克斯霍、倭特路、坤姒路、攸斯屯坊，以上四处皆走西南方者；芬者池路、赖木蒿斯、伦敦西南倭特路、贤潘克拉斯、维克都里亚、芬者池街、比朔普斯该街、伦敦西北攸斯屯坊、西印度坞、司台普呢争克琛、沙达卫、卜拉克倭路，以上十一处[①]皆四通八达者。

初二日丁未　阴晴不定。记：伦敦铺店门首匾额其财东系一人者书其名姓；父子或兄弟者则先书其姓，后书率子或率众子及后书偕兄弟或偕诸兄弟；其股东不仅一人者，乃书一人之姓及“同伙”二字。

按：英文同伙乃“安康巴呢”也，近见后尾更有加“有限”二字者，盖向来铺中获利按股均分，苟因亏账歇闭，则欠款由股中富者偿还，贫者听之而已，故有富商大贾当晚锦被而眠，异晨则一贫如洗矣。此例似属不公，遂于二十年前经官定例：凡集股开铺者，各股所摊均定限制，获利固当彼此均分，而遇有亏账亦须一律偿还，以免向隅。查欧西近年所设之公司多加“有限”二字，有限云者限定股本之数，虽遇亏折，不至于股本之外另加摊赔也，是知公司以有限为最宜，西人每乐从之。

初三日戊申　稍晴而凉。记：英国耶稣教中第十三门曰“萨勒瓦慎阿尔弥”，义乃拯救之兵也。数年前有将军兼充教士名卜四者创立此教，专劝贫民、工匠充当义兵，并以烟酒为戒，教长等次以副、参、游、都、守之名分之，一切经费、俸薪皆由募捐，是不惟劝人守教自新，而更讲武以保国。现在本国共有义兵一千三百三十一队，将官三千一百十二员，外有武官七百员，遍

① 此处有误，应为十二处。

国劝化流氓工作。又二百六十二员劝化娼妓从良，更有九千零七十八员在四十五属地劝化训导，通国贫民现有化成乐兵者一万零四百三十五名。其总教堂在伦敦西北角之林斯代特街，名曰“康格蕾斯蒿勒”，译言聚会堂也，建于西历一千八百八十二年（光绪八年），为通国堂之至大者，可坐四千五百人。每日午后开门，竟日宣讲，意在劝化，朝朝听者甚众，其余堂数未闻。

初四日己酉　微晴如昨。记：伦敦各饭店皆预备各国各种午酌、晚餐应用之酒，详登酒簿，任客选用。间有以店中所备不佳，或由他铺购往或携带自行收藏者，按定规堂倌代开一瓶工价一先令，盖饭店多自酒中获利也，故卖顿饭之价有因客不用酒而外加半先令者。

初五日庚戌　微晴，凉。西国之人心姑无论其如何，而一经律法相绳，竟使上不勒索下不讹诈，上有所言下亦敬听，未始非治人之善道也。闻昨在某街有武其姓达其名者，雇工修理地沟，外雇一人之通明修法者监工。迨修时监工之人屡责工匠之非，于是工人索费辞工，乃控诸管理沟渠之公署，英名“帕立什”。该署派人称“保安监巡”英名“萨尼他里因斯佩克托尔”者至武家察验，乃云所拟修理之处皆错，务须如此如此方属合宜。武闻之下，唯唯而已。于是按所云者改修，其原所拟者仅需十镑，今遵谕改修则费逾十镑云。

初六日辛亥　早微雾，午后雾止仍阴。数日前见利贞街一铺中出售御火布，乃铺中临窗悬挂绸缎帘幔，或旁或下，燃以煤电灯而不着，亦奇物也。不知此布造用何料，原拟往访，详究其理。昨午经过，不可复见，未详何故。其物或无效耶？抑或官场禁止耶？不得而知也。

初七日壬子　早大雾，凉。英规每多禁人为非之条，凡事之有损于人者皆干禁例。乃闻前于某处当男女云集闹热之际，竟有自楼上掷烧红之铜钱于楼下者，贫孩争抢，于是有烫焦手指者，有畏热而踏于脚下者，如此行为似当禁止，且当受罚也。

初八日癸丑　阴。午刻，星使携二少君乘火车至文恣庄宿，庄因文恣行宫而名也。

又前同文馆派赴俄都学习之学生李虞臣（宏模）三年报满，拟乘日本公司回华，遂于四日前由贤比得堡坐英船，走芬兰海、波罗的海，过德国吕贝新开河，由汉柏尔驶北海。昨日入太木斯江口下船，住于心泉学塾中，因系山东同乡也。今日午后来拜，遂留晚酌。

初九日甲寅　晴，冷。星使传谕约林琴荪、曾叔吾、沈藕生、沈荔虎、吴少序、王少山、严伯玉、沈颋清、罗小荷、林武弁于今早赴文悫庄午酌并游文悫宫。亥初皆回，惟留琴荪在彼密议公务，林武弁则伴二少君消遣。

又星使延英人卜拉喀者每早来馆与星使谈论工课，由是凡与其人往来者皆知其为中国使馆参赞，往来信函即用使馆住址，未详何故也。

初十日乙卯　晴。昨晚李虞臣登日船回华，今早展轮出口。未初，林琴荪由文悫庄回。

戌刻，罗小荷偕其弟妇（即罗叔羹之夫人）在来西悦目戏园观剧，子初一刻回。闻其戏极闹热，且伦敦通城闾巷左右灯彩辉煌，夜游无须秉烛。夫兄弟妇同车往来，亦颇有趣也。

十一日丙辰　晴。午初，星使率二少君及林武弁由文悫庄回。

西国礼拜堂不比中华之庵观寺院，仅为住持、僧道、喇嘛、尼姑，而不以劝诱、焚香、行善为事也。西规平日多有男女默诵叩祷者，礼拜之期早晚尤盛。各堂鸣钟开门，红男绿女，老幼云集，各皆虔心祷祝，改过自新。不意竟有男子向华人乞绣帕，谓于礼拜日入堂以之招弄女子。由此观之，人心岂能一律耶?

十二日丁巳　晴，凉。记：西俗亦有以所遇为吉凶先兆者，如走过木梯之下及墁地白石之上者皆不祥，右脚先入教堂主吉，鸟飞入屋主病，白鸽入屋主死，乌鸦飞过房者一只主悲、两只主喜、三只主死、四只主生，黑猫由窗内窥主不祥，见一白猫主吉，衣上有蜘蛛主富，放一蜘蛛生主使人康健、兴隆。凡人初作事不宜自礼拜五日始，作者不祥；迁移不宜在礼拜六日，主住不长；见新月在右肩主吉；向囊中盛钱恰见新月亦主吉。

十三日戊午　晴，暖。早见二三英人在楼顶作工，询之，知星使于座旁设得律风，以便在英四通八达数百里外皆可传语，无异面谈，并另有气筒可以之听戏、听曲也。

驻法随员吴朋三（寿全）因三年差满，告假来英一游，午刻来拜。

又今日为西历一千八百九十九年十月十七日，英国因现与斐洲东南界之脱兰斯瓦民主属国构兵，特开议院。英君主宣词云“谕上下议院诸爵绅：本年议院散直未久而即开议者，盖因国家有紧要之事，不得不求诸君赞襄而助理之。近日南斐洲不顺于我，我政府拟将储备之兵派往，按照律法应宣告上下议院会议。南斐洲以外各国均称安谧。再谕下议院诸绅：近与南斐洲有事，国家亟宜筹饷，俟应筹款目列出，请诸君议之，至明年国家应用常年款目届时再议。又谕上下议院诸爵绅：英国内政应议款目甚多，均俟届期再议。本日所特行开议者，乃格外紧要之事，我愿上天保佑诸君集思广益，所议皆克成功也。”

十四日己未　晴。未初约吴朋三往游水晶宫，见有赛犬会，因而游人男女颇多。此会每年一次，皆在西十月十八、十九、二十等日，会首为开乃拉会馆，“开乃拉”者译言狗窝也。凡人家所蓄新奇之犬皆可送此比赛，赛毕分列等第，给有奖赏功牌。共分两场，每场列铁窝十行，窝形如椅，椅面铺毡垫草，犬卧其中，有拴以铁练者，亦有不拴者，约千百头，吠声震耳。上下步游一周，入加非馆少坐。点心毕出宫，登车即开。酉正回使馆。

十五日庚申　早大雾。辰正一刻，星使率林琴荪、严伯玉、林武弁乘火车赴勒格毕地方游，地在伦敦西北八十四洋里，设有著名学校甚多，自古名儒多出于此。

记：英人亦有以梦中所见为吉凶之先兆者，如梦看出殡主婚娶，梦婚娶主遭险，梦鸟主犯罪，梦月主女思，梦日主大吉。

十六日辛酉　阴。未初，星使率众回馆。明日为星使五旬大庆，数日前由新嘉坡领事处寄来寿礼一箱，七人公具，共值一百五十金。署槟榔屿副领事谢梦池（荣光）之大少君谢竹琴（延勋）恰值在此游学，乃代具寿幛、钟表及蓝绒袍料，共值十九镑，合银百四十两。本馆诸同事公具金表、寿幛、绒獭灰绒袍褂料、舍利酒二十四瓶、菊花带细瓷盆八件、寿烛一对，申正送上。传云现在期服期内，不设寿堂。余偕诸同事上禀预祝，林武弁回云不敢当。又曾叔吾夫人自具花镜一面、大鲜花篮一枚，循西礼也。

十七日壬戌　镇日黑雾迷漫，箭地不见人，窗内雾气吹入如烟。午初偕诸同事下楼恭祝，武弁传云不敢当。凡同人之候领寿面者，待至午正无信，于是在此者自备饮馔，寓馆外者则皆驰去。未初，林琴荪偕武弁同请星使率二少君在贤翟木斯堂午酌。戌刻，沈荔虎、严伯玉同请星使与二少君在爱丽姒戏园观剧，沈荔虎夫人亦在座焉。

十八日癸亥　大雾如昨。记：英国耶稣教中第十四门曰“普蕾斯拜特连”，义乃长老教会也，现在明分者共有三百十三会，会中无主教，惟各中一长老主持之，教规一切无甚区别，仅以同心传扬为本意。有讲经堂十四，入会者十六万二千零四十四。此外另有经堂数处，入会人一万三千，共有教士三百二十三，出外传教者十八，施医道者十一，女教士二十二。此会始自二百年前，迄今内外入会之人共计二十万云。

十九日甲子　稍雾。巳初一刻，星使率曾叔吾、林武弁赴李子城看制造厂，地在伦敦西北约二百洋里。

昨与同人谈及西人之跳舞，谓男女搂腰抚肩，双双驰骋，似不雅观。然细思之，当跳舞时步武疾徐，踊跃先后，或如鸳鸯、蛱蝶，或如流水回风，变幻离奇，各合乐之节奏，即比以中国古礼“缀兆进退”之仪文，亦奚以异？且其于未跳之先及已跳之后，男女咸有送迎交接之礼，当跳时仪容整肃，不事轻佻。由此观之，是皆藉以行乐也。当时既赏心而悦目，更活络以舒筋，心无异想，意在畅情，不至神疲力倦，似觉有益无损也。夫英国禁止妓寮，而于人家会场食则男女共桌，舞则男女同场，坐则男女并肩，游则男女同行，处处不露媟亵狂荡之态，而咸以礼貌行之。岂若华人之行乐每于金粉队中趋之若鹜，遂至陷入迷楼，沉于欲海，呼朋引类，耗费不赀，连宵达旦，疲倦不堪，心不舒而血气耗，身体弱而精且竭，迷途不返，苦境难离，是乐在一时而害在毕世，其乐安在哉？反不如西人之取乐择其有益而无损者行之也，望吾人之欲养性陶情、随时取乐者察之。

二十日乙丑　阴。本使馆之西南在贝克尔与敖斯佛二街之间婆特蛮坊有堂名“司坦卫”者，平日作乐歌舞，每礼拜日早晨有人赁作讲论处，约数十人专立一会，届期聚集，谈时事、论学问。然会中所聚既非上等名人，亦无别国公使。闻星使自数月前亦入该会，去则辰正前往，午初始回。

二十一日丙寅　晴。申刻，星使由李子村回。

记英俗：若四人相遇咸欲握手问候，不意忽然搭成十字主不祥；一盅内不得放两匙，放则主死；画轴自坠亦主死；见楼梯有针，须即拾起，不拾者主一日不顺；上楼脚急欲跌者主将贺戚友婚姻之喜；街行忽遇车载空酒桶，则当时所欲所思必能如愿；吃饭代人铲盐主不吉，盖助人以盐，义为助人以烦闷也；遇洒盐为不吉，若即手拈少许由左肩抛去可解。

二十二日丁卯　镇日大雨倾盆，暖。中国妇女重节孝而贱淫妒，故演各戏以教人、警人。西国男女之间最重情爱，故大小戏园所演故事，或真或假，无往而不讲情爱者。于是男子有因嫉妒而死者，有男女因情而同时自尽者，从未见演孝顺翁姑、随夫殉难、守贞守节、强奸顺奸、害夫背夫等戏者，盖西国儿媳无侍奉翁姑之礼，其他各节因多见而不为奇也，亦不欲以之警人也。

二十三日戊辰　早阴，午后大雨，暖。记：英都茶税每磅四本士；扣扣粗者每磅一本士，百磅二先令，炮制成末者每磅二本士；鼻烟其百分内含十三分湿润者每磅三先令二本士，不及十三分者每磅三先令十本士；烟丝粗者百分内有十余分潮湿者每磅二先令八本士，不及十分湿者每磅三先令；烟卷每磅五先令，黑叶卷成绳作螺蛳名“黑人头”者每磅三先令十本士，其他各种干叶皆每磅三先令五本士。英国烟茶之税可谓重矣。入夜大风，晴。

二十四日己巳　晴。未初，星使招同事诸君在贤翟木斯会馆午酌。座仿英人列成“丁”字，上横正中坐星使，左右为余及林琴荪、曾叔吾、沈藕生、吴少序、沈荔虎、林武弁、严伯玉、陈安生，下竖直列左右为于心泉、乐中禄、吴旭霄、谢竹琴、袁仁圃、尹元辅、二儿荣骅、星使之二少君、大少君、罗小荷。各人座前饭单上放红纸一条，星使者书“主人”，其他皆书某翁，如“林琴翁”“曾叔翁”，惟余者写“张德翁”，小儿荣骅者亦写“张仲翁”，星使之大少君者写“十九哥”，二少君者写“忠诒哥”，小荷者写“罗小翁”。菜则清汤、白煮鱼、烧牛、烤鸡、苹果饼，果则苹果、葡萄、白梨、无花果，酒为舍利、香宾。食毕各饮加非一盅，申正一刻回使馆。今日未到者为朱乙尊、王香圃、王宛南、王少山，皆因信发过迟也。

二十五日庚午　阴。酉初，星使率二少君往住梨池门。入夜风雨交加。

或谓西人喜动不喜静，好武不好文，亦不尽然，如其打弹、抛球、赛马、溜冰、泅水、赛船等类。正其读书学业之余，随时嬉游取乐，以畅其情，以舒筋脉，皆有取义也。盖学久必怠，又必择其有益无损者而玩好之，以顺其气而舒展精神。此等读学养气之法，恰合《论语》所谓“游于艺”[①]者，朱注：“游者，玩物适情之谓也。”《礼》云：“藏焉修焉，息焉游焉”[②]，是非必朝夕伊唔呫哔，手不释卷也，必有以养其天机，畅其神志也。由此观之，西国风俗多有暗合中国之古训者，岂若吾华人之好游骋者，不揣其有益与否而任意为之，如玩樗蒲虽云静，而终日凝坐，筋脉不舒；玩竹牌虽曰爽，而喧嚣忿争，精神徒耗；玩骰子呼卢喝雉，手掷目注，血气自伤；打摊压宝劳心焦思尤甚。以上皆赌之害也，其他或嫖、或饮花酒、或吸鸦片，日夜流连，既入迷途，又染烟癖，不仅伤财而更伤身。是吾人之喜更新不尚实学，而只求外面者之所好，乃皆今之古者，而守旧者之所好，乃皆古之今者也。苟吾人皆遵古训，则更新者自然反古，而守旧者亦必更新矣。

二十六日辛未　早细雨。星使率两少君由梨池门回，早餐后复去哈娄地方

① 《论语·述而》原文为：“子曰：‘志于道，据于德，依于仁，游于艺。’”

② 《礼记·学记》原文为：“故君子之于学也，藏焉修焉，息焉游焉。”

一游，因多古迹也，夜住推池讷木庄（地在伦敦西南十一洋里）。午后微晴，申刻雾。戌刻，小荷再偕弟妇往观《纽约美人》戏。此戏即余于上年十二月十四日看过者，设在沙蒂太斯百里街，园名与地名同。西俗演一新戏在一城中朝夕演之，必待观者人少而后移改他城。查此戏未闻始自某年月日，而自去冬十二月至今已十阅月矣，依然朝夕观者如蚁，足供本班本园之所赚，演者不烦而听者不厌，岂中国之剧所可同年而语也？

二十七日壬申　阴。酉正星使回。

随使驻德供事翟云超（树珊）本有右目外斜之疾，因闻德医眼科能使其正，遂于前月赴柏林福来得立街旁之眼科施医院中疗治。其治法乃令仰卧床面，头盖昏迷药帕，初盖臭其味，手脚尚知欲动，一分钟后则无所知矣。德医即以刀匙将右眼珠挖出，眼珠左右有系，复将左系割断，以镊作结，再即放入，其人已醒，为时不及二刻。查眼斜之故，左系长而右系短，故眼珠不能正视，今将左系割断打结，则左自短而右因拽自长矣。治毕蒙以白布，待三十日后方得使用，乃在院中养息二十八日，院收饮食费。迨出院时合赏仆等共用百余马克，至今二目依然完璧，惟右目外视觉稍费力耳。

二十八日癸酉　晴。前次王少山经皖城李某由南省贩来之绣片因价昂出售不易，且不合西人之用，遂经退还。此次于数日前又经贩来银器一木匣，如烟卷匣、名片盒、带版（西国妇女用）、壶中茶叶漏之类，工颇精巧，不惟形式与西国者同，且内亦含有钢条，启闭如意，雕錾精细，福寿二字居多，足见中国工人苟肯用心摹仿制造，亦不让日本人独步也。惟华人仍多守旧，以实居心，故银厚体重，不善取巧，因而价昂。其烟卷匣开价一镑半，而此地之工至精者不及一镑，幸此上刻有福寿等字，为一时新奇之品而得易售耳。

二十九日甲戌　终朝阵阵大雨，暖，入夜风。奥国已故太子鲁多蒂之妃司蒂蒂腻，比王里欧浦第二之第三公主也，一千八百八十一年（光绪七年）出嫁，八十三年九月二日生一女名蒉丽斯碧姒，称曰“阿池多柴斯”，译言公主也，现年十六岁。至一千八百八十八年（光绪十四年），太子因故以火铳自戕（详见《五述奇》），太子妃现年三十六岁。昨日见《伦敦日日电报》内一则云：奥国太子妃将改嫁奥国伯爵罗呢业为夫人，约年底成婚，夫妇将侨寓伦敦。该妃并先宣传谓先告退奥国太子妃之称，而仍留比国公主之号云。罗呢业现年三十八岁，据云彼此相识而情爱始自上年太子妃坐船游历阿达里阿的海，此海在义、奥、土三国之间，南通地中海。

## 十月

初一日乙亥　镇日阴风怒号，入夜雨，暖。泰西各国凡商货进口固皆有税，然征客中凡行李带有应纳税者亦须报明，而究有若干之准人携带者，即如英国准人携带酒不逾半升，烟不过半磅。然此例各国不同，兹将所闻者述之，如切成之烟丝足供一路所需，乃已经拆开烟铺之包者，按税规每磅法国合九先令，义国则合七先令半，德、日、奥皆合不及一先令，份量稍重则须纳作小买卖之准售凭单税；烟卷在德法两国准带一路足用者，日斯巴尼亚准带不过二十根，义大里准带一烟盒，葡萄牙可带已拆之一木匣；酒可带一小瓶且须拔过瓶塞者，义大里准带不逾两吉勒（每吉勒合英一升中四分之一）；药料之在沿途须用者法国收税，德国惟丸药收税，葡国除一瓶外皆收税；军器犯禁，至玩物、手枪之类，德、法、比、葡皆按份量纳税，日斯巴尼亚须由启程处向日国领事纳费领凭；犬各国多无税，惟葡萄牙则按所值收税，英吉利、哪尔喊概不准入口。

初二日丙子　阴雨，暖，入夜风。余向知英都住房笼火之法，无非清晨扫净，铺纸垫柴，上放新煤而已。乃闻节俭之家另有省法，系扫净后铺厚纸一方，剪与炉槽四面齐，上置新煤块，高并铁阑，煤块要小，大比核桃，否则大块放前，小块置后亦可。煤上另放粗纸或刨花或木柴，以上覆以昨日所烧未尽之煤渣，搀以新煤少许，自上燃之，乃火焰下烧，烟则上升，陆续烧透，上下一色，如此一炉可烧八九或十点钟之久，无须撩扎以及加添新煤，足暖一间。不惟房主省费，而仆婢亦觉省工，盖炉下无须多扫，火中不须多擞，间或须擞，亦仅擞上而莫擞下。因擞下则火烈，不能奈久而易尽，是求省而反费矣，不知英民诚皆效此齐家之道否？

初三日丁丑　阴雨。由同文馆派来英肄业诸生皆于本月十三日三年期满，陈安生、朱乙尊、王宛南同于上月呈请回国，今日经星使先将乙尊之禀批下，批云："据禀阅悉，查该学生前于光绪二十二年选派出洋，先入西斐学堂学习算学、测量、绘图、格致，上年八月间学堂功课毕业，复经派往伦敦最著名之铁路工程处巴礼公司学习建造铁路，迄今已届三年，所有勘路、测绘、估工一切理法均臻娴熟，得有该公司凭单，学业精勤，理法兼赅，足备办理铁路工程之选，殊堪嘉尚，现届肄业期满，仰支应处照章发给川资归装，以便咨送回华，前赴总理衙门听候考验差遣，勿稍延缓，切切此缴。"

初四日戊寅　阴雨。午后同文馆总教习欧理斐来拜，因其自本年二月告假一年也。

伦敦犬戴嘴套之例始自三年前，大旨谓恐犬性或因烈或因疯嚼人受伤也。传云：上月有妇女若干递呈下议院，谓他国皆无此例，且狗戴此套，其嘴不能满张，从中必当受病，请议撤此例。数日前由议院议定，出谕上新报，准其概行摘撤云。

初五日己卯　镇日阴晴风雾不定，入夜雨。西国男女之讲情爱也甚矣。男女互相致信，于名下画斜十字，有由四五至数十者，义乃一“×”字为亲吻一次也。又信票斜贴于信封之上角，亦主亲吻之义。虽生前情爱如此之切，而其真假难知，心地不准，嫁后不幸一旦为文君，即不能守柏舟节，其不念故情而转思新爱者多矣。

初六日庚辰　白昼如昨，入夜大风。前记将与奥太子妃订婚之罗呢业本为亨加里之名族，然于四年前始得伯爵之称，伊叔罗梅倏原为亨加里之显官，自前于西一千八百六十七年（同治六年）亨邦复兴，创立会堂，罗梅倏授为户部大臣，继擢首相，四年前封伯爵，因而近支子侄咸得此称。罗呢业前在亨邦充职，上年告退，或云此次再醮，一切妆奁之费统出奥皇之私囊。

西国男女婚嫁固有品位相当之说，然而寡后再醮，后夫位卑而不以为耻也。平人无论矣，世爵无论矣，乃王后、公主之再醮者亦不仅此次为创始也，即如法皇那波仑第一之后绿衣姒改嫁伯爵尼博格，其人亦非贵族。自古太子、世子娶民女者亦有之，如奥斯马加皇查里第五之侄茀尔的楠娶民女魏色丽为夫人，世子胄安娶邮政局主人之女黎莲为夫人，俄皇之弟娶女优为福晋（详见《四述奇》）是也。

初七日辛巳　晴而暖。今日系西十一月初九日，为太子、卫拉斯王埃达倭之生辰，又为新任伦敦美尔接任之期。上任美尔穆尔年近七旬，今日接任之美尔牛特恩现年五旬余。午后美尔巡城，有英人特勒斯阔特约在茀立特街第百九十一二号楼上一观。

按：其巡行之法系自午初十五分由克英街极乐堂中南行，走奎印街过骚斯倭克桥入骚斯倭克桥路，稍西穿马沙溪路至贤卓志教堂转东向北走柏娄垓街过伦敦桥仍北行，走韪良王巷稍西过伦敦府（即满琛蒿斯）入普林赛斯街再过洛斯百里、格蕾杉木、巴兴霍勒等街后转西，走佛耳街再北入蕾得十字街仍转西稍南走巴尔比干街入洛昂巷至卫斯司米扉坊，自此南行过极乐斯柏尔街、欧勒贝里街、乐该山又转西入茀立特街，过坦巴尔（城门旧基）入法堂英名“洛亚阔尔多伍哲斯堤斯”见律例大臣英称“洛得池伊甫哲斯堤斯”。去此向西稍南走司特兰街转正南入诺僧布兰街沿太木斯江之维克都里亚堤东行，至布拉克茀立尔桥边稍北转入维克都里亚君主街再直北，过奎印街入克英街仍回极乐堂。此行周不及三十里，亦仅伦敦老城内百分之一耳。凡其必由各街无不悬花、结彩、挂旗，楼皆开窗，横铺彩绸、国旗之类，各皆男女满座，座皆出赁，价由二三先令至一二镑不等。街市男女老幼往来如织，拥挤异常，咸有马步巡捕弹压，沿街有喊卖美尔巡街图及纸条手摊、五彩纸星者。余偕吴少序率荣骅另入一间，乃左右两窗边支木台高尺许，上铺红毡，列木椅于其上。自上俯视往来行人以及左右对面各楼，皆在目前，屋中一桌备有酒食点心。待至未刻，忽见巡捕令左右观者分排两横，中道肃静空宽，继闻鼓乐丁东而至。先是乘马乌衣巡捕一队列作三横前引，后则红衣护卫一队，御前马队乐兵一班，救生船一只，船下四轮，驾以六马，中立十二人，白衣举桨为救生兵。以上皆由敕建救生学院中借来者。再则木架行工人一伙，步兵一队，乐兵一队，大蓝或红旗八，各横宽一丈，竖长七八尺，左右分行，每杆执以二人，中行双马或四马车四辆，内坐木架行主人等。此后乌衣步兵一百，红衣步队乐兵一百，救火兵一百，今古救火车三辆，百年前邮政局车一辆，新式汽车一辆，红衣步兵一队，四轮大敞车一辆式如床，四面围以花绸，驾用四马，车上正中一木台，上坐女神，头戴金盔，手执三股长叉，前立古装水陆兵数名，后立时式水陆兵数名，车前后斜插国旗四杆。再则车行工匠一伙，步乐工一班，四马大车三辆，内坐车行主人及院长、牧师等，苏格兰乐兵一百，大旗四杆，水师乐兵一队。又大敞车一辆，式与前同，上立多人，系表今古工人之装束。笼桶行工人一伙，乐兵一队，花旗六双，马车二辆，内坐桶行主人，武备学堂小孩、乐兵百名。又大敞车一辆，式与前二辆同，上立装扮英各属地之兵共数十名（以上三大车，式与前在柏林看者相似，详见《五述奇》）。又小孩红衣乐兵一队，救火兵一队，救火车二辆，爱尔兰步兵一队，绦带行工人一伙，双马车二辆，内坐行中主人，乐兵一队，后扇行工人一伙，双马车四辆，内坐行中主人。后红衣兵一队，四马车二辆，各坐武官四员。又乘马乐兵一队，四马驾朝车一辆，内坐前任美尔穆尔。金衣马兵一队，乌衣步兵一队，六马驾金车一辆，内坐新任美尔牛特恩，侍仆执刀掌剑，随行左右，末则红衣护兵一队。过毕，特君引下楼招四巡捕前引开道步入法堂，少待见新旧美尔，会毕律例大臣，特君为之引见，握手问候，立彼复看各兵队、车辆由堂前陆续经过一番。美尔话别登车后，随特君齐步至蒿勒赍街入阿威牛店午酌，时已申正，食毕谢别。酉正回使馆。

按：今日所见人马、车辆殊多，记不胜记，姑将目前经过者书之以见其繁盛耳。

初八日壬午　阴雨阵阵。记：英人烧火另一俭省之法系不倒煤灰，乃每晨由存煤处取煤渣之多寡与所遗之灰相埒，使水混于一处如泥，以之抹于炉背后或置新煤面上，则终朝火烧温暖，且熄后所余生煤不多云。入夜雨止仍阴。

初九日癸未　阴。南斐洲脱兰斯瓦民主小国本为英之藩属，英呼其人曰“布尔斯”，乃因故自上月初六日电致英廷以阿的美当[①]，英未答，既而开仗。十三日开议院，筹定兵饷一千万镑，后仍关闭，英陆续以船载兵前往，须至下月底到齐。迩来新报宣传英兵屡败，一因兵少，再因山多，交仗不易。又闻英各属地如加那达、新金山各处，亦皆奋勇派兵，前往助战。

现在天主诞辰节近，各点心铺出售李子圣糕。昨见新报内一则，谓在李英点心铺定造李子糕一万块，送至斐洲以供英兵。按：此糕至小者周一尺，高四寸余，圆顶如馒首，价则每块一先令，计一万先令，合英金五千镑，约华银几至四万两，亦不为菲矣。

初十日甲申　阴晴不定。早星使率多人起程坐火车往游晒扉城，地在伦敦西北一百六十五洋里，该处制造大小钢铁器具局厂甚多。

记英例：凡人外游须护照者皆向外部请领，先函达外部设之护照司，信到后必于次日由午初至申正写就，护照每张不论上书若干名姓，皆须使费二先令，须人代领代办者外加代办费一先令半，不能新领而须寄往者，当来信请时须将应用之信票一并寄来。以上请法系专指英人之在国内者。至英人之业已在外，欲他往而需护照者，则不必函请外部，可由所居之地附近之领事、教士处请之。凡人领得护照须即自行画押其上，以免身临他处被察而成废纸。

又请护照之人不能自行直请，须另有荐证凭单，或由本国银行主人举荐，或由无论何处之英国美尔、按察司、教士、医官、状师、律师给以凭单皆可。其凭单写法字句无多，式与信同，乃写住址日期，下云属何地之何人，今为某人作凭，其人名姓确系英人，请发护照前往某地以利遄行，末则画押。

又凡英人之往俄土两国者，于未启程前须将护照交该国驻英之领事查验而

---

① 阿的美当：英文ultimatum之汉语音译，意为“最后通牒”。

后行。

十一日乙酉　晴而黄雾阵阵。煤之作球而烧者不仅在中国北京也，其所以作球之故，无他，因煤碎杂以黄土使其粘也，更因炉式使然也。兹闻英人有因节省日用而作煤球者，其作法乃碎煤与锯末共一斗、沙土二斗、黄土一斗半，以水混于一处成泥，搅匀后或手团作球，或模皲作块。俟干后虽不能以之生火，而当煤烧旺时置少许于其上，既助火力，亦可多耐时刻也。

十二日丙戌　晴。未刻星使率众由晒扉回，戌正复携林武弁赴比都。

华人之不知自爱也亦甚矣。闻驻某国之肄业生某甲早经娶妻，生有子女，乃在外与一洋女情投，自称侯爵某某，不意被驻彼某星使闻知，辩明新报，该女始退而不嫁。更有参赞、舌人自称某地王族者，愈奇矣。

十三日丁亥　阴，雾。上月杪，新报中谓于某日金星将与地球相撞，无验。前又云自昨日酉正至今日卯正当有流星，共长百百万尺或一千万洋里，宽十万洋里，自西北飞向东南。惜镇日阴雾迷漫，无所得见。至晚电报传云昨夜在纽约见五十二，在奥京见七十四。

十四日戊子　阴。英国果蔬之贵较中国者不仅加三四倍，竟有加数百倍至千倍者。平日酸桃、面梨按枚皆五六本士，已合京中当十钱两吊多矣。昨见出售有杵头柿子每枚八本士，合钱三吊六百，至香瓜一个竟号值一先令，合四吊八百矣。

十五日己丑　阴。朱乙尊定于本月二十三日坐日本公司回华，遂于今晚申正约在柴市潘屯巷第二十八号口美的饭庄晚酌。余因自上月底患咳嗽不爽，乃令小儿荣骅往陪。

十六日庚寅　阴雾，凉。朱乙尊、陈安生、王宛南皆自上月呈请回国，至本月三日批准朱乙尊回华；陈安生者虽未批下，乃传谕留此充当翻译，每月俸薪百零五两；王宛南因据格致教习云其所学程度尚欠年余，于是呈请再留一年。延至今日始传谓不能照办，缴还原禀，令改写与乙尊者同。

又林武弁本系每月百两，朝夕与星使共桌，闻自改翻译后虽每月增至百零五两，而两餐则改归自备矣。

十七日辛卯　阴晴不定。伦敦汽车准行街市，官定有例，乃虽名曰“汽车”，而行动需人，车重不得逾四吨，行动不得有烟汽外喷，天色黑暗亦须左右插灯，随行上下辙与马车一律。遇有阻止行人、车辆，亦须鸣钟摇铃，抑或吹哨。此车行动不得太速，一点钟不得逾十四洋里，车重由一吨半至两吨者一点钟至多准行八洋里，重逾两吨则一点钟行不得逾五洋里。

十八日壬辰　阴晴不定如昨。朱、陈、王三君学满三年，因而总署改派四名为柏峻山（锐）、国干臣（栋）、恩昆峰（厚）、六定成（保），咸于九月初五日驾英公司由上海展轮，今日驶入太木斯江，泊于阿拉柏码头。酉正一刻到伦敦，住于高尔街第六十四号，即陈安生初到此之教习萨尔家也。戌正，星使由比国回。

十九日癸巳　阴雾，凉。巳刻，柏峻山等来拜。按年西八月初九、初十、十一三日在布来屯地方之普来斯屯囿中有射箭会，男女百余，亦以射中红鹄或射至远及至高者为胜。其靶圆形，周约六七尺，中作红心，外围四白圈，式与京中射鹄者同，惟不悬挂，后以三木棍支立之。弓以木造，绳弦皆不劲，箭亦短细，翎长仅七八寸，人于百码外射之，颇不易得准的，亦男女赏心乐事之一端也。入夜微风，晴。

二十日甲午　稍晴。酉初，星使起程赴哈里伐克斯城阅看绸布制造厂，地在伦敦西北一百九十四洋里。未启程先令王少山以白纸写篆文“持节使者罗丰禄”七字，周各盈尺，盖该局设有新法，各种花样当时即能织就，该局将为星使随看织此七字于绸上也。酉正，余约柏峻山、国干臣、恩昆峰、六定成晚酌，特备卤面，因其四十余日未得华餐，主宾话旧，藉慰良宵，幸甚！

二十一日乙未　阴，凉。近日英兵在斐洲因敌在山上攻之不易，乃用炸炮轰击，遂得获胜两次。敌国电问英廷以用炸弹有违公法，英对以我能造故用之，汝国如能造亦当用之，且去岁美日交兵亦然，何谓不应用耶？由此观之，公法之有用无用赖乎国之强弱耳。

二十二日丙申　阴。未正，星使由哈里伐克斯回。

记：英国量地之尺数，乃谓地周分三百六十度，每度合六十海里，统计共一万万三千一百三十八万五千四百五十六尺，以六十乘三百六十得二万一千六百，再以二千六百[1]分一万万三千一百三十八万五千四百五十六，则得一海里之尺数乃六千零八十二尺零百分中之六十六。

按：英一海里等于六千零八十尺或一千一百五十一地里。

又英之一发色木等于六尺，一百发色木等于一开布来因斯，一开布来因斯等于一海里中百分之一。

① 应为二万一千六百。

二十三日丁酉　阴。午正，星使约朱、王二君在贤翟木斯会馆便酌，与之饯别。申初朱乙尊起程，令荣骅乘车送至芬哲池火车栈。

酉正，萨威芝会馆请星使晚餐，星使因泰西以歌舞作乐皆为一种学问，同座必有善此学问之人，于是饬令学生王芸往歌，学生柏锐随去吹笛。王芸因目疾固辞未往，柏锐初到伦敦，遂即随去。想当众人畅饮酩酊之际，闻笛声而酒醒，必皆狂喜而无人歌唱，亦大可惜也。

二十四日戊戌　晴。午初，星使率两少君携林武弁坐火车赴司铎克屯城阅看制造厂，地在伦敦正北稍西二百二十洋里。

记：天下大洋之深广，如太平洋周六千七百六十九万九千六百三十方洋里，深二万七千九百三十尺；大西洋周三千四百三十万一千四百方洋里，深二万七千三百六十六尺；印度洋周二千八百六十一万五千六百方洋里，深一万八千五百八十二尺。

二十五日己亥　微晴。早餐后答拜柏、国、恩、六四君。

西人处处搜求，设法获利。外国以新报为大宗，种式极多，观者极众，各人喜看一种，或国事、或商务、或学问、或教务。于是设有一种择剪新报局，局中各处各种新报皆有，欲看何种，告之该局，则按日于各报中凡有论及其事者皆一一剪下封送。此种剪下之报名曰“克丁”，译言割下者也，价则由百页至千页至万页多合一铜钱一页，极属便当，虽云费而实省，盖一人不能一日买遍千万张也。

二十六日庚子　晴。记：西人以孩童学业不得终日埋头兀坐，使之目酸腰直，有伤身体，而宜随时畅其心志，舒其筋骨，以使气力充强，免致郁成疾病。于是无论大小学校咸设体操，盖每日诸生写读、饮食、歇息皆有定时，而于午后在园或院中阔处又加以体操，是体操既有定处，亦有定时。至所操者，或秋千、或蹴鞠、或抛球、或跃背、或赛跑以矜足捷，或比跳而显身轻。以上虽系酣嬉舞蹈，肆意喧哗，而所习皆不外乎规矩，盖藉以操练四肢，筋骨舒和也。到时师长发号，则群生依次入堂，而又井然、秩然、彬彬乎举笔执书而用心学习矣。如此时而用功、时而嬉戏，与古人“息焉游焉”之意暗合。

二十七日辛丑　雾。酉初，星使率二少君由司铎克屯回。

记：伦敦自脚踏车畅兴后国家立有定例，谓此车比马车、人比御者，行动皆须小心以免伤人。各车皆前立一灯，自日落后一点钟亮至日升前一点钟，行路例与马车同。若对面遇车须向左避，如欲走过须自右开，苟不骑而步行，规模亦与马车同。无论大道如何平坦与否，皆不准走大道左右行人之路。火车栈房有人暂留行李之处有留脚踏车者，若所值价逾十镑，须当面言明，否有遗失损坏，则车行皆按十镑赔偿修理云。

二十八日壬寅　镇日黑雾迷漫，尺外不见人，白昼燃灯。王宛南行李收妥，虽未买船票，而路费已领，定于冬月初六日乘日本公司回华。今日忽由林琴荪传谓：不日人请星使阅看煤铅各矿，拟暂留宛南以便随带协助谈论矿情，因宛南所学者矿务，而星使于此道尚未深悉也。

二十九日癸卯　白昼阴，入夜大雨。英例金镑、纸钞一律使用，付钱者付以纸钞，收者不得勒索，金钱、银钱零用不得数逾两镑，铜钱零用不得逾一先令，大半因体重不便携带耳。

三十日甲辰　晴，凉。法人虚素夫妇久寓伦敦，以补牙为生，兼充新报访事人，包租楼房，余舍出赁。于是识有前随使吴挹卿（宗濂）、林和叔（怡游）及前于丁丑经李丹崖星使（凤苞）由福建船政局带来法国学习之官生、现驻巴里充当管带学习水师官生监督吴焕其（德章），因三君皆通法文也，彼此交结稠密。自前冬虚素即谋集股至中国开矿、开客寓、造铁道，并设制造纸布等局，早经吴挹卿在南省为之筹划，往来信件颇多。去岁夫妇至上海一次，谋事无成而回，或谓其人又将起身矣。且闻吴焕其在巴里与虚素约，谓自在本国权势广大，何等大事皆能作主，乃欲每月得工费百镑，立定五年，无论事成与否，须共先付六千镑。虚素谓事成与否，不得预料，且所集股份尚不及此数，殊难允从。因而改用他人，至改用何人未闻。

## 十一月

初一日乙巳　镇日黄雾迷漫。记：英人之忠于国家、义于国人也，殊堪嘉尚。闻自英与南斐洲开衅后，各属地皆诚心助兵助饷，不必国家勒派，因而各富宦商民亦皆自愿助饷，且见新报内载云如果军饷不足，各贫民咸愿押卖所有以助之。

按：此次交兵之国并非至切之仇敌，苟系邻邦大国，则国人之愿助兵饷报仇者更不知凡几矣。

又法京定于明年设立赛奇会，英国巨商之买定房间地基者业经若许，迨开会时英之君主、太子皆拟前往庆贺。不意前月法国新报忽载一段画有英主小像，议论国政，啧有烦言，英人见而怒。法国外部大臣因而谕令禁止出售，且自陈于新报，谓前言并非法廷官场之意，两国友谊敦厚，责令焚毁云云。虽然，英国巨商之租定房间而立意不往者闻已七家矣，并闻英君主、太子亦有不赴之意云。

初二日丙午　晴。总署新派四生自上月经教习萨尔拟定应读何书，开单呈请星使饬买，共值三四镑。今日买得，四生来领，星使谓将亲笔代各生书名于各本，且令各将名姓以洋字如何拼法写出呈上。盖星使之洋字笔法遒劲纯熟，洋人虽不尚书法笔力，而亦为英人所赞仰也。

初三日丁未　阴雨，暖。按：英国租用得律风，一切线筒以及门内壁上之机器，皆本行预备。人家用者每年每份十镑，使馆、商局、官署用者十七镑。房中另行分支，墙上者一年一镑，桌头者一镑五先令。闻此次星使所租者除门内悬挂机器外，另分四枝，乃星使之签押房、卧房及马清臣与林武弁屋中也。

初四日戊申　雨暖如昨。记：英国各大学堂皆附近于园囿旷场，诸生皆已及岁，故于例程体操外又加以兵式体操。更有于夏季天长领诸生下乡登山作兵队扎营状，随有教师列队步趋，号令严肃，步伐整齐，用枪各法，举放提携，亦皆与营兵无异。其余如跃马、放枪、击剑、角抵以及超跃木墙、跑登土岗、跳绝涧、升云梯、爬山岩、骑骣马、筑行营、摧敌垒，其技艺精熟，竟有轻于燕掠，捷若猱升者（以上详见《四述奇》）。盖西国各大学堂内诸生虽云有阛阓齐民，而大员子弟、金张贵胄、王谢名流亦在其中也。男子学文亦当知武，讲武尤必习文，虽自幼未入营伍，而于学业之时已寓武事于文教之中。故一旦有事于军中，不至茫然无所措手，则庶不以从戎为苦矣。

初五日己酉　阴雨。在德学习之同文馆学生杨小川（晟）三年报满，乘日本公司回华。经过太木斯江口泊岸一日，因而午后来拜，坐谈许久，邀之晚酌，辞。

查日本船价头等舱较他国价廉二十镑，而比他国之二等舱仅多十镑，至其二等舱较他国二等者价廉十五镑。闻其头等舱按前日朱乙尊所搭者极其狭窄，一舱叠横两床，床下不能容小件行李，仅能置一椅于床前。又昨接李虞臣来信，言日人伺候洋人伏谒甚恭，而待华人则殊草率，舱间窄小，饮食无味云云。由此观之，日本之头等即他国之二等舱，且小于他国之二等者，至其二等想即他国之三等也。

初六日庚戌　稍晴而冷。记：外国新创一种听声器洋名“伊蕾克特娄风”，义乃电气传声也。虽另为一局，乃又与得律风连号，因兼用其线筒也。至此种机器之一头，系空筒作“ψ”形，左右二小盅形者，合人之两耳。赁用一份听器四份，每年赁价十镑，以之可在家中任听各大戏园之戏、乐堂之乐以及教堂之唪经。因而星使赁用一份，置于得律风之四处。听时将听器接结得律风之线筒，告以将听何处之戏或乐，后将听器举对两耳，则所闻自与面前无异。然则星使于书房闲坐以及睡梦之余，皆可听戏、听乐矣。不惟星使也，如二少君、罗小荷、林琴荪，皆可往听也。林武弁房中自有一份，更可任便矣。按：此种听法固属便当有趣，惜惟闻其声而不见其人耳。

初七日辛亥　微晴。记英例：凡人于行路拾得之物，除原主外他人皆不得妄认。拾物者以之换钱，他人虽知其物系拾来者，亦不能阻止。失物之人访得拾物之人，索之不还，可以告官。然按常例，拾物须登新报，言明拾得何物，有能言其式样、记号以及失物之日月、地方者来取，其往取者酬谢与否任便，虽无所谢而拾者亦无怨言。住户窗外间有贴告白者，云某人曾经遗失何物，有能送来者酬谢若干云。

初八日壬子　微晴，颇冷，颇似京中九月天。记英例：一人偶遭火车、公车、马车、电车意外之险因而致命，则其人之妻抑或子女皆可告官，令该车行赔补日用。又凡兄弟姊妹及他近支人之赖遭险之人养育者亦可告官，苟有实据，官则按例判令赔其养银，别无偿命等罪。入夜雪寸余。

初九日癸丑　阴，冷。闻星使自本年四月二十一日前赴水晶宫勤工赛会后，即经该会馆协理考安请星使入会，并请往游国中著名各制造局厂，以便英华商务盛兴，称曰“因得斯特立阿土尔”，译言周游百艺也。至所去各处，皆由考安选择，指引一切。原定自西正月始，迩因星使得暇自往游历数处，考安不知也。迨伊闻知，欲阻不得。于是向星使言定以前所去者不归该会所请，乃改约自今日（西十二月十一日）至明春正月初五日（西一千九百年二月初四日）止另游一周。星使遂于辰正率曾叔吾、沈荔虎及两少君、林武弁坐火车赴柯文特里城游，地在伦敦西北八十洋里，属倭尔维克府。入夜雪，水面初溓。

初十日甲寅　镇日微雪，入夜大雪缤纷积二寸余，冷似都门三九天。英例：女儿出嫁，父母给奁资金镑若干，此镑不入女手而收入银行，女则按月收取利息以作日用。妻故，利归夫取；夫妇皆故，利归子女；妻故，在外如有欠款，查其账为日用必须者则夫偿，苟系妄为，则取银行存款偿之云。

十一日乙卯　阴晴不定，冷。未初，星使率众由柯文特里回。

记英例：姐丈不得续娶小姨，其故无他，盖姐出嫁奁资若干已入甲家，妹再嫁，父母不得不仍给奁资若干，如是则资财皆入甲家矣。因官场不欲财产多归一门，故靳之。

十二日丙辰　阴晴不定如昨。巳正，星使率陈安生、王宛南、严伯玉及二少君坐火车赴立文浦海口及李子村游，海口在伦敦西北，他村在海口之东稍北，皆距伦敦百八九十洋里。现因天主诞节在迩，通城大小各铺如珠宝、首饰、衣冠、绸缎、皮革、器皿、什物、书籍、画轴、饮食、玩物、花片等，盈千累万，种类不一，笔难尽述，无不于大玻璃窗内贴帖挂牌，印云“克里斯麻司普蕾森自”，译言天主诞辰礼物也。其所贴挂之帖牌，亦无不五彩华美，作出奇形怪状，招人观览，并有致书富贵之家，请往照顾者。

十三日丁巳　稍晴，冷。记：本使馆所用电灯专属一局，迩因局中机器有损，自月前来函言：每日修理须自酉初至戌正或至亥正或至子正，气不得放，请暂自备灯烛，当于天主节前三两日修妥也。因而每晚各屋灯火自备，至前后楼梯四五层以及往来人所必由之路，皆由支应预备残烛剩蜡，或红或白，计仅五六支。现在每日申正天黑，当星使在馆，每晚届时尚有微光，人可上下出入。迨星使携二少君外游，而支应每晚亦有要事公出，则人之欲在楼中上下往来者皆须自行秉烛，仆役手举油盘上下亦皆执灯，亦良苦矣。

十四日戊午　白昼阴雾，入夜晴。中国随使文武多员以及肄业诸生多有以着洋服便于往来街市，不致土人追呼“亲亲斋那曼”及扯辫拉衣、撇掷碎物者。然既改洋装，须有洋发，其出售假发铺中亦卖戏场所用各种各色者，乃做有假盖发，华人将辫盘于顶上，以此发蒙之，则望中颇类西人矣。面目虽差，而洋人亦必以日本人目之。此发每头在伦敦价值四五镑，他由德京购来者价则不及一镑，工精色黑，而且结实。由此观之，则伦敦人工物价之昂贵可知矣。

十五日己未　阴，雾。伦敦各饭馆以及人家平时请客之大致，皆起首四碟，无非咸鱼一二种，腌青果、西红柿、小红萝卜、牛奶油。先用佐面包少许，继而汤一盘，后则陆续而来，鱼第一，再而牛或羊肉炒面或馅饼，末为鸡鸟肉带生青菜。又随牛羊肉有煮熟青菜，如番薯、白菜、菠菜、菜花、扁豆、豌豆不等。再后则冰乳或糖点心、糖果等，干鲜果随有净手玻璃或镀银钵。到此三年，人家莫论，而饭馆顿饭价由一先令半、二先令、二先令半、五先令、七先令半至十二先令。其至贵者菜亦无大区别，无非屋间宽敞华美、器具精润而已，贱者屋间稍小而亦洁净整齐，规模一律，且汤菜反觉丰腴。竟有大铺价昂而菜更无味者，徒取外观有耀而已。

十六日庚申　阴，雾。使馆东富利街与大堤池弗益街之间一布匹毡氈杂货铺名“霍拉”者，铺东霍拉于今春病故，无子女，妻在不能给弟，而妻老不能料理，于是定于本月二十一日礼拜六关闭。一切货物按类分列，请各铺前来量货估价，有欲概行收买者，有按类抽买者，估定所值，封交铺中，择其所估之价最优者售之，略与京中当行同。

十七日辛酉　阴。戌刻，星使率陈安生诸君由立文浦回。两国交争，因兵将受伤之苦，前在义国热诺瓦海口各国立有红十字会，专赴各战场拯救伤兵。现在英与脱国开仗，彼此各有所伤，红十字会中已有前往者。兹又有世爵夫人翟赤心者，本美国人，前嫁英世爵翟公，现寡居，仍住美国。因而倡首募化，特买轮船一艘，名之曰“施医船”，带医生十数名，义女数十名，舱屋修洁，容卧伤人三百，共费金镑二千。该夫人携领前往斐洲，前日由美国驶至太木斯江口西印度坞，英君主赠旗一杆。昨日西十二月十八日礼拜一，钦派二太子、宽诺公夫妇于午初驾火车至彼，代君主赠旗。登船后，二太子左手举旗立陈一段，代君主及本国兵将人民深谢翟夫人及诸夫人、小姐之善举。既而翟夫人立而答谢君主、太子、福晋，并望各人之善心克竟其用，以救两国之伤兵，君主之旗足使此船增加荣耀云云。英美二旗并悬桅顶。此后小酌，同桌者男女百数十人，食毕散别。闻该船定于明日展轮。

十八日壬戌　阴。伦敦城东北角维克都里亚囿旁阔里路之伊尔拉提墨尔礼拜堂之教士阿琴森来函言：现至隆冬，又值兵勇出征南斐洲，此地寡妇孤子之寒冷饥饿嗷嗷待哺者甚多，特求善人君子施舍少许，或钱财、或衣食，不论多少，不拘新旧，感激无既云云。因汇去十先令一票，以助赈济之举。

十九日癸亥　阴雾，微雨。外国靴鞋底皆牛皮两层，本属坚实。然街道沙石，底仍易毁，小孩及工役者尤甚。因而英人铸造一种铁钉，形式不一，名曰“伊克里普斯布特安得舒普娄太克多尔斯”，译言保护靴鞋滑跌者也。乃一页厚纸三折，钉共二十块，每块厚三分，大小不一，大椭圆者二，中半月形者二，小半月形者八，长三角形者八。其中大者寸余，小者半寸，铸以模，面有凸凹纹如木梳，价则一本士而已。

二十日甲子　早阴，冬至节。巳正同众着蟒袍、补褂随星使向北恭拜圣牌，行三跪九叩礼，当时未到者为沈荔虎、严伯玉。据林琴荪云，因有孝服免备油炸面团。未初雪一阵，后仍阴。见果铺出售一种干果名曰“布拉西勒”（巴西国名本音），产自巴西国，硬皮黑紫色，白肉如桃仁、杏仁，形似橘瓤之一角。正看作椭圆形，当中割开作三角形，味亦甘香，皮外有点纹，又似干石榴。闻系木本，贩至此地出售，每磅四五六本士不等。

二十一日乙丑　阴，未初大雾迷漫。闻于申酉之间因路难辨竟有三处火车遭险，一系大西方之火车在司捞地方两行相撞，一系都法海口来车乃横竖对撞，一系喀来兜年一行出辙翻倒，于中轧死者十数人，男女老幼受伤者数十人。又因明日礼拜，后日为其天主诞辰，于是各大铺一律关闭，人工休息。

二十二日丙寅　微雾，阴。上月英武官席满阵亡，君主特派太子及各部大臣男女前往吊唁，并安慰其夫人。昨日马队将军罗柏滋起程，入宫召见，乃君主亲驾迎送于宫门。

又因现在国人出征，天主诞辰之宴君主特令停止。

二十三日丁卯　晴，暖。今日系西十二月二十五日，为其天主诞辰，铺户关闭，人工休息。

迩来星使带二少君及他三四同事各处游历，凡制造局厂各有所馈，轻重不等，如脚踏车、绸缎、毡氇、衣料、刀叉、烟卷、玩物，种种不一。星使所雇每一礼拜十金镑之英人自称参赞或幕宾卜拉克于前数处亦皆随往，以便代作陈词。不意其人于多处索求衣料，搜收小刀之类，星使闻而贱之，回后辞却，其人谓有老母在堂，贫苦无所得，切求再留一月，以资养赡。

二十四日戊辰　细雨，凉。记：附近使馆有大铺六，第一为“皮特骆宾森”，在利贞与敖斯佛二街十字路口，四面皆铺，而此铺占其两角，极为宽大，楼四上，由利贞街左鄙之喀斯胡同南向至十字路口转东入敖斯佛街至大坡兰街口右止，再由口左东向至堤池苇益街口止，其对面者由十字路口东向至阿盖巷内止，南向至阿盖坊口外止，各楼虽在地面，街道相隔，而楼下有楼，有隧道上下曲折，可以互通；第二名“四万”，由利贞街南首转东至庇喀的里坊，再转西入庇喀的里街，通作椭圆形，三面有门，楼亦四层；第三在敖斯佛街路北名“一万”，亦由此胡同至彼胡同，乃后在卜立安街旁为贵步街，三面有门，楼四上；第四五六三处皆在妥廷哈木阔尔路东首，曰“贝克尔”、曰“舒卜蕾”、曰“梅步”，三铺一行，中隔间巷，北自攸斯屯街过骚斯巷、妥廷哈木巷、格拉茀屯巷至攸尼倭细的街，各楼五六层，横皆二三十间，后门皆在高尔街。以上各铺，入门皆极华丽，五彩芬芳，鲜明夺目，上下曲弯，不知有几千万层，处处有人指引。所售货物凡人家所需者无不备具，由绸缎布匹、皮革绒毡、金银铜铁、瓷木玻璃、翎毛纸绢、藤竹古米、乐器电汽、什物玩物，种类千万，书不胜书。各用男女工人三四五百，大小马车百辆，“皮特骆宾森”并有驴车、脚踏车，以分送各货。且各铺楼顶备有加非、茶点铺，以便主顾歇息，无须他往也。

二十五日己巳　阴，冷。冰结路滑，因恐马匹跌倒，经地方官使二人，一拽敞车一辆，内盛小石子、沙土，一人在后随行，以铁锹撮洒之。

闻英兵在脱兰斯瓦至今尚未出界，土人守御极严，且英枪能击一千四百码，而土人所用者击一千六百码，英赖水师炮位，故能互有胜负。然该地国小而贫，人虽强而炮虽精，终恐不易持久耳。入夜细雨。

二十六日庚午　阴雾，暖，冰化而街道泥泞，申刻雨，入夜风。昨见新报一节载云：某甲因爱某铺女伙，屡次写信申其爱情，而该女无回信。某甲惭愧，因欲自尽，幸被人救活。巡捕领某甲父子及救解各人至公堂，某甲实供不讳，公堂官众闻而窃笑，其父亦耻闻所言云。

酉刻，总署来电准林琴荪代驻比利时。

二十七日辛未　早阴，午后大雨，入夜大风。林琴荪本甲午科文举人，同事二年余，惟闻其呫哔畅读。今日晚餐后忽闻其唱二簧，声调清雅，亦我国文人学士之豪性处也。

又星使之两少君自迩来游历多处后，不知其所见之机器格致微知一二否？惟见其上下楼随步歌唱英曲，四肢作跳舞状，较前进益多矣。

二十八日壬申　晴，稍暖。昨又见新报一则云：某巷某家早有某铺送菜人至楼下交与女厨，主人查其为时已逾三刻，尚未他往，因而告官。巡捕带至官厅，讯问时其人供称并未带表，闲谈忽忘时刻，官判罚钱四先令。

外国闲书画轴多述男女交结，虽以情爱为宗，其实皆不免描摹春意耳。

二十九日癸酉　晴。今日系西历一千八百九十九年十二月三十一日，又值礼拜之期。伦敦自西一千八百二十六年（道光六年）经世爵戴威腊弗等公立一万牲会，名曰“租敖娄支喀搜赛伊的”，专讲禽兽昆虫各学。八百二十八年（道光八年）始设万牲园（又曰“万生园”），其后入会者须入园亲览一切，以长学识，于是入会有费，园中设有会中人坐谈、休息、饮食之所。现在多有名为入会，实为便于游园者。其费有定章，初入者一人先纳五镑，以后每年三镑，须于正月一日付讫，或齐付三十或三十五镑亦可，八月三十一日后入会者不得以一年论。会中人入园可外带二人同游，其二人于入门时须自书名姓于簿。又每人得有礼拜六与礼拜日凭书两本，周年于此两日无论何人皆可往游，以书为凭。然其礼拜六日之凭书当日若本人既偕二人入园，则此书不得并用而多去两人。会中每人每年又各得绿色凭票二十一页，以便分送戚友，每票一人，不拘何日皆可往游；子女之凭票浅黄色，以一绿色票可换二浅黄票，或二浅黄票可易一绿色票。此票若当年未用，次年犹可用，愿者亦可以一凭书换二十凭票。然换者须在当日，逾期不换，盖如何用法皆须预先致函，以便会馆于正月一日照各来信分送也。会中人有外出者，其夫人即可受此一切利益；苟系只身一人将出外一年或多年者，须预先致书会首，以便移其名姓于外出篇内，并免交年费。会规、人名簿出售，每本一吉呢，《园中禽兽昆虫论》每本一镑。另种象牙凭牌出售，一牌准二人入园，其价十镑。人之欲入会者须致书会中首领，会馆设在汗诺倭坊第三号。馆中会晤在每月第三礼拜三日后之礼拜四日，集众议论格致各学，馆中每月聚谈两次，专为整顿一切。现在会首为贝达佛侯，协理为司克拉得。入夜阴风阵阵，冷气飕飕。

## 十二月

初一日甲戌　阴雾迷漫，白昼燃灯，入夜细雨淋漓。今日为西历一千九百年正月初一日。酉正，曾叔吾在本寓约饭，同座为其岳父母、内弟及其夫人，另有两英人名字未详，欢饮畅谈，亥初谢归。

又当晚林琴荪请星使与二少君并林武弁观剧。

又税务司金登干之次女嫣安定于本月初四日出阁，上月中金夫妇具帖来请云：“正月初四日两点钟三十分，小女嫣安与教士李志伟在海岱囿西北兰垓色门克赖斯特礼拜堂中成礼，礼毕在查里喀尔特园第十八号恭请光临舍下，并候回音。金登干夫妇仝拜订。”接后余先致书金登干夫妇云：“幸奉来函，届期自当亲来道贺，此候近安。”西俗既经函请，自当有所馈遗，昨日余遂具折扇一柄、平安荷包一对，并致书伊女（皆西俗也）云：“恳请列入妆前，戚友诸君同祝嫁后一生安乐无既，藉表寸心，兹奉上华扇一柄、荷包一对，即祈哂纳。”今早其女回信道谢，言：“多承厚意，送此盛仪，曷胜感激。先此敬谢，并蒙祝以吉语，且至期允赐光降，届时再当面谢也。”

初二日乙亥　镇日阴雾迷漫如昨而微暖，入夜风雨交加。见星使旧签押房现改卧室之铁床前立二曲律，黄质红字红边，较京师八旗及戏台上用者稍小，乃长三尺余，宽盈尺，织以绒线，字则“持节使者罗丰禄”，字周尺余（即前于十月二十日王少山所写者），闻系前在哈里发克斯城某厂所送者，该厂当面织成，须时不及两点钟，足见机器织绣之速矣。

# 卷十二

光绪二十五年十二月初三日丙子　早阴雾，既而细雨。伦敦戏园座位约分八等，价之多寡关乎园之大小，其第一等名“包克斯”，义乃箱也，华人呼之曰“包箱”，似其音义俱合，系在临台左右分列小屋，三层各一间，容人三四，多则五人，台前左右另各一排，两三间不等，价由一吉呢至四五六及十吉呢；第二名“司妥喇”，义乃厩也、栏也，在台前池中横列七八九行，每行设座廿余，多者廿六或廿八，每座价由七先令半至一镑一先令；第三名“巴勒阔呢”，义乃台也，又名“得蕾斯色尔克”，礼服圈也，或“格阑色尔克”，大圈也，系在头层楼上，三面环列四五横，每横设座三四十至六七十不等，每座价由六七先令半至十五先令；第四名“额颇尔色尔克”，义乃上圈也，又名“额颇尔包克斯”，上层箱也，又名“法米里色尔克”，家眷圈也，在第二层楼上，环列三四五横不等，每横二三十座，每座价则二三四五先令；第五名“恩立仄尔伍”，义乃无限也，在第四等之后，座数不分，价皆二三先令；第六名“庇特”，义乃底也、穴也，座数不定，价亦皆二三先令；第七名“昂扉悌阿特”，义系圈场，在第三层楼上，三面座数不定，价由一先令半至三先令；此上另一层为第八，名曰“戛勒立”，义乃敞阔处，观者无座而立，人数不拘，每人一先令或二先令半。以上八等，前三等皆可预先买票、挑选座位，其第四等以下皆临时买牌。座价既分等，因而出入门亦分等，毫不紊乱。前三等皆下车入正门验票而后分路，后五等男女之欲在某等者即立某门外，亦不使乱，皆有巡捕弹压，男女不分，层层排立。先到者在前，且得好座，或得立栏边，但须在门外多立几分钟耳。届时门开，鱼贯而入，门内有柜，付钱如数，给一铜片小牌，上錾字母号数，各有定位，亦不得争。闻有不愿早去立待门外者，乃先以半先令雇一贫孩代立，戏将开场，园门追开，则自到换去该孩，是既省力且得坐立在前也。

初四日丁丑　阴雾细雨如昨，冷。未初，星使带二少君率沈荔虎、陈安生、林武弁（所以不称“翻译”者，因在外伺候一切，不亚于大管家也）去乌尔斯特、开特敏斯特、柏明根三处游览各机器工厂。

未正二刻，余乘车西行十数里至海岱囿北面兰垓色门前之克赖斯特礼拜堂，入内遇马清臣夫妇、赫乐彬之夫人及其少君赫承先夫妇。此次女家之客坐台右，男家之客坐台左，一切礼节与前曾叔吾者同，惟教堂稍大，客稍多耳。新妇陪傧六，中所识者为金登干之长女及赫乐彬之次女。酉初礼毕，出堂登车，复行四五里至其家。入内先见新夫妇贺喜，再见金登干夫妇，对立少叙，转入他间看礼物。当中一长桌及四壁罗列共二三百件，皆两家之戚友所赠，如银器、画轴、玻璃、瓷器之类，各上系有送者之名片、信函，见有罗星使所送之灰色库纱一匹、平金扇套一个。出此入饭厅，因男女拥挤，立无隙地，遂即转出登车回使馆。

初五日戊寅　早晴，午后阴。林琴荪起身赴比都，送者为曾叔吾、沈荔虎、严伯玉、罗小荷。闻星使前日游某处造钱局，随观铸造，俄顷间竟将星使之玉容錾铸银钱之上，相貌分毫不差，与曾为英君主铸者无异。

初六日己卯　镇日阴晴不定，微暖。记：伦敦一种小铺出售戏本及代各戏园、杂耍馆卖座票，此铺名曰“悌阿特赖布拉里斯”，义乃戏园书局也，又名“踢开埃珍自”，乃代理座票人也。通城共有三十余处，各处皆有电线，皆通得律风。欲买何等座位者，即以电信或得律风通知附近某铺，该铺又即以得律风达知某戏园，如第若干号业经本园或他铺售去，则彼此皆须即刻答知，则买票者或改号数或改日期皆可。闻各票之经该铺代卖者每页皆贵加半先令，为该铺代卖所获之利焉。

初七日庚辰　天气如昨。记：伦敦大小戏园及乐馆共六十余处，城内戏园二十八，如阿代勒扉园在司特兰街第四百十一号，容人一千；阿韦牛园在诺僧卜兰大街，容人八百；阔米的园在草市潘屯街，容人七百；阔尔得园在司投恩坊，容人六百；克文戛丹园在博欧街，容人一千三百；克里太廉园在庇喀的里十字路，容人六百；达悌斯园在赖喜斯特尔坊，容人八百；得禄里连园在喀色兰街，容人九百；丢考伍么园在贤马丹巷，容人六百；该阿悌园在司特兰街，容人七百；戛尔立克园设在柴苓十字路，容人六百；格娄布园在牛喀斯尔街，容人五百；悌阿特洛亚园及贺尔麻翟司堤斯园皆在草市，各容人一千二百；来喜阿木园在韦凌屯街，容人一千一百；来立克园在沙弗斯百里大街，容人六百；敖林庇园在苇池街，座数未详；敖佩拉考米克园在司特兰街，容人六百；

普林骚卫拉斯园在考文特里街，容人七百；普林赛园在敖斯佛街，容人六百；洛亚里悌园在笛音街，容人五百；萨外园在司特兰街，容人七百；贤翟木斯园在克英街，容人八百；沙弗斯百里园在沙弗斯百里大街，容人八百；司丹大尔园在比朔普斯该街，座数未详；司特兰园在司特兰街第一百六十八号，容人七百；台立斯、倭达威二园亦在司特兰街，各容人五百。城外戏园二十余（所谓城外者，奈伦敦无城，路稍远耳），如柏楼园在思达佛巷，色蕾园在太木斯江南卜拉克弗立尔路，布里他呢亚园在蒿棵斯屯方，卜立克司屯园即在卜立克司屯方，卜洛确园在代达佛坊，美特娄抛园在康柏卫方，坤姒园在柯娄池方，达乐斯屯园在达乐斯屯方，埃来番园在牛堪路，晒克斯皮尔园在克拉伐木方，大弗勒哈木园在弗勒哈木方，格兰园在伊斯凌屯方，李梨棵园在铁匠营方，墨尔屯园在格林呢址方，阿来三德喇园在牛英屯方，堪兴坦园在堪兴坦方，极乐班园在基勒赍方，帕克斯特园在蒿娄卫路，新巴威良园在槐沙贝路，新司丹大尔园在比朔普斯该街（以上各园，皆容人五六七百不等）。乐馆或杂耍馆城内外共十四处（虽云乐馆，而较其闹热胜于戏园，颇宜他园人之不知戏文者），如阿勒罕布拉园在来喜斯特坊，堪卜立址园在冠墨沙勒街第百三十六号，阔林泗园在鄂坡尔街，堪特百里园在卫司民斯得桥路第百四十三号，洛亚园在亥蒿本街第二百四十二号，敖斯佛园在敖斯佛街第十四号，安排尔园亦在来喜斯特坊，米得赛克斯园在得路立巷，美特娄普里田园在埃址卫路，帕来斯园在堪卜立址交道口，帕拉甘园在麦安路，骚斯伦敦园在伦敦路，蒂梧里园在司特兰街第六十五号，伦敦巴威良园在庇喀的里交道口（以上各馆，约皆容人四五六百不等）。

初八日辛巳　早阴，细雨淋漓，未初晴。记：在南堪兴坦之阿拉柏堂乃另一奏乐处也，系每礼拜日奏乐，入者座价不一。其地基作椭圆形，内正面立大风琴，琴前一月牙形乐台，容坐乐工二百，台前一卵形平地曰“阿来那”，义乃场也。中分走路作“卄”形，于十二空中容人七百九十四。此外左右与前三面除七条上下道外分座十层，层层稍高，共坐一千三百四十人。再上包箱三圈，其头层三十六间，第二层四十四间，第三层四十八间，三层愈上稍小，共计一百二十八间，容人约五百余。再上则散座八圈，共容人一千七百八十六。统计此堂上下坐人及乐工共四千六百二十余人，亦可谓广厦矣。（此堂之由来，详见《四述奇》）

初九日壬午　晴。记：英外部设在道宁街，每日开门由午正至酉正，内仅大臣一员，每年俸金五千镑；幕友三（无俸薪，候优差大臣公出可以代办）、协助幕友一（如上）；终身协办一员（设若大臣换，通部各员皆可换，惟此员不换），俸二千镑；兼议院者一员，俸一千五百镑；又幕友三（无俸如前）；协助幕友三，俸系一千、一千二百、一千五百镑；正书手一，俸一千二百镑；帮办书手一，［俸］七百五十镑；科房正书手二，俸各一千五百镑；副书手七，内第一俸一千二百镑，其他各九百或一千镑；帮办书手六，各俸七八百镑不等。

又各头等录事俸由二百至六百镑，二等者一百至二百镑；管档房者俸由七百至一千镑，帮办者俸则五百五十或六百五十镑；档房书手一百至五百镑；管条约处者俸由七百至一千镑，帮办者五百五十或六百五十镑；掌例者俸一千二百镑；四海翻译一员，洋名“敖连特特兰斯来特尔”，俸数未详；管执照路票书手一，每年二百五十镑；传旨使八员，洋名“奎印斯美森者尔”，前五员各四百镑，后三员各二百五十镑。

初十日癸未　晴。酉初，星使携二少君及沈荔虎、陈安生回。闻此次除星使所得各物外，二少君各得有镀银脚踏车一辆，为英之极上等而极贵者。

酉正，王宛南约在其所住之碧玉特巷第二十二号晚餐，英城便饭另有佳味也。

戌正，刘葆森、陈幼庸乘德公司由美国来。

十一日甲申　阴，凉。旧闻西域回回纪岁无正朔，以望见新月为月初，三十天为一月，无小建，无闰月，十二个月为一年，一年准三百六十天。今见犹太人亦以见新月为月初，即如明日为其五千六百六十年五月一日，明年正二三四月十二日为其六七八九月一日，五月十三日为其十月一日，六月十二日为其十一月一日，七月十三日为其十二月一日，八月十二日为其五千六百六十一年正月初一日。其所以前后不同者惟有大小建耳，盖犹太亦与西域毗连也。

按：其十二月月名，正月曰“提力士”，二月曰“垓斯弯”，三月曰“克伊斯蕾伍”，四月曰“太贝特”，五月曰“赛贝特”，六月曰“阿大尔”，七月曰“呢三”，八月曰“伊阿尔”，九月曰“司伊弯”，十月曰“塔莫斯”，十一月曰“阿布”，十二月曰“埃乌拉”。

十二日乙酉　阴凉如昨。巳初，星使带二少君携曾叔吾、严伯玉去骚桑屯游。不知星使由何处得来一耶稣头小照，大与生人者同。今早自铺中配得金边木架，此像在此庶可悬诸客厅、书房等处，不知将来星使回华在本宅又将悬挂否也。

十三日丙戌　阴晴不定。酉正，星使带二少君及曾、严二君回。伦敦城外戏园稍小，座之多者不及七百，戏亦可观而座价颇廉，如“包箱”仅一二吉呢，“司妥喇”四五先令，“得蕾斯色尔克”二三先令，“巴勒阔呢”一二先令，“庇特”一先令，“戛勒里”六本士。城内外各戏园、乐馆之卖座票处曰“包克斯敖扉司”，每日开门皆由午正至酉初。

又凡观剧者之坐“包箱”“司妥喇”“巴勒阔呢”“得蕾斯色尔克”，男子皆须礼服，戴高帽，着燕翅衣，戴白手套；妇女敞胸露肩，不准戴帽。虽坐“庇特”者，男亦须高帽，妇女虽不袒露胸肩，亦不准戴帽，因近上等客也。

十四日丁亥　白昼阴，入夜雪。酉初，星使带二少君及刘葆森、陈幼庸、林武弁赴满柴斯特尔城游。自上月星使出游各处，每多人聚集宴会后，皆须立有陈词，至在何处当作演说，皆须预定，故星使皆欲早先写成，自行读熟，临时诵之。历来各处陈词多经马清臣或卜拉克代作，昨夜亥正，星使忽令马清臣代作一篇。待至丑正，马始亲身送来，说解一切，去后天将明矣。星使稍眠，复去他处应酬，昼夜匆忙，亦良苦矣。

十五日戊子　早雨，未初雨止，仍阴雾。按：脱兰斯瓦在南斐洲南界偏东北，临英吉利南斐属地，东傍葡萄牙东斐属地及苏鲁兰，东南沿那达河，南接阿莲渚（又名“敖连至”）邦，西连英属地贝川那兰，地基东西宽四百英里，南北长约七百英里，地本圹。曩于西历一千八百三十年（道光十年）始经土人班图种徙居之，其人面棕色，发短而鬈，颧高而颏尖，经苏鲁兰酋长辖治。至一千八百三十五年（道光十五年），渐有和兰农民迁往，此等人英呼曰“布尔”，义乃乡农也，随时驱逐土人。和民日繁，乃叛和自立民主，继因贫乏不能自存而内乱。至一千八百八十年（光绪六年），归英藩属。当时互立条约，而彼此之龃龉已萌于此矣，盖所定二十款中之有关系者为第四款，内载：“脱国苟非经英皇批准，不得与天下各国及其南方自主之国并东方各邦订立条约，惟阿莲渚一国不在其内，如有既蒙俯允者，亦须先将约稿照缮一通呈递英皇察览，若六阅月内不经发还，即不准行。”又第十四款云：“除本洲人外，他国人民眷属皆可前往游历寄居，并准造房立厂、开设行店，无论本人于该地经商，抑托人代理贸易，所偿赋税均当一律。”约中并声明脱国应尊英为上国。迨一千八百八十四年（光绪十年）续约，则无此等字样。近因脱国坚执续约为言，谓既无尊英字样，即为平等，英则力辩两约意旨皆同，因之遂起争端，此两国开衅之由也，故志之。

十六日己丑　镇日阴雨，凉。伦敦街道平坦，非石即木或漆，理应无泥。然伦敦为懋迁一大都会，贸易为首，富商硕贾盛集其中，因而车辆各种较他国亦为最多。乃雨后竟浮灰色沙泥数份，特此官场派人在大道先以车拽斜，滚棕刷由道中左右分刷，另有人用“丁”字形大铁铲或大棕扫帚推临道边。小巷狭窄，不容斜刷，则仅用人八九成行，以铲刷推分左右，再有大敞车，上置斗形长方木箱，高三四尺，沿街各处撮取。闻此泥去处有三，一泄入地沟，二填深坑，三则灌入田地以代粪。其地沟通城一律贯通，极宽且深，各家污秽皆走此沟而入海。

十七日庚寅　阴雨阵阵，凉。西人喜饮茶而价昂，闻英之乡民及城内之贫户茶烹第二次色淡而无茶味，乃放碱少许，其色自黑，饮之，聊代初烹。

又其俗谓饮茶遇有叶梃，不日必有客至。于是取出置左手背上，以右手拍之，随拍口中随述礼拜之日，述至某日，叶梃飞坠，则某日当有客来，其意诚与中国者无异。

十八日辛卯　稍晴。英规：旧房拆卖有包买者，铁归一行，碎木作柴，砖则无论整碎统归砖窑，以之磨碎成土，另造新砖，土贵故也。

十九日壬辰　阴。京中同文馆总教习欧理斐告假一年回国，前日来信邀余与荣骅在弗拉斯喀悌馆雅座午酌。午初至彼，同席者为陈安生、王香圃、于心泉、柏峻山、国干臣、恩昆峰、六定成，盖皆同文馆中人也。王宛南因学功紧要未到，彼此欢饮畅谈，申刻始散。

申正，星使携二少君带刘、陈二君回。入夜风雨交加。

二十日癸巳　阴暖而泥泞。英俗另有与中国相同者，乃哑吧交谈以大指为好，小指为不好。义所由来不得而知，然中国以大指为君子，小指为小人，亦未详其本义之所由来也。

二十一日甲午　阴。未初，英国博物院管理东方书籍兼华文教习德格乐约在其家午酌。届时乘火车东行十数洋里至德雷治村，下车有德公率其二子一女迎接，步行二三里至其家，地名学堂花园第五号。入内见其夫人，余先赠送折扇一柄、平金荷包一对、褡裢一个。少坐，齐入饭厅，彼此共桌，宾主酬酢，畅谈甚欢。食毕，德公父子导入德雷治学堂内看油画。高屋一长间，旁一小间，上下悬画大小二三百轴，山水、人物皆为名笔，中有值一二千镑者，工精神足，笔难尽述。看毕转出，步入车栈，少刻车至，握手谢别。酉刻回寓。

亥初，星使携二少君带曾、严二君去布立斯他城游。入夜大雨一阵。

二十二日乙未　阴，入夜风。英脱构兵缘因前曾叙及，兹将英国得占南斐洲之始及该地历来沿革撮其大要续记于此。英之得南斐洲也，系前于西历一千八百十五年（嘉庆二十年）当法皇那波伦败绩后，各国以斐洲正南开埔一隅割而归英。

按：英言“开埔”，义乃地角或海角也。地本圹野，黑人无多，既而英复得迤北之地五十万余方里。开埔西北为德之属地霍屯托自，英虽垂涎而苦无由侵削，乃于一千八百四十六年（道光二十六年）称师东北，取那达地（亦属布尔），地周不及五万方里。阿莲渚即在那达之西，全境约十一万方里。阿莲渚之东北即脱兰斯瓦，先是阿莲渚于一千八百三十四年（道光十四年）立国为民主，迨一千八百四十八年（道光十八年[1]）脱兰斯瓦亦自立（见前）。

按：“阿莲渚”英言橘子也，又河名也，此河横于阿莲渚与开埔之间，该邦故取是名。

又“脱兰斯瓦”者，英言脱兰斯过也，瓦拉亦河名也，此河界于阿莲渚与脱兰斯瓦之间，义指由阿莲渚北渡瓦拉即脱兰斯瓦也。

按：南斐洲一带虽云沙漠荒僻，天时不均，然土产极为充牣，如鸵鸟、牲畜、象牙、林木、钻石、五谷、甘蔗等，而金银煤铁各矿为尤富，故以商为国者不能不意存蚕食也。

二十三日丙申　阴。亥初，日本署公使在庇喀的里街敕建水笔着色绘画馆中请茶会，男女三四百，亦颇闹热。大厅数间，所悬金边水画千轴，皆丹青名笔。见有一幅上画冬山孤秀，树林丛立，山后火起，烈焰飞腾，野兽群窜，第一系一母狮口衔一小狮，帖耳垂尾，神气如生。子初回使馆。

二十四日丁酉　细雨阵阵。申初，星使率二少君偕曾叔吾、严伯玉回。

记：伦敦澡堂之兼泅水者共十六处，英名“伦兜隋明巴斯”，一在柴勒溪方庆斯路第百七十一号，二在哈木斯台方芬池里路第百七十号，三在庆斯屯方兰喀斯特尔路，四在朗贝方卫斯民司得桥路第百五十六号，五、坡普拉尔在东印度坞路，六、洛仄尔奚斯在娄尔路，七、美特娄普立田在霍克斯屯方晒柏代蓑奚的路，八、帕丁屯在贝斯倭特方坤姒路，九、武文洛在武文洛街第二十号，十、卫斯民司得在大司米士街，十一十二皆名“贤卓志”，一在卜静宫路

[1] 应为道光二十八年。

第八十八号、一在伊来斯屯街，十三、贤马力赉在马力赉路第百八十一号（见前），十四十五皆名“贤潘克拉斯”，一在槐特扉街、一在克英街第七十号，十六、贤萨乌尔斯在拉伍英屯街。英国四面临海，男女皆善泅水，且兵重水师，故欲人人皆通水性以当兵，其不能随时赴海边者设有此等澡堂，则藉洗浴而练游泳也。

二十五日戊戌　微晴。午初，星使携二少君带刘葆森、陈幼庸赴伦敦城东游羔裘厂，酉初回。

英廷自与布尔交兵以来，一切朝会、大茶会、跳舞会概皆停止。又因船只、马匹多归官用，运货较难，一切肉食、米面、菜蔬、果品诸物无不昂贵，即如煤向来一袋八本士或一先令，现竟增至二先令。

二十六日己亥　阴雨阵阵。记：伦敦赛画处闻有十三，如敕建水画画工结社在帕玛街A字第五号，每年正、五、六、七、腊五个月悬赛，于每二月收选所画之精妙者添挂以彰其能，然一人不得逾三幅；敕建水画画工学社在庇喀的里街第百九十一号，每年三月悬赛，凡画工之精能者皆可入社，惟总数不得逾一百；油画画工会亦在庇喀的里街，每年十一月悬赛，会中人共一百零一，各画工皆可入；敕建英国画工会在色浮街，每年三冬两月悬赛，观者入门费一先令；敕建强水画工会亦在帕玛街A字第五号，悬赛无定期，而必在前半年，画工被选者一人不得逾六幅；新画阁在利贞街第百二十一号，每年由五月至八月悬赛画轴雕工，由十二月至次年四月陈赛今古工艺，入门者一先令；得得蕾丹青工艺会阁在庇喀的里街埃及堂，每年悬赛两次，一自二月十二至三月二十七日，一自六月初十日至八月初；极乐堂工艺阁（见前），日日开门，任人游观，无入门费，每日开由巳正至申正；水晶宫画阁每年五月悬赛，观者无另费；德雷治学堂画阁（见前）每月除礼拜日日日开门，无入门费；女画工会馆每年正月悬赛；丹青画工会在班得街第百七十五号；时画馆每年正二月间悬赛；雕刻铜版画会在柴勒溪方之韦凌屯坊第十六号，悬赛月日未详。

二十七日庚子　细雨阵阵。未初，星使约前九龙税务司告假回国之英人庆丕在贤翟木斯会馆午酌，因其明日坐德公司船回华也。召余作陪，食有蛎蚝甚鲜，星使体胖，不善饮酒，于是通席饮滚水一壶以代酒。申正回使馆。

二十八日辛丑　早细雨。午初，星使携二少君带陈安生乘火车赴多堪特兰地方各厂游，地距伦敦二百洋里。

记：西人用药，既得其品，复求其精，即如鸦片，既列入剧药中，知其有毒，故用者非有医家文凭不得购，乃迩来复由鸦片中搜得其精，名曰“麻非”，用为医家之妙品。按：其功用能宁睡、能止痛、能发表，然其毒为尤烈，每用不得逾一厘八之一或四之一，多则胃肠中毒，必至戕生。用法系一机针初作弯形，既改细针入玻璃管，如外科探脓之套针，今竟兴用细如毫发之空心针，玻璃管带度数表，以测用药之多寡。用时先以左手拇食二指将皮绷紧，右手执针，徐徐刺入仅三四分，不得透入脉络，否则危险立见，较甚于吞鸦片时久而无法得救者。呜呼！鸦片之为害也蔑以加矣。败人之名，倾人之家，耗人之精，促人之寿。虽云有此四害，然于用者尚得迟延年月，徐受其苦。至麻非若误用，能使人倾刻颓然而仆，肢体如冰，气丝不属而魂赴夜台矣，此种毒物损人之寿竟如是之速。总之，鸦片、麻非皆不亚于鸩羽，咸为戕贼生人之物，而吾人竟依然视性命如鸿毛，视家财如粪土，而朝夕乐用之，殊可惨也。今惟望吾人猛然醒悟，早渡迷津，不用鸦片聊治一时之疾，不用麻非戏解历来之瘾，得受天赐之福，得享彭祖之寿耳。

二十九日壬寅　白昼阴，入夜暴风骤雨，冷。记：伦敦设有种小饭馆英名“悌路睦斯”，义乃茶室也，通城五十余处，皆集股开设者。虽云小馆，而亦层楼，容人一二百，平时卖加非、茶酒、点心，午后由酉正至亥初卖顿饭，价则二先令或二先令半。各中女堂倌二三十，装束一律整洁，且有楼上奏乐者，菜亦颇佳云。

三十日癸卯　阴。未正，星使率二少君及陈安生回。酉正公宴。

今日为西历一千九百年正月三十日，英开议院，君主宣词谕上议院云：“我前次宣词谕尔上下议院诸爵绅，论及与南斐洲失和一事，惜至今尚未了结。除该国外，则各国邦交依然和睦，南斐洲民主国阿莲渚自主国侵占我属地，我不能不征而正之。宣告诸爵绅后，尔等即同心相助，且陆兵极为奋勇，水师亦登岸出力协攻，与古史册所书无异，第士卒阵亡者众，我心实深悯恻。我皇国所有各属地协兵协饷，均能公忠体国，我心甚喜，我深信各属地臣民咸能协助我南斐军务，战胜攻取以迄肃清，用敢以告我诸爵绅士。我与德皇订立条约，商办太平洋中之萨木尔东戛群岛，间有数案关涉美国，美亦允从画诺。我属地之在澳大里亚者凡有五处，欲合为一，将来发其所上条陈，烦诸君公议之。我属地能自治其地，我心甚慰，至属地合一，不独属地获益，其有益我皇国者亦匪浅鲜。我属地兵弁在南斐力战，极有胆气，洵为节制之师。至各属地之土兵，亦有愿告奋勇请临前敌者，我虽未能概准，然其忠勇则实堪嘉尚。印度藩王因南斐洲之役协兵协饷，忠于朕躬即忠于皇国，我甚愉悦。中西两印度去秋雨泽稀少，田禾草场均有荒象，洊至成灾，极为惋惜，我政府与藩王现皆设法拯救以免哀鸿。至该处疫气流行，虽不盛于去年，然亦不减，我殊抱歉。”另谕下议院诸绅曰：“本年度支预算册不日即当颁阅，惟因与南斐洲交战，兵部军饷必须加增。凡用大兵一次，则武备之未修明者毕见，整顿储备，用款必多，诸君幸勿震悚。盖大国欲筹自主，责承綦重，须养重兵则须糜巨款，现在各处强国不惜重费大修海军，所以我国筹办海军亦切勿稍松懈。”再谕上下议院曰：“外交、用兵本年费用不少，若修明内政更糜巨帑，恐不相宜，故可缓者则缓之。特有内政多条与筹费无与者，是宜急为公议为《改正有限公司律例》《佃户律例》《教堂律例》《苏格兰学政条例》《爱尔兰纳地丁条例》《卫拉斯第二等学堂工艺学堂章程》《借债章程》《工厂造工章程》《养颠院章程》《工人住屋章程》。即请次第会议，并前派查铁道用人时有失险之事，现已查毕，呈缴条陈不日亦当颁出发议。至往南斐洲交仗将士不享公举议员之优例，实为偏枯，诸君请筹一法，以昭公允。当此时局艰危，我盼望上天默启诸公会议妥协，上迓天庥。”

## 光绪二十六年正月

初一日甲辰　阴。巳正同众着蟒袍、补褂随星使向北恭拜圣牌，行三跪九叩礼毕团拜。今日着行装马褂者为沈荔虎、陈幼庸、严伯玉，其他不剃发长寸余及穿洋皮快靴者，如曾叔吾、沈荔虎、陈幼庸等亦四五人。

昨闻天下各洲铁道之总数共有三十五万四千三百一十四洋里，内欧洲一十三万洋里，南北美洲共十九万一千零十洋里，斐洲五千五百三十洋里，雅洲（按：非洲前于《五述奇》中改用“斐”字，现已通行矣。还音本无定字，今复将亚洲改写“雅洲”）一万七千六百三十洋里，澳洲一万零一百四十四洋里。各处火车每年所获之利除一切使费外几乎对半，如欧洲者一年收二百五十兆、费一百三十五兆，美洲者收二百十九兆、费一百五十三兆，斐洲者收五兆、费三兆，雅洲者收十七兆、费九兆，澳洲者收八兆、费五兆。

初二日乙巳　阴。西人既称精能，而犹太教人于谋略尤为超等，且致富者颇多。英人考安者犹太教人也，自上年四月因开工商会馆请星使在水晶宫午酌（详见前），后彼此往来甚厚，继而倡请星使游览英国各制造局厂。该会馆之设本欲通国各厂入会，奈会馆初立，入者无多。于是考安登诸新报，谓伊将随引中国公使往游通国著名各厂，以使该厂名传雅洲，生意兴隆，而公使身临其地，亦与该厂增荣。其注意在凡厂之欲星使前往者必求其人，既求其人则须入会，盖初入会者须费至二三百镑也，由是各处制造局主争先恐后纷纷入会。闻有某厂主不欲入会而不求其人，以公使既拟游览各厂，则归公使自主。于是自行禀请，乃求马清臣转呈，禀到半阅月无回信，马则两次请示，星使皆答以“再说”“容再斟酌”。该厂敬候月余，无法，遂具三百镑入会，其后不数日星使即亲身往观矣。由此观之，考安之为人也诚精能矣，其法之设也亦早矣。

初三日丙午　早阴雾，午后雪，入夜大雪缤纷半尺有余。伦敦冬季虽寒，而厚冰不易得，男女皆喜溜冰，因而设有溜冰楼三处，总名曰“司开丁菱”。有用机器自结真冰者，有用漆物作假冰者，溜真冰用钢条鞋，溜假冰系于鞋底插四小轮，溜动与真冰同，亦皆高楼敞厅，净洁华美。所设三处，第一在阿盖街第七号，名曰“弘乐尔国人溜冰宫”，铺用真冰，每日由巳正开门至子初，入门费不分男女皆三先令；第二在卫斯民司得方约尔克街，名曰“聂阿格腊溜冰场”（美大瀑布名，详见《再述奇》），内有乐台奏乐，入门费早晚不同，由巳初至未初每人三先令，申初至酉正五先令，戌正至子初仍三先令，又入内不溜冰者早晚入门皆二先令半，凡论季买票者每页十二吉呢，不溜冰者折半；第三在奶子桥，名曰“普林赛斯会馆溜冰处”，系专备该馆同人作溜冰之戏，馆中共一千五百人，愿入会者每年男子十吉呢，妇女八吉呢。

初四日丁未　阴。记：伦敦油水画阁共设若干，于上月二十六日业经述及，兹续闻有十四处，特补录之，如兜确画阁在牛贳街第百六十号，每年由正月至七月凑悬名画百轴，观者入门一先令；阿格牛画阁在欧贳街乙字第三十九号，每年春季专悬赛本国各学堂之水画；法国画阁在帕玛街第百二十号，专赛油画，每年五、十两月开门，入者一先令；古庇画阁在利贞街第五号，周年悬赛本国及和兰各学堂者；韩诺倭画阁在牛贳街第四十七号，每年春秋两季悬赛本国及各国之油画，开门由巳正至酉正，入门一先令；乐美榭画阁（原名“多蕾”）在牛贳街第三十五号，周年奏乐悬画，备人观览，入门者一先令；格拉甫屯画阁在格拉甫屯巷，每年由五月至七月悬赛；新南卫拉斯（地在澳洲东南界）画阁之画法郎西人之画及古日本画；马克林画阁在草市第七号，每年四月悬赛本国及各国者；乃慎那画阁在特拉法勒戛坊，每礼拜一、二、三、六日开门，由巳正至暮，入者无费，惟于礼拜四五两日入者半先令，学生仍无入门费；乃慎那小影阁在贤马蹄印坊，地与前阁毗连，一切规模亦与前阁同；英国技艺阁又名“部特画阁”，在弥勒班街，一切日期、规矩亦与前两阁无异；敕建水画馆在庇喀的里街之柏凌屯阁，每年正二三月专悬古时名人之画，入门者半先令，又由五月内第一礼拜一日开至七月底，改悬时人之画，入门者一先令；徒司画阁在草市第五百十六号，每年于三、五、十三个月悬赛，入门皆一先令。入夜细雨，冷。

初五日戊申　早阴，午后黄雾一阵，申初雾止仍阴。记：英俗于天主诞辰前所用之李子饼又名圣饼或糕，其作法及所用之料乃干葡萄三两，小黑葡萄干三两，索子葡萄三两，糖饯柠檬一两，香料或豆蔻少半匙，生脂油三两，切碎干面包三两，研成细末干面三两（如无面包则面加倍），鸡蛋六个搅均，红糖三两，卜兰的或他烧酒一盅，黑葡萄洗净，干葡萄须去核切碎，柠檬切薄片。以上各料搀杂一处后加鸡蛋与酒，先用奶油将瓦盆内抹均，以使光滑不涩，拌成之料置盆中，须较盆边矮下寸余，因面包受潮必涨也。盛毕于盆上盖白布，然后置浅锅中，以滚水煮五点钟，取出去布将糕倒出，欲食即食，否则以布蒙之可存三个月，赖天时之凉爽，如我国之腊八粥也。

初六日己酉　阴。巳刻，马眉叔（建忠）来拜星使，并与诸同事留白纸洋片，上印“老爷道台马眉叔”。闻其来此系招洋人集股山西开矿，即时星使约其午酌，并定明晚观剧，因彼此皆二十年前经李丹崖星使带来水师学堂之旧同侣也（详见《四述奇》）。

记：伦敦苏格兰院又名“遗物司”之定规系凡行人在马车或公车上遗失之物，各车夫及管公车之人见之，皆不准私收而送入此司。失物之人往取，言明何物，则司中按所值二八或三七成收费，如金银、钱钞、珠宝、表链之类，所值不逾十镑者乃每镑收三先令，他物所值之不及十镑者每镑收二先令半；物值逾十镑则加收若干，由司中之官酌定；按件所收之费，皆分赏送物之车夫或管公车之人；遗失之物所值虽不及一先令，而司中收费至少者一先令。各车夫于收工后遇有行客遗失之物，须于二十四点钟内送入附近巡捕房，由巡捕房送交遗物司。凡物于司中存留三个月后，如无人取问，则原物赏给车夫或管公车之人，其中或有紧要公文之类，司中当另设别法。

初七日庚戌　微晴，凉。记：伦敦城内大饭馆曰“蕾斯托兰”，其著名者共三十六处，有定价卖顿饭者，其早晚餐及午酌、夜饭（即看戏后所食者）各价不同，有任客照单点菜者，彼此价亦各异，如大街第一嘉肴楼在亥蒿本胡同，点菜；阿文代楼在庇喀的里街甲字第六十八号，其早餐四先令，晚餐十先令半，夜饭四先令，点心二先令，点菜亦可，凡入内晚餐及夜饭者皆须着礼服；柏克蕾楼系在庇喀的里街第七十七号，早餐四五先令，外赏堂倌半先令，晚餐十先令半，赏堂倌一先令，点菜亦可，不备夜饭，晚餐着礼服；御用加非楼在利贞街第六十八号，早晚餐皆点菜，夜饭五先令；赛西店在维克都里亚堤边，早餐四先令，晚餐六先令，着礼服；宽悌南塔店在利贞街第一号，早餐三先令半，晚餐六先令半至十先令半，点菜亦可；柯里太廉楼在庇喀的里交道口，其西厅中顿饭早餐二先令半，晚餐五先令，大厅晚餐三先令半，女客饭厅、灶前饭堂，男客加非房及美洲烟房皆点菜；觉多乃楼在贤翟木斯街来得尔巷，晚餐五先令或点菜；柯里太廉东楼亦在庇喀的里交道口，早餐四先令，晚餐十先令半，夜饭五先令，饮食之间奏乐，晚餐、夜饭皆须着礼服；弗洛兰泗楼在卤簿街第五十八号，点菜；弗拉斯喀悌楼在敖斯佛街第二十六号，早餐二先令半，晚餐五先令，皆在楼上一圈，楼下池中曰“冬园”，点菜，随时奏乐；该伊悌楼在司特兰街，饭价公平；戛堤斯楼在司特兰街第四百三十五号，点菜并零卖加非；薰香大店在特拉法勒戛坊，早餐由十二点三十分至三点钟三先令半，晚餐由六点至八点钟三十分五先令半；戛悌安娄得萨诺馆在司特兰街第百六十一号；蒿本楼在亥蒿本胡同第二百十八号，大厅内除礼拜日早餐点菜，晚餐由五点三十分至九点钟三先令九本士，近灶屋点菜，楼阁高大，可赁作茶会；罕斯克蕾森店在罕斯克蕾森街，早餐三或四先令半，晚餐七先令半，点菜亦可，晚餐礼服；哈柴兹楼在庇喀的里街，点菜，随时奏乐；义大里店在老康卜屯街第五十二号，早餐仅一先令半，晚餐二先令半；开特讷馆在格里克街，饭价未详；洛昂斯店在牛贲街，早餐三先令半，晚餐七先令半，点菜亦可；墨呢寇馆有二，一在利贞街第四十六号，一在沙蒂斯百里大街第十九号，楼极广阔，华美异常。在其“莱内桑斯”（义乃中兴也、复新也，盖数百年前西人楼阁装潢概皆仿古，乃自五百年来处处修饰更新，其所以取是名，谓其华美，随时派也）厅中早餐三先令六本士，晚餐五先令，点菜不得在五先令内，此中随时奏乐，在加非堂及近灶屋皆点菜，多寡不拘；在其“音特乃慎那”堂中（义乃万国者也，天下人皆可入座也）可设筵请客，容座由一百五十至四百，饭价每人由五先令起算，连酒则由一镑起算；在其“伊吉普慎”（义乃埃及者也，楼式仿照埃及也）阁中，容座由三十至一百五十，价与前堂同；更有路义第十五殿（一切修饰、陈设皆仿法王宫者）、圆堂（式作圆形）、巴里堂（造仿法京者）、银堂（四壁银花白玉石）及麻蓑呢庙（指福立美逊党）等名，皆可赁作议事处、奏乐堂、跳舞会等。萨外店在维克都里亚堤边，早餐五先令，晚餐十五先令半，点菜亦可，夜饭五先令，随食奏乐，设有专厅，备人请客，皆礼服，亦须早定座；帕戛呢馆在大坡兰街第四十四号，点菜；欧倭屯楼在维克都里亚逼勒丁斯街第三号，点菜，该楼鱼最出名；普来威达立馆在寇文他里街，早餐二先令半，晚餐三先令半或五先令半；普林赛斯馆在庇喀的里街，早餐四先令半，晚餐五先令半或十一先令，晚餐着礼服，极出名，须早定座；特娄喀代娄馆在沙蒂斯百里大街，早餐三先令，晚餐五先令或七先令半或十先令半，夜饭三先令。以上点菜皆可，专雇法厨工，随食作乐，有雅座。娄麻诺斯馆在司特兰街第三百九十九号，三餐皆点菜；司阔兹楼在寇文他里街，三餐皆点菜；辛朴森楼在司特兰街第百零一号，三餐点菜，设有棋局；贤翟木斯馆在庇喀的里街第二十四号，早餐二先令半，晚餐二先令半至五先令，点菜亦可，每礼拜日一点至三点钟、六点至九点钟奏乐；他威斯托克店在庇阿萨斯街，专备男客点菜；魏立斯楼在利贞街第二百二十九号，点菜；韦良槐里楼在堪兴坦园坊第五十至五十三号，点菜；韦理司馆在克英街，晚餐、点菜、早餐、夜饭皆四先令半，夜晚皆须着礼服。以上各处皆有电信暗号，并通得律风，有号码，四方照顾者皆可随时飞信定座也。

初八日辛亥　晴，冷而水面微冰。记：英人嗜饮啤酒，工匠尤甚。昨闻在英兰中界稍北得贝晒府之晒卜路村，地产煤铁，工匠稍多，通村计人男女共六千二百四十，乃每一礼拜竟饮至一千五百戛伦（见前），终日酩酊，饮酒如水，家丁不顾。或谓群居醉乡，毫无礼义，皆可视同畜类而不以人待之，且此村即可名之曰“啤酒大歠村”云。

初九日壬子　微阴雾，冷结冰。伦敦朝会每年二次，皆在贤翟木斯宫，为大太子、卫拉斯王及三太子、宽诺公立代君主召见。第一次在西二月，第二次在五月，每次皆在未正。凡国人之欲觐见者，须先在贤翟木斯宫前御马院礼官公署英名“洛得詹柏林斯敖扉司”中投名挂号，其初次者无论男女，更须经官察明其人之身家、品学、名望，呈览君主准否朝见云。

初十日癸丑　早黄雾一阵，燃灯，巳正雾散仍阴。记：英国宝星十五种，总名曰“敖尔得尔”。第一名“阿拉柏美达喇”，义乃阿拉柏赏牌也（阿拉柏，英君主夫名），始自西历一千八百六十六年（同治五年），以赐在海面勇敢救人者。头等长圆形，周四寸余，厚二分，金质铺深蓝瓷，正面錾起减笔“VA”二字及一锚，合成一处作“”形，皆金色，外圈古铜色，宽约一分，镌以

“特赐海面英勇救生”八金字，星上一冕形似倭瓜，继而陆地奋勇救人者亦以此赏，惟改红瓷去锚，圈边改錾“陆地英勇救生”六金字；二等系铜质，式样、文字与头等同，其式如此“”。第二名曰“巴斯”，义乃男爵也，创于西历一千三百九十九年（明惠帝建文元年），延至一千七百二十五年（雍正三年）始行制造。至一千八百十五年（嘉庆二十年）分作三等，一曰“乃自格兰克洛斯”，二曰“乃自考蛮得尔斯”，三曰“乃自康巴年斯”，大义皆与巴图鲁勇号略同。逮至一千八百四十七年（道光二十七年）始行赏用，乃金质白瓷十字，四头作鱼尾形，十字中心錾以英兰玫瑰花、爱尔兰沙木洛白花、苏格兰堤斯勒绿叶及三王冕环、一圭璧，外环一圈錾以腊典成语。上半红瓷质云“特俩几攸榻音云”，下半蓝瓷质云“伊兮的安”，义乃三邦合一也。圈外又缠以桂叶两枝，自上向下，左右抄环。又十字四夹缝空中各一狮子，其式大率类此“”。此外，金锁、跨带亦有分别。第三名曰“克捞恩敖因的亚”，义乃印度皇权也，始于一千八百七十八年（光绪四年），男女皆赏，形长圆，周亦四寸，金质，当中以钻石、珍珠、蓝宝石等攒成减笔“VRI”三字作“”形，义乃君主帝后维克都里亚也。此外珠宝各一圈，系带浅蓝，左右白边，其式如此“”。第四名“的斯丁圭什得色尔威斯敖尔得尔”，义乃特赏超群，其品亚于统辖印度宝星，始于一千八百八十六年（光绪十二年），形作粗十字或横竖双银锭，周约五寸，金质白瓷金边。当中红瓷，乃一金王冕缠以桂枝一圈，背面亦然，惟王冕改减笔“VRI”三字（义见前），系带红色，左右蓝边，其式如此“”。第五名“戛尔得尔”，义乃袜带也（其制所本详见后），始于西一千三百四十八年（元顺帝至正八年）当英王埃达倭第三之世，为极古者。形以亮银作八角，中心一红瓷十字，系带深蓝，另有金锁，连以金龙、银星、玫瑰花等，外一袜带，带上绣以法文“敖呢苏瓦吉麻里邦斯”，义乃恶念自惭也，其星式如此“”。第六名“音颠安派尔”，义为统辖印度，始于一千八百七十八年（光绪四年），专赏人之功勋有关印度者，式作玫瑰一朵，五瓣分写印度等字，中一红瓷圈，上錾“维克都里亚帝后”七金字，圈内錾君主头相，系带正紫色，其式如此“”。第七名“洛亚蕾得克洛斯”，义乃御前红十字，始于一千八百八十三年（光绪九年），以赏在水陆战场医院中疗救扶养受伤兵弁之妇女者。式作红瓷十字金边，周四寸余，中心一君主小相，十字四角上刻“费斯”，笃信也，左刻“插立悌”，仁慈也，右刻“侯铺”，诚望也，下刻“1883”，一千八百八十三年也。背面中心刻王冕及“VRI”三减笔字，系带深蓝，左右红边，其式如此“”。第八名曰“洛亚维克都里亚敖尔得尔”，义乃维克都里亚御赐宝星，始于一千八百九十六年（光绪二十二年），为专赏伺候君主者，其形式、颜色未详。第九名曰“贤米晒与贤卓志”（上为一天神名，下为英兰神名），始于一千八百十八年（嘉庆二十二年①），先专赐有功于艾欧年群岛（地近希腊西界）者，既于一千八百六十八七十八等年（即同治七年至光绪三年②）扩充其例，凡其功关属地及外国事务者赏之。系一白瓷星，光分七岔，镶以金边，每岔作鱼尾形，中心一十字，背面有王冕、十字金龙，绕以蓝圈，刻有“敖斯皮色木美里欧立埃威”等字，义乃吉祥先兆也，系带蓝色，竖有红条，外有金锁，系狮子十字及“S.M.S.G.”等字，本义未详，其式如此“”。第十名“贤帕特里克”（爱尔兰神名），始自英王卓志第三，系西一千七百八十三年（乾隆四十八年）。乃一八出银星周约五寸，星中一十字，字上镌以爱尔兰沙木洛一朵，每瓣上刻一金王冕，外缠一圈，蓝地上錾金字云“怪赛派蕾必”，义乃孰分之，盖指英爱两岛合一不得分离也，系带天蓝色，外亦有金锁等，其式如此“”。第十一名“司他尔敖伍音的亚”，义为印度星，始自一千八百六十一年（咸丰十一年），专赏有功于印度者，分为三等，名与第二巴斯宝星同，造以亮银，周四寸余，当中凸起，其光闪烁，系带浅蓝白窄边，其式如此“”。第十二名“堤斯勒”（苏格兰花名），始于一千五百四十年（明世宗嘉靖十九年），式作一斜金十字上覆一银星，中心二绿瓷叶拱一金堤斯勒花，外一绿瓷圈，上刻金字云“乃谋米因卜内赛奚”，义乃伤我者我亦伤之，佩带深绿色，外有金锁连以堤斯勒花等，其式如此“”。第十三名“维克都里亚安得阿拉柏”，乃君主与阿拉柏王也，始于一千八百六十二年（同治元年），为专赐妇女者，式作长圆，外一圈小金花分布七银叶，中心錾君主夫妇头，夫右妇左，系带粉红，其式如此“”。其第十四名曰“维克都里亚克洛斯”，义乃维克都里亚十字也，始于一千八百五十六年（咸丰六年），专赏在前敌忠心勇敢者，系一铜色十字，中心上一圆圈，内含狮子，下一月牙，錾字一横曰“佛耳瓦洛尔”，义乃赏其刚锐也，凡水陆大小兵弁之得此宝星者，外有恤赏十镑，其式如此“”。

十一日甲寅　阴。巳正，罗叔羹之夫人携其幼女带洋女仆阿里斯坐英公司赴新嘉坡，小荷及林武弁送至码头。临别不惟小荷洒泪，而林武弁亦因而

① 应为嘉庆二十三年。

② 应为光绪四年。

目赤。

记：英国一量地里或行船里长六千零八十尺或二千零二十六码零三分之二。英国火车山洞之至长者在赛倭安镇（地在英兰西南界格娄赛斯特府），长四英里零六百二十四码；其次逾三英里者三，二英里者五，一英里者三十三，大岛四面临海，山多可知矣。

十二日乙卯　微阴。巳正，星使带刘葆森、曾叔吾、陈幼庸并二少君坐火车赴苏格兰之格拉斯沟与牛喀色二城游览各厂。

先是同事沈荔虎面禀星使，谓携带妻子、侍婢，在此费用不足，今后职名不拘，或升参赞或仍充随员皆可，惟月得薪俸三八二百四十两方可。星使闻而皱眉云："虽同乡世交，而照章无此办法，禀呈差满批准回国。"后又请其夫人、少君、侍婢之川资。照章随员无家眷船费，当前派其夫人入女学会时曾允给随员俸薪，至是批发两个月共四九三百六十两，虽女随员补给仍以九成，其待同乡之谊不为不厚矣。

十三日丙辰　阴，雾。伦敦鱼肉果菜虽云四季不绝，而有专于何季最佳以及何季最贵者，如牛肉四季不缺，惟夏季者不佳；羊肉当小羊肉盛时不佳，盖本国者在三月至九月，其余皆来自牛锡兰等属地也；扁鱼夏季者最佳，他如大扁鱼、虾蟹等，四季皆鲜，惟比目鱼于二三四月者不佳；鸡鸭中惟家鸡于五月最贵；菜如蓁菜、番薯、菠菜、龙须菜，皆夏季者鲜美；果品如苹果、葡萄、橘子及各种干果亦然。

又于巳初至倭特路车栈送欧理斐率其二子回华。

十四日丁巳　早阴，酉初大雪狂风，冷。记：英人论食物之易化及不易化者。按：鱼类其不易化者为鳕鱼、虾米、咸海鱼、比目鱼、海鳗、鲑鱼、螃蟹、龙虾、青花鱼及螺蛏等，易于消化者为蛎子、扁鱼、煨鳝、鳟鱼、黄尾鲚、挞沙鱼；家禽、野味之不易化者为鸭、兔、鹅、山猫、火鸡、白嘴鸦，易化者为家鸡、竹鸡、鹿肉、雉鸠、沙锥、水鸭；肉之不易化者为腌肉、猪肉（烤者尤甚）、脂油、咸牛肉、小牛肉，易化者为羊肉、小羊脏腑、小牛头腿、牛脑子；菜之不易化者为黄薯、白菜、萝卜、生芹菜、苦萝卜、胡萝卜、生菜、防风、煮番薯、红头菜、甘蓝菜，其易化者为龙须菜、烤番薯、蘑菇、菜汁、葱、蒜、米饭、水芹菜；果之不易化者乃杏仁、栗子、果核、黄杏、无花果、波罗密、干葡萄、小葡萄子、葡萄、甜瓜与桃，其易化者为香蕉、樱桃、青梅、柠檬、枸杞、梨、李、地椹也。

十五日戊午　镇日阴晴不定，凉。街道雪化，泥水厚寸余。记：天下五大洲及各群岛语言文字之不同多至二百余种，察西国文字之始，乃先经卫呢斯人（地在义大里正北稍东界）创作谐声法，一音一义，入耳即明，乃字母数十，按音颠倒拼话，极属便捷。希腊人继仿行之，仅作字母二十有八，以后腊典、罗马亦皆次第学作，故今欧洲语言多出自腊典，大同小异，皆不离乎本旨，惟俄国略变。希腊文为三十二字母，亚剌伯亦作字母，而印度字母多至五十，暹罗字母亦二三十，中国上古结绳而治，今斐澳二洲之野人犹用其法。闻古之欧人记事亦有用手帕作结一说，中国上古苍颉作六书多象形，埃及古篆亦然，而墨西哥、秘鲁、智利等国此法尤盛，惟美洲北境之红皮土人迄今声教未开，犹以画代字，极属新奇。按其地分段落，有土酋掌之，酋与民俱作狗或作鸡，乃大者为酋，小者为民。大篇如此，殊类灯谜，观之令人不解，有费心神，即或解之，亦令人喷饭耳。

十六日己未　镇日暴风骤雨，凉。记：伦敦赛马会一年两次，第一次于西五月二十八、三十、三十一三天，系设在水晶宫门，由巳正开至戌正，入门者一先令，座须预定者价二先令半、五先令至十先令半，宫中备办上等顿饭者名“罗柏尔馆”，席菜颇佳，每人七先令半，另有烤炙房英名“格立勒路木”，可吃烤牛羊排骨之类，随有煮白菜等两种，费仅二先令；第二次在六月初十、十一两日，系在李池门村中老鹿囿，地距伦敦九洋里零四分之三，入门费亦一先令，设有看台，临地前两圈，第一日每座十先令半，第二日第一圈每座十二先令半，第二圈仍十先令半，再上每座五先令或二先令半，草地中每座三先令半，车辆入内者按马每匹五先令，四匹马者一镑半，车须前后鱼贯而行，不得乱驰，卸车马入号中喂饮者每匹二先令半。闻此会每年王族太子、王爵、妃及福晋等必有往观者。

十七日庚申　早晴，巳正狂风骤雨一阵，午初大晴，入夜风，凉。记：英君主卜静宫朝会每年设在西二三月间，时在申初。凡妇女之欲入宫觐见者，亦须在贤翟木斯宫旁礼官署中留名以备考察，后呈请君主批准。

按：赴朝会之车价单马者先两点钟九先令三本士，以后每点钟三先令半；双马带跟役者先两点钟二十九先令，以后每点六先令；其他更有二三吉呢半者。

十八日辛酉　镇日阴晴风雨不定。戌初一刻，星使率曾、刘、陈三君及二少君回，星使受寒不爽。

记：伦敦每年有赛狗会两次，第一次亦在水晶宫中，乃设于西十月十八、十九、二十三日，入门费一先令，其他一切见前赛马会；第二次于西六月二十二三两日，设在艺植园中，此会系经妇女所设，名曰“妇女狗窝会”，按英语系“蕾的斯凯乃阿搜什伊慎收”，入门费每人五先令，所收之费以一半分助救牲会内，此会洋名“洛亚搜赛伊的佛尔仄普蕾文慎敖伍克路埃拉悌秃阿呢麻勒斯”，义乃敕建禁免戕牲会也。

十九日壬戌　阴，入夜风雨交加，凉。英国古无瓷器，自君王以至富室皆用金银盘，各盘皆有记号，可以知其今古，故现在王宫府第及各衙署会馆如卜静宫、极乐堂、曼琛蒿斯、金匠会馆等，每于设会宴饮，皆壁上悬列金银大盘，灿烂辉煌，皆数百年前之古器也。伦敦金银器行自古至今以錾豹头为记，惟国君御用者錾一狮子为记，年岁记以二十五字母，乃中除一“J”字，用由第一字至第五字及由第六字至第二十六字，每年改用两字，如第一年用“AG”，次年则用“BH”，如此类推，字之形式如中国之真、草、隶、篆各体。

又每二十年一改，造器局主人之记号用其名姓之起首二字，纳税记号錾以君王之头。以上记号之可考者始自西一千七百零二年（康熙四十一年），时为君主安呢之世，年岁字为“[illegible]”二字，此种字英名“馈音特阔尔丹得”，义乃怪体也。至一千八百九十九年（即上年），乃用“ac”二罗马字。

二十日癸亥　早阴暖，午后风雨阵阵。星使因前日受寒昼夜喘嗽。

记：西国瓷器始兴于一千七百九年（康熙十八年[1]），经德国萨克森邦梅森城之讲烧炼人卜特格者创作（当时虽名曰瓷，然其体质粗轻不实，类乎瓦器上釉），后其工人携秘法逃去他处，于是德之各邦及和法等国皆摹仿之。至一千七百三十年（雍正八年），英人亦得其法，初在巴欧城，不久在柴勒溪、达尔贝、浦莱茂斯等十数处亦皆造之。自古至今，一切瓷器各处皆自有记号，或刻或画，形式新奇，如“[illegible]”“[illegible]”“✻”“[illegible]”“[illegible]”“[illegible]”“△”“⨯”“▩”，其他可识者，或字或王帽以及鸟、马、楼、房、刀、锚等，然皆不知其何所取义耳。

二十一日甲子　镇日阴晴风雨不定，巳刻见雹，大于米粒。记：英国王冕之式大制类乎倭瓜，又似古之英雄帽。闻现在英君主维克都里亚即位之冕系前于西一千八百三十八年（道光十八年）君主御制，其上一切珠宝系自各旧冕及

① 应为康熙四十八年。

他物上摘下集成者。式乃先一紫绒冠作“”形，外一金银质珠宝镶嵌之十字罩，又作如此“”形。十字顶上先立一以五十四块红钻石攒成之圆球，球上另一长方大金刚石，帽口处先围银鼠一圈，衬以黑毛点，其总式如下“”。皮上下珍珠两圈，下者共一百二十九粒，上者稍大，共一百十二粒，二圈之间正面碧玉一块长方，后面另块稍小，前后两块碧玉之间左右各小碧玉三块、钻石四块、葱玉四块，又在小碧玉之上下衬以钻石十四块，八块葱玉之四围共镶钻石百二十八块，在碧玉、葱玉之间每空以十块钻石排成“I”字，十六空共计钻石百六十块。圈上十字罩下四空中，先共钻石、碧玉各八块，于每钻石与碧玉之间横一钻石花练名曰“费斯屯卢必”，计共一百四十八块。十字罩下正面中间红宝石一大块，长圆形，四面围镶钻石七十五块，又作长方形，其他左右与后三面亦然，惟中改葱玉各一块稍小，所镶之钻石因粒大小不均，故数亦不同，乃一镶一百三十，一计一百二十四，一共一百三十二。又在四空中每二碧玉之间立一宝石花作如意或“”字形，法文名曰“芙略得立”，义盖莲花也，每上红宝石四块，嵌以红钻石八十五六七块不等。又由四钻石镶宝石之长方处向上为十字罩梁，其上共以七百二十八块红白钻石攒成栎叶，以珍珠作栎实。总之，其上共计红宝石一、大碧玉一、小碧玉十六、葱玉十一、小红宝石四、大长方钻石一、亮钻石一千三百六十三、红钻石一千二百七十三、平钻石一百四十七、滴形珍珠四、大小珍珠二百七十三，此冕重共三十九两五钱。

二十二日乙丑　晴。星使因体胖上下楼不便，自罗叔羹夫人去后拟移住楼[下]，令马清臣挪上第二层。马清臣谓须将地毯起去，楼板四壁咸以药水刷洗，方肯搬上。盖前曾袭侯星使之妹丈陈参赞松生（远济）夫妇皆由痨症故于二层屋内，此次罗星使夫人又故在是屋，故当概行洒扫以免传染，盖痨病传染，迩来始经察出。因患病人肺经产种星点之物，似虫非虫，随嗽吐出，其质极小，以显微镜窥之方见，而仍不得辨其形。此物如谷种，病人吐出凝滞于楼板或毡毽之上，干后飞起，杂于尘垢之间，虽三四年后，苟经人吸入口中，唊归肺腑，则依然滋生成病，故谓其与谷种同，故谓此症亦能传染也。入夜微风，冷。

二十三日丙寅　晴。酉初，有驻德学生吴吉甫（永焯）来拜，系吴蕙吟[①]堂宪族孙，来此学习英文，执有吕镜宇星使一函，遂即引住前胡同坡兰店中。

① 即吴廷芬，字蕙吟，光绪二十一至二十五年曾任兵部右侍郎、工部右侍郎兼管钱法堂事务（兼署）、吏部右侍郎、礼部右侍郎（署）、户部右侍郎兼管钱法堂事务。

记：西国妇女之服饰自古迄今其外式大制虽改，而内则依然，其裤短而袜长过膝，恐其垂缩，乃以花带束之，此带英名“戛尔得尔”，带宽半寸，富者亦修饰华美，衬以珠宝。然带头扣以银环或铁圈，有时因扣得疏忽，抑或步履用力过重而致扣开遗落。外国跳舞会亦非自今日始，如前于西一千三百四十年间（即元顺帝初年）当英王埃达倭第三时，一日宫设跳舞会，因太子、卫拉斯王适见地一袜带，不知何人所遗，拾起举示，以冀失主往认。当时左右人多掩口而笑，太子怒曰：“生恶念者其自惭愧之。”盖谓己无恶念，而他人之生此念者他人当自羞愧也。由是遂敕作袜带宝星以赏人焉（一切详见前）。

二十四日丁卯　阴雨阵阵。午后荐吴吉甫入高尔街第六十四号萨尔家塾中，与国、柏、恩、六四君同学。戌初，刘葆森、曾叔吾、陈幼庸、王宛南、罗小荷同邀余与沈藕生、吴少序、沈荔虎、王少山、王香圃、尹元辅、吴旭霄、严伯玉在利贞街贤卓志馆晚酌。此馆前后有门，亦颇崇闳，后门在庇喀的里街，内除大厅外雅座间间宽敞整洁。是馆前日未经叙及者，因其不甚著名也。

二十五日戊辰　阴雨如昨。酉初，林琴荪自比都到即为星使诊脉，据云无大关碍，着凉而已。

记：伦敦街道归工部局管，如官欲用地，不得勒令住户搬挪，盖凡人家、铺户租赁楼房皆先议定共租若干年月，如官欲开敞道路，或因他故须拆毁楼舍，则必询明住房之人，按月应费若干、须得若干、共若干年月，皆须官场赔给，苟嫌所索太巨，则须待其限满而后迁移。

二十六日己巳　微晴。闻英之维克都里亚十字宝星自兴用以来仅当年赏劳一人，系前于西一千八百五十六年（咸丰六年）当英法合兵助土攻俄时，忽一俄之炸弹落某铁甲船面，有学习海军官（此官英名“米得什伊普曼”，乃官宦幼年子弟之入水师学习者）卢克思者，见其弹虽烟气尚腾，幸未触及崩裂处，伊既不逃避，且谓：“弹炸船必损坏，人则或殒命或受伤，皆未可知，莫若一人当之，苟不炸则通船兵弁之幸，若果炸亦只我一人之命耳。”意定，遂乘其勇烈之性，将弹抱掷海中，才入水即炸，船中人一无所伤。君主闻报，嘉其忠勇，赏此宝星，伊为通国得此宝星之第一人而亦仅此一人，殊觉荣耀，其人现授水师提督云。

二十七日庚午　早阴，午后晴，戌初复阴，大雨一阵。林琴荪起身回比都。

记：伊苓屯方额伯尔街之稼穑堂（见前）每年不仅设牛会及演兵戏，乃腊月牛会与演杂剧，连至正月二月设狗会，二三两月设马会，五六两月演兵戏，十月设挤牛奶会，此外更有三月桌椅床榻会，四月皮革会，六或七月药料会，九月糕点果汁会，十月杂货会，十一月啤酒会以及脚踏车会。除各会期及夏季外，又每晚戌正排演黑丑杂耍，乐奏钧天，以供附近男女往观云。

二十八日辛未　阴雨阵阵。亥初，送沈藕生、王少山二君至倭特路火车栈登车赴骚桑屯海口坐德公司船回华。

记英例：人民当兵并不勒令，凡幼年子弟有愿投营者，经官医验其身体高壮、气力充足后，官乃即行登簿，给一先令作定钱。其有偶因羡慕兵衣华美或因一时奋勇或被他人引诱投效入营，其后或自悔或被父母申斥而告退者，须奉官十二镑作罚款，虽已操练数年而告退者亦然，盖谓教习费神而给衣食也。

二十九日壬申　阴雨如昨。戌初，马清臣夫妇约饭，酒食餍饫，亥正谢归。

记：在英国立文浦、西印度等埠头皆有小巷伙居华民，一切茅店酒肆、赌局烟廊、杂货铺俱全。凡华工水手至彼，往往被人引诱，逃去他口，因而得法，容或有之，但多有致妙手空空、贫苦无依者，更有可耻可恶者，乃货物售与华人价反加倍，亦奇闻耳。

## 二月

初一日癸酉　晴。戌初，陈安生、于心泉、袁仁圃、柏峻山、国干臣、恩昆峰、六定成仝约余与吴少序、王香圃、尹元辅、吴旭霄及荣骅在盘屯巷第二十八号阔美的馆晚酌。

记：英兵自与南斐洲开仗后屡胜屡负，前日战胜渡河，奈无地扎营，遂经退回。继而英兵共到二十万，铁甲战船若干艘，运炮上岸，经将军骆柏尔、卜蕾、傅兰池督兵攻击，连三日大胜，夺回蕾的司米斯城，救出被困英兵多名，因而今日伦敦通城大街小巷、铺户人家咸插国旗于楼顶窗前，以志庆贺。大小车辆有插小旗于车棚上者，有拴红白蓝三色绸条于鞭上或马耳旁者。行人亦多有以三色绸条叠成小菊一朵挂于胸前襟边者，沿街更有托盘售此三色菊花者。幼童群群，二三百鼓吹街行，阵阵欢呼，通宵达旦。

初二日甲戌　细雨淋漓。戌初，星使约余及吴少序、沈荔虎、王香圃、尹元辅、吴旭霄、严伯玉及荣骅在庇喀的里街贤翟木斯会馆晚酌祖饯。星使现虽饮食如初而仍畏寒，乃派罗小荷率林武弁代陪。是晚惟吴旭霄洋装，因谓食毕将有事他往也。亥正回使馆。

初三日乙亥　阴。闻有伦敦名医康贝者，前与寇文巷少妇马丽雅治病，竟至私通。初次少妇爱，二次喜，三次乃悔，告知伊夫某甲，某甲怒而鸣官，至如何判法未闻。

初四日丙子　微晴。午初，至维克都里亚火车栈送吴少序、尹元辅、吴旭霄、严伯玉及沈荔虎夫妇带其少君、女婢走法国至义大里热诺瓦海口登德公司“汉诺里”船回国，为避七日地中海之风浪也。

初五日丁丑　阴晴不定。吴吉甫自到此后，一因晕船成疾，再因不惯洋餐，往往终夜不寐，屡次来此叙其苦情，余闻而怜之，于是先一次约其便酌，今日复约其晚餐，旋差人去各国使馆及所识各英人如赫承先、金登干等家送片辞行。

初六日戊寅　阴晴不定如昨。酉正，刘葆森约在大坡兰街兰店中便酌。店虽小而有烟房、客厅、冬园等，亦颇轩敞。

记：前于二十三年十二月罗星使咨呈总署，内称“为咨呈事：窃照光绪二十三年九月十七日承准贵衙门咨开，光绪二十三年七月十五日准钦差头等出使大臣、总理各国事务、尚书衔户部左侍郎张大臣咨称，‘随使出洋学生到洋后，或从师诵习洋文，或入学堂肄习专门之学，应由出使大臣酌量分派，惟薪费一切未经明定章程，无所遵循。外洋肄业之费每月自二十镑至十镑不等，加以笔墨、书籍等费，若概从该生等应支薪水一百两内开支，所余无几，不敷旅费，且恐因节省经费起见自安简陋，转失出洋肄业本意，应查照分赴英、法、俄、德四国肄业学生一律办理，以收实效。嗣后随使学生应由该生原支薪水每月一百两内提出五十两，以为从师、束脩、饭食、笔墨、书籍等项之费，不敷若干由出使大臣核实支发，年终汇报。该生等原有留支赡家银两者，统限以二十两为率，不得加多，庶在洋用费不至拮据，得以专心肄业等因。查留支赡家银两旧章，本系不得过十成之一，近来学生逐渐通融，竟有留支十成之三四者，稍减汇兑之亏而诸事拮据，殊为非便。’来咨所拟系为造就诸生学业起见，相应咨行一体照办可也等因。承准此查张大臣前在英国曾经将厘定出洋学生薪费各节，与本大臣商议意见相同，所有前承贵衙门咨送之同文馆学生王芸、于德浚二员，业经本大臣自本年六月初一日起按照新章每月定发薪费五十两，留支银两即在其内，仍不得逾按月二十两之数以示限制，其从师、束脩、饭食、笔墨、书籍等项即在提出五十两数内领用，如有不敷，核实支发，年终汇报，核办在案，承准前因，理合具文咨呈”云云。虽有以上往来咨文，迨王香圃禀请销差，呈领归装川费，乃仍按五十两发给两三次，以总署咨文之意求小荷代达，三日前始以百两补足。又留于心泉搬回使署当差，二月初应领俸薪而亦以五十两与之，心泉谓小荷云：“在学堂每月除领五十金外，尚有早晚两餐，如此则反须赔垫矣。”小荷佯作不解，仰首思之良久，始云不错，当代为禀明云云。

初七日己卯　阴晴天色如昨。镇日收理行装。戌初，韩阔约饭，辞谢未往。

新嘉坡署领事等具禀三年报满，并未呈送履历及具领归装川资等，乃除留星使之侄罗叔羹与其内弟魏星叔外，其他如杨仲卿、余丹曙、林筠台，概行批令回华。

初八日庚辰　微晴。早发行李至倭特路车栈，接尹元辅信知伊等于初五日酉正抵热诺瓦，惟沈荔虎夫妇与其少君于初四日在巴里换车误登他行，不知所之。

申刻，英君主由文愆行宫回伦敦，乘輧车走敖斯佛街及利贞街、庇喀的里街入卜静宫。沿途左右人家、铺店皆悬旗迎迓，两边男女林立，观者如堵墙。

初九日辛巳　晴。申初，英君主由卜静宫驾四马敞车走维克都里亚街、敖斯佛街、利贞街，申正至坡兰街经过本使馆，再走马力赍街回宫。本街自躴躿店至小花园左右各家插挂国旗，窗外横红绸、花布、虎皮等。又左右横三绳，中悬大小国旗五六七不等。通街自午后男女拥挤如蚁，既不喧哗，亦无谇语，有时齐声呼喊，无非庆贺欣欢，马步巡捕弹压。街东排车，车前排人，街西楼前亦排人，中留空路一条，男子多举小旗，妇女亦襟插绸花。先是红衣乘马护卫五对前引，既而御车过，君主正坐，对面为大太子妃及四公主，车后另随护卫二对，前后十四员，皆手执枪腰跨刀。宫车过则左右男免冠女请安，君主向之左右点头。本使馆上悬龙旗，二层楼大客厅前有铁阑，围以红绿绸，横插两小英旗。看时林武弁与星使二少君之女教习胡克小姐立正中，左右为星使之二少君、杨跟役及郭成衣，其他参随、学生、供事皆立其后。

晚接信知沈荔虎夫妇于初六夜亥刻赶回热诺瓦，初七日早开船，亦云幸矣。

初十日壬午　晴。午后至高尔街第六十四号拜柏、国、恩、六、吴五君及其教习萨尔父女，与之辞行。萨尔谓伊子卓志现年十七岁，身体魁伟，高逾四尺，去岁奋勇投营，在南斐洲临敌脩不知惧，身曾受伤，不日息兵回国，当受重赏也。少坐，复去刘葆森、马清臣、曾叔吾处辞行。

十一日癸未　晴。记：伦敦英国博物院之雅洲所藏蓄中国瓷器极多，瓶罐五彩正白以及盆碗共数百种。其他玻璃罩中之宝物有懋勤殿双龙印盒，碧玉双龙柄三寸见方，厚八分，篆云“十全武功之宝”；青玉双龙四爪柄四寸见方，厚寸余，篆云“万寿山清漪园”；灰玉一龙柄寸半见方，篆云“自强不息”；乌玉一豹柄寸三见方，篆文亦“自强不息”；碧玉鸳锦云章，篆云“循连环 连环循 环循连 乾隆戊辰春月御制”。御笔楷书两页云：不见养遇，非与五更相提并论也，注云老五更者多矣。或谓上中下寿，或谓工商农而不及五更，或谓明天地人与五行之事，或谓取象三辰五星，或谓知之。又有象牙关防、瓷玉烟壶七十余，瓷盘百余，今古不一，象棋、乐器、烟枪、烟具、女鞋、草鞋、纬帽、小帽，种种不可枚举。申刻率香圃、荣骅叩辞星使。

十二日甲申　晴。辰初睡起，点心毕收拾随身行李。辰正偕王香圃与荣骅率许立、吴荣升乘马车至倭特路车栈，送行者为曾叔吾夫妇、刘葆森、陈幼庸、罗小荷、陈安生、于心泉、袁仁圃、国干臣、柏峻山、恩昆峰、六定成、吴吉甫、沈螭南、林武弁。巳初登车，一刻十分开，车行极快，午初一刻抵骚桑屯。因行李给有号目小票，下车至税关按票收取，后登小轮船，上梯时有人执簿按人点名。午正展轮，行数十里改登公司大船“普乐仙”，又名“柏艾森”。未初开行，出口甚平，水黑色入大西洋。

十三日乙酉　镇日阴晴不定，凉，船微摇。至午正行三百三十洋里，在赤道北四十度四十八分、柏林西六度三十五分，共遇大小往来轮船七艘。夜过碧斯矶海湾，地在法国之西、日斯巴尼亚之北。

十四日丙戌　晴暖，早间舟微摇，午后平。至午正行三百四十一洋里，在赤道北四十一度四十分、柏林西九度三十一分。连日南行，水皆黑色。

十五日丁亥　晴，南行稍东，东面见山。远见渔舟三两，白屋数椽，绿树苍茫，遥望如数丛沙草。巳初北见灯楼，乃葡萄牙国西南界之贤万森地角也。过此转东，遇轮船四，午初风逆，船渐簸扬。至午正行三百三十三洋里，在赤道北三十六度四十六分、柏林西八度七分。自未刻狂风巨浪，水打入窗，入夜尤甚。因路窄水逆流，船故簸扬。夜出大西洋入地中海。

十六日戊子　风雨交加，冷。卯初过支布洛达，英属地也（详见《四述奇》）。午初雨止，稍晴，午正大晴。仍东行，共走二百三十三洋里，在赤道北三十六度二十七分、柏林西三度三十五分。北面见山，日斯巴尼亚正南界也，左右共遇风篷、火轮十二。虽波涛汹涌，而大船平稳，乃遥望他船依然摇荡。

十七日己丑　晴，东北行，水平船稳，水色深蓝。至午正行三百二十九洋里，在赤道北三十九度三十七分、柏林西一度五十一分。东面二岛甚长，自巳至酉络绎不绝，南之大者为义国之萨尔的呢亚，北之小者为法国之阔尔奚喀。入夜风起浪涌，船则摇荡簸扬，共桌晚餐者二三人而已。夜半扶墙步入香圃舱中，见其呕吐瓷盆将满，遂双手捧出，肘臂倚舱板而行，为之倾入厕中。迨出门以活水洗涤时，偶一失防，几乎跌倒。送回舱内，伊则作呕依然，航海晕船之苦亦不堪之境也。

十八日庚寅　晴，狂飙号怒，奔涛澎湃，黑水白花，一望无际。午初西面见山，为法界。至午正行二百九十一洋里，在赤道北四十五度，柏林西六度四十六分。仍东北行。未初，东面青山一缕，频见村镇灯楼，乃义国西北界也。未正逆风，尤冷而船平。亥初抵热诺瓦，亥正进口，子正船尾傍岸。口内船只甚多，惟见水面、岸上、山巅灯光行行，灿烂辉煌，如明星密列。终夜上下客货，使人喋聒不堪。

十九日辛卯　晴，暖。见本船左傍英船“新嘉坡”，右靠德船“埃木斯”。巳初率香圃、荣骅驾小舟登岸，步行里许，有土人递片，上印云“万国店走使通事喀布娄”，系以导人游览为生者，伊能英法语，乃代雇马车导游十数里。入一掏银丝作，男女工人六七，做有盘篮瓶罐之属，工颇精巧。午初回船，赏其人二方。按：上岸船价每人半方，车则每点钟二方。未正复登岸，乘车盘环十数里绕至山内看该处之著名茔地，名曰“康朴欧三投”，译华言贤葬院也。一路山径环绕，层叠而上，不知几千百仞，楼房幽雅，花木丛隆，道路平坦，洁净整齐，有公车，有电气铁道车。此院傍山，正面作楼两上，每层石上石旁凿坑，前立白玉石柱，每棺占地一长方。楼前平地两方，周各里余，排排葬人，立有石碣。楼对面及左右有白石穿廊作“⅃⅂”字形，式与楼上同。前面开敞，亦立石柱，地下及后面石壁之中皆葬人富而著名者，或男或女，皆葬于楼上或廊中。各前立有灯架、蜡台，并有白玉石像，雕工极细，大小不一，甲于泰西，其坐立悲喜，神气酷肖，男女衣服之各种毡毯绸纱，看之其皱纹透出，与真无异，亦名胜之一也。土人男女多有在墓前献鲜花、点油灯、烧黄烛，跪而哭泣，垂头默祝者。门外出售院图景致，并有小摊专卖鲜花、蜡烛、灯油以及火柴等物者，略如中国开庙之期。酉初回船。晚餐间三德船同时陆续奏乐，使连日晕船呕吐者中心顿觉一爽。

二十日壬辰　早大雨，凉，未初雨止。申初展轮出口，水波不兴，先绿后深蓝色，大晴而暖。

记：同船住头等舱之英人有阿代尔夫妇，为招商局带平安船者，现在回上海；马凯腊者，现去东沽造铁道；巴尔者，系去东山充矿师；雷克系渣甸行带船者，现去香港；莫蕾系印度茶商，现赴克伦柏。今日复有渣甸行总办马七万者上船。

余自伦敦带有字纸灰一布袋，乃于酉正经本船大副验明倒入海中。

二十一日癸巳　晴，东南行，东北见山。至午正走四百六十九洋里，在赤道北四十一度九分、柏林东十四度五十五分，下余七十六洋里至那百里。未正，右鄙频见岛屿。申初，北见大山。酉正抵那百里，进口下锚。左右大小轮船甚多，土人驾舢板上船出售土产，妇女歌唱讨钱。上下货物毕，亥初二刻开行，出口甚平。

二十二日甲午　晴，水深绿色，南行。西见山岛绵亘，为义之西奚里岛。午初走美奚那海峡，东为义之西南境，西为西奚里之美奚那，左右山不高，绿树丛中白房数点，过此改向东南。至午正行一百八十三洋里，在赤道北三十三度三分、柏林东十五度三十五分。未初，东不见山，西面犹绵绵不绝。入夜逆风船摇。

二十三日乙未　晴。东南行，风狂浪涌，波起如山。至午正走二百九十八洋里，在赤道北五十五度零五十六分、柏林东二十一度十一分。未正水平船稳，水蓝色。

二十四日丙申　早微阴，巳初晴。至午正行二百九十八洋里，在赤道北五十五度五十六分、柏林东二十一度十一分。未初暖，换棉衣。申刻遇二风篷，相距不远，彼此男女行人互相摇巾致意，且闻人喧犬吠声。

二十五日丁酉　晴，舟平。水浅绿色，东行稍南。遥望南面渔舟几许，北一轮船。午初少住，引水船来复开。至午正行三百十三洋里，在赤道北三十三度三十五分、柏林东二十六度十一分。未刻至波赛口外停轮，舸舰迷津，中有日本“如狭丸”。酉刻开入新开河，夜过盐湖，颇暖。

二十六日戊戌　晴。辰初至宽处稍停，让英轮“欧西阿那”过，巳初又让德船“卜峦费”过（以上二船皆南来者）。巳正至苏耳士，停轮后土人上船卖鱼、螺、烟、橘等。午初一刻复开，正午出湾东南行，水先平如鉴，既而逆风微波。酉正进红海，舟左山尽，舟右仍见枯山缕缕不绝。又连见二灯楼，皆埃及正西境也。

二十七日己亥　晴，热，换着单衫，水平船稳，东南行。至午正计由苏耳士行三百二十九洋里，在赤道北二十五度七分、柏林东三十五度四十五分。

二十八日庚子　晴，平。至午正行三百三十四洋里，在赤道北二十度二十分、柏林东三十八度四十六分。晚遇一德公司船，名未详，系北行者。

二十九日辛丑　晴平如昨，仍东南行。午初东北见岛，至午正行三百三十七洋里，在赤道北十五度三十八分、柏林东四十一度四十一分。午后东面连见小岛六七，戌初南又见岛。亥刻连遇二轮船，皆北去者，船桅挂灯，或二或三，高下皆有定规，各国有别，或前者高、后者高以及当中者高，船头挂一红灯，为所向之一边。

三十日壬寅　晴。早出红海东行稍北，地为亚丁海臂，北面见岛，水蓝色。巳初水改绿色，左右枯山排闼。巳正抵亚丁住船，见水面浮白方木块，岸上炮台兵丁操演，以炮击之，附近木块若干码内禁止他船往来，以防误伤。因亚丁现有瘟疫，本船挂黄旗，禁客登岸。上煤上水毕，申初一刻启碇，由阿喇边之南转进印度洋，东行稍南。

## 三月

初一日癸卯　晴，舟平。东南行，水蓝色。至午正行二百七十七洋里，在赤道北十二度五十九分、柏林东四十九度三十九分。

初二日甲辰　晴，平，东行。辰刻，南见斐洲东之搜扣他拉岛（现属英国）。至午正行三百二十九洋里，在赤道北十二度五十三分、柏林东五十五度十五分。

初三日乙巳　晴，平，水蓝色。至午正行三百二十九洋里，在赤道北十一度三十分、柏林东六十度四十一分。

初四日丙午　晴平如昨。至午正行三百三十六洋里，在赤道北九度五十八分、柏林东六十六度十分。

记：通船洋仆之能奏乐者八人，每日两次，一在午初，一在亥初，每次四五六节不等。每值水平船稳，当亥初奏乐时，则男女客集船面跳舞，以娱暇日。

初五日丁未　晴，平，近日仍东行稍南。巳正遇一德船西行，彼此升旗致意。至午正行三百三十一洋里，在赤道北八度二十六分、柏林东七十一度三十二分。酉正遥见北面山岸一楼有灯，乃印度正南境也。

初六日戊申　晴，水平如油。午初，北面遥望有山。至午正行三百二十三洋里，在赤道北七度三十分、柏林东七十六度三十三分。

记：本船共用华工四十八人，为广东、宁波、江苏者，中有工头名黄进，有烧火人袁姓兄弟者，广东人也，幼者名袁焕，年二十二岁。前由热诺瓦头上患病，经本船医官疗治，以冰冰头无效，昨日身故，殓以铁匣，置诸船底，言明携至香港。船中印有华字报单，言经工头并医官报明于某月日某工人因何症病故，所遗之物箱笼若干、财圆若干，验明封妥，船主画押，用报该公司及该本家云。

初七日己酉　晴。丑正抵克伦柏，巳初登岸，乘车游卧佛寺，后入客寓午酌。一路道途修整，房屋加增，亦有铁道公车以及日本人力车。未初回船。

记：该处一切舟车经英官立有定价，挂有告示木牌，其能英语、识英字者或免被欺，盖印度人专欺华装及与之言语不通者也。未正一刻展轮，出口南行，东面山冈接连。戌亥间连见二灯楼，皆锡兰岛地也。

初八日庚戌　晴，舟平，转东行。至午正行三百洋里，在赤道北五度五十分、柏林东八十四度。

初九日辛亥　晴，仍东行。至午正行三百三十一洋里，在赤道北五度三十五分、柏林东八十九度三十三分。酉刻，南面遥见电掣金蛇。亥初逆风，甚劲。

初十日壬子　晴，舟平。至午正行三百十三洋里，在赤道北六度，柏林东九十四度四十三分。船东行。未初南面见山，为苏门答腊。夜入马六甲［海］峡。

十一日癸丑　晴，舟平，仍东行。午初，南面见山一行，渔舟几许。午正，左右皆山，水浅绿色。未正抵槟榔屿，登岸拜副领事官谢梦池，至其宝树第留午酌，同座有杨善初（铭汤），酉初回船。酉正一刻开行，尚未出口骤雨一阵。入夜晴。

十二日甲寅　晴，平，东南行。巳正，东见山冈，绿色，甚长，为马六甲地。至午正行二百六十七洋里，在赤道北二度三十八分、柏林东百零一度二十分。午后，舟左右频见岛屿。

十三日乙卯　晴。丑初至新嘉坡口外住船，寅正天明进口，卯正傍岸。罗叔羹差人以车来接，入公署早餐后街游。申正大雨一阵。酉初回船，见上有英国作戏人六男五女，名曰“苹果班”，未详何义。酉正开船，出口平。

十四日丙辰　晴，平。至午正行二百四十七洋里，在赤道北四度十七分、柏林东百零六度十九分。东行转进中国海。入夜稍凉。

十五日丁巳　晴，平。至午正行三百三十三洋里，在赤道北八度五十五分、柏林东百零九度二十三分。午后风起浪涌，船即摇荡簸扬，天渐凉而换着袷衣矣。

十六日戊午　晴，水微波，其色蓝。至午正行三百六十六洋里，在赤道北十四度五十五分、柏林东百十度三十二分。

十七日己未　晴，平。至午正行三百三十七洋里，在赤道北二十度八分、柏林东百十二度四十一分。戌初，东见岛屿，有灯楼名曰“戛卜洛克”，距香港三十洋里。

十八日庚申　晴。丑初抵香［港］，进口停轮，卯正傍岸。巳初驾小舟登岸，至容记拜梁浩田，少坐辞出，至“桂香楼”午酌。申正回船。入夜男女鼓筝歌唱，令人不能成寐。

十九日辛酉　晴。卯初开行，出口水平船稳，北行稍东，西见连山绵亘，远近渔舟百余。至午正行一百八十八洋里，在赤道北二十二度三十九分、柏林东百十五度五十分。申正遥见正北一带迷漫如雨，再行一刻乃晴天变入白雾。本船虽未缓行，而每三分钟一鸣哨。未及酉正，雾过天晴，戌初又雾。

二十日壬戌　仍雾。早过台湾，午初雾止天晴。至午正行三百三十四洋里，在赤道北二十六度五分、柏林东百三十度三十九分。

记：此船长四百九十八德尺，宽四十八尺，深四十二尺，马力五千，船主名韩滋，人尚温。未初阴，入夜雨，冷，改着棉袄。

二十一日癸未　阴。辰初，左右陆续见岛屿，左一岛上立灯楼，距上海百十三洋里，时过东海走黄海。午正一刻又一灯船，距上海二十洋里。未刻又雨，冷。申初雨止，入吴淞口住船，经医官查验诸客有无病症后，各带随身行李登本公司小轮船。酉初开，戌初至江海关右码头，下船乘车住三马路鼎升栈。

二十二日甲子　阴雨，冷。午后王竹溪、谢筠亭来拜，酉初令荣骅携店伙去码头取行李。

二十三日乙丑　晴。早沈藕生、王少山来拜，未初乘肩舆往拜沈藕生、王竹溪、谢筠亭。

二十四日丙寅　晴。早孙荔轩（多鑫）、孙荫庭（多森）兄弟来拜，午后进城，至湖心亭吃茶。

二十五日丁卯　阴雨，凉。早餐后乘肩舆往拜袁海观观察（树勋）、大令汪懋琨（瑶庭），兼答拜孙荔轩兄弟。

二十六日戊辰　晴。酉初，王少山帖约吃酒，辞未往。戌初，苏在廷、赵翰墀（儒林）约在桂仙园观剧，甚好。

二十七日己巳　大晴。申刻，沈藕生约游新园、张园、愚园。酉正，谢筠亭约在"聚丰楼"晚酌，同桌为余易斋（思贻）、李仲平（毓森）、洪荫之（述祖）、王少山、杨仲卿，亥初谢归。

二十八日庚午　晴。早袁观察、汪大令来答拜。酉正，苏在廷约在旧"太和楼"晚酌，同席七人为吉、李诸君。

二十九日辛未　晴，暖。早沈藕生约在"其萃楼"吃面。戌初，苏在廷约在"凤仙楼"看髦儿戏[①]。

## 四月

初一日壬申　晴。早张叔和（鸿禄）率其少君笠江来拜，午后乘肩舆往拜税务司裴式楷，回寓知杨仲卿来拜。

初二日癸未　晴。早餐后乘肩舆答拜张叔和、杨仲卿、王少山，顺拜邵筱村（曰濂）。入夜收拾行李。

初三日甲戌　晴。早上［发］行李。午后微阴。未正乘车至金利源码头登"海晏"轮船。申刻细雨阵阵。

初四日乙亥　晴。卯初开至江心，原拟即时出口，因本船二副昨夜花酒吃醉，改用他人。未初，其人来即开。未正出口。申正过佘山，浪起船摇，水色先黄后绿。

初五日丙子　晴，船平，水色早绿，巳初改黑。入夜微风，甚冷，过黑水洋。

---

① 青年女演员组成之戏班或演出之戏。

初六日丁丑　晴，平，水浅绿色。午后，左右渔舟山岛甚多，未正过天山岛。

初七日戊寅　阴。丑初至大沽口外三十余里，因水浅下锚，辰初潮涨至十三尺而仍浅，未开。午正仟子手至，上船各处查验。未初，小轮船驶来即携手下行李，登上即开，行不及十数里，亦因水浅停轮。是时水面风吹浪涌，甚冷，而小船舱内竟热似蒸笼。待至酉初，水深至七八尺，始开入大沽口。酉正至塘沽，下船入“兴和楼”晚馔。戌初登火车即开，亥正抵天津，寄寓春元栈，知三儿荣骥率仆役来福、赵兴来接。

初八日己卯　阴。卯初令许立去塘沽取行李。闻现在北京有人立会曰“义和团”，奉洪钧老祖为神，入会若干日，练习拳勇诵咒，即能有神附身（该会称曰“上体”），能挡锋刃，能避枪炮。会分两党，曰乾字曰坎字，乾字者以黄布扎巾，黄布缠腰裹腿；坎字者戴红巾，以红布缠腰裹腿。其所谓上体诸神为托塔李天王、孙膑、吕布、马谡、王平、孙悟空、猪八戒、宋江、吴用、济颠、许仙、济小塘、皦承光之属，均非典祀明禋，半属荒唐附会。设有斯人，而千百年前既不知何为枪炮，胡以能避枪炮？当时既不解避枪炮，而今附诸凡人之体反能避枪炮，斯亦奇矣。此皆年幼无知，而为《封神榜》《西游》《水浒》《济公传》《升仙传》各无稽之小说所误。今纵有神附体，亦无非蛇、狼、狐狸、刺猬之邪气。夫邪道惑人，例干法禁，且红巾、黄巾之害，已为前车之鉴、后车之师，唐赛儿、白莲教等皆历历在目，想秉国诸公有尝胆卧薪之虑、具惩羹吹齑之思者必不令其滋蔓难图，流毒无穷也。且在辇毂之下，现仅初立，不过作俑于一二无知之辈，附和之人不多，即早驱逐，庶不至酿巨祸于将来也。今日所闻者如此，灯下无聊，姑妄志之。

初九日庚辰　早大风，阴，巳正骤雨一阵，既而细雨淋漓，极冷。闻“海晏”船于昨夜亥正始进至塘沽。午正行李到。酉初雨止，乘肩舆往拜张子敬、刘辅臣。入夜仍雨。

初十日辛巳　晴，暖。张子敬、刘辅臣、李青田、王焕亭（文书）同约饭，早在“第一楼”，晚在归贾胡同“聚盛成”。是日文琴轩（廉）亦约饭，只得辞谢。入夜收理行装。

十一日壬午　晴，微暖。寅正睡起，卯刻乘车至火车栈，辰初开，午初抵马家堡，雇车进正阳门。未正到家，夫妻、祖孙、父子、兄弟、叔侄相见甚欢。三载离踪，恍如一梦，此境已屡尝矣。

# 后　记

经过数年的不懈努力，《六述奇》点校工作告一段落。本书系全国高等院校古籍整理研究工作委员会资助项目，又承蒙安徽师范大学科研处列入学术著作出版基金资助项目，并得到安徽师范大学“地方高水平大学”（中国史学科建设）资助。

本项目能够顺利完成，要特别感谢安徽师范大学历史与社会学院欧阳跃峰教授、沈世培教授，安徽师范大学学报编辑部主任马陵合教授的关心与指导。项目申报和本书出版，得益于安徽师范大学科研处、历史与社会学院领导、老师的督促与帮助。安徽师范大学出版社汪鹏生社长、孙新文编辑等为本书出版付出了智慧与汗水。安徽师范大学历史与社会学院硕士研究生王艳、耿明、孙小蕾在文字录入、校对、整理以及资料核实等方面提供了大力支持。在此一并表示衷心的感谢！

限于点校者学识与水平，书中舛误之处在所难免，敬请同仁们批评指正。

王彦章

2016年6月20日于安徽师范大学